Elizabeth Goudge

Franz von Assisi

Elizabeth Goudge

Franz von Assisi

HERDER
FREIBURG · BASEL · WIEN

Aus dem Englischen übersetzt von Léonie P. Brockman
Titel des englischen Originals: Saint Francis of Assisi

NEUAUSGABE

Das Werk ist früher bereits im Verlag Heinrich Scheffler,
Frankfurt am Main, erschienen.

Herstellung: Freiburger Graphische Betriebe 1982
ISBN 3-451-19609-3

INHALT

Erster Teil

FRANCESCO BERNADONE

DER ANFANG

Laß uns dein Licht durchdringen
Gib Liebe voller Klarheit
Gib, daß die höchste Wahrheit
Einst ohne Bild und Traum
Dies arme Herz darf schaun.

Lauda des Jacopone da Todi

1

Die Geburt eines Kindes ist sowenig der Anfang einer
Erzählung, wie der Tod des Menschen ihr Ende ist, denn
jeder Geburt geht eine lange Vorbereitungszeit voraus, und
nach dem Tod bleibt eine Kraft erhalten, deren Fortwirken in
der Welt länger ist als die Lebensspanne, in der sie erwuchs.
Diese Kraft ist bei jenen, die wir Heilige nennen, unermeßlich.
Sie sind die wahren Bildner der Menschheit. Andere große
Männer mögen die materiellen Lebensbedingungen für Mil-
lionen und Generationen verändern, aber die Heiligen bereiten
uns für die Ewigkeit vor. Indem sie sich ihres Selbst entäußern
und sich ganz ausleeren, werden sie Kanäle für Gott, der uns
durch sie mit seiner Schöpfermacht formt. Wir wissen, daß es
nicht ausschließlich durch sie geschieht, da jedes Ereignis im
Leben sich an uns auswirkt, und manchmal berührt Gott uns
direkt, aber öfters als uns bewußt wird, durch die Heiligen. In
diesem Leben können wir niemals erfahren, wieviel wir den
Heiligen verdanken, von denen wir nicht einmal gehört haben
oder solchen, die unerkannt unter uns wohnen. Doch gibt es
ihrer nicht viele, deren Licht das Dunkel dieser Welt so hell
durchstrahlt, daß es nicht nur unverlöschbar, sondern auch unvergeßlich wird.

Ein solches Licht ist Franz von Assisi. Er lebte vor acht-
hundert Jahren und starb im besten Alter. Aber selbst wenn
wir nur wenig von ihm wissen, sind sich die Menschen der
heutigen westlichen Welt zumeist seines Wirkens bewußt, denn
er ist die Quelle so vieler guter Dinge, wie ein frisches Wasser,
das in der Wüste fließt. Manch ein Gelehrter hat seinen Einfluß
auf europäische Musik, bildende und dramatische Kunst und
Politik studiert. Doch für uns ist er als Christ von Bedeutung,
als demütiger Armer, der, soweit es menschenmöglich war, in
den Fußtapfen Christi wandelte und wahrscheinlich so unbeirrt

in ihnen dahinschritt, wie es überhaupt jemals ein Mensch getan und uns damit beschämt hat. Ihn zu betrachten, erschließt uns, was es heißt und was es kostet, wirklich Christ zu sein. Seine Lebensgeschichte ruft nicht nur zarte Gefühle wach, sondern erregt auch Schrecken, aber ohne Furcht und Scham, hätte er nicht solche Macht über uns, denn wir wissen im tiefsten Herzen, daß auf dem, was des Besitzes wert ist, der höchste Preis steht. Seine Kraft lebt also unermeßlich und darum unabwägbar fort.

Er wurde 1182 in Assisi geboren, man weiß nicht, um welche Jahreszeit. Doch ist man geneigt, sich vorzustellen, daß er, der Licht und Glut so liebte, im Sommer zur Welt gekommen sein müßte, in den glanzvollen Tagen der schönen Sonne Italiens, und daß seine Mutter vor der Geburt von einer grünen Laube auf ihrem Dach in die weite Landschaft der Ebene, Wälder und Berge hinausschaute, die den Rahmen für das Leben und den Tod ihres Sohnes bilden sollten. Die italienischen Damen des Mittelalters verbrachten viel Zeit auf den flachen Dächern, weil ihre dunklen Häuser nur kleine Fenster hatten, die gegen Wind und Wetter mit Läden verschlossen werden mußten, da es noch kein Glas gab. Das ungestüme Mannsvolk lebte zumeist in den Straßen, wenn es nicht ausritt, um gegen die Nachbarn zu kämpfen, und die Frauen hatten auf den Dächern Ruhe und Frieden bei ihrer Spinn- und Webarbeit, zu der frohe Lieder erklangen. In Assisi wurde in jenem Jahrhundert des Gesangs von allen Leuten viel gesungen. Die Landbevölkerung hatte ihre jahrhundertealten Litaneien und Lobeshymnen, und zwanzig Jahre vor der Geburt des Franz begannen die singenden Barden der Provence, die Troubadours, nach Italien vorzudringen. Ihre Lieder erklangen in den Schlössern des Adels, den Häusern der Kaufleute und auf den Straßen jeder Stadt.

Der Überlieferung nach war Pica Bernadone eine Edelfrau, die Tochter des Grafen von Boulement aus der Provence. Zu jener Zeit war die Provence die höchstkultivierte Gegend Europas, und Pica hatte wahrscheinlich mehr Bildung als die anderen Damen von Assisi; sie war zarter, wählerischer, empfindsamer und darum vielleicht einsam in ihrem schönen Haus im Exil fern der Heimat, und einsam auch durch die langen Perioden der Abwesenheit ihres Mannes.

Pietro Bernadone war ein Stoffhändler und verbrachte einen großen Teil seines Lebens auf Geschäftsreisen. Die Textilhändler waren damals die reichsten Kaufleute. Sie waren auch die

Bankiers ihrer Zeit, und ihre Wagen waren oft mit den von den Päpsten in England und Frankreich erhobenen Steuern, also erheblichen Geldsummen, beladen. Sie reisten zu den großen Messen Europas in stattlichen Reiterzügen, die schwer bewacht waren. Auf diesen Messen wickelten sie Geschäfte mit den Kaufleuten aller Länder der damals bekannten Welt ab, sogar solchen aus Afrika, Ägypten und Griechenland, denn die Kreuzzüge hatten viel dazu beigetragen, die Schranken zwischen den Staaten zu beseitigen, und ein Zeitalter der Reisen war angebrochen. Sie verständigten sich miteinander in der *lingua franca*, der internationalen Sprache Europas, sie waren Kosmopolitiker, und ihr Ansehen wuchs damals so schnell, daß sie fast dem Adel gleichkamen und das Erscheinen dieser königlichen Kaufleute auf den Schlössern zum großen Ereignis wurde. In der Provence wurden sie dem niederen Adel gleichgestellt, und als Pietro Bernadone ins Schloß des Grafen von Boulement kam, um Pica zu umwerben und zu gewinnen, hätte man ihre Eheschließung keineswegs als Mesalliance ansehen können.

In unserer Erzählung ähnelt Franz mehr seiner Mutter als seinem Vater. Er war so fein empfindend, sanft und wählerisch wie sie und hatte vielleicht von ihr eine Fähigkeit, die Einsamkeit fruchtbar zu gestalten, wahrscheinlich aber auch seines Vaters Mut und Entschlossenheit geerbt. Denn Erfolge wie die des Pietro Bernadone lassen sich ohne solche Eigenschaften nicht erzielen. Die Verschwendung und Prunksucht seiner Jugend hatte er bestimmt von seinem Vater.

Das Haus, in dem Pica ihr Kind erwartete, stand nahe dem Marktplatz im Zentrum des städtischen Lebens und Treibens. In jenen Tagen war Assisi nicht das stille Städtchen, das wir heute kennen, sondern voller Lärm und Bewegung, von Zeit zu Zeit durch wilde Fehden mit den Nachbarstädten zerrissen und von den Kämpfen mit dem deutschen Adel, die damals fast alle italienischen Städte erschütterten. Durch mehrere Jahrhunderte hindurch hatte Italien einen deutschen Heerzug nach dem anderen erduldet wie eine wiederkehrende Plage, die nicht nur Zerstörung, sondern auch immer neue widerwillig ertragene Besatzungen hinterließ. Die deutschen Ministerialen bauten sich Burgen auf den Schroffen des Gebirges, unterwarfen sich die umliegenden Ländereien mit ihren Bauern und wandten sich gegen die Städte. Aber es gelang ihnen niemals, die Städte in gesellschaftlicher Beziehung zu beeinflussen, denn das Ende war, daß sie entweder hinausgedrängt oder aufgesogen wurden. Zur Zeit der Geburt des Francesco hatte Assisi nach hartem Kampf seine Unabhängigkeit an Conrad von Lützen, nunmehr Herzog von Spoleto und Graf von Assisi, eingebüßt. Er blickte von seinem Schloß am Berge auf die Stadt hinunter, die ihm scheinbar unterworfen zu Füßen lag, jedoch willens, den rechten Augenblick abzuwarten. Im Hintergrund ihres Lebens vollzog sich das fortgesetzte Ringen zwischen Papst und Kaiser, zwischen Guelfen und Ghibellinen, von dem ihre eigenen kleinen Kämpfe nur ein Widerhall waren. Die Ghibellinen waren die Adelspartei schlechthin, die den Kaiser unterstützte und sich der wachsenden Macht des Papsttums widersetzte. Die Guelfen verkörperten die eingeborenen Italiener, umfaßten Kaufleute und Mittelstand, und verließen sich auf die Unterstützung des Papstes im Kampf um ihre Bürgerfreiheit. Später sollte Franz seine eigene harte Schlacht für die Freiheit schlagen, für die Lösung aus den Banden der Welt und von sich selbst. Aber die Freiheitsliebe, die, wie es scheint, Menschen und Nationen vor allem zu edelstem Bestreben befähigt und erhebt, erwuchs ihm teilweise aus dem Zeitgeist.

Das auf dem Ausläufer des Monte Subasio gebaute Assisi war schon damals eine alte Stadt, obwohl die neuen Gebäude, die man errichtet hatte, ein farbenfrohes Bild schufen. Karl der Große hatte den größten Teil der römischen Stadt mit ihren Kolonaden und Tempeln zerstört, doch hatten die alten Mauern seinen Angriffen so lange standgehalten, daß er schließlich den Eintritt in die Stadt durch eine List erzwingen mußte. Einer seiner Mannen war während der Nacht durch einen Abflußkanal in die Stadt gedrungen und hatte ihm das Tor geöffnet. Sobald er darinnen war, schleifte er die Stadt und strafte die Bevölkerung, die ihm so lange Widerstand geleistet hatte. Es erscheint deshalb verwunderlich, daß Franz für den Kaiser Karl solche Zuneigung empfand. Allerdings befahl er den Wiederaufbau der Stadt, und das neue Assisi erstand in Schönheit aus den Ruinen der alten Gebäude. Bis zu einer Höhe von dreieinhalb bis vier Metern wurde der Unterbau der Häuser aus dem rötlichen Stein der Steinbrüche des Monte Subasio errichtet, der die gezimmerten Stockwerke und Balkone trug. Diese wurden dann verputzt und mit hellen Farben bemalt.

Die Kathedrale von San Ruffino, in der Franz predigte, war noch nicht vollendet. Aber die Glocken der bischöflichen Kirche Santa Maria Maggiore und der Kirchen San Giorgio und San

Nicola läuteten über die Stadt und weit über deren Grenzen hinaus ins Land. In den breiten Wällen gab es altertümliche Tore, die sich auf eine Aussicht von unvergleichlicher Schönheit öffneten.

Von all den kleinen Fenstern und von den Dächern der Stadt hatte man wundervolle Ausblicke. Denn der Name Assisi, der einst Ascesi, also Anhöhe lautete, ist gut gewählt. Die dichtgedrängten Häuser kletterten am Hügel empor und lugten übereinander hinweg.

Vor den Tagen der Geburt ihres Kindes hielt Frau Pica von ihren Fenstern oder von ihrem Dach ängstlich Ausschau nach ihrem abwesenden, durch ferne Länder reisenden Gatten, in der Hoffnung, daß er rechtzeitig zurück und sie in ihrer schweren Stunde nicht allein sein würde. Morgens, wenn die Sonne über dem Gebirge hinter ihr aufging, sah sie die waldige Ebene Umbriens im goldenen Licht, den Fluß Tescio wie blitzendes Glas, die schloßüberkrönten Dörfer oder ihre befestigten Höhen von Weinterrassen, Olivenbäumen, Zypressen, kleinen, hellen Feldern und die ganze herrliche Szenerie von Bergen, die Wolken ähnelten, umgeben. An den Ausläufern des Gebirges waren ferne Städte erbaut, und an klaren Tagen konnte sie das schreckliche Perugia sich aus seinen frei stehenden Hügeln erheben sehen, als wolle es seine Feinde erspähen. Da die beiden Städte miteinander verfeindet waren, bot sich den Einwohnern von Assisi frühmorgens ein nicht eben beruhigender Anblick, wenn die Sonne die unüberwindlichen etruskischen Mauern und die siebenhundert starken Türme Perugias umstrahlte. Nach Sonnenuntergang hüllten die zunehmenden Schatten die gefürchtete Stadt ein, bis sie sich in der bestirnten, saphirblauen Nacht völlig dem Blick entzog. Durch die Wälder der Ebene wanden sich holprige Straßen, die dem Verlauf der alten Römerwege folgten. Doch obwohl Pica jeden Zug bewachter Wagen entdeckte und beim Heranrumpeln im Auge behielt — keiner gehörte ihrem Manne. So war sie in der schweren Stunde der Geburt allein.

Es ist überliefert, daß sie eine lange, schwere Entbindung gehabt habe, und als die Stunden vergingen, ohne daß das Kind zur Welt gekommen war, bat sie, daß man sie in die Stallungen neben dem Haus bringe, damit sie sich Maria, der Gottesmutter, näher fühle und ihr Kind im Stall geboren würde. Heute ist an diesem Platz die Kapelle vom Kinde Franziskus.

Das Kind wurde in Santa Maria Maggiore getauft und nach Johannes dem Täufer Giovanni genannt. Pica hätte keinen besseren Namen wählen können für ihn, der in seinen Mannesjahren in den Herzen der Menschen einen Weg zu Gott bereitete. Als aber Pietro Bernadone voller Entzücken zu seinem Erstgeborenen heimkam, nannte er ihn Francesco, den kleinen Franzosen, aus Liebe zu Frankreich und seiner französischen Gemahlin. Franz liebte sein Leben lang alles Französische und bediente sich in Augenblicken größter Bewegung stets der französischen Sprache. Keine anderen Namen hätten sich besser für ihn eignen können als diese zwei, die die beiden Seiten seines Wesens, die ritterliche und die asketische, symbolisierten.

Infolge der häufigen Abwesenheit seines Vaters stand die Kindheit von Franz stark unter dem Einfluß der Mutter. In der Schule neben der Kirche am östlichen Stadttor lernte er bei den Priestern von San Giogio schreiben und Latein. Doch Französisch lernte er von Pica und auch die Ritterlegenden, die die Spielleute in ganz Europa an den Höfen und auf den Messen sangen. Geschichten wie die von Karl dem Großen und Roland, Tristan und König Arthur, voller Heldenmut und ritterlicher Taten, feuerten die lebhafte Einbildungskraft des Kleinen an und gefielen ihm, dem Mut und Heiterkeit angeboren waren. Wie alle empfindsamen und phantasievollen Kinder lebte er in einer anschaulichen Traumwelt, war abwechselnd Ritter, Troubadour, Kreuzfahrer und Verehrer schöner Damen und arrangierte für alle anderen Kinder viele herrliche Spiele. Denn er war immer ein Anführer und die anderen liefen hinter ihm drein, was er auch vorhaben mochte. Er hatte unbewußt die dramatische Art, die allen großen Männern eigen ist, den sechsten Sinn, der als der Sinn für das Theater bezeichnet worden ist. Sabatier gibt in seinem Leben des heiligen Franz ein anmutiges Bild der spielenden Kinder, die, wenn ihre Väter durch Geschäfte oder Kriege abwesend waren, ihren Spielplatz auf den Straßen hatten. Tagsüber spielten sie Soldaten oder machten Umzüge, die steilen, schmalen Wege auf und ab, und abends zogen sie singend und tanzend auf einen der offenen Plätze der Stadt oder auf jene Terrassen, deren es in Assisi so viele gibt und von denen man wie von Aussichtstürmen in große, beängstigende Tiefen starren kann. Hier mag Franz wohl manchmal still geworden sein; er mag, das Kinn auf die Brustwehr gestützt, in die Berge geschaut und von der großen Welt jenseits davon geträumt haben. Rom lag dahinter, das schöne Frankreich und das Heilige Land, wo Männer kämpften und starben, um die heiligen Stätten für Christus zurückzuerobern. Ein Ritter würde er werden, zu all diesen sagenhaften Orten reiten, große Schlachten schlagen und unvergänglichen Ruhm gewinnen. Ein Ritter zu werden, war seine ganze Sehnsucht.

Er machte mit seiner Mutter außerhalb der Stadtwälle Spaziergänge, doch gingen sie nicht weit, weil es unsicher war, den Kreis des bestellten Landes zu überschreiten, der alle Städte, Dörfer und Abteien umgab. Weiter außerhalb würden sich sonst in den Wäldern Räuber und Wölfe auf unvorsichtige Kinder stürzen. Nahe bei Assisi gab es zahlreiche Kapellen und Gebetsstätten am Wege, und man sagt, daß Pica den Knaben in die kleine Kirche San Damiano führte und sie dort gemeinsam beteten. Am Bergeshang unweit der Stadt erblickten sie auf halbem Weg die Benediktinerabtei von Monte Subasio, die, von Felder, Olivenhainen und Weinbergen umgeben, ein Symbol des Reichtums und der Macht der damaligen Kirche war.

Doch stand es nicht gut um diese mächtige Kirche. Die Kapellen am Wege waren oft verfallen und vernachlässigt, und in den reichen Abteien gab es viele Männer, die nicht Gott zu dienen, sondern um Gefahr und Aufruhr zu meiden, dorthin gekommen waren. Ein Großteil der Geistlichkeit war korrupt; ganz Europa sang Spottlieder über sie. Die Pfründen wurden an die Meistbietenden versteigert, Bischöfe erpreßten Geld von der niederen Geistlichkeit, Aberglauben und Ketzerei waren verbreitet, und der Papst erklärte, daß nur Feuer und Schwert die Korruption beseitigen könne. Das arme Volk verstand die lateinischen Predigten nicht. Zwar begehrte es nach Gott, aber es litt, unwissend und verwirrt. Ihnen tat ein armer Mann, ihresgleichen, not, der schlicht und niedrig wie sie selbst war, aus ihren Reihen kam und ihnen Buße und Liebe zu Gott predigen würde. Die Zeit war reif für die bevorstehende Wiederkehr der Heiligen.

2

Franz war sechzehn Jahre alt geworden, ohne daß etwas Besonderes vorgefallen war, als ihn die Flutwelle großer Ereignisse emporhob. Im Jahre 1198 bestieg der große Innozenz III. den Päpstlichen Stuhl und stand einem neuen Kaiser gegenüber, der weit schwächer als sein Vorgänger war; woraufhin, neu entfacht, der leidenschaftliche Drang nach Freiheit das Land durchzog. Die Politik des Papstes erstrebte einen Machtzuwachs für das Papsttum durch Zusammenschluß der christlichen Staaten in einer Konföderation unter seiner Herrschaft, und er beschloß, den deutschen Adel aus den Provinzen zu verjagen, die einst unter päpstlicher Oberhoheit gestanden hatten. Er forderte, daß Konrad von Lützen seine Feste Rocca Maggiore von Assisi ausliefere und ihm all seinen Grundbesitz abtrete. Der alte Herzog wußte, daß er sich fügen mußte, und begab sich nach Narni, einer Stadt südlich von Assisi, um sich dort den Kardinälen zu unterwerfen. Darauf hatten die Leute von Assisi seit langem gewartet. Sobald er abgezogen war, stürmten sie aus der Stadt, den Berg hinauf, und machten das Schloß zur Ruine. Dann griff man die Häuser des Stadtadels an und brannte die Mehrzahl davon nieder. Da sie zum großen Teil aus Holz gebaut waren, wurden sie ein leichter Raub der züngelnden Flammen, die das stets wachsame Auge von Perugia, der Stadt mit den prokaiserlichen Sympathien, wahrnahm. Auch Perugia wartete die Zeit ab. Nachdem das Rachewerk beendet war, begann das Volk von Assisi, die zertrümmerten alten Mauern der Stadt wiederaufzubauen. Die gesamte Einwohnerschaft arbeitete daran, und ohne Zweifel war Franz mit dabei, lernte Steine tragen und die Kunst, mit einer Maurerkelle umzugehen, die ihm später so gut zustatten kam. Diese Szene in der Wintersonne kann man sich wohl ausmalen: Das große, vielleicht schneebedeckte Panorama unterhalb der Stadt, die entfernten Berge, wie aus Kristall geschnitten, und weithin hallt Lachen und Singen durch die klare, frostige Luft. Man kann sich die Aufregung vorstellen, die schwellende Freude, wieder frei zu sein, und man kann sich auch ein Bild von Franz machen, wie sein schmales Gesicht im Eifer glühte, seine dunklen Augen blitzten, unbesorgt, ob unter dem Gewicht der Steine seine Schultern schmerzten oder ob er Schwielen an den zerschundenen Händen bekam. Die Erstürmung und Zerstörung von Rocca, die Verbrennung der Häuser und der Wiederaufbau der Mauern war wahrscheinlich das Aufregendste, was er je erlebt hatte. Es war sein Eintritt ins Mannesdasein.

Ihn, den ältesten Sohn, hatte man dazu ausersehen, im väterlichen Geschäft tätig zu sein, wo er mit dem Vater arbeitete und lernte, wie man Geld verdient. Es ist nicht recht vorstellbar, daß er auf diesem Gebiet sehr tüchtig war, aber er liebte es, Geld loszuwerden, denn er war nicht nur großzügig, sondern auch verschwenderisch. Einmal kam ein Bettler ins Lagerhaus und erbat ein Almosen um Christi willen. Zunächst verweigerte Franz es ihm, denn wahrscheinlich hatte sein Vater ihn dazu erzogen, Armut als Mißgeschick und Bettler als verächtlich anzusehen. Doch kaum war der Bettler gegangen, als ihn ein für ihn typischer Gefühlsumschwung erfaßte und er sich bittere Vorwürfe machte. „Er hat mich im Namen Christi gebeten, wie konnte ich nur so hartherzig sein!", warf er sich vor, rannte aus dem Lagerhaus, die Straße entlang und ruhte nicht, bis er den Bettler gefunden und ihm ein reiches Geschenk gegeben hatte. Von jenem Tage an schickte er keinen mehr fort, der ihn um Christi willen anbettelte.

So wie er einst Anführer unter den Kindern gewesen war, war er nun der erste der Jungen und Jünglinge von Assisi. Selbst die Söhne der Edelleute erkannten in ihm den geborenen Führer und folgten ihm freudig. Er übertrumpfte sie alle an Verschwendung, an Ausgelassenheit und Späßen. Sobald die kleinen Kinder nach Gesang und Tanz in ihren Betten lagen, gehörte die Straße ihnen, der heranwachsenden Jugend, und wenn ihre Gasterei vorüber war, pflegten sie mit erhobenen Fackeln wie ein geräuschvoller Fluß von Licht und Farbe durch die engen Straßen zu strömen und die Bürger bis zur Dämmerung wachzuhalten, da in ihnen die Vorliebe Assisis für Umzüge ebenso stark war wie in den Kindern. Pietro Bernadone erhob Einspruch gegen die wahrhaft fürstlichen Ausgaben, denn Franz vergeudete große Summen für seine selbstentworfenen, phantastischen Gewänder und den Wein bei den Gastmählern, aber er liebte den Jungen und war stolz auf seinen Sohn, der nicht nur so mühelos in den Reihen der jungen Herren von Rang Aufnahme gefunden hatte, als sei er nicht nur von adligem Geblüt, sondern sogar ihr anerkannter Führer.

Dennoch beherrschte er sie nicht, und daß er stets imstande war, Menschen zu führen, ohne auch nur eine Spur von Machthunger zu zeigen, der den Charakter so vieler führender Männer beeinträchtigt, ist einer seiner bezeichnenden Wesenszüge. Er war zwar ehrgeizig, doch sein Ehrgeiz war romantisch und ritterlich und hatte schon damals etwas Außerweltliches an sich. Er war fest entschlossen, ein großer Mann zu werden, aber einer nach der Art des Galahad und Roland und nicht des Alexander, ein Verfechter gerechter Sachen, und willens, Christus zu lieben. Denn er kam bereits jetzt unter die Herrschaft Christi, wenn er es auch noch nicht wußte. Wenn der Name Christi genannt wurde, verfiel er allemal plötzlich in Schweigen; wenn er ein unzüchtiges Wort hörte, wandte er seinen Kopf ab, und niemals unterlag er gar zuchtlosen Versuchungen. Vielleicht lag die Macht über seine Gefährten teilweise in seiner anspruchsvollen Wesensart. Ohne Überlegenheit vorzutäuschen, unterschied er sich dennoch von ihnen. Auch müssen sie von seiner ungewöhnlichen Lebhaftigkeit, seiner glänzenden, phantastischen Vorstellungskraft und „dem Reiz seiner Sanftmut und seiner höfischen Haltung" entzückt gewesen sein. Er hatte eine klare, musikalische Stimme und konnte, wie alle jungen Herren seiner Zeit, Bratsche spielen und sich zu den von ihm geliebten Gesängen der Troubadours begleiten. Als Freund und Gastgeber war er unendlich freigebig und verschwendete sich selbst so sehr wie seine Besitztümer. Besonders schön war er nicht, und doch war er ein ungewöhnlich ansprechender junger Mann. Dabei lag seine Anmut einzig in seiner zarten Gestalt und seinen großen dunklen, leuchtenden Augen. Wenn ihre Nachbarn nach italienischer Art mit zweifellos großem Stimmaufwand immer wieder auf diese Dinge zu sprechen kamen, erwiderte Pica: „Ich werde euch sagen, was aus meinem Sohn werden wird. Er wird ein Kind Gottes werden."

Perugia aber brauchte nicht lange zu warten. Einige der deutschen Adligen, deren Häuser zerstört worden waren, zogen nach Perugia, und die in Assisi verbliebenen Anhänger der kaiserlichen Partei intrigierten gegen ihre Stadt und wandten sich schließlich an Perugia um Hilfe. Perugia war nur zu gern bereit, diesen Beistand zu leisten, und vier Jahre nach der Zerstörung von Rocca lagen die beiden Städte im Krieg miteinander. Foligno schloß sich Perugia an, und die kleinen Städte Nocera, Spello, Rosciano und Bastia verbanden sich unter der rot-blauen Fahne von Assisi. Alle Männer von Assisi zwischen achtzehn und sechzig Jahren traten ins Heer ein. Franz selbst wurde Kavallerist und stellte sein eigenes Pferd und seine Ausrüstung. Die Stadt hallte vom Lärm der Vorbereitungen, von den Schlägen des Hammers auf dem Amboß, da Rüstungen und Waffen geschmiedet und ausgebessert wurden, vom Geschrei der Befehle, von Gesang und Gelächter, vom Gebrüll erregter Kinder und vom Wiehern der Kriegsrosse, die außerhalb der Mauern geschult wurden. Schließlich war man marschbereit, und alles strömte in kriegerischem Glanz bei Trompetenschall und mit windgeblähten Fahnen aus den Stadttoren.

Die alten Leute, Frauen und Kinder sahen dem Abmarsch der Männer von der Stadtmauer aus zu. Pica dürfte dabeigewesen sein und auch Pietro, falls er zu Hause war, wie andere Eltern junger Söhne von Stolz und Angst zugleich erfüllt. Von Perugia zog Kavallerie und Fußvolk hinaus, und die beiden Heerscharen trafen sich nahe der Stadt, wo eine Römerbrücke, die den stampfenden Schritt der Legionen noch erfahren hatte, den Tiber bei Ponte San Giovanni überspannte. Uccellos Bild in der Londoner Nationalgalerie, das die wilde Flucht bei San Romano darstellt, gibt eine Vorstellung von dieser kleinen Schlacht, obwohl es späteren Datums ist. Man sieht darauf fliegende Fahnen und lange, schlanke Trompeten, sieht Ritter in ihren schweren Rüstungen Streitäxte und Piken schwingen, stürzende Pferde in gleißendem Geschirr. An einer Seite dieses Bildes ist ein barhäuptiger Junge, dem der Helm vom Kopf gefallen sein muß und der so friedlich und ruhig dahinschreitet, als wäre die Schlacht nur eben ein Turnier; ein Jüngling wie Franz selber einer gewesen sein könnte. Im Hintergrund breitet sich die italienische Landschaft: ein kleiner Hügel, ein flaches Feld, ein Apfelbaum und eine Rosenhecke in voller Blüte. An den Legionen oder den furchtbaren Kämpfen von heute gemessen, war dieses Treffen eine recht unbedeutende Angelegenheit, aber es war dennoch eine heftige kleine Schlacht.

Ein Dichter von Perugia schrieb darüber: „Gefallen sind die Herren von Assisi und verstümmelt ihre Glieder, zerrissen und entstellt bis zur Unkenntlichkeit. Wo der Fuß ist, fehlt der Kopf. Ihre Eingeweide sind verstreut. Das Auge schaut nicht mehr aus der Höhle, die einst sein Fenster war."

Die stärkere Kriegsmacht von Perugia gewann den Kampf mit Leichtigkeit, und Franz war unter denen, die gefangengenommen wurden. Perugia war seinen Gefangenen gegenüber nie sehr gnädig. Franz und seine Kampfgefährten mußten gebunden durch die Straßen der schrecklichen Stadt marschieren und ihre besiegten Banner hinter sich durch den Schmutz bis zum Palast des Stadthauptmanns schleifen, wo sie ins Verließ geworfen wurden. Die Gefangenschaft dauerte fast ein Jahr. So lange zogen sich die Friedensverhandlungen zwischen Assisi und Perugia hin, und während der ganzen Zeit dieser schweren Prüfung war Franz voller Fröhlichkeit unter seinen bedrückten und reizbaren Kameraden, denn er hatte sein eigenes Land der Zuflucht: seine Wachträume. In ihr war er der Held all der Geschichten, mit denen seine bildhafte Vorstellungskraft ihn zu umweben vermochte.

Seine Mitgefangenen hielten ihn für verrückt, weil er so fröhlich war. „Wollt ihr wissen, warum ich so heiter bin?", antwortete er. „Ich sehe den Tag, an dem die ganze Welt sich huldigend vor mir neigen wird." Aber er war von seinen Träumen nicht zu gebannt, um das Leiden neben sich nicht zu bemerken.

Einer der Gefangenen hatte einen anderen irgendwie beleidigt, so daß die übrigen nichts mit ihm zu tun haben wollten. Er stand abseits und allein, unglücklich und verbittert. Franz, der stets so begehrt und beliebt war, konnte das nicht ertragen und näherte sich ihm, gewann ihn durch sein sanftes Mitgefühl, heilte schließlich den Bruch und brachte ihn in den Kreis der Kameradschaft zurück. So schlich das Jahr hin, bis sie endlich freigelassen wurden. Sie traten wieder hinaus an das Sonnenlicht, ritten über die Ebene und sahen Assisi auf dem Hügel zwischen den hohen Zypressen, den Weinbergen und den Oliven. Sie zogen durch die Stadttore und waren wieder daheim.

DER AUSSÄTZIGE

Wo Menschen gehn in Sünden
In Angst und Todesschauer
Auf mich die Last ich lade
Ich trage ihre Trauer
O Liebe ewger Dauer
Wem gilt die Liebe dein?

Lauda des Jacopone da Todi

1

Von nun an beginnt Franz uns näherzukommen. Während seiner frühen Jugend erscheint er fast wie ein Prinz im Märchen, reizend, doch weit von uns entfernt. Jetzt aber erwacht in ihm der Hunger nach Gott, der in jedem Zeitalter der gleiche ist, so gänzlich der gleiche, daß die Psalmen unser eigener Herzensschrei sein könnten. Wenn auch die Erfahrungen von Franz bereits in den frühesten Tagen seiner Bekehrung weit über die der meisten Menschen hinausgehen, so ist dennoch etwas in ihnen, woran wir ihre Allgemeingültigkeit erkennen. Das ist der Pfad, den alle Menschen entweder in dieser oder in der künftigen Welt beschreiten müssen, wenn sie zu Gott kommen wollen. Sein eigenes inneres Licht erleuchtet ihn für uns, erleuchtet ihn über eine fast unermeßlich lange Strecke, da Franz bereits in dieser Welt so weit vorgedrungen ist. Doch wir müssen diesen Weg selbst gehen.

Wenn Gott seine Hand ausstreckt, um eine Seele zu sich zu nehmen, so ist „Bekehrung" ein ziemlich unschönes Wort für dieses Geschehnis, das oft so auserlesen zart ist, daß der bloße Versuch, es zu beschreiben, eine Entweihung scheint. Und doch ist es überaus bestrickend, es in einem so lieblichen und leuchtenden Leben wie dem des Francesco zu beobachten. Denn seine Bekehrung ging nicht plötzlich vor sich wie die des Paulus, sondern, seiner milden Natur entsprechend, sanft und gelinde.

Nach seiner Heimkehr lag er so schwer am Fieber danieder, daß man annahm, es bestehe keine Hoffnung. Die Plötzlichkeit seines vollständigen Zusammenbruches legte die Annahme nahe, daß das Erlebnis im Palast des Stadthauptmanns trotz Spaß und Gelächter tief in seine empfindsame Seele gedrungen war. Die Verstümmelung und der Tod von Freunden in der kleinen Schlacht, der demütigende Einzug in Perugia und die lange Gefangenschaft fern von Licht und Schönheit der Welt, die er so liebte, waren der Grund eines verborgenen Leidens gewesen, das seine Kräfte erschöpft hatte. Vielleicht hatte er im Gefängnis trotz seiner tröstlichen, eigenen Wachträume mehr aus Tapferkeit gelacht, als ihm selbst bewußt geworden war. Sein Mut half ihm auch bei dieser ersten Erfahrung von ernsthafter Krankheit. Er unterlag ihr nicht, und seine erste Handlung danach ist recht bezeichnend. Sobald er wieder auf den Beinen war, wankte er zum nächsten Stadttor, um seine Augen wieder an der Schönheit der Welt zu weiden. Das geschah im Frühling 1204, als er zweiundzwanzig Jahre alt war.

Er kam an die Porta Nuova, durch die er oft mit Pica auf ihren Spaziergängen gekommen sein mußte, und stand dort, auf seinen Stock gelehnt. Ihm bot sich einer der lieblichsten Blicke: eine Landschaft in Frühlingspracht. Die warme Sonne beschien ihn, und die Vögel sangen. Links von ihm war der Monte Subasio, rechts die umbrische Ebene mit ihren Wäldern, Feldern und den Schlössern auf den Hügeln. Die jungen Weinblätter rankten sich in frischem Grün; im Korn wuchs Mohn, und die hohen Zypressen stiegen schwarz gegen den blauen Himmel empor. In der Ferne lagen die gen Himmel ragenden Berge. Frühlingsblumen, Lavendel- und Rosmarinbüsche, deren Hauch ihm der Wind zutrug, umrankten die steinigen Pfade. Das war es gewesen, wonach er sich im Gefängnis und in den Tagen des Fiebers gesehnt hatte, und es bedeutete ihm nichts. Er sah auf die Schönheit der Erde, ohne Freude daran zu empfinden, er hatte durstig einen Trunk Wasser begehrt und hielt ein leeres Gefäß in den Händen. Er wußte nicht, daß Gott ihn in seiner Trostlosigkeit in diesem Moment der Dürre berührt hatte. Ohne Gott ist alles sinnlos, die Schönheit der Erde ist nichts als Leere, wenn Gott sie nicht erfüllt. Die Leere war der Anfang seines lebenslangen Dürstens nach Gott.

Er ging nach Hause, und vielleicht kam ihm von da an sein Leben in Assisi bedeutungslos vor, denn er ergriff eifrig die Gelegenheit, die ihm die nächsten Monate brachten, von dort zu entfliehen. Ein Ritter der Stadt, ein gewisser Graf Gentile, rief Freiwillige auf, die mit ihm nach Süditalien reiten und für den Papst kämpfen wollten. Sie sollten sich der Armee des Prinzen von Tarent, Walter de Brienne, anschließen, dessen tapfere und ritterliche Persönlichkeit überall die gesamte männliche Jugend für sich gewonnen hatte. Franz folgte bald dem Ruf und stürzte sich mit all seiner alten Inbrunst in das neue Erlebnis. Der Prinz von Tarent war genau solch ein Held, wie er einer zu sein sich erträumt hatte, und obendrein war er ein Franzose. Auch war das ein richtiger Krieg für Freiheit und Religion, in dem er selbst ein Ritter würde werden können. Hier bot sich ihm die Möglichkeit, seine Sporen zu verdienen, wie er es schon immer ersehnt hatte. Vielleicht dachte er auch, daß er bei diesem Abenteuer jene schöne Dame gewinnen könne, die einmal seine Braut werden sollte.

Alle seine Pläne fanden das Wohlwollen und den Beifall seiner ihn zärtlich liebenden Eltern, die ihm eine prächtige Ausrüstung gaben. Keiner der jungen Edelleute würde besser gerüstet er in den Krieg gehen; und gerade als sie zum Auszug bereit waren, bemerkte Franz, daß einer der Männer, ein junger Ritter, der mitreiten sollte, ärmlich und schlecht ausgerüstet war. Franz war es unerträglich, daß einer, der schon seine Sporen verdient hatte, so schäbig in den Krieg ziehen sollte, während er, der den Ritterschlag noch nicht erhalten hatte, alles besaß, was er sich wünschte. Hier offenbarte sich wieder genau dasselbe Empfinden wie angesichts des ausgeschlossenen Gefangenen in Perugia, ja, wie es sein ganzes Leben lang sein würde: Sobald er einen anderen Menschen sah, der weniger als er selbst hatte, konnte er es nicht ertragen. Er schenkte seine ganze glänzende Ausstattung dem anderen. Für seine Eltern muß es eine schwere Enttäuschung gewesen sein, doch mögen sie um diese Zeit bereits gewußt haben, daß man bei ihm auf alles gefaßt sein mußte.

Als er an jenem Abend zu Bett ging, den Kopf voll von Gedanken an den anderen, dem er geholfen hatte, an das Abenteuer, das ihm bevorstand, und an die schöne Dame, hatte er einen Traum. Er träumte, daß er im Palast einer schmucken Braut wäre, in dem alle Wände voll Rüstungen hingen, als würde eine Schar von Rittern erwartet, die sie tragen sollten; und all diese Waffen waren mit dem Kreuz Christi gezeichnet. Er fragte sich, wer der Eigentümer des Palastes, der Waffen und Rüstungen wäre, und wußte im Traum, daß sie ihm und seinen Rittern gehörten. Beseligt wachte er auf, und als man ihn fragte, worüber er so glücklich sei, sagte er: „Ich weiß, daß ich ein großer Fürst sein werde."

Das Mittelalter maß den Träumen große Bedeutung bei, da es darin nicht nur Darstellungen künftigen Geschehens, sondern Andeutungen göttlichen Willens sah. Ihm vertrauten sie, er stand über allem Zweifel. Denn Gott gestaltet unsere Zeit und unser Dasein mit Hilfe unserer Glaubensfülle. Franz nahm seinen Traum wörtlich, wie es sein Biograph, der heilige Bonaventura, ausdrückt: „Er hatte seinen Geist noch nicht darin geschult, göttliche Mysterien zu erforschen, und wußte noch nicht, wie man durch den Schein sichtbarer Dinge dazu vordringt, die Wahrheit der unsichtbaren Dinge zu erblicken."

Am nächsten Tag setzte der Reiterzug sich in Bewegung. Franz war nochmals mit dem Besten ausgerüstet, was sein Vater ihm geben konnte, und trug am Arm den kleinen Schild des Knappen. Er mochte seinen Eltern und den aufgeregten jüngeren Geschwistern erzählt haben, daß er bei seiner Rückkehr den Ritterschild tragen würde. Wie sie so auf die Ebene zuritten und nach Süden schwenkten, war ganz Assisi, das ihnen mit den Augen folgte, unendlich stolz auf sie.

An jenem Tag ritten sie fünfzig Kilometer durch die Wälder und kamen beim Einbruch der Nacht nach Spoleto, wo sie rasteten, und hier berührte Gott Franz wiederum, und diesmal kam ihm die Erkenntnis. Er lag still, vielleicht neben dem Lagerfeuer, vielleicht in einem freundlichen Raum, in dem er durch das unverhängte Fenster die Sterne sehen konnte. Er schlief nicht, sondern war in jenem Zustand inmitten Schlaf und Wachen, in dem manchmal der Schleier zwischen den zwei Welten hauchdünn wird. Da hörte er die Stimme. Es ist kein ungewöhnliches Ereignis, die Stimme zu hören. Liebende Söhne Gottes, und das war Franz in seinem Edelmut bereits, haben sie in der Vergangenheit vernommen und tun es noch heute, aber sie finden es schwierig, uns, die nicht hören, eine Erklärung zu geben. Sie sagen: „Man hört sie nicht mit seinen leiblichen Ohren und hört sie doch, und hinterher weiß man sogar den genauen Wortlaut." Der heilige Bonaventura beschrieb es sehr schlicht: „Franz hörte den Herrn nachts mit der Stimme eines Freundes sprechen. Die Stimme sagte: ‚Franz, wer kann mehr für dich tun, der Herr oder der Diener?' Und Franz antwortete, daß der Herr am meisten für ihn tun könne. Und die Stimme sagte: ‚Weshalb läßt du dann den Herrn für den Diener?' Und Franz fragte, wie er an jedem Wendepunkt seines Lebens fragen sollte: ‚Herr, was willst Du, daß ich tue?' Und die Stimme sprach die gleichen Worte, die der heilige Paulus auf dieselbe Frage gehört hatte: ‚Gehe zurück in dein Land, und du wirst erfahren, was du tun sollst.'" Franz schlief in dieser Nacht nicht und ritt sehr früh am anderen Morgen nach Assisi zurück.

Hier sehen wir das eigene Wesen seines festen Willens zum Durchbruch kommen. Er, der so große Hoffnungen auf sein Wagnis gesetzt hatte, wurde nun aufgefordert, alles im Stich zu lassen. Seine Familie war unendlich stolz auf ihn gewesen, als er unter den Beifallsrufen des Volkes von Assisi ausgeritten war, und nun mußte er die, die ihn liebten, tief verletzen und enttäuschen und dem Gespött von Assisi die Stirn bieten. Er mußte, aller Hoffnungen und Träume ledig, immer noch mit dem Knappenschild am Arm nach Hause reiten. Für einen so jungen und ehrgeizigen Mann dürfte dieser Entschluß bitter schwer gewesen sein. Dennoch sagen seine Biographen, daß er fröhlich zurückritt, und diese Art erinnert an einen Ausspruch des Königs Alfred: „Wenn du einen Kummer hast, so sprich nicht zu einem Schwächling davon, sondern erzähle es deinem Sattelbogen und reite singend weiter."

Wir haben keine Aufzeichnungen über seine Aufnahme in Assisi, aber wie sie auch gewesen sein mag, Franz überwand sie in einer Weise, daß er bereits nach kurzer Zeit wieder seinen vorherigen Einfluß zurückgewonnen hatte und von neuem der Anführer der jungen Männer bei den Festlichkeiten der Stadt war.

2

Da er nichts anderes tun konnte, während er auf Gottes weitere Weisung wartete, kehrte er zu seiner alten Lebensweise zurück, aber es war doch ein Unterschied gegen früher, denn er war nicht mehr derselbe Mensch. Aus seines Vaters Geschäft hatte er sich nie viel gemacht. Jetzt interessierte es ihn noch weniger, und die Gastereien, die Lustigkeit, lösten in ihm nicht mehr das alte Entzücken aus. Es scheint, daß, gleichwie die Schönheit der Welt damals ihre Bedeutung für ihn verloren hatte, als er nach seiner Krankheit am Stadttor stand, er jetzt die gleiche Leere in einem vergnüglichen Leben empfand. Er begann, Dinge deutlicher wahrzunehmen. Wenn die jungen Leute nachts in ihren Prunkgewändern singend und fackelschwingend durch die Straßen paradierten, wobei Franz sie oft als Leiter der Lustbarkeiten mit dem Kommandostab in der Hand anführte, standen Beobachter im Schatten. Assisi hatte, wie alle Städte, seine Armut, und die Armut des Mittelalters konnte entsetzlich sein. In den dunklen Gängen,

die zwischen den feinen Häusern des Adels und der Kaufleute versteckt lagen, waren schmutzstarrende kleine Löcher,
Unsauberkeit, Krankheit und Elend. Damals gab es für die
Kranken, Krüppel und Blinden wenig Hoffnung oder Hilfe,
wenig, das ihre Schmerzen erleichtert oder den Sterbenden
Trost geboten hätte. In Italien existierten religiöse Orden,
die sich der Armen annahmen, wie die Crucigeri, die kreuz-
tragenden Brüder, die sich um die Aussätzigen kümmerten,
aber sie konnten nicht mehr tun als einen Teil des Elends
zu erfassen.

Die beste Hoffnung der notleidenden Kranken bestand in
der Aussicht, eine Münze zugeworfen zu bekommen, wenn
sie ihr Gebrechen auf der Straße, vor den Kirchen und den
Häusern der Reichen zur Schau stellten. Seit der Bettler ihn
um Christi willen um ein Almosen gebeten hatte, war Franz
mit Münzen freigebig, aber sein geistiges Auge war nach
innen auf das Schauspiel seines Traumes gewandt gewesen,
auf die Ritter und Turniere und die großen Dinge, die er
hatte vollbringen wollen. Doch diese Träume waren nun vergangen, und auch da war eine Leere, die sich allmählich mit
den Menschen im Schatten auffüllte. Jetzt bemerkte er sie, als
er an ihnen vorüberging. Der Fackelumzug der jungen Männer durch die Straßen brachte ein wenig Spannung in ihr
Dasein. Sie krochen aus ihren jämmerlichen Verstecken hervor, um sich ein, zwei Augenblicke an der Wärme und Farbe
zu erquicken, und vielleicht flüsterten einige in ihrer Bitternis
leise Flüche. Franz sah im Fackelschein ihre gekrümmten Glieder, ihre Schwären und schmutzigen Lumpen, und trotz seiner
eleganten und parfümierten Kleidung und trotz des Weines,
den er getrunken hatte, drang ihr Gestank zu ihm und erregte
ihm Übelkeit. Von jeher hatte er ein eigenes Grausen vor
Verstümmelungen aller Art, Schmutz und Gerüchen empfunden. Besonders vor Aussätzigen war er zurückgeschreckt und
hatte, wenn er an einem vorbeigehen mußte, „sein Gesicht
abgewandt und sich die Nase mit der Hand zugehalten". Aber
die Flucht vor allem, was er verabscheute, nahm nun irgendwie ein Ende. Die Armut holte ihn ein, und bald würde er
sich wenden und ihr mutig begegnen müssen.

Eines Nachts strömten sie alle wie gewöhnlich nach einem
Fest auf die Straßen hinaus. Aber Franz, obwohl er an jenem
Abend der Leiter der Festlichkeit war, blieb allmählich hinter
den anderen zurück. Und Gott berührte ihn wiederum, doch

nicht mit der früheren Sanftheit, sondern mit einem gleichsam durchbohrenden Stoß, der so tief drang, daß er ihm fast das Bewußtsein raubte. Später sagte er: „Wenn man mich damals ganz mit Messern zerstochen hätte, wäre ich nicht imstande gewesen, mich von der Stelle zu rühren." Seine Gefährten, die ihn vermißten, kehrten um und bekamen Angst, als sie sein Gesicht sahen. Sie starrten ihn an, denn er schien sich völlig verändert zu haben. Nachdem sie sich von dem Schrecken erholt hatten, fingen sie an, ihn zu necken, und fragten ihn, ob er verliebt sei. Denn nur Verliebtheit konnte ihrer Meinung nach sein Betragen erklären. „Ja", sagte Franz, „ich liebe eine Braut, die edler, reicher und schöner ist, als ihr je eine gesehen habt." Sie brüllten alle vor Lachen, und der ausgelassene Umzug ging wieder weiter.

Was meinte Franz mit dieser Antwort? Es möchte scheinen, als hätte die Armut im Augenblick jenes durchbohrenden Erlebnisses ein anderes Aussehen für ihn angenommen. Er stand ihr von Angesicht zu Angesicht gegenüber und sah sie zum erstenmal, wie sie ist: nicht als etwas Ekelhaftes, dem man ausweicht, sondern als etwas Ernstes, wirklich Schreckliches und doch Heiliges. Sie war es gewesen, die das Christkind im Stall in ihren Arm genommen hatte, sein Leben lang seine Begleiterin gewesen war, und er, der Mann der Schmerzen, hatte ihr vom Kreuz ins Auge geschaut. Es kam Franz vor, als könne niemand Christus wahrhaft lieben, ohne auch ihr geneigt zu sein, oder daß man ein Leben voller Liebe führen könne, ohne bis zu einem gewissen Grade in Armut zu leben, da eins die logische Folge des anderen ist. Liebe muß geben, um Liebe zu sein. Franz war zu großer Liebe geboren, und da Liebe ganz aus Einem kommt, wäre er sowohl im menschlichen wie im göttlichen Sinne zu tiefem Liebesgefühl fähig gewesen. Wäre er von Spoleto mit den anderen weitergeritten, so wäre es geschehen, damit er für irgendeine Frau das hätte werden können, was Tristan für Isolde oder Abälard für Heloise gewesen war. Als er sich heimwärts wandte, hatte er die Suche nach seiner Dame aufgegeben, nun aber hatte sie nach ihm gesucht. Die Braut, von der er geträumt hatte, war Frau Armut, und von diesem Augenblick an begann er, ihr zu dienen. Die Wartezeit war vorüber, und das war das erste, was ihm in seinem eigenen Land aufgetragen worden war.

Bisher hatte er denen, die ihn anbettelten, ein, zwei Münzen gegeben, jetzt hingegen ging er aus, die Armen zu suchen und sie mit Essen und Geld zu unterstützen. Wenn ihm das Geld knapp wurde, gab er ihnen eher seine eigenen Kleider, als daß er gar nichts für sie tat. Eines Tages, als sein Vater glücklicherweise von Hause fort war, deckte er den Tisch, an dem er und seine Mutter allein essen sollten, mit Essen für einen großen Personenkreis, und als Pica ihn fragte, was er denn tue, sagte er, es sei für die Armen. „Aber seine Mutter, die ihn mehr als ihre anderen Söhne liebte und ihm solche Dinge nachsah, bemerkte wohl, was er tat, und verwunderte sich darüber im tiefsten Herzen." So wie Franz den Armen in der Stadt diente, tat er auch alles mögliche, um den armen Priestern zu helfen. Er kaufte Gefäße für ihre Kirchen und schickte sie ihnen heimlich zu. Und er lernte beten. „Er ging oftmals und sozusagen insgeheim täglich zum Beten." Alles, was er jetzt tat, geschah im Verborgenen, da er seiner selbst nicht sicher war. „Noch war er nicht ganz frei von der Eitelkeit der Welt."

Beten zu lernen war für ihn ein Erlebnis voll so großer Leiden, daß es ihn hinaus zu veródeten Orten trieb, wie Christus vom Geist in die Wüste getrieben worden war. Nun fing sein Leben an, den Stempel des Lebens Christi zu erhalten: Das große Muster wurde auf das kleinere gedrückt. Zu der Zeit kann er sich in seiner geistigen Not des Vorbildes gar nicht bewußt gewesen sein. Vielleicht hat er niemals wahrgenommen, daß sein Leben wie ein Gedicht war, ein symbolisches Drama der irdischen Reise eines Bildners und Erlösers der Menschheit. Seine Wildnis, in die er sich zurückzog, war nicht weit entfernt, es war das Land jenseits von Assisi, wo er allein wanderte oder mit einem Freund, der damals gut zu ihm war und mit dem er sich ein wenig aussprechen konnte. Er pflegte seine Wanderungen damit zu erklären, daß er verborgene Schätze suche. Am Ufer des Flusses Tescio waren Kellerhöhlen einer großen römischen Villa, Le Grotte, wo, wie es hieß, Schätze verborgen liegen sollten. In Assisi pflegte ein Straßenjunge dem anderen zuzurufen: „Gib mir einen Soldo!" Worauf der andere antwortete: „Nein, gehe nach Le Grotte." Franz pflegte in einer dieser Höhlen zu beten und ließ seinen Freund draußen warten, und manchmal hörte der lauschende Freund ihn in Qualen aufschreien. Franz war ein Mystiker, ein Mann, dessen Geist direkt etwas von der Herrlichkeit Gottes wahrnehmen konnte, und sein Sehnen nach ihm war zu groß, um erträglich zu sein. Wenn er zu

Gott aufschaute, sah er sich im Lichte seiner Liebe und Heiligkeit, und das war ebenfalls unerträglich. Er sah die Abscheulichkeit der Sünde und bereute in Angst und Pein, und er sah auch, wie er an die Tretmühle seines sündigen Selbst gebunden war und sich im Kreise um das drehte, was er verabscheute. Bevor er nicht mit seinem Ich fertig war und sich ganz von ihm lossagen konnte, würde er niemals frei sein, Gott nachzujagen und für ihn allein zu leben. So begab Franz sich in die Schlacht, sich selbst für Gott zu gewinnen. Das mußte furchtbar hart für ihn sein, denn er hatte so lange Zeit in einer Phantasiewelt gelebt, in der er der Held all seiner Träume gewesen war. Es würde Jahre der Buße und des Kampfes kosten, diesen wertlosen Helden auszustoßen und statt seiner Christus einzusetzen. Aber Franz zweifelte nicht daran, daß es wohl der Mühe wert war, diesen himmlischen Schatz zu erringen. Niemand, der auch nur im geringsten Grade die Berührung Gottes gespürt hat, bezweifelt das jemals, und Franz ging den Weg, den er zuerst in der Höhle begonnen hatte, bis ans Ende.

Der erste harte Kampf mit sich selbst hatte noch eine andere Seite, denn die Seele, die Gott vollkommen lieben möchte, muß auch den Menschen ganz und gar lieben. Er wußte im Herzen, daß er berufen war, Frau Armut zu dienen und sich mit ihr viel enger zu verbinden, als er es bisher fertiggebracht hatte, weil er bisher nur diente, wie der Reiche dient, der von seinem Überfluß abgibt und abends in sein bequemes Haus zurückkehrt. In geistigen Dingen war er kompromißlos. Christus und der wertlose Held sollten nicht den Thron im Herzpunkt seines Wesens miteinander teilen, sondern dieser Thron war für Christus allein bestimmt, wie verzweifelt der Kampf zur Erreichung dieses Ziels auch sein würde. Aber in bezug auf die Armut rang er um eine Kompromißlösung. Wie konnte er sich da hineinstürzen, einer von jenen Elenden werden, die er arm, hungrig und schmutzig auf den Straßen sah? Seine Nerven versagten, und er stellte sich vor, daß er ihnen gleich werden würde: krank, abscheulich, blind oder aussätzig. Er, Francesco Bernadone, zart und anspruchsvoll, mochte sich Aussatz zuziehen und wie eines dieser schauderhaften Geschöpfe aussehen, von denen er immer den Kopf wandte. Sicherlich konnte Gott ihn nicht dazu aufrufen, etwas mit Aussätzigen zu tun zu haben! Sollte Gott etwa das von ihm verlangen?

Ungefähr zu dieser Zeit lernte er den Bischof von Assisi kennen, der sein Beichtvater gewesen sein könnte, und es mag Bischof Guido gewesen sein, der ihm den vernünftigen Vorschlag machte, auf eine Pilgerfahrt zu gehen. Für die Männer des Mittelalters waren Pilgerfahrten nicht nur religiöse Übungen, sondern auch Luftveränderungen, Szenenwechsel und eine ausgezeichnete Erholungskur. So machte Franz sich auf und zog den Tiber entlang südwärts nach Rom, um die Gräber der Apostel zu besuchen. Wir wissen nicht, ob er mit einer Pilgergruppe reiste oder vielleicht nur mit einem Diener allein ritt, der wie er den Dolch zur Selbstverteidigung gegen umherstreifende Räuberbanden bereithielt. Aber in jedem Fall dürfte die Reise ihm ein aufregendes Vergnügen bereitet haben. Er war sein Leben lang ein eifriger Reisender, und dies war seine erste große Fahrt.

Bei seiner Einbildungskraft und Empfindsamkeit muß Rom ihn bis in seine Grundfesten erschüttert und seine Erregung muß den Höhepunkt erreicht haben, als er die Stufen zur Basilika von Sankt Peter hinaufging und sich daran erinnerte, daß vierhundert Jahre vorher sein Held Karl der Große ebenfalls über sie geschritten war, um am Grabe des heiligen Petrus zu knien und zu beten, wie er selbst es jetzt vorhatte. Er betrat durch die Silbertür den erhabenen Raum. Mit den übrigen Pilgern küßte er den Fuß der großen Statue des Heiligen und schritt dann durch das Schiff zum Altar. Er kniete davor, sah durch das Gitter zum Grab hinunter und betete. In späteren Jahren war er stets so tief im Gebet versunken, daß er blind war gegen das Kommen und Gehen um sich, zu jener Zeit aber war er erst vierundzwanzig Jahre alt und sah mit einem flüchtigen Blick, was die anderen Pilger taten. Die Geringfügigkeit ihrer Opfer entsetzte ihn. Er dachte, daß dem Apostelfürsten in seiner eigenen großen Kirche höhere Ehren zuteil werden sollten. Sie warfen kleine Münzen mit derselben Achtlosigkeit hinunter, mit der er sie oft den Armen zugeworfen hatte. Seine Entrüstung versetzte ihn plötzlich in Wut. Er zog seine Börse und warf den ganzen Inhalt durch das Gitter „mit solchem Krach, daß alle Umstehenden sich sehr ob solcher prächtigen Opfergabe verwunderten". Darin lag wieder ein Zug des alten Franz. Maßlos freigebig, impulsiv und nicht abgeneigt, die Hauptfigur eines kleinen Dramas zu sein. Doch dieses restlose Opfer blieb nicht ohne Wirkung auf ihn selbst.

Er ging durch das dunkle Kirchenschiff ins helle Sonnenlicht hinaus, wo er sich den Bettlern gegenübersah, die auf den Stufen ihre Schwären, ihre Lumpen, ihren Schmutz und ihr Elend zur Schau stellten, mit ihren heißen Händen sich an die Vorübergehenden klammerten und schrien: „Un soldo, Signore. Per amor di Dio."

Doch jetzt konnte er zum ersten Male nicht um Gottes willen geben, da er all sein vorhandenes Geld gerade durch das Gitter geworfen hatte. Für den Augenblick war auch er mittellos und hatte außer sich selbst nichts zu geben. Warum zögerte er denn? Warum sollte er sich nicht diesen Menschen geben, einen Tag lang einer von ihnen sein, erfahren, wie einem dabei zumute ist, sich selbst auf die Probe stellen? Er würde gerade für einen Tag das Gewand der Frau Armut tragen und sehen, ob er es ertragen könne. So ergriff er einen erstaunten Bettler und brachte ihn dazu, ihm einen Tag lang seine Kleider zu leihen. An einer verborgenen Stelle legte er seine feinen Kleider ab und zog die schmutzigen Lumpen des Bettlers an. Dann ging er zu den Stufen von Sankt Peter zurück und stand dort den ganzen Tag, Almosen um Gottes willen bettelnd, und er bettelte auf französisch, in der Sprache, der er sich stets bediente, wenn er tief bewegt war. Es war ein großer Augenblick seines Lebens. Er hatte den ersten Sieg über den Stolz errungen, der ein Teil seiner anspruchsvollen Art war, hatte den ersten Schritt zur endgültigen Entscheidung getan, den er so verzweifelt gefürchtet hatte.

Als er wieder in Assisi war, fuhr er in Gebet und Selbstverleugnung fort, suchte nach dem himmlischen Schatz und bat Gott, ihm zu zeigen, was er tun solle. Mehr und mehr zog er sich von seinem alten Leben zurück, denn „es wurde seinem Geist zugeraunt, daß die Verachtung der Welt zu den Gütern des Geistes führt und daß der Sieg des Heilands mit einem Sieg über das eigene Ich beginnt".

Schon bald schenkte es ihm Gottes Gnade, seinen bisher größten Sieg zu erkämpfen. Eines Tages ritt er heimwärts nach Assisi auf der Straße, die ihn dem Aussätzigenspital von San Salvatore, das von dem Crociferi-Orden betreut wurde, ziemlich nahe brachte. Plötzlich sah er zu seinem Entsetzen einen Aussätzigen auf seinem Pfad, und der alte Abscheu, die alte Furcht vor der Verstümmelung ergriff und würgte ihn. Noch vor kurzem würde er seiner Furcht nachgegeben, sein Roß zur

Seite gerissen, dem armen Teufel eine Münze zugeworfen und sein Gesicht mit der Hand bedeckt haben, aber jetzt war eine Kraft in ihm, die stärker war als all seine Furcht. Er tat sich Gewalt an, kämpfte Ekel und Angst nieder und gab sich in die Hand der Liebe, daß sie mit ihm täte, was Liebe tun muß. Er sprang vom Pferd, ging an den Aussätzigen heran und legte das Geld in seine Hand. Dann nahm er sie vorsichtig und küßte sie, indem er mit seinen Lippen das faulende Fleisch berührte. Das war eine mutige Tat, denn man glaubte, daß die Krankheit durch Berührung eines Aussätzigen mit den Lippen übertragen werde. Gleichzeitig war es ein Ausdruck von Ehrerbietung, da der Handkuß die traditionelle Huldigung war, die einem Priester als Vertreter Christi zukam. In diesem höchsten Augenblick seines Lebens sah Franz im leidenden Geschöpf das Leid des Herrn. Er umarmte den Mann, und der erstaunte, erschütterte Aussätzige, der vielleicht gerade noch genug sehen konnte, um die glühende Liebe in den Augen des jungen Mannes wahrzunehmen, gab ihm den Friedenskuß. Franz bestieg sein Pferd und ritt freudigen Herzens nach Assisi zurück.

DAS KREUZ

O Weisheit du, an Liebe selbst verloren
Und stets bereit, dich liebend uns zu einigen
Aus Liebe du, nicht Fleisches Schoß geboren
Du Mensch gewordne Liebe, uns zu reinigen
Aus Lieb für uns hast du das Kreuz erkoren
Aus Lieb, ich fühls, verschmäht, dich zu
                                      [verteidigen
Und ließest stumm dich peinigen
Vor des Pilatus Thron
Zahlend der Sünde Lohn
Für uns am Kreuz der Liebe.

Aus Jacopone da Todis Lauda „Amor de
Caritate", die auch dem heiligen Franz
zugeschrieben wird

1

Von jenem Tage an begann er, die Aussätzigen zu besuchen, ihnen Almosen zu geben und ihre Hände zu küssen. Viele Jahre später schrieb er in sein Testament: „Der Herr selbst führte mich unter sie, und ich erbarmte mich ihrer. Und als ich sie verließ, war das, was mir bitter erschienen war, in Süßigkeit für Leib und Seele verwandelt." Sein Weg zu Gott führte immer abwechselnd durch Licht und Schatten aufwärts, und jetzt, wo die erste Leidensperiode vorüber war, ließ der Sieg über sein Ich ihn Glück empfinden. Beten und Dienen war jetzt sein Leben. Ganz von Liebe durchstrahlt war dieses Leben des Himmelreichs, das er in Frieden, Freuden und der Pein des Erbarmens voll auskostete. Er muß sich über die Seltsamkeit dieses Doppellebens gewundert haben. Seinen Blicken bot sich die Schönheit des italienischen Landes dar, das der Landschaft des Paradieses glich, und in seinem Herzen war paradiesische Zufriedenheit. Dennoch sahen seine Augen gleichzeitig die Qualen dieser Menschen, die ihm das Herz durchbohrten. Trotz der Süßigkeit in Leib und Seele muß er sich andauernd die Frage vorgelegt haben, die die Menschheit immer gepeinigt hat: Warum? Warum dieses fürchterliche Leiden? Franz war ein einfacher Mann, nicht der Typ, den intellektuelle Probleme martern, und er wußte um die Liebe Gottes bereits zu wohl, um an ihr zu zweifeln. Doch wäre er kein Mensch gewesen,

33

wenn er sich nicht gefragt hätte: Wie kann der Gott der Liebe, der die Welt so schön gemacht hat, solche Leiden zulassen? Er muß auch gefühlt haben, daß sein derzeitiger Dienst an den Armen Gottes noch längst nicht genügte, denn hinter ihm stand noch die Sicherheit seines Heims. Was sollte er nach Gottes Willen tun?

Eines Tages kam er nahe an der Kirche San Damiano vorbei. Sie stand auf einem kleinen Hügel, der die Ebene überragte. Ein Haus für den Priester stand daneben, und ringsherum wuchsen Olivenbäume, Rosmarin- und Lavendelbüsche. Es war ein lieblicher Ort voller Duft, aber das Kirchlein war alt und zur Ruine zerbröckelt. An jenem Tag fühlte Franz einen überwältigenden Drang, hineinzugehen und dort zu beten. In der Kirche mit den zerfallenen Mauern, dem zerborstenen Boden, zwischen dessen Steinpflaster Unkraut empordrang, war ein einfacher Steinaltar mit einem Kruzifix dahinter. Franz kniete vor dem Altar nieder und betete um Erleuchtung. Er sagte: „Großer und herrlicher Gott und Du, Herr Jesus, ich bitte Dich, gieße Dein Licht in das Dunkel meines Geistes. Lasse mich Dich finden, Herr, daß ich in allen Dingen nach Deinem heiligen Willen handeln möge." Das war sein Leben lang sein Gebet, daß er Gottes Willen tun möge, und er wollte Gott nicht nur finden, weil ihn zu finden Freude macht, sondern weil die Vertiefung seiner Vereinigung mit Gott ihm eine strengere Erfüllung des göttlichen Willens ermöglichte. Im Gebet sah er das Kruzifix an. Es ist noch vorhanden, und man kann es heute in der Kirche Santa Chiara in Assisi sehen. Es ist ein bemaltes, byzantinisches Holzkruzifix und stellt Christus, erhobenen Hauptes und mit offenen Augen auf die Leiden der Welt blickend, dar. Die Haltung der Figur wirkt so, als wollte der Gekreuzigte sagen „Kommet zu mir". Franz betete weiter, den Blick fest auf die Leidensgestalt gerichtet. „Lasse mich Dich finden, Herr." Und nochmals, wie in Spoleto, hörte er den Herrn zu sich mit Freundesstimme sprechen und sagen: „Franz, gehe hin und baue meine Kirche wieder auf, die eine Ruine ist, wie du siehst." Einen oder zwei Augenblicke lang berührte ihn Gott wie damals zu Assisi, als er hinter den anderen zurückgeblieben war, und er fürchtete sich. All seine Sinne erstarben, und er gehörte nicht mehr dieser Welt an. Er kam wieder zu Bewußtsein, und als er begriff, daß Gott einen Dienst von ihm verlangt hatte, sagte er: „Mit Freuden, Herr, will ich sie wieder aufbauen."

Während er dort mit den Augen auf dem Kruzifix im Gebet verharrte, erfüllte ihn die Liebe zu Christus mehr denn je zuvor. Als er die Stimme das erste Mal gehört hatte, glaubte er fest, daß Gott in ihm spreche, aber diesmal schien die Stimme vom Kreuz selbst zu kommen. Christus hatte vom verborgenen Ort des Sühneopfers gesprochen. Er begann entfernt zu verstehen, um welchen Preis Gott die Menschheit erlöst hatte: Es kostete die unglaubliche Demut der Fleischwerdung, die Armut und Arbeit und Heimatlosigkeit Christi auf Erden, die Erniedrigung und Qual seiner Passion und seines Todes. Er verstand, daß, obwohl das Leiden Christi körperlich beendet war, das vereinigende Sühneopfer immer wieder stattfand. Christus regierte noch immer vom Kreuz, sah auf die leidende Welt, zog die Menschen zu sich ans Kreuz, um sie durch sich mit Gott zu vereinigen. Er hatte Christus in dem Aussätzigen gesehen, als er dessen Hand geküßt hatte. Jetzt jedoch sah er das Mysterium des Schmerzes von anderem Gesichtspunkt. Alle Leiden sah er in Christus enthalten. Er wußte, daß nur jenseits des Kreuzes die stillen Wasser und grünen Weiden zu finden sind. Der Weg zum Kreuz hatte ihn an den einzigen Platz geführt, an dem das Fragen zur Ruhe kommen konnte. Wenn es keine ganze Antwort geben sollte, so wurde das bedeutungslos angesichts solcher unaussprechlichen Liebe. Von da an trug der Geist des Franziskus das Siegel des Kreuzes, wie er es am Ende seines Lebens am Körper tragen sollte. Obwohl er niemals aufhörte, die Kranken und Armen in Christus zu lieben und ihnen ergeben bis zum Tode zu dienen, begann nunmehr das Leiden Christi mehr und mehr auf geistige Weise von ihm Besitz zu ergreifen. Nie konnte er die Passion Christi vergessen. Als sein Freund ihn einmal in Tränen sah und fragte, warum er weine, antwortete er: „Ich weine um das Leiden meines Herrn Jesus Christus und sollte mich nicht schämen, in Trauer und Klagen die ganze Welt zu durchziehen."

Als Franz sein Gebet beendet hatte, verließ er die Kirche beglückt, weil ihm gesagt worden war, was er zu tun habe. Später sollte ihm aufgehen, daß Gottes Gebot einen tieferen Sinn hatte, als ihm zunächst klargeworden war, aber es blieb vorerst seiner Jugend und Demut verschlossen. Er gehorchte dem Gebot des Augenblicks in seiner ihm stets eigenen einfältigen Buchstabentreue. Seine demütigen Taten, von Gehorsam bestimmt, folgten sich sein Leben lang wie Glieder einer Kette und enthüllten ihm schließlich den gesamten Inhalt seiner Bestimmung nach Gottes Willen. Vor der Kirche fand er den alten Priester, der die Kirche betreute, unter den Olivenbäumen in der Sonne sitzen und gab ihm eine große Summe Geldes, um Öl für die Lampe vor dem Kruzifix zu kaufen, die fortan immer brennen sollte. Dann bestieg er sein Pferd und ritt davon.

Anfangs schien ihm der Aufbau von San Damiano keine schwere Arbeit, denn als Sohn eines reichen Mannes dachte er vorerst noch an die finanzielle Seite. Für Gold gab es die Steine und den Mörtel, die er brauchte, Gold ermöglichte alles, man brauchte also, was für ein Dienst auch von einem gefordert wurde, nur die Hand in die Tasche zu tun. Augenblicklich war seine Tasche zwar leer, aber es war ein leichtes, sie wieder zu füllen, besonders weil sein Vater gerade abwesend war. Er nahm einige Rollen wertvollen Tuches aus dem Warenlager, lud sie auf sein Pferd, bekreuzigte sich, das Tier und das Tuch, die so alle zugleich Gott geweiht wurden, und ritt südwärts nach Foligno. Er ritt durch die Straßen auf den Marktplatz und verkaufte vor Santa Maria Infra Portas sein Tuch und sein Pferd und wanderte die 16 Kilometer nach Assisi zurück durch den Wald.

Mag sein, daß er auf dieser langen Wanderung zu einem wesentlichen Entschluß kam. Im materiellen Sinne war der Verkauf seines Pferdes der erste Schritt zur Selbstentäußerung. Er hatte Geld weggegeben, doch das hatte dem Vater gehört, er hatte Kleidung weggegeben, doch die ließ sich rasch aus den Tuchen in des Vaters Lager erneuern, das Pferd aber war sein eigen gewesen, und die Trennung muß ihm, der Tiere so liebte, hart angekommen sein. Vielleicht hat dieses Opfer ihm zum nächsten Schritt verholfen: zur Aufgabe seiner Heimstatt. Wie dürfte er in solcher Bequemlichkeit verbleiben, wenn Christus, der vom Kreuz zu ihm gesprochen hatte, nirgends sein Haupt hatte niederlegen können, wenn Bettler zusammengekauert vor Haustüren und in schmutzstarrenden Löchern schliefen, die für einen Hund nicht gut genug waren? Er wollte den Priester in San Damiano fragen, ob er sein verfallenes Häuschen mit ihm teilen dürfe.

Nachdem Franz dem alten Priester die Hand geküßt und ihm die ganze Geschichte erzählt hatte, war jener einverstanden, Franz bei sich leben zu lassen, weigerte sich jedoch, irgend etwas mit dem Geld aus Foligno zu tun zu haben; er fürchtete den Zorn des Pietro Bernadone, der nach seiner Heimkehr her-

ausfinden würde, was sein Sohn in seiner Abwesenheit ange-
stellt hatte. Franz warf das Geld auf das Fensterbrett der kleinen Kirche und vergaß es, denn da der Priester ihm nicht erlaubte, es zum Wiederaufbau von San Damiano zu verwenden,
war es nun für ihn wertlos.

Er machte sich bei dem freundlichen Alten heimisch und
teilte dessen ärmliche Behausung und seine kärgliche Nahrung.
Man kann ihn sich vorstellen, wie er dem Priester bei der
Messe diente und wie er in der Kirche vor dem Kruzifix betete,
über die Sünden der Welt und den armen gekreuzigten Mann
weinte, der solch großes Opfer für sie gebracht hatte; und wie
er sich, gleich einem Ritter auf der Wacht, dem Dienste Christi
und der Frau Armut weihte. Vorerst war er allerdings noch
ein ziemlich unsteter Ritter, weil er die Befürchtungen des
alten Priesters teilte. Was würde Pietro Bernadone sagen, was
tun? Franz bemerkte, daß nahe der Behausung des Priesters
eine unterirdische Höhle war, in der er sich verbergen könnte,
falls es zum Schlimmsten kommen sollte.

Dazu kam es auch sofort nach Pietros Rückkehr von der
Reise. Das Verschwinden der Tuchballen, des Pferdes, des Er-
löses dafür und obendrein seines Sohnes war zuviel für ihn.
Er war mit seinem ungewöhnlichen Sohn geduldig gewesen,
wenn er sein Gut verschwendete und reiche Almosen gab. Man
kann die Liebe zu seinem Sohn daran ermessen, daß Franz
keinerlei Gewissensbisse empfunden hatte, den wertvollen
Stoff zu veräußern und sich den Gegenwert anzueignen. So
liebevoll und nachgiebig war er stets gewesen, daß Franz es
für selbstverständlich hielt, den Besitz seines Vaters als sein
eigen zu betrachten. Zweifellos wäre er noch weiterhin geduldig geblieben, hätten seines Sohnes jüngste Streiche ihn nicht
an seiner empfindlichsten Stelle, seinem Geschäftsgeist, getroffen, und seinen Stolz verletzt. Der Verlust des Tuches, das sein
Sohn weit unter dem Wert auf dem offenen Markt in Foligno, dem bedeutendsten Handelszentrum der Gegend, verkauft
hatte, war ebenso unerträglich wie seine beschämende neue
Lebensweise. Es mochte hingehen, daß Franz aufgrund seiner
gesellschaftlich überlegenen Stellung freigebig zu den Armen
war, was dem Namen Bernadone Ehre eintrug; aber es war
etwas anderes, wenn er sein Heim verließ, um genauso zu
leben wie sie. Der Junge hatte sich zum Gespött der Stadt
gemacht und dadurch seinen Vater in gleicher Weise gedemütigt wie sich selbst. Pietro war auf seinen ältesten Sohn sehr

stolz gewesen, hatte große Hoffnungen in ihn gesetzt. Die waren nun dahin, und in seiner Herzensqual und Wut rief er einige Freunde auf, ihm zu helfen, sich mit ihm nach San Damiano aufzumachen und Franz nach Hause zurück, ihn wieder zu Sinnen zu bringen. Doch hatte irgendein Familienmitglied — höchstwahrscheinlich seine Mutter — Franz verständigt, und als sein Vater ankam, war er nirgends zu finden. Unverrichteterdinge mußte Pietro heimziehen und hing in Zorn und Gram seiner wachsenden Verbitterung nach.

Einen Monat lang blieb Franz in der Höhle, er fürchtete sich herauszukommen und seinem Vater gegenüberzutreten. Diese Haltung ist schwer vereinbar mit dem Mut, der ihn sein ganzes Leben lang auszeichnete, und war vielleicht in der Hauptsache von Reue hervorgerufen. Jetzt wurde ihm klar, was für Leid er Vater und Mutter bereitete. „Denn ich bin gekommen, den Sohn zu entzweien mit seinem Vater . . . , und so werden des Menschen Feinde seine eigenen Hausgenossen" (Ut. 10,34) heißt einer der ernsten Aussprüche Christi. Das gilt für beide Seiten, denn die Entwicklung eines Heiligen, das Ausbrennen der Schlacke im Feuer, kann sowohl von dem Heiligen selbst wie von seiner unglücklichen Familie eine gewaltige Anstrengung fordern. Christus in Armut zu dienen, hatte Franz gelobt, und diesem Gelöbnis treu zu sein, war er fest entschlossen, doch fürchtete er sich, den Schmerz und Gram von Pietro und Pica mitanzusehen. Wie konnte er diese Liebe für Christus erklären, die ihn zutiefst ergriffen hatte? Es war ihm so neu, so kostbar, und der Versuch, davon zu den Verständnislosen, den Verächtern zu sprechen, würde einer Art Entweihung gleichkommen. Vielleicht hatte er auch Angst, daß sein Vater ihn verwünschen würde, und nichts fürchtet ein Italiener mehr als den elterlichen Fluch.

Der Monat in der Höhle war eine Zeit großen Leidens für ihn. Die Nahrung, die seine Freunde ihm heimlich brachten, erhielt ihn am Leben, aber Gott allein konnte ihn trösten, während er in der Einsamkeit seines dunklen Verstecks den Weg des Gebetes und der Buße ging. Der Trost blieb nicht aus: Es kamen Augenblicke des Lichts, die sein Gemüt und seinen Geist wie Sonnenschein erhellten; es kam die Scham, und es kam auch der Mut. Mit dem Mut zugleich gibt Gott uns den Auftrag zur Tat, und als er Franz zuteil wurde, wußte dieser, daß er herauskommen und seinen Vater gegenübertreten müsse. Das war der nächste Schritt, und wenn er diese einfache Leistung des Gehorsams verweigerte, so war er nicht der Diener seines Herrn.

2

Also kroch er aus der Höhle hervor in die Sonne und schleppte sich den steilen, steinigen Weg zur Stadt hinauf, schwach und eingefallen nach der langen Zeit des Leidens und des Kämpfens, schmutzig, zerlumpt und heruntergekommen. Als er in die Straßen der Stadt kam, sahen ihn die Leute zunächst mitleidig an, denn sie erkannten ihn nicht. Dann verbreitete sich die Kunde: „Es ist Francesco Bernadone!", und das Mitleid wandelte sich in Verachtung. Sie fingen an, ihn zu verlachen und verhöhnen, ihn mit Kot und Steinen zu bewerfen, und als er das geduldig ertrug, während er mühselig den Weg über die Piazza Nuova zum Hause seines Vaters nahe dem Marktplatz zurücklegte, kamen sie zu dem Schluß, daß er verrückt sei, und schrien: „Pazzo! Pazzo!" Italienische Kinder begeistern sich geradezu für einen Verrückten. Sie stürzten aus den dunklen Gassen hervor, und bald umgab Franz eine johlende Menge, und Schmutz und Steine flogen reichlicher. Pietro hörte im Hause, wie man „Pazzo!" schrie, und trat auf die Straße hinaus, um den Spaß mitanzusehen. Der zerzauste, wundgeschlagene und kotbespritzte, vor Erschöpfung halbohnmächtige Irre aber war sein eigener Sohn.

Pietro, immer schon jähzorniger Natur, wurde von einer sinnlosen Raserei erfaßt. Wütend brüllte er die Menge und seinen Sohn zugleich an, ergriff ihn und zerrte ihn ins Haus. Aber er fühlte kein Erbarmen für seinen Sohn; er ließ sich keine Zeit, mitleidig zu sein. Er peitschte ihn grausam und warf ihn in ein kleines Verlies unter der Erde, das man noch heute besichtigen kann, und hier blieb Franz einige Tage allein. Wie aus weiter Ferne drangen die Geräusche aus dem Hause zu ihm; er war in seinem Heim, und doch litt er seine Schmerzen allein im Halbdunkel, abgesperrt von Lachen und Liebe, die ihn einst umgeben hatten. In seiner Höhle hätte er sich in seiner größten Angst nichts Ärgeres vorstellen können als dies. Aber er ertrug es mit Freuden, denn auch Christus war auf dem Kreuzesweg verhöhnt worden, und man hatte ihn ausgepeitscht. Die Behandlung, durch die Pietro seinen Sinn zu brechen gehofft hatte, stärkte ihn, weil sie ihm Verbundenheit mit den Leiden Christi schenkte. Als Pietro zu ihm kam, ihm zu sagen, daß er auf eine neue Reise gehe, fand er seinen Sohn noch immer standhaft. In einem letzten jämmerlichen Versuch, ihn durch Härte zu unterwerfen, legte er Franz Handfesseln an und entfernte sich darauf in großer Herzensnot.

Dann kam Pica in das Verlies, nahm ihm die Fesseln ab, sorgte für ihn und tröstete ihn. Wir besitzen keine Aufzeichnungen über das, was sie bei diesem, wohl ihrem letzten Zusammensein zueinander sagten. Vielleicht haben sie nie davon gesprochen und es wie einen verborgenen Schatz gehütet, den sie nur in der Erinnerung und im Gebet betrachteten. Picas Versuch, Franz dazu zu bewegen, seinem Vater nachzugeben, blieb erfolglos, und sie mag sich auch nicht sehr darum bemüht haben. Sie wußte von jeher, daß ihr Lieblingskind in einem besonderen Sinne Gott gehörte. So übergab sie ihn Gott, brachte ihn zum Haustor, sagte ihm Lebewohl und sah ihn von seinem Elternhaus fortgehen, in das er nie mehr zurückkehren sollte. Als Pietro nach Hause kam, überhäufte er seine Frau mit Vorwürfen, und das ist das letzte, was wir von ihr hören: daß sie Franz zuliebe Pietros Zorn ertrug. Es wäre schön, wenn wir annehmen dürften, daß sie lange genug gelebt habe, um ihren Sohn geliebt und von ganz Italien verehrt zu sehen, doch ist sie wahrscheinlich verhältnismäßig jung gestorben; denn Franz sagte in späteren Zeiten, daß er nur zwei Frauen von Angesicht kenne; und das dürften wohl die heilige Klara und die Edelfrau Giacoma di Settesoli gewesen sein. Seine Mutter wird nicht erwähnt. Er ehrte die Frauen, die ihre Söhne dem von ihm gegründeten Orden gegeben hatten, immer besonders und nannte sie die Mütter des Ordens. Aber von Pica erfährt man nichts mehr. Obwohl wir nur wenig von ihr wissen, bleibt sie eine der großen Gestalten in der franziskanischen Geschichte. Durch alles, was sie ihren Sohn lehrte, durch alles, was in ihrem eigenen Wesen war, machte sie ihn im voraus empfänglich dafür, den Ruf Gottes zu hören und ihm zu gehorchen, als er zu ihm drang.

3

Aber Pietro und Franz waren noch nicht am Ende miteinander, und der letzte Akt des Kampfes zwischen Vater und Sohn war so dramatisch wie alles in dem bewegten Leben von

Franz. Beide waren gleichermaßen entschlossen. Pietro versuchte alles Erdenkliche, um seinen Sohn wieder zur Vernunft zu bringen, doch war Franz nicht zu bewegen, Christus, seinem Lehnsherrn, die Treue zu brechen.

Nachdem Franz sein Elternhaus verlassen hatte, ging er schnurstracks nach San Damiano zurück, wohin ihn Pietro verfolgte. Diesmal jedoch verbarg Franz sich nicht in der Höhle, sondern empfing ihn tapfer. Sein Vater bestürmte ihn und schlug ihn mit Fäusten, aber er ertrug Wut und Schläge demütig und geduldig. Da erkannte Pietro, daß Gewalt eine nutzlose Waffe war, und versuchte, seinen Grimm zu zügeln und mit Franz in sanften Worten zu feilschen. Er solle, sagte er, seinen eigenen Weg gehen, wenn er seiner Erbschaft entsagen und das Geld zurückgeben würde, das er sich in Foligno angeeignet hatte. Vielleicht hoffte Pietro im tiefsten Herzen, daß die Familie und seine Stellung als ältester Sohn ihm noch etwas bedeute und er sie letzten Endes doch nicht aufgeben würde, aber Franz zeigte sich durchaus bereit, auf die Erbschaft zu verzichten. Das Geld hingegen wollte er nicht herausgeben. Er hatte es der Kirche geschenkt und nahm an, daß er zur Rückgabe nicht mehr berechtigt sei.

Pietro ritt verärgert und trübselig, doch nicht ohne alle Hoffnung nach Assisi zurück. Er ging geradewegs zum Rathaus auf dem Marktplatz und trug seine Nöte den Räten vor, bei denen er Verständnis fand. Sie sandten einen Boten nach San Damiano, um Franz vor das Gemeindegericht zu laden. Pietro hoffte vielleicht, daß sein empfindsamer, zarter Sohn in einem Familienstreit den Räten niemals die Stirn bieten würde. Franz weigerte sich dem Boten gegenüber zu erscheinen, jedoch nicht aus Schamgefühl. Er sagte, daß er als Mann, der sich dem religiösen Leben geweiht habe, nicht der weltlichen Gerichtsbarkeit, sondern nur dem Bischof untertan sei. Pietro ging zum Bischof, und Franz wurde vor den bischöflichen Gerichtshof geladen. Diesmal erklärte er sich einverstanden und sagte: „Gern will ich vor den Herrn Bischof treten, denn er ist der Vater und der Herr der Seelen."

Der Tag der Verhandlung kam. Es war ein kalter Vorfrühlingsmorgen, doch nicht kalt genug, um die Bürger von Assisi, die wissen wollten, was sich zwischen Vater und Sohn zutragen werde, vom Besuch des bischöflichen Palastes abzuhalten. Der Streit in der Familie Bernadone muß damals Stadtgespräch gewesen sein, und die Meinungen waren geteilt: Pietros Altersgenossen waren, von Mitgefühl für ihn erfüllt, einmütig für elterliche Autorität. Die mit Franz befreundeten jungen Männer zweifelten nicht daran, daß er von Sinnen wäre, doch standen sie ihm trotzdem gegen den Vater bei. Die alten und jungen Männer in den bunten Gewändern und pelzverbrämten Mänteln strömten in die Halle des Palastes, den sie bis zum letzten Platz füllten. Aber als sie ihre Sitze eingenommen hatten, schlichen sich wohl die Armen, zu denen Franz so freigebig gewesen war, an die Tür und standen in ihren Lumpen fröstelnd im kalten Wind. Sie wollten erfahren, was dem Jüngling mit dem bleichen Gesicht geschehen werde, den sie zuletzt gesehen hatten, als man ihn auf der Straße steinigte.

Bischof Guido kam im Ornat und begab sich feierlich auf seinen Sitz. Pietro und Franz traten vor und standen zu beiden Seiten des Thrones einander gegenüber. Es muß für manch einen überraschend gewesen sein, daß Franz eines seiner alten bunten Gewänder angelegt hatte. War es seine Absicht nachzugeben? Aber auf dem ernsten, jungen Gesicht war kein Anzeichen dafür, als er seinen Vater die Klage und den Anspruch an ihn vortragen hörte. Nach Pietro war Franz an der Reihe zu sprechen, doch verharrte er in demütigem Schweigen. Dann sprach der Bischof das Urteil, und obwohl er Franz liebte, entschied er zugunsten des Vaters: Franz müßte das Geld zurückgeben, er habe kein Anrecht auf Bereicherung aus dem Verkauf von seines Vaters Gut, auch dann nicht, wenn er das Geld für den Wiederaufbau einer Kirche und nicht für sich selbst verwenden wolle. Der Bischof faßte das kurz zusammen, indem er etwas verächtlich sagte: „Gott will nicht, daß man seiner Kirche mit Besitz helfe, der vielleicht auf unrechte Art erworben wurde." Weil er aber Franz liebte und glaubte, daß Gott tatsächlich Großes mit ihm vorhätte, fuhr er sanft zu sprechen fort: „Setze dein Vertrauen in den Herrn, mein Sohn, sei stark und fürchte nichts, denn Er wird dir helfen und dir im Überfluß geben, was für das Werk seiner Kirche notwendig ist."

Franz hatte das Geld mitgebracht und gab es zurück. Er war bereit gewesen, sich dem Spruch des Bischofs zu fügen, und er mochte auch jetzt eingesehen haben, daß er das Tuch nicht hätte verkaufen dürfen. Gott wollte, daß er die Damianskirche nicht als Reicher, sondern als Armer wiederaufbaue. Dazu würde er ihm den Weg zeigen, sobald er sich bedingungslos ganz der Armut Christi weihte. Die Worte des Bischofs stärkten ihn wieder, denn er glaubte, daß sie direkt von Gott kämen. Sie ermutigten ihn zu tun, was er meinte, tun zu müssen, und was er zu tun geplant hatte, als er die alten bunten Kleider anlegte. Seit langer Zeit schon hatte er ein Ding nach dem anderen aufgegeben: Träume und Freunde, Bequemlichkeit und Vergnügungen, Abscheu und Furcht, Eigenliebe und Eigenwilligkeit, und nun tat er das letzte, das nötig war, ihn für immer von seinem alten Leben zu lösen. Glühend vor Begeisterung, streifte er die prächtige Kleidung Stück um Stück ab und warf sie auf den Boden, seinem Vater vor die Füße, mit den Worten: „Herr Bischof, ich will ihm nicht nur mit Freuden das Geld zurückgeben, das ihm gehört, sondern auch meine Kleider." Dann stand er, nur mit seinem härenen Büßerhemd bekleidet, vor allem Volk und rief mit seiner klaren, klingenden Stimme: „Höret alle und wisset: Bisher habe ich Pietro Bernadone meinen Vater genannt; jetzt gebe ich ihm alles zurück, was ich von ihm erhalten hatte, weil ich nur noch sagen will: ‚Vater Unser, der Du bist im Himmel, vor dem ich alle meine Schätze niederlege und in den ich all mein Vertrauen und meine Hoffnung setze!' "

Diese erschütternde Handlung machte Eindruck, doch wäre es weit gefehlt, sie als typisch für ihn anzusehen, weil er es in jüngeren Jahren geliebt hatte, angenehm aufzufallen. Aber mit solchen Nichtigkeiten hatte er nun abgeschlossen. Dramatisch sein mußte er, denn das Drama war Teil seines Naturells, wie es das in mehr oder minder starkem Maße bei allen Italienern der Fall ist, die eine Sache darstellen müssen, ehe sie sie ganz begreifen. Dies aber war eine neue Art von Drama, ein Stück Symbolismus, das nicht ihn, sondern Gott verherrlichte. Später sagte sein Biograph, Thomas von Celano, von ihm: „Er schuf aus seinem ganzen Körper eine Zunge, um das Evangelium zu predigen", und das war nun der Anfang dazu. Seine halbnackte Gestalt verkündete, daß ein Mensch nicht ins Himmelreich eingehen könne, wenn er nicht in Selbstverneinung und Demut neu geboren würde; daß im Himmel unser höchster Schatz und in Gott allein unsere Zuversicht und Hilfe sei. Diese endgültige Abkehr vom Äußerlichen machte Franz zur einheitlichen Persönlichkeit; Körper, Geist und Seele waren durch seine glühende Liebe für Christus zum Schwert der Lauterkeit zusammengeschmiedet worden. Man sagte in späterer Zeit, daß seine Predigten seine Hörer durchbohrten, und diese seine erste Predigt war nicht weniger durchdringend als jene, die folgen sollten, und die unbewußte Macht, durch die er große Volksmengen mitreißen konnte, war bereits jetzt so offenbar wie auf der Höhe seines Lebens. Das Gefühl der Menge in der Halle kehrte sich gegen den Vater und entschied sich für den Sohn. Manche Leute weinten nicht nur aus Mitleid mit Franz, sondern wie man weint, wenn man tiefbewegt ist vom Klang einer Musik, die einem jene hohen, weitentfernten Dinge bewußt macht, nach denen unser Herz sich verworren sehnt und die wir doch aus Feigheit nicht erwerben. Bischof Guido, der wie die übrigen weinte, wurde zum Mithandelnden in diesem Drama. Er erhob sich und legte seinen eigenen Mantel um Franz, der wohl vor Erschöpfung zitterte. Er erschauerte im kalten Wind, der durch die unverglasten Fenster drang, da er durch die fürchterliche Anstrengung entkräftet war. Den Zuschauern schien die Handlung des Bischofs genauso symbolisch wie die von Franz selbst. Wer um Christi willen heimatlos wird, steht immer unter dem Schutz seiner Kirche.

Pietro hatte sein Geld, doch hatte er keine Freude daran. Ihm blieb nichts weiter übrig, als sein Pfund Fleisch zu nehmen und davonzugehen. In Gram und Zorn raffte er die Kleidung seines Sohnes zusammen, dem er nicht ein einziges Stück ließ. Als er aus der Halle ging, hörte er hinter sich die murrende Menge. Dann begab er sich gebrochenen Herzens nach Hause.

Man brachte Franz ein paar Kleidungsstücke: einen Kittel, der einem Landarbeiter des Bischofs gehörte, und ein Paar grobe Filzstiefel. Franz nahm ein Stück Kreide und zeichnete ein Kreuz auf den Kittel. Nun war er wirklich ein Ritter Christi und der Bräutigam der Frau Armut. Er nahm Abschied vom Bischof und ging durch die Halle zur Tür, vor der sich die kranken und zerlumpten Bettler versammelt hatten. Frohen Herzens trat er hinaus zu ihnen, um von nun an für immer zu ihnen zu gehören.

DER ERBAUER

Wo nach Christus ist Verlangen
Ist das Alte schon vergangen
Eines tauscht des andern Meinung
In dem Wunder der Vereinung.

Leb ich, leb ich nicht das Meine
Bin ich, ist mein Sein das Seine
Dieses ist ein solch Verwandeln
Daß ich nicht davon kann handeln.

Jacopone da Todi, Lauda „Von der heiligen
Armut und ihren drei Himmeln"

1

Franz begann nicht sofort mit dem Wiederaufbau der Damianskirche. Wie eine Lerche, die aus der Gefangenschaft freigelassen ist, mußte er erst seine Flügel erproben. Er fühlte, daß er Assisi, ja selbst seine geliebten Aussätzigen und den alten Priester von San Damiano verlassen und seine neugewonnene Freiheit mit Gott allein erleben müsse.

Er zog singend aus und war so glücklich wie damals, als er den Aussätzigen geküßt hatte, erfuhr wiederum die Freude, sich selbst bezwungen zu haben, fühlte, wie die Fesseln von ihm abfielen und die Flügel sich entfalteten. Es war Frühling auf der Welt und in seiner Seele, als er Assisi verließ und den Bergpaß nach Gubbio hinaufstieg. Unter dem schmelzenden Schnee war grünes Gras, und die Sonne schien warm. Die schwellenden Knospen hatten einen farbigen Schleier über die Bäume gebreitet, und aus den Wäldern hallte das Singen der Vögel. Von der Schneeschmelze angeschwollen, rauschte das Wasser der kleinen Bäche über die Steine, der Wind trug den Duft von feuchtem Moos und Farn herüber, und die ersten Frühlingsblüten öffneten sich zaghaft. Er war so glücklich, daß er die Lieder der Troubadours in seinem geliebten Französisch sang, und seine prachtvolle Stimme klang wie das Lied des Wassers und der Vögel.

Durch die Eichen- und Pinienwälder stieg er hinauf zu den hohen, kahlen Berghängen, wo der Wind kalt und erfrischend war wie ein Schluck kühler Wein. Unter sich sah er Assisi an den Hängen des Monte Subasio, die ganze weite Ebene Umbriens und die Berge, die sich gegen den blauen Himmel türmten. Jetzt könnte er die Lerche über sich singen hören und wie nie zuvor ihre freudige Leidenschaft für Raum und Licht verstehen. Er war frei wie sie und teilte mit ihr und allen Vögeln, Tieren und Blumen das Abenteuer, sich ganz allein auf Gott zu verlassen. Es gab ihm ein neues Gefühl, ihr Bruder zu sein, eins zu sein mit dem ganzen Weltall, das dem Menschen so gewaltig erscheint und doch in Gottes Auge nicht mehr ist als ein Tautropfen, der zur Erde fällt.

Vielleicht lächelte er beim Anblick der weit entfernten Städte — Städte, die wie Spielzeug aussahen — in der Erinnerung an die Menschen, die sich plagten und ihren Schweiß vergossen, stritten und nach mehr Essen und Trinken, Häusern und Kleidern gierten, die das „sich erhalten" nannten und vergaßen, daß das, was sie erhielt, einzig die Hand Gottes war. Wenn Gott diese sanft stützende Hand von ihnen abzöge, würde das Universum in den Abgrund stürzen. Er lachte, denn nun war er frei von all dem beschwerlichen Wust irdischer Nichtigkeiten und verstand zutiefst den Widerspruch von des Menschen herrlicher Gefahr und seiner vollkommenen Sicherheit.

Er wanderte weiter und kam an eine einsame, bewaldete Stelle, wo die Hügel gegen Gubbio abzufallen begannen. Nun nahm die Geschichte eine Wendung ins Humoristische, die zu der geistigen Erhabenheit im bischöflichen Palast einen scharfen Kontrast bildete. Er stand immer zwischen Leid und Freude, wußte nie genau, ob der Zustand des Menschen mehr zu beweinen oder zu belachen sei, und durch das glänzende Gewebe seines Lebens zog sich immer ein derber Faden von Schwank und Märchenphantasie. Hier spielte sich die Szene unter Mitwirkung einer Räuberbande ab, die sich aus ihrem Versteck auf ihn stürzte und ihn fragte, wer er sei. Selbst in dieser überraschenden Lage blieb er zuversichtlich und furchtlos genug, um sich zu entsinnen, daß er Johannes hieß. „Ich bin der Herold eines großen Königs!" rief er freudig. Auf diese verrückte Antwort hin zogen sie ihm Kittel und Filzstiefel aus und warfen ihn in eine Schneewehe. „Da bleib liegen, blöder Herold", spotteten sie und machten sich davon. Franz stand lachend auf und „pries mit noch lauterer Stimme den Schöpfer des Alls, daß die Wälder davon widerhallten."

Aber in solch kaltem Wetter konnte er kaum die Welt in nichts als nur einem härenen Hemd durchwandern, und er begab sich zu einem Kloster — wahrscheinlich war es Santa

Maria della Rocca bei Valfabbrica —, klopfte an die Pforte und schlug den erstaunten Mönchen vor, ihnen um Essen und Kleidung zu dienen. Sie ließen ihn ein, beschäftigten ihn in der Küche, gaben ihm zu essen, verweigerten ihm aber die Kleidungsstücke. Franz arbeitete einige Tage für sie und verließ sie dann ohne Groll, doch in dem Bestreben, sich etwas zum Anziehen zu verschaffen. Er machte sich nach Gubbio auf, wo er einen Freund hatte, der ihm zu Hilfe kommen mochte. Jahre später, als alle Welt ihn kannte, erhielt er eine ergebene Entschuldigung vom Prior jenes Klosters, und man kann sich vorstellen, wie ihn das belustigte.

Die alte ummauerte Stadt Gubbio an den Abhängen des Monte Calvo muß mit Erstaunen gesehen haben, wie Franz in seinem härenen Hemd durch die steilen Straßen wanderte. Ohne Zweifel wird man ihn ausgelacht haben; ohne Zweifel wird er in seiner damals freudigen Stimmung auch gelacht haben, denn inzwischen war er es gewöhnt, eine Quelle der Belustigung zu sein. Es machte ihm nie etwas, ausgelacht zu werden, er freute sich vielmehr daran, der Gottesnarr zu sein; unerträglich war ihm nur der Ruhm und die Schmeichelei, die den meisten Menschen so viel bedeuten. Wenn man auch in Gubbio lachte, so empfing ihn doch sein Freund — vielleicht jener, der ihm in den harten Tagen von Le Grotte beigestanden hatte — liebevoll. Er gab ihm zu essen und beschaffte Pilgerkleidung für ihn: einen Kittel mit Ledergürtel, Sandalen, Beutel und Stab. Eine Zeitlang arbeitete Franz im Lepraspital in Gubbio und wanderte dann fröhlich zu Fuß nach Assisi zurück. Die Räuber hatten ihm kein Leid getan, und er hatte keinen Hunger gelitten, denn der Gott, auf den er baute, hatte ihn nicht verlassen.

2

Sobald er sich wieder in San Damiano eingelebt hatte, nahm er sich vor, dem Befehl Christi zu gehorchen und die zerfallene Kirche wiederaufzurichten. Als die Frühlingstage länger wurden, die Obstblüten in den Gärten dufteten und der warme, helle Sonnenschein die Stadt überstrahlte, wurde der Troubadour Franz, der in den Straßen von Assisi, während die Kinder sich um ihn tummelten, seine provenzalischen Lieder sang, eine vertraute Erscheinung. Kam er auf einen der offenen Plätze, auf jene hochgelegenen Terrassen, auf die er in der Kindheit und als Jüngling mit den Jugendlichen in Umzügen gezogen war, blieb er stehen und sang einige Kirchenlieder, und wenn er eine kleine Menschenmenge um sich versammelt hatte, hörte er zu singen auf und sprach zu ihnen. Er erzählte ihnen von den zerfallenen Mauern und dem geborstenen Boden der Damianskirche, in der Unkraut zwischen den Pflastersteinen emporschoß; von dem Regen, der durch die Löcher im Dach eindrang und den Altar und sogar die Christusfigur bespritzte, die auf die leidende Welt herabsah. Dann bettelte er um Steine zum Wiederaufbau des kleinen Gotteshauses. In jenen Tagen wurden in der Stadt viele neue Gebäude einschließlich der Kathedrale errichtet, und Steinblöcke waren so reichlich vorhanden, daß man oft Tauschhandel mit ihnen betrieb. Geld wurde, außer von den Reichen, wenig verwendet. Die ärmeren Leute deckten ihre Bedürfnisse durch Tausch. So sang Franz, um Steine zum Bau zu bekommen. Einige hielten ihn für verrückt; andere, die sich der prächtigen jungen Gestalt aus der Vergangenheit erinnerten und ihn jetzt im Pilgerkleid erschöpft von Gebet und viel zu schwerer Arbeit, sahen, waren tief bewegt. „Wer will Steine zum Aufbau der Damianskirche geben?" pflegte er zu fragen. „Wer einen Stein gibt, soll einmal belohnt werden, wer zwei Steine gibt, soll zwiefach belohnt werden, wer drei Steine gibt, soll dreifachen Lohn empfangen." Da brachten sie ihm Steine, die er irgendwie aus der Stadt den steilen Pfad hinunter nach San Damiano schaffte; dort schürzte er seinen Kittel auf und machte sich — immer ein Lied auf den Lippen — energisch an die Arbeit, wobei ihm die Kenntnisse, die er sich als Knabe beim Wiederaufbau der Mauern von Assisi erworben hatte, gut zustatten kamen. Wie er bei seiner Zartheit all diese körperliche Arbeit oder seine anderen gewaltigen Lebensaufgaben bewältigte, ist ein Geheimnis, das im Mysterium der Heiligkeit verborgen liegt.

Hilfe blieb nicht aus, denn bei allem, was er tat, wirkte seine unendliche Anziehungskraft auf Menschen wie die Musik des Rattenfängers von Hameln auf die Kinder. Freundliche Bauern kamen und arbeiteten mit, sangen und lachten mit ihm, ja, man war in San Damiano so glücklicher Stimmung, daß die Bürger von Assisi in ihren freien Stunden hinabstiegen, um das mitzuerleben. Auch vorüberziehende Reisende hielten an, um die Vorgänge verwundert zu beobachten, und ihnen rief Franz zu: „Kommt, helft uns, denn diese Kirche wird eines

Tages ein Kloster für Frauen sein, deren Leben und Ruhm unseren Himmlischen Vater in aller Welt verherrlichen wird." Da halfen auch sie mit und sonnten sich in dem Liebreiz dieses jungen Wahnwitzigen. Denn sie hielten unzweifelhaft, was er über die Zukunft von San Damiano sagte, für Unsinn und nicht für die Erleuchtung eines Mannes, dessen zunehmende Selbstlosigkeit immer häufiger vom aufblitzenden Licht aus jenen zeitlosen Gefilden durchdrungen war, wo Gottes Wille schon Erfüllung geworden ist.

Aber die Arbeit an der Damianskirche ließ Franz nicht die Aussätzigen vergessen. Er unterbrach sie, um entweder in San Salavatore oder in dem Spital von Santa Maria Maddalena bei ihnen zu weilen; sein Dienst an ihnen hatte seit den Tagen, in denen er ihnen Geld gegeben und ihre Hände geküßt hatte, eine Wandlung erfahren. Der heilige Bonaventura gibt in seiner Lebensbeschreibung von Franz ein grausiges Bild von den Ansprüchen, die der Dienst für die Aussätzigen jetzt an ihn stellte. „Er badete ihre Füße und verband ihre Wunden, nachdem er das faulende Fleisch aus ihnen entfernt und das Blut abgewischt hatte." Einer der Aussätzigen war zu den Apostelgräbern nach Rom gepilgert, um Heilung zu erflehen, da die fürchterliche Krankheit seinen Mund und Kiefer weggefressen hatte, aber er war zurückgekommen, ohne daß seine Gebete erhört worden waren, und man kann sich seine Verzweiflung wohl vorstellen. Er traf Franz auf dem Wege, kniete nieder und hätte gern seine Fußspuren geküßt, denn die Aussätzigen liebten Franz von Herzen; doch Franz neigte sich zu ihm hinunter, schloß ihn in die Arme und küßte sein entstelltes Gesicht, worauf das Gebet des Kranken Erhörung fand. Das ist die erste Heilung, die die Liebe Gottes durch die Liebe des Franziskus vollzog.

Wenn ein Mensch entschlossen ist, sich für Gott in Zucht zu nehmen, so ergreift er jede Gelegenheit zur Selbstbezwingung. Wie klein sie auch sein mag, trägt sie doch zu seiner Stärkung bei. Eines Tages brauchte Franz Öl für seine Lampe, die jetzt ständig vor dem Kruzifix von San Damiano brannte, und er ging nach Assisi hinauf, um es zu erbetteln. Es war Abend, und er sah ein erleuchtetes Haus, doch als er sich näherte, bemerkte er, daß eine Gruppe seiner ehemaligen Freunde eine der Gesellschaften gab, deren Initiator er in alten Tagen gewesen war, und er wandte sich beschämt ab. Es hätte sie und ihn selbst in zu große Verlegenheit gebracht, wenn er eingetreten wäre, und er fühlte, daß er das nicht tun könne. Dann erkannte er seine Feigheit und bezwang sie. Er ging zu dem Fest, stand zwischen seinen prächtig gekleideten Freunden in seinem abgetragenen Pilgergewand und bekannte, daß er ein Feigling sei, der sich geschämt hatte, vor sie zu treten, und erbat sich von ihnen Öl um Gottes willen.

Noch schwerer fiel ihm eine andere Tat. Der alte Priester von San Damiano, der ihn liebte, war verzweifelt, Franz am Ende des Tages so erschöpft zu sehen, und da er wußte, wie er zu Hause verwöhnt worden war, bemühte er sich sehr, ihm schmackhafte Mahlzeiten zuzubereiten. Plötzlich wurde Franz sich darüber klar, daß das nicht wahre Armut sei. Wenn er nicht achtgab, würde er sich bald der kleinen Bequemlichkeiten im ärmlichen Heim des Priesters erfreuen, wie er einst den Luxus im Haus seines Vaters genossen hatte. So ergriff er eine Schüssel und ging nach Assisi hinauf und bettelte von Tür zu Tür sein Essen um Gottes willen. Die erstaunten Hausfrauen gaben ihm, was sie an Brocken hatten, und als sie für eine Mahlzeit ausreichten, ging er in einen stillen Winkel, wo er sich setzte und die ekelerregenden Abfälle in seiner Schüssel ansah. Da er nun einmal empfindsam war, wurde ihm übel. Wie konnte er nur diesen abscheulichen Mischmasch zu sich nehmen. Doch das war die Art Nahrung, die der Armut bestimmt war, und da er Armut gelobt hatte, mußte er sie verzehren. So nahm er all seinen Mut zusammen und ging, sich vor Abscheu bei jedem Bissen schüttelnd, zu Werke.

Beim Essen widerfuhr ihm etwas Sonderbares: Das Gefühl des Brechreizes wich, und er fing an, mit Appetit zu essen; doch nicht nur das! Bald empfand er, daß Glück ihn durchglühte. Denn mit der Selbstüberwindung war einer der Augenblicke des Lichts eingetreten, die so oft im Gebet kamen und so viele Dinge erhellten. Er erkannte, daß diese ärmliche Mahlzeit eine Speisung durch die göttliche Vorsehung war. Gott deckte den Tisch für seine Kinder, die Vögel, die Tiere und die Armen, die ihm vertrauten, und denen Er selbst dient, wie Christus seinen Jüngern diente, als er vor ihnen kniete, ihnen die Füße wusch und ihnen seinen Leib und sein Blut zur Nahrung gab. Er sah auch, daß die göttliche Vorsehung ein Kreis von Lieben und Geben ist, in dem Gott seinen Armen durch die Wohltätigkeit seiner Reichen dient und von seinen Armen das Geschenk ihres Dankes empfängt. Nun erhielt er tiefere Einsicht in die Bedeutung der Dreifaltigkeit: die Liebe, die

gibt, die Liebe, die empfängt und dann wieder Liebe zurück-
gibt, und die Liebe, die alles verbindet — Vater, Sohn und
Heiliger Geist. Als er etwas weiter zur Bedeutung der Armut
vordrang, sah er, daß Nehmen seliger denn Geben sein kann.
Bisher hatte er nur gegeben, hatte sich selbst in Liebe und
Dienen ausgeschüttet, und sein Geben war nicht immer frei
vom Makel des Stolzes gewesen; denn der Wille, anderen zu
helfen, bedeutet, obwohl er durch und durch gut scheinen mag,
dennoch Macht. Er hatte sich nicht demütig darauf eingestellt,
Dienst von Gott und Menschen zu empfangen. Jetzt verstand
er, daß echte Demut mit solchem demütigen Empfangen beginnen müsse und daß es ohne dieses keine wahre Armut gibt.
Auf den Einwand des Petrus: „Du wirst meine Füße in Ewigkeit nicht waschen!" hatte Christus geantwortet: „Wenn ich
dich nicht wasche, hast du nicht teil an mir". Wenn er also
nicht lernen konnte, mit Petrus zu sagen: „Herr, nicht meine
Füße allein, sondern auch die Hände und das Haupt!", würde
er an Christi Armut nicht teilhaben. Von dem Tage an hatte
er große Ehrfurcht vor Bettlern, da sie ihm zum Sinnbild
demütigen Nehmens wurden, und Brot zu essen, das um
Gottes willen erbettelt war, nannte er „am Tisch des Herrn
essen".

Tag für Tag aß er nichts anderes als die in den Straßen
erbettelten Abfälle. Es war nicht das Brot des Müßigganges,
denn Müßiggang war ihm stets in jeder Weise verhaßt; es
war die Gabe Gottes, die seinen Körper zum Wiederaufbau
von Gottes Kirche und zur Pflege von Gottes Kranken stärkte.

Von Pietro Bernadone allerdings konnte man kaum erwarten, daß er die Dinge so ansähe. Daß sein ältester Sohn jetzt
ein gemeiner Bettler war, bedeutete für ihn die letzte Demütigung, und wann immer er Franz traf, verfluchte er ihn. Nichts
Grausameres hätte er tun können, da er sehr wohl die ehr-
fürchtige Scheu und Angst vor dem väterlichen Fluch und die
Empfindlichkeit seines Sohnes kannte, aber inzwischen war
seine Liebe so völlig in Bitterkeit umgeschlagen, daß es ihm
gleich war, wie sehr er Franz verletzte, ja, er legte es geradezu
darauf an. Erst gelang es ihm, seinen Sohn in Angst zu ver-
setzen und durch seine scharfen Worte niederzudrücken. Doch
das währte nicht lange, da Franz die höchste beneidenswerte
Fähigkeit hatte, jeder Herausforderung, sie sei klein oder
groß, durch geeignete Antwort standzuhalten. Manchmal erfolgte diese Reaktion in schneller, symbolischer Handlung,

ein andermal mit Worten, die so treffend formuliert waren, daß sie unvergeßlich blieben. Gelegentlich entsprangen sie seiner eigenen Schlagfertigkeit, doch oft kam die Antwort aus der Tiefe göttlicher Inspiration. Aber wie das auch sein mochte, es gab seinem Leben frischen Antrieb. Bei dieser Gelegenheit bestach er einen alten Bettler mit der Hälfte der jämmerlichen, erbettelten Brocken, damit er ihn durch die Straßen begleite und ihm mehr Liebe erweise als sein eigener Vater. Wann immer sie Pietro trafen und dieser seinen Sohn verfluchte, drehte sich Franz zu dem Bettler, der ihn segnete und das Zeichen des Kreuzes über ihn schlug. Der Segen dieses Adoptivvaters nahm Franz die Angst und muß Pietro außerordentlich geärgert haben.

Auf den Spott seines Bruders Angelo hin drang ihm die Antwort aus seinem Innersten auf die Lippen. Eines Tages, als Franz sich wohl mit einer Ladung Steine abarbeitete, traf er Angelo, der mit einem Begleiter durch die Straßen spazierte, und Angelo sagte laut zu seinem Freund: „Geh und sage Franz, er soll uns einen Tropfen Schweiß verkaufen." Franz lachte und rief vergnügt: „Nein, mein Herr zahlt mir mehr dafür."

3

Die Monate vergingen. San Damiano war endlich fertig, hatte einen Fußboden, ein festes Dach und Mauern, um den Schatz des Kruzifixes zu beherbergen, und Franz wandte sich einem anderen Heiligtum außerhalb der Stadt, San Pietro, zu und arbeitete dann an der Wiederherstellung von Santa Maria Maggiore neben dem bischöflichen Palast. Nach deren Vollendung kam die kleine Kirche daran, die heute mit San Damiano zusammen eine der heiligen Stätten der Welt ist.

Drei Kilometer von Assisi und etwa einen vom Aussätzigenspital San Salvatore entfernt, wo er half, war ein Heiligtum, das Franz sehr geliebt haben muß, denn es war eine heilige, von Legenden umwobene Stätte gewesen, und Geschichten aus alten Zeiten hatten ihn stets beeindruckt. Auch lag es verfallen und verlassen im Wald verborgen, und er liebte friedliche Orte. Die Kirche selbst war ein kleines, steinernes Gebäude mit Giebeln zu beiden Seiten. Über dem Altar befand sich ein Freskogemälde von Mariä Himmelfahrt, auf dem die

Jungfrau von Engeln umgeben war. Nicht weit davon lagen bei einem Brunnen die gestürzten Mauern einer Ruine. Der Wald hatte sich ihrer bemächtigt und sie mit Grün umkleidet. Brombeeren und Schlingpflanzen hatten sie überwuchert, und Blumen wuchsen in den Gesteinsspalten. Wo einst Glocken geklungen hatten, tönte jetzt Vogelgezwitscher, und die Kirche diente den Vögeln zum Nistplatz. „Denn der Vogel hat ein Haus gefunden und die Schwalbe ihr Nest, da sie Junge hekken, nämlich Deine Altäre, o Herr der Heerscharen, mein König und Gott." Franz muß den 84. Psalm oft in diesen Ruinen gesungen haben, denn zu jener Zeit verließ er San Damiano und kam hierher, um im Wald zu leben. Es beunruhigte die Vögel, die an sein Kommen und Gehen gewöhnt waren, nicht, wenn er seinen Gesang mit dem ihren vereinte.

Die kleine Kirche war so alt, daß sie vielleicht einmal ein heidnischer Tempel oder eine Grabstätte gewesen war. Nach der Legende, die Franz liebte, hatten vier Pilger, die im vierten Jahrhundert aus dem Heiligen Land zurückkehrten, den Ort gefunden. Es waren glückliche Pilger, denn ihre Augen hatten die heiligen Stätten erblickt und ihre Füße die gleichen Pfade betreten, die einst ihr Herr gewandelt war. Fußwund und müde dachten sie, hier zu rasten. Sie hatten vom Grab der heiligen Jungfrau eine kostbare Relique aus dem Heiligen Land mitgebracht, und mit dieser Reliquie heiligten sie das heidnische Heiligtum und nannten es Santa Maria von Josaphat; und sie sangen zu Gott und priesen ihn in diesen Mauern. Nach einer Weile gingen sie davon, aber das Heiligtum blieb nicht verlassen, weil die Engel Gefallen daran gefunden hatten und hinkamen, um dort zu singen. Manchmal suchten auch Einsiedler es auf, und sie hörten den Sang der Engel ebenso wie die Bauern, die durch die Wälder kamen, und die Kinder, die Blumen sammelten. So wurde es Santa Maria degli Angeli — Santa Maria von den Engeln — genannt, und der Ruf seiner Heiligkeit verbreitete sich. Der heilige Benedikt fand es wie eine Blume, die hier im Wald still und friedlich blühte, und er liebte es so sehr, daß er es für seinen Orden in Besitz nahm. Er kaufte ein kleines Stück Land, das das Heiligtum umgab, und nannte es „das kleine Teil", Portiuncula, und er baute ein Kloster für seine Mönche, dessen Ruinen noch vorhanden waren, als Franz an diesen Ort kam. Sechshundert Jahre lebten sie dort und zogen, als die Zeiten zu gefährlich wurden, in die sichere benediktinische Festung an den Abhängen des Monte Subasio. Nun, da Franz mit ihrem Wiederaufbau begann, war sie fast hundert Jahre den Engeln und den Vögeln überlassen gewesen.

Franz, der ein Leben in Gebet ein Leben im Himmel nannte, fühlte ohne Zweifel bei seiner Arbeit sehr deutlich die Anwesenheit der Engel. Zwar hallte der Wald von seinem Sang wieder, aber sein Glücksgefühl war von Verwirrung getrübt. Was wollte Gott, daß er nun tun solle? Christus hatte zu ihm gesagt: „Baue meine Kirche wieder auf", und er wußte nicht, was er noch wiederaufbauen könnte. Hatte Christus, als er „meine Kirche" sagte, San Damiano oder etwas Größeres gemeint, wofür das kleine Heiligtum nur ein Symbol war? Franz wußte, daß ein Sinnbild der Schatten der Wahrheit sein kann, und auch, daß, wenn man weiterdringt zu dem, was es andeutet, da wieder nur ein Schatten von etwas noch Größerem ist. Er wußte, daß man weiter und weiter, so gut man kann, sich von einem Anhalt zum nächsten vorarbeitet und doch jeder Schatten an seinem eigenen Platz die Wahrheit selbst ist. Er begriff jetzt, daß er noch ein wenig weiter steigen mußte. Aber wohin? So betete er, wie er in Spoleto gebetet hatte: „Herr, was willst Du, daß ich tue?"

MEIN GOTT UND MEIN ALLES

*Herr, ich bitte Dich, daß sich meine Seele durch
Deine glühende und süße Liebeskraft von allem
Irdischen wende, und daß ich für Dich aus Liebe
sterbe, so wie Du Dich erniedrigt hast, um
meiner Liebe willen zu sterben.*

Aus den Schriften des heiligen Franziskus

1

Am 24. Februar 1209, Franz war damals siebenundzwanzig Jahr alt, — trat er frühmorgens aus dem kleinen Obdach hervor, das er sich im Wald hergerichtet hatte, und wanderte nach Santa Maria degli Angeli. Der Aufbau war jetzt beendet, und der alte Priester von San Damiano kam manchmal Franz zuliebe dorthin, die Messe zu lesen, wobei Franz heute den Mesnerdienst versehen wollte. Es war das Sankt-Matthias-Fest. Er bereitete die Kirche höchst ehrerbietig vor, fegte den Boden mit dem Besen aus Heidekrautbündeln, entstaubte den steinernen Altar und die Fensterbretter und sorgte dafür, daß alles in dem winzigen Gebäude in Ordnung war. Auch wenn er gewußt hätte, daß dieser Tag für die Weltgeschichte so wichtig sein würde wie für ihn selbst, hätte er nicht tiefer von Ehrfurcht und Erwartung erfüllt sein können, als er es schon war; denn was wäre größer als die Anwesenheit Christi im Altarsakrament? Bald würde die kleine Kirche so heilig sein wie die Vorhöfe des Himmels, und die Engel und Erzengel würden sich dort zusammenscharen. „Meine Seele verlangt und verzehrt sich nach den Höfen des Herrn; mein Herz und mein Leib jubelten zu dem lebendigen Gott" (Ps. 84,3). Er stellte seinen Besen fort und kniete auf den Stufen des Altars nieder, um zu beten. Heller wurde das silbrige Licht des Vorfrühlingsmorgens, und durch die Fensterbogen und die offene Tür drang Waldeslaut ein, süße Zwitschertöne aus Vogelkehlen, die ihr Frühlingslied probten, und das Rauschen der Bäume im Morgenwind, der die Welt durchwehte. Schließlich hörte man den Schritt des Priesters im Wald, der Franz bald mit „Dominus det tibi pacem" — der Herr gebe dir Frieden — begrüßte.

Der Priester stand vor dem Altar und sein Ministrant kniete auf den Stufen. Während die Worte der heiligen Messe zum

Himmel aufstiegen, sangen die Vögel im Walde, und einige vorwitzige hüpften in die Kirche hinein. Als die Zeit zur Lesung des Evangeliums für diesen Tag kam und der Priester sich zu Franz hinwandte, um zu sprechen, schien die Welt von großer Stille erfüllt. „Zieht aber hin und kündet und sagt: Genaht hat sich das Königtum der Himmel. Kranke heilet, Tote wecket auf, Aussätzige machet rein, Unholde treibt aus. Umsonst habt ihr empfangen, umsonst sollt ihr geben. Schafft euch kein Gold noch Silber noch Münze in eure Gürtel noch Ranzen für den Weg noch zwei Röcke noch Sandalen noch Stab; denn der Arbeiter ist seiner Nahrung wert. In welche Stadt oder welches Dorf ihr immer hineinkommt, da hört euch um, wer darin würdig ist; und da bleibt, bis ihr auszieht. Wenn ihr in ein Haus kommt, so grüßt es; und wenn das Haus würdig ist, so komme Friede über dasselbe; ist es aber nicht würdig, so kehre euer Friede zu euch zurück ... Siehe, ich sende euch wie Schafe mitten unter Wölfe."

Diesmal war es keine innere Stimme, kein Traum, keine plötzliche Heimsuchung von Gott wie die, die ihn in den Straßen von Assisi fast der Sinne beraubt hatte, sondern nur die stille, tiefe Überzeugung, daß dies für ihn gemeint war. Hier lag seine Aufgabe. Das waren Christi Worte zu Seinen Aposteln. Christus berief ihn zum Apostel, wie er einst die anderen armen Männer dazu aufgerufen hatte. Er sprach auch zu ihm: „Folge mir."

Der Priester wandte sich zum Altar zurück, Franz respondierte mit fester, ruhiger Stimme den Gebeten und Lobgesängen, die friedlich fortgesetzt wurden. Die Messe wurde gefeiert, und Gott besuchte sein Volk. Als sie zu Ende war, knieten Priester und Ministrant noch ein Weilchen schweigend im Gebet. Die Vögel sangen jetzt lauter, die Sonne schien kraftvoller. Dann erhoben sie sich und Franz bat den Priester, ihm das Evangelium nochmals vorzulesen und zu erklären. Neben seinem Ungestüm war in ihm immer das demütige Vertrauen auf die Hilfe der anderen, selbst dann noch, wenn er glaubte, eine direkte Offenbarung von Gott empfangen zu haben. Man erzählte von ihm: „Er hielt den Rat seiner Gefährten für sicherer, und die Ansichten anderer schienen ihm richtiger als seine eigenen. Er pflegte zu sagen, daß der, der das Schatzkästlein seiner eigenen Meinung behalte, nicht alles für Gott hergegeben habe." Aber was der Priester sagte, bestärkte nur seine eigene Sicherheit. Er erhob sich freudig, nahm Sandalen und Ranzen ab und warf sie beiseite. Dann lernte er das Gebot, das er gehört hatte, sorgsam auswendig. „Das", sagte er, „will ich mit allen meinen Kräften erfüllen."

Er verbrachte den Tag damit, sich innerlich vorzubereiten, betete und dachte nach, und wie immer war die praktische Handlung der äußerliche Ausdruck seiner Gedanken. Das ermöglicht es uns, den Weg etwas zu verfolgen. Für dieses neue Abenteuer machte er sich einen neuen Rock, ein kreuzförmiges Gewand mit Kapuze, das er statt mit einem Gurt mit einem Zingulum befestigte. Auf dem Kittel, der ihm vom Bischof gegeben worden war, hatte er ein Kreuz gezeichnet; er hatte als Diener seines Herrn dessen Abzeichen am Gewand getragen. Jetzt jedoch bekleidete er sich mit dem Kreuz selbst. „Bedecke dich mit dem Herrn Jesus Christus!" Er hatte sich soweit menschenmöglich vorgenommen, Christus in allen Dingen nachzuahmen, und seine Arme in Liebe zu Gott und den Menschen ausgebreitet. Im Hinblick auf das, was vor ihm lag, hatte er keine Illusionen. Gott zu lieben, hieß, dem göttlichen Willen absolut zu gehorchen, und er wußte vom Beispiel seines Meisters, was für Leiden das mit sich brachte. Die Menschen zu lieben, bedeutete, ein geweihtes Leben zu führen, sonst würde Gottes Gnade nicht durch seinen Geist zu ihnen dringen, und Heiligung forderte harte und nimmer endende Selbstzucht. In tiefer Demut, in Furcht und Zittern, doch auch mit Freude legte er sein Gewand an. Wie konnte er, ein schwacher, sündiger Mensch, dieses Kreuz tragen? Nur, indem er Christus so nahe kam, daß sie es gemeinsam tragen würden. Vielleicht betrachtete er das Zingulum, das er trug, als Symbol der Liebe und des Gehorsams, die ihn an Christus banden, oder als ein Symbol des Leidens Christi im Gedanken an die Schnur, mit der man die Hände seines Herrn im Garten Gethsemane gebunden hatte. So machte er sich bereit, betete in der kleinen Kirche und zog am folgenden Morgen barfuß den steinigen Weg hinauf nach Assisi, wo er predigte: „Genaht hat sich das Königtum der Himmel."

Nie zuvor hatte er, mit Ausnahme jener ersten wortlosen Predigt im bischöflichen Palast, gepredigt, aber der Herr war mit ihm, und die Gewalt seiner Sprache packte das Volk fast auf der Stelle. Jetzt verspottete ihn keiner mehr. Zwei Jahre waren vergangen, seit die Kinder in den Straßen „Pazzo! Pazzo!" geschrien hatten, und während dieser Zeit hatte er einen Mut und eine Beharrlichkeit gezeigt, deren ein Irrer nicht fähig ist. Die Härte seiner Lebensweise, die Wiedererrichtung der Kirchen und die Pflege der Aussätzigen hatten ihm die Achtung des Volkes verschafft. Wenn sie ihn früher nicht angehört hätten, so waren sie jetzt sehr willig, ihm zu lauschen. Seine Predigten waren für sie frisch und neuartig. Die Laienprediger, denen sie gelegentlich auf der Straße zuhörten, waren gewöhnlich Ketzer oder Männer, die ihrem Verdruß Luft machten. Franz war kein Ketzer, noch hatte er einen Grund zur Klage. Er predigte einfach wie dereinst Johannes der Täufer als Herold des großen Königs und kündigte das Königtum des Himmels an. Seine Predigten waren äußerst schlicht, genau wie er selbst. Er pflegte ruhig durch die Straßen zu gehen, und wenn er ein paar Bürger traf, sie zu grüßen mit den Worten: „Der Herr gebe dir Frieden!" Darauf blieb er an der Ecke oder auf einer Treppe, die zu einem Torbogen führte, stehen und sprach zu ihnen von Reue und dem Leben der Liebe, das das Leben des Königtums ist. Dann sammelten sich Männer, Frauen und Kinder um ihn, bis die Straße oder der Platz, wo er stand, von Menschen erfüllt war. Obwohl seine Predigten im Verlauf seines Lebens an Kraft gewonnen haben müssen, schien Franz bereits von allem Anbeginn ein fesselnder Redner zu sein. Er hatte eine kräftige, schöne Stimme, Liebreiz und Anmut und genug schauspielerisches Talent, Tonfall und Geste aufeinander abzustimmen. Zu diesen natürlichen Anlagen gesellten sich Aufrichtigkeit und Autorität; denn er wußte wohl, wovon er sprach. Hatte er doch selbst in Qualen und Tränen bereut und nach großen Leiden Frieden in Gott gefunden. Er wußte, was es hieß, Gott zu lieben und seine Liebe zu empfangen, und hatte sich für alle Zeit der Liebe überlassen. Seine Worte waren nicht leer, „sondern von der Macht des Heiligen Geistes erfüllt, drangen sie so sehr bis ins tiefste Herz, daß seine Zuhörer vor Verwunderung hingerissen waren, da sie lauschten".

Das Wesen seiner Predigten ist an dem Schlag von Männern zu erkennen, die als erste Christus zuliebe alles aufgaben wie er selbst. Es waren keine sehr jungen Leute, noch waren es Bettler oder Ausgestoßene, die bereits alles verloren hatten, und sie hatten auch nichts von ungestümer Begeisterung oder Fanatismus an sich; und zwar waren es: ein reicher Geschäftsmann, ein Rechtsgelehrter, ein Bauernsohn und ein Priester, die nicht, ohne ihre Absicht erst zu durchdenken, zu Franz gekommen waren. Nicht um seichte Gefühle warb er, sondern er wandte sich an Menschen, denen ihr inniges Verlangen nach Gott nur unklar vorschwebte, bis etwas ihnen ins tiefste Herz drang: Betrübnis oder Schönheit und Heiligkeit, die in ihnen die Erkenntnis dessen erweckte, wofür sie geschaffen waren.

Die beiden ersten, die kamen, waren Bernhard von Quintavalle und Peter Cathanii, der Geschäftsmann und der Jurist. Peter, Doktor der Rechte und auch ein Laienkanonikus der Kathedrale, hatte die Würde an der berühmten Fakultät von Bologna erworben. Franz muß höchst erstaunt und bewegt gewesen sein, als Peter zu ihm kam und darum bat, von ihm in der Lehre der Liebe unterwiesen zu werden. Die Demut dieses Gelehrten, den, wie er entdeckte, weder Wissen noch Verstand gesättigt hatten, wandte sich um Hilfe an einen jungen Mann, der ihm in beidem nicht gleichkam. Jedoch die Demut von Franz, der sich vorgenommen hatte, die Geduld der heimatlosen Armen zu erlernen, war seiner ebenbürtig. Franz hatte große Ehrfurcht vor Peters Gelehrsamkeit und Peter vor der Selbstlosigkeit von Franz, und sie sprachen oft von dem Gott, dem sie beide dienten, und von Peters Verlangen, es Franz gleichzutun und alles um Christi willen aufzugeben.

Wie in allen Männern, die dem Licht von Franz folgten, brannte auch in Bernhard von Quintavalle das leidenschaftliche Begehren, jene Einfachheit und Herzenseinfalt zu erringen, deren vollkommene Verkörperung der Heilige war. Sein Haus stand nahe dem von Pietro Bernadone, so daß Bernhard und Franz einander schon immer gekannt haben müssen, wenn vielleicht auch nicht gut, da Franz der jüngere war und sein verschwenderisches Auftreten in der Jugend ihm bei dem vorsichtigen, nüchternen Bernhard nicht zur Empfehlung gedient haben konnte. Aber die außerordentliche Veränderung in Franz, seine standhafte, geduldige Arbeit und nun die Aufrichtigkeit seiner Predigten beeindruckten ihn. Wie einst Nikodemus bei Nacht Christus aufgesucht hatte, ging er heimlich zu Franz und bat ihn danach häufig, nachts bei ihm zu bleiben, um sich mit ihm auszusprechen. Diese Freundschaft muß Franz große Freude bereitet haben und ihn ein wenig über den Verlust seines Vaters getröstet haben, denn Bernhard war einer der königlichen Kaufleute von Assisi, hatte eine gleiche Stellung wie Pietro inne und war doch im Gegensatz zu ihm imstande, Franz zu verstehen. Bernhard ließ für Franz ein Lager in seinem eigenen Schlafgemach herrichten und muß glücklich gewesen sein bei dem Gedanken, daß Franz sich einmal auf einer weichen Matratze in etwas Wärme und Bequemlichkeit ausstrecken konnte. Doch Franz blieb niemals lange in dem behaglichen Bett. Sobald er glaubte, daß Bernhard eingeschlafen sei, pflegte er lautlos hinauszuschlüpfen und im Gebet zu knien. Eines Nachts, als Bernhard zu schlafen schien, aber in Wirklichkeit, weil er mit der Entscheidung kämpfte, wach lag, beobachtete er Franz und wunderte sich über seine in stummes Gebet versunkene Liebe. Aber während die Stunden vergingen, kamen Franz ein paar Worte über die Lippen, und es waren immer die gleichen: „Mein Gott und mein Alles." Da erkannte Bernhard sein Verlangen: Auch ihm sollte Gott sein Alles werden, der Gott der Barmherzigkeit, der sich so völlig denen schenkte, die sich ihm ganz zu eigen gaben. Nach diesem Gott hatte er sich sein Leben lang gesehnt, hatte aber nicht zu ihm kommen können, da er zweierlei Verpflichtungen fühlte. Eine band ihn an Gott, die andere an seinen großen Besitz. Während er Franz beobachtete, reifte sein Entschluß, Christus nachzufolgen.

Franz bedachte sich, als Bernhard ihm von seinem Entschluß erzählte, genauso gründlich für ihn, wie er es für Peter und sich selbst in Santa Maria degli Angeli getan hatte. Ehe sie entscheiden könnten, ob das, was sie wollten, der Wille Gottes wäre, mußten sie ihn in demütigem Gebet zu erforschen suchen. So gingen die drei am frühen Morgen, als die Sonne über Assisi aufging und lange blaue Schatten in den Straßen lagen, auf die Piazza San Giorgio, traten in die Kirche von San Nicola und knieten in der kühlen Stille und Ruhe zum Beten nieder. Das Licht der aufgehenden Sonne fiel auf den Altar und das nahe dabeiliegende Meßbuch, und sie hörten die Vögel singen, denn es war April, und die Natur erwachte wieder. Franz, der zum erstenmal als Führer anderer Menschen handelte, verließ Bernhard und Peter nach einigen Augenblicken, kniete vor dem Altar nieder und betete das Gebet, das er immer sprach, das Gebet seines Lebens, das Gebet, das sein Leben ausmachte, da er nur noch lebte, um Gottes Willen zu tun. Wir kennen den Wortlaut nicht, dessen er sich bediente, doch beim Gedanken an diese Szene erinnern wir uns an Worte, die er bei anderer Gelegenheit benutzte: „Allmächtiger, ewiger, gerechter und barmherziger Gott, gewähre uns elenden nach Deinem unerforschlichen Ratschluß um Deinetwillen zu tun, was Dir gefällig ist, auf daß wir innerlich gereinigt, erleuchtet und vom Feuer des Heiligen Geistes entflammt, in den Spuren Deines Sohnes, unseres Herrn Jesus Christus, an dem Du Wohlgefallen hast, folgen mögen. Amen." Dann stand er auf und öffnete das Evangelium dreimal im Namen der Heiligen Dreifaltigkeit und las Bernhard und Peter die Worte vor, auf die Gott sein Auge gelenkt hatte. Das erste Mal las er aus dem Matthäusevangelium Worte, die uns besonders auf Bernhard, den reichen Mann, anwendbar scheinen: "Willst du vollkommen sein, geh hin und verkaufe alles, was du hast, und gib es den Armen, so wirst du einen Schatz im Himmel haben. Dann komm und folge mir" (Mt. 19,21).

Die zweite Stelle aus Lukas (9,3) schien für Peter zu sein, dessen innere Schätze — Kenntnisse und Verstand — ihm so kostbar und unentbehrlich gewesen sein müssen wie Tasche und Stab einem Pilger und von denen er sich viel schwerer trennen konnte als Bernhard von seinem Gold. "Traget nichts bei euch auf euren Wegen, weder Stab noch Tasche noch Brot noch Geld noch habt zwei Röcke."

Die dritte Stelle aus Matthäus war für Franz bestimmt, der sich bereits mit dem Kreuz bedeckt hatte. "Wer mir nachfolgen will, verleugne sich selbst, nehme sein Kreuz auf sich und folge mir" (Mt. 16,24).

Franz wandte sich zu seinen Gefährten: "Brüder, das ist unser Leben und unsere Regel für uns selbst und alle, die sich uns anschließen wollen." Er kam zu ihnen zurück, kniete wieder neben ihnen, und die drei beteten zusammen, boten Christus ihr Gold dar und Weihrauch und Myrrhe und alles, was sie hatten und was sie waren: ihr Gebet, ihr Leiden und ihren Tod. Außerhalb der dicken, alten Kirchenmauern erwachte die Stadt zum Leben, aber drinnen war Stille, Frieden und Schweigen, und in diesem Schweigen wurde der große Franziskanerorden geboren.

2

Wenige Tage später, am 16. April, war Assisi in höchster Erregung. Es war bereits bekanntgeworden, daß der reiche Bernhard von Quintavalle sein Haus und all seinen Besitz verkauft hatte, aber als es sich herumsprach, was er mit dem Erlös zu tun gedachte, waren alle außer sich. Sie liefen aus ihren Häusern, riefen die Nachbarn zusammen und drängten durch die engen Straßen zur Piazza San Giorgio, um einem Schauspiel beizuwohnen, das sie nie vorher gesehen hatten: ein Reicher gab all sein Gut den Armen. Zerlumpte Bettler, barfüßige Kinder, Greise, Kranke, Blinde und Krüppel drängten sich auf der sonnigen Piazza, und die reichen Leute schauten, ein jeder nach seiner Art, erstaunt, beschämt oder verächtlich zu. Aber da sie Italiener waren, blieben sie wahrscheinlich nicht stumm vor Erstaunen. Der Aufruhr muß geradezu herrlich gewesen sein. Mittendrin standen Franz und Bernhard, und sie verteilten Bernhards Reichtümer unter der Menge so ruhig, als gäben sie hungrigen Vögeln Brotkrumen. Vielleicht war Peter Cathanii dabei, aber da er nur weniges besaß, würde die Verteilung seines Besitzes nicht solches Aufsehen erregt haben, obgleich es vor Gott schwerer gewogen haben mag als Bernhards ganzes Vermögen, wenn er einem Bettler ein paar Münzen, den Erlös für seine kostbaren Bücher, gab. Franz übertönte den Lärm der Menge mit seinem Gesang, während ihm Gold und Silber durch die Hände ging. Zum letzten Male im Leben berührte er Geld, das er als Sinnbild der Habsucht mehr und mehr verabscheute, aber diese letzte Begegnung war eine reine Freude; es floß ihm durch die Finger wie goldener und silberner Regen auf die verdorrte Erde des Elends der Armen.

Unter den empörten Zuschauern war ein alter Priester namens Sylvester. Er war in jenen Tagen, als Franz mit seinem Gesang auf den Straßen Steine zum Wiederaufbau der Damianskirche erbettelt hatte, so von dessen Tapferkeit und seinem Lied gerührt gewesen, daß sein gesunder Menschenverstand einen Augenblick lang versagte. Da hatte er ihm gute, behauene Steine gegeben, die ihm anderswo recht ordentlich bezahlt worden wären. Aber jetzt ärgerte es ihn nur, daß Franz sang. All das schöne Geld wurde den unwürdigen Vagabunden hingeworfen, die nichts getan hatten, es zu verdienen, während die Bezahlung für seine Steine nichts als ein Lächeln und ein Lied gewesen war. Er drängte sich zu Franz und sagte: „Bruder, du hast mir für meine Steine nicht genug bezahlt. Gib mir jetzt einen Teil von diesem Geld."

Franz hörte ihn höflich an. „Ihr sollt haben, was Euch zusteht, Herr Priester", sagte er, ging an Bernhards Mantel, wo das Geld aufgestapelt war, nahm zwei Hände voll und nochmals zwei und gab sie Sylvester mit demselben liebreizenden, sanften Lächeln, das den Priester vorher aus der Fassung gebracht hatte. „Seid Ihr nun voll bezahlt, Herr Priester?" fragte er, worauf Sylvester antwortete: „Ich bin voll bezahlt, Bruder" und das Geld freudig nach Hause trug.

Aber in den nächsten Tagen dachte der Priester dauernd an Franz. Dieser junge Mann hatte etwas an sich, das ihn beim ersten Zusammentreffen trotz seiner angeborenen Klugheit und Sparsamkeit überrumpelt und ihn zu einer unbedachten Handlung hingerissen hatte. Es legte ein verborgenes, nagendes Sehnen bloß und bereitete ihm großes Unbehagen, weil er nämlich vor langen Jahren in seiner eigenen Jugend bereits daran gelitten und es mit weltlichen Dingen überdeckt hatte. Nun war es von Franz ausgelöst worden, und der Priester verglich die Habgier und die wirren und unehrlichen Wünsche seines eigenen Alters mit dem geraden, reinen Weg der Gottesliebe des jüngeren. Er sagte zu sich: „Ich bin ein jämmerlicher Mensch" und ging, darüber betrübt, zu Bett. Im Schlaf hatte er einen sonderbaren, fesselnden Traum. Er träumte, er sehe ein mächtiges Kreuz, dessen oberes Ende den Himmel berührte, dessen Arme sich von einem Ende der Welt zum anderen erstreckten und dessen Fuß im Mund von Franz, dem jungen Manne, steckte, der den gekreuzigten Christus und nur ihn verkündete. Sylvester erwachte in der Überzeugung, daß Franz ein wahrer Diener Christi sei und einen Orden gründen werde, der die ganze Erde umspannen würde. Während der folgenden Tage blieb er allein in seinem Haus und weinte und tat Buße für seine Sünden.

Inzwischen waren Franz, Bernhard und Peter zur Portiuncula gegangen und hatten sich ein Obdach im Wald bereitet. Bernhard und Peter legten das kreuzförmige Ordensgewand an, gürteten sich, genau wie Franz es getan, mit dem Zingulum, beteten in den folgenden warmen Frühlingstagen und harrten auf Gottes Willen.

Am 23. April, dem Tag des heiligen Georg, wurde in der Kirche von San Giorgio nahe dem Osttor, wo Franz einst das Alphabet gelernt hatte, sehr früh die Messe gelesen. Unter den Andächtigen kniete ein junger Landmann, ein Bauernsohn, der sein sonnengebräuntes Gesicht mit seinen breiten, kräftigen Händen bedeckte, die hinter dem Pflug schwielig geworden waren. Er wußte von Franz, den er wahrscheinlich in den Straßen von Assisi hatte predigen hören, und wußte auch, daß Bernhard all sein Geld den Armen gegeben hatte, obwohl er an jenem Tag kaum auf der Piazza gewesen sein dürfte, weil die Frühlingsarbeit auf dem Gut ihn voll in Anspruch nahm. Die Geschichte dieser beiden Männer Franz und Bernhard beschäftigte ihn außerordentlich. Sie waren reich gewesen und hatten um Christi willen die Armut erwählt. Tagelang hatte er über sie nachgedacht, während er seiner Arbeit auf dem Feld und im Stall nachging. Vielleicht hatte er erfahren, daß Franz häufig in diese Kirche kam, die ihm von Jugend auf so lieb gewesen sein mußte. So war er in der Hoffnung erschienen, ihn zu sehen; denn am Tage des heiligen Georg würde er sicherlich hier zu treffen sein. Er nahm die Hände vom Gesicht und blickte sich verlegen um, da er bloß einen Bauernkittel und grobe Stiefel trug, während die Gemeindemitglieder fein gekleidete Städter waren, aber er sah Franz nicht. Verlegen verbarg er sein Gesicht wieder, betete weiter und gab sich demütig in Gottes Hand.

Nach der Messe trat er aus der Kirche und fragte sich, als er draußen in der Sonne stand, was er anfangen sollte. Einige Gemeindemitglieder starrten ihn neugierig an; sie konnten nicht ahnen, daß, wenn sie selbst längst vergessen waren, man den Namen des Bruders Ägidius in aller Welt verehren würde. Er hatte gehört, daß Franz jetzt im Wald bei Santa Maria degli Angeli lebte, wußte aber nicht, wo das war; doch ging er aus dem Stadttor hinaus und wanderte hinunter auf die große, waldige Ebene zu. Als er die Wegkreuzung nahe dem Aussätzigenspital erreichte, blieb er stehen und betete, daß Gott ihn zu der Stelle leiten möge, wo Franz sich aufhielt, und sobald er die Augen wieder öffnete, sah er den Gesuchten aus dem Gehölz treten. Er lief auf ihn zu, kniete nieder und sagte: „Bruder Franz, ich will bei dir bleiben um Gottes willen." Franz beugte sich über ihn, schloß ihn in die Arme, hob ihn mit großer Freude auf, führte ihn durch den Wald zu Bernhard und Peter und sagte zu ihnen: „Seht, was für einen lieben Bruder uns der Herr gesandt hat." Dann aßen die vier ihr erstes gemeinsames Mahl und waren sehr fröhlich.

Kurz darauf bemerkten sie auf der Waldschneise einen alten Mann, der sich scheu und demütig näherte, und zu ihrem Erstaunen erkannten sie Sylvester.

Diese fünf Männer hatten sich aber nicht im Wald versammelt, um zusammen zu sein oder bloß um Gott liebend anzubeten, wenn auch von nun an die Liebe zu Gott der Inhalt ihres Lebens sein und sie auf allen ihren Wegen begleiten sollte. Sie waren gekommen, um Gottes Willen zu erfüllen, und das bedeutete „zu predigen, daß das Königtum der Himmel sich genaht hat." Sie machten sich unverzüglich auf. Franz und Ägidius zogen nordwestlich über die Berge nach der Mark Ankona, Bernhard und Peter in eine andere Provinz. Sylvester scheint auf dieser ersten Reise nicht mitgegangen zu sein. Vielleicht sollte er sich mit dem Verkauf seiner Besitztümer in Assisi befassen und hinterher zur Portiuncula zurückkehren, um für die anderen in Santa Maria degli Angeli zu beten. Er war der Priester der Brüderschaft, und daher dürften Gebet und Messedienst seine besondere Aufgabe gewesen sein.

Auf dem Weg zu den Gebirgspässen hinauf sang Franz, wie er in den Bergen von Gubbio gesungen hatte, doch diesmal war er nicht allein. Die Schlichtheit des kräftigen Ägidius und sein trockener Humor müssen für Franz, der von Natur so warmherzig und freundlich war, eine wahre Freude gewesen sein, zumal er sich im Unglück als prachtvoller Kamerad erwies. Denn diese erste Missionsreise war nicht gerade erfolgreich. Die Leute in den ummauerten Dörfern und Städten der Mark sowie die Reisenden, denen sie auf ihrem Weg begegneten, wußten nicht, was sie von diesem sonderbaren Paar denken sollten, das in seinen kreuzförmigen Gewändern auf bloßen, zerschundenen Füßen dahinwanderte, ohne auch nur einen Stecken zur Stütze, einen Mantel zum Schutz gegen schlechtes Wetter zu haben und das ihnen Frieden zum Gruß bot. „Der Herr gebe dir Frieden!" pflegte Franz in den Straßen und auf den steinigen Gebirgswegen auszurufen und, sobald er eine neugierige Menge um sich versammelt hatte, von Buße, der Liebe zum Herrn und von Gottesfurcht zu sprechen. Ägidius ermahnte die Leute, Franz zuzuhören, da niemand ihnen bessere Ratschläge erteilen könne.

Diese Menschen begriffen aber die Notwendigkeit solchen Rates nicht, „da zu jener Zeit die Liebe zum Herrn und Gottesfurcht allerorten erloschen und Buße völlig unbekannt war". Ihr Wissen um Gott, soweit es überhaupt vorhanden war, bestand zumeist aus einer Mischung religiösen Aberglaubens und alter heidnischer Vorstellungen, und sie waren von gedankenloser Lässigkeit verhärtet, die von einfachen Wahrheiten der Liebe und Buße schwerer zu durchdringen ist als die Todsünde selbst. Auch war Franz ein Fremdling für sie und nicht, wie in Assisi, ein Mann, der unter ihnen aufgewachsen war und dessen Umschwung in der Lebensführung sie selbst mitangesehen hatten, und so machte er wenig oder keinen Eindruck auf sie. Sie glaubten, daß er und Ägidius betrunken wären, und lachten die beiden weidlich aus, oder aber sie liefen eilends davon, weil sie sie für Zauberer hielten, die sie behexen wollten. Manchmal spielten sie den Brüdern übel mit, wollten, daß sie mit ihnen würfelten, oder packten hinterrücks ihre Kapuzen und trugen sie auf dem Rücken, wobei sie sie fast erwürgten. Ein Mann jedoch machte die scharfsinnige Bemerkung: „Entweder sind diese Männer Heilige, oder sie sind vollkommen verrückt." Jenes Etwas in Franz muß diesen Mann „bis ins tiefste Herz durchdrungen" haben, sonst hätte er diesen Ausspruch nicht getan.

So kehrten Franz und Ägidius müde und hungrig, erfolglos, aber unverzagt zurück, und bald gesellten sich Bernhard und Peter in gleicher Verfassung zu ihnen; denn keiner von ihnen hatte es für ein leichtes gehalten, den Willen Gottes zu erfüllen, oder verkannt, daß die Hartherzigkeit der Menschen so schwer zu brechen ist wie die Scholle unter dem Pflug. Ihre wunden Füße waren auf dem Wege Christi gewandelt, und das allein war ihnen Freude genug.

Als sie wieder in ihrem Wald waren, kamen noch drei Männer, um sich ihnen anzuschließen: Sabbatino und „Johannes mit dem Hut", den man so nannte, weil er unter Verletzung der Ordensregel darauf bestand, den Kopf zu bedecken, sowie Morico, der einer der Crociferi war, die die Aussätzigen in San Salvatore betreuten. Er hatte, lebensgefährlich krank, vom Spital die Botschaft an Franz gesandt, er möge für ihn beten. Das hatte Franz getan und ihm ein Stück Brot geschickt, das in das Öl der Altarlampe von Santa Maria degli Angeli getaucht war, nach dessen Genuß er gesundete. Morico folgte von da ab Franz für immer.

Die franziskanische Familie zählte nun acht Köpfe, und ihr Leben fing an, im Geleis der Gewohnheit zu laufen. So wie Christus hatten auch sie keine eigentliche Wohnstätte, doch machten sie sich Hütten mit Strohdächern, wie sie heutzutage die italienischen Hirten bauen. Dorthin nahmen sie bei schlechtem Wetter ihre Zuflucht und konnten ein paar Stunden schlafen, ehe sie den Tag im Gebet begannen. Es war noch dunkel, wenn sie zu beten anfingen, und manchmal naß und kalt, so daß sie in ihren Hütten froren. Aber auch wenn sie müde und krank waren, durfte nichts ihr Gebet beeinträchtigen, denn das war ihr Lebensinhalt, und ihr ganzes Sein wurzelte darin. Die Neulinge mußten das Beten mühselig auf dem schweren Wege erlernen, der abwechselnd durch Dürre, Abscheu vor sich selbst, Beschämung, Langeweile und Hoffnungslosigkeit führt, der sich aber der Mühe wert zeigte, wenn ihn für Augenblicke das Licht durchstrahlte. Franz, der diesen Weg vor ihnen in der Höhle von Le Grotte und San Damiano gegangen war, half ihnen. Sie liebten einander mit der zähen Liebe von Männern, die im gleichen Leiden eng verbunden sind. „Einer hegte den anderen mit zärtlicher Liebe und diente ihm und gab ihm Nahrung, wie eine Mutter ihrem geliebten einzigen Sohn." Sie hatten ihren Gottesdienst, den Himmel, der sich in der Betrachtung langsam erschloß und die Leere füllte, die geblieben war, als sie sich ihres weltlichen Besitzes entäußerten. Was anderen Menschen Vergnügen und Bequemlichkeit waren, bot ihnen der Gottesdienst: zu Christus aufzuschauen und Ihm zu sagen, was Er ihnen bedeutete.

Ihr Leben war ein Leben der Arbeit. Sie pflegten die Aussätzigen, denn dieses Werk der Barmherzigkeit lag Franz besonders am Herzen; sie predigten das Evangelium in Assisi und in der Umgegend und erwarben durch Landarbeit bei den Bauern mühsam ihr Brot; was immer sie taten, brachen sie zu den festgesetzten Stunden ab, um einige Minuten im Gebet zu verweilen. Die acht Männer müssen in dem Sommer, den sie bei diesen harten Arbeiten verbrachten, tiefe Freude empfunden haben. Sie mähten oder wendeten Gras, teilten abends mit den Landarbeitern ein Mahl aus Brot, Käse, Bohnen und vielleicht ein paar Kräutern und dünnem, braunem Wein. Nach der Arbeit kamen die Dudelsackpfeifer auf die Felder und geleiteten die beladenen Karren mit Musik ins Dorf zurück. Die Arbeiter sangen im Korn uralte Gesänge, rhythmische Gebete um Erntesegen; Franz und seine Brüder sangen das Lob Gottes. Sie nannten sich joculatores Domini, die Spaßmacher Gottes, und sie zeigten der Welt stets ein frohes Gesicht, wieviel sie auch litten.

Aber sie konnten nicht immer Arbeit finden und mußten manchmal zum Tisch des Herrn gehen. Bettelei war jetzt schwierig, denn in Assisi hieß man sie nicht mehr willkommen. In der wankelmütigen Stadt hatte ein heftiger Gefühlsumschwung stattgefunden, und die Brüder waren jetzt dem ausgesetzt, was auch Franz erlitten hatte, als das Volk ihn auf dem Wege zum Haus seines Vaters steinigte und verspottete. Sogar Franz selbst wurde mit Beschimpfungen empfangen, wenn er zur Stadt hinaufzog, um zu betteln. Baten sie um Essensreste, so schlug man ihnen die Tür vor der Nase zu, so daß sie zeitweilig fast am Verhungern waren. Zu der Grausamkeit und Härte, die sie zu ertragen hatten, kam eine ärgere Strafe: der offenbare Mißerfolg; denn man wollte weder sie selbst noch ihre Predigten mehr dulden. Doch Franz hielt ihren frohen Mut trotz allem aufrecht, denn das Evangelium in Santa Maria degli Angeli hatte gelautet: „Siehe, ich sende euch wie Schafe mitten unter Wölfe", und wenn Gottes Wort sich an ihnen bewahrheitete, so war das ein untrüglicher Beweis dafür, daß sie den Willen des Herrn erfüllten.

Angst, die zumeist der Grausamkeit zugrunde liegt, war die treibende Kraft der Verfolgung in Assisi. Der arme Büßer Franz hatte die Herzen der Bürger gerührt, da aber die Gesellschaft solcher Männer an Zahl ständig zunahm, bestand die Möglichkeit, daß diese Lebensweise ihnen an den Beutel gehen könnte. Sollten sie sich etwa das Essen vom Munde absparen, um Verrückte zu unterstützen? Auch hatten Bernhard und die übrigen ihren Besitz nicht an ihre Angehörigen zurückgegeben, sondern ihn unter die unwürdigen Armen verteilt. Wenn diese Art des Raubes weiter um sich greifen würde, so mochte das Ende davon der Ruin der reichsten Familien von Assisi sein. Und wie sollten sie ihre Stadt gegen ihre Feinde verteidigen, falls alle ihren jungen Leute einem irrsinnigen Prediger in den Wald hinaus nachzogen und sich zu kämpfen weigerten? Das schreckliche Perugia würde sie vernichten, wenn es ihnen an ihren reichen Mitteln und an Männern fehlen sollte.

Bischof Guido verstand und teilte diese Ansicht. Anfangs hatte er Franz gesegnet und ermutigt, doch hatte er vermutet, daß der junge Mann schließlich in einen religiösen Orden eintreten, nicht aber, daß er eine Brüderschaft von Landstreichern gründen würde, die sich aus den nützlichen Männern von Assisi zusammensetzte. Auch war er um die Brüder selbst bekümmert, die für diese Lebensweise ungeeignet waren. Unmöglich konnten sie, die ein behagliches Heim gehabt hatten, in dieser Weise ihr Leben fristen. Der Winter nahte. Wie würden sie ihn barfüßig, halbverhungert und ohne Heimstätte überdauern? Er ließ Franz zu sich kommen, empfing ihn gnädig und freundlich und versuchte, ihn davon zu überzeugen, daß es so nicht weitergehen könne. Härte und Selbstzucht waren für Männer, deren Leben Gott geweiht war, zwar recht und billig, aber doch im Rahmen der Vernunft, wie es das der Mönche war. Sie mußten ein ordentliches Dach über dem Kopf haben und genügend Besitz, um ein Mindestmaß an Nahrung und Bequemlichkeit sicherzustellen.

Franz stand vor dem Mann, der ihm von Anfang an so viel Wohlwollen und Verständnis entgegengebracht hatte, und es muß ihm schwergefallen sein, sich ihm zu widersetzen und ihn zu betrüben, doch er beharrte unerschütterlich auf seinem Standpunkt. Er wußte, daß er zu diesem Leben in völliger Armut und absoluter Abhängigkeit von Gott berufen war. Armut war der Grundstein der Brüderschaft und auch ihre wesentliche Eigenschaft: Salz, das seinen Geschmack verliert, taugt nichts. Doch er war niemals von blindem Fanatismus besessen und konnte seine wohldurchdachten Handlungen stets mit triftigen Gründen belegen. In aller Höflichkeit und mit all seiner gewinnenden Sanftmut erklärte er dem Bischof, weswegen sie kein Eigentum haben könnten. „Mein Herr", sagte er, „würden wir etwas besitzen, so brauchten wir auch Waffen, um es zu beschützen. Daraus entstehen Streitigkeiten und Prozesse, die uns oftmals hindern, Gott und unsere Nächsten recht zu lieben. Darum sind wir gesonnen, auf weltliches Gut zu verzichten."

Der Bischof saß schweigend da. Das war vollkommen richtig. Besitz führte zu Habgier, Eitelkeit, Neid und Streit, und die sind wie Felsblöcke, die im Strom der Liebe eine Sperre bilden und seinen freien und vollen Durchbruch hemmen. Armut war bei der Veranlagung von Franz die logische Folge der Liebe. Der Bischof war gedemütigt und traurig und wußte nichts zu sagen. Er dachte an den Ehrgeiz und die Mißhelligkeiten, die sein eigenes Dasein ganz wie das Leben der Kirche, deren treuer Diener er war, verdunkelten. Wieder segnete er Franz und entließ ihn, damit er tue, was er wolle. In seinem anscheinend törichten Unternehmen wirkte Gottes Wille, und man mußte geduldig warten, bis er sich kundtat.

Der Besuch beim Bischof hatte Franz von neuem angefeuert. „Die Liebe zu Gott und unserem Nächsten" kannte keine Grenzen, und Christus hatte seinen Jüngern nicht befohlen, das Evangelium nur in ihrer nächsten Umgebung zu predigen. Er hatte gesagt: „Gehet hin und lehret alle Völker ..." und „Seht, ich bin bei euch bis zur Erfüllung der Zeit." Sie mußten Assisi verlassen und auf eine neue Missionsreise gehen. Noch konnten sie nicht weit fortziehen, aber sie mußten doch wenigstens so weit gehen, wie ihre Kraft es erlaubte. Als die Blätter im fahlen Sonnenschein herabsanken und der Winter dem Herbst folgte, sammelte Franz im Wald die Brüder um sich und sprach zu ihnen von dem neuen Wagnis, das vor ihnen lag.

Nun war der Winter sicher keine sehr geeignete Zeit für solch ein Unternehmen, aber sie waren im Geist gerüstet, der Forderung standzuhalten. Am Tage des Aufbruchs versammelten sie sich in der ihnen so liebgewordenen Kirche von Santa Maria degli Angeli, und Franz predigte: „Geliebte Brüder, laßt uns betrachten, wozu der Herr uns in seiner Gnade berufen hat: Nicht allein um unserer Erlösung willen, sondern auch zur Rettung vieler anderer sollen wir in die Welt hinausziehen und alle Menschen durch unser Beispiel und unser Wort anspornen, Buße zu tun und den Geboten Gottes zu gehorchen. Fürchtet euch eurer Schwäche nicht, noch daß ihr närrisch erscheint und verachtet werdet, sondern predigt Reue in schlichten Worten und mit leichtem Gemüt. Vertraut dem Herrn, der die Welt überwunden hat, denn Sein Geist spricht aus euch und durch euch, um alle Menschen zu ermahnen, sich Ihm zuzuwenden und Seine Gebote zu halten. Ihr werdet einige finden, die rechtgläubig, sanft und gütig sind und euch und euer Wort freudig begrüßen werden, doch weit mehr, die ungläubig, stolz und lästerlich euch mit Schmähreden entgegnen werden, und gegen die sollt ihr euch wenden. Macht euch darum im Herzen bereit, alles geduldig und demütig zu ertragen." Dann knieten sie nacheinander vor Franz nieder, und er segnete sie und sagte zu jedem einzelnen: „Lege deine Bürde auf den Herrn, denn er wird dich stützen."

Dann waren sie zum Aufbruch bereit. Sie brauchten keinerlei Vorbereitungen zu treffen, denn sie ließen nichts zurück und nahmen nichts mit sich. Sie hatten nur sich selbst und nicht einmal das, denn sie gehörten ausnahmslos Gott. Je zwei und zwei wanderten sie fort in alle vier Himmelsrichtungen.

Franz zog mit seinem Begleiter gen Süden zum schönen Tal von Rieti, das er beinah so gern hatte wie sein eigenes Tal von Spoleto. Bernhard und Ägidius gingen nordwärts in Richtung Florenz in der Hoffnung, bis nach Spanien zu gelangen, wo sie das Heiligtum des heiligen Jakobus von Compostella besuchen wollten, und die anderen vier Brüder zogen nach Ost und West unbekannten Zielen entgegen. Franz hatte ihnen gründliche Anweisungen erteilt: Sie sollten in Kirchen und vor Kreuzen am Wegrand verweilen und beten: „O Christus, wir beten Dich an und segnen Dich in allen Kirchen auf Erden, denn Du hast durch Dein heiliges Kreuz die Welt erlöst." In Stadt und Land, in Schlössern und Hütten sollten sie den franziskanischen Gruß sprechen: „Der Herr gebe dir Frieden!", sollten die Betrübten trösten und sollten ihnen gebieten, Gott zu fürchten, zu lieben und seine Gebote zu halten.

Auf dieser Reise behandelte man sie kaum besser als auf der vorigen. Das Volk hielt sie für Wilde aus den Bergen oder für Diebe und weigerte sich, ihnen Unterkunft zu geben; und so mußten sie die Winternächte vor Kirchentüren und unter Torbogen verbringen. Es war schwierig für sie, eine Auskunft zu geben, wenn man sie fragte, welchem Orden sie angehörten, und ihre Antwort, daß sie Büßer aus Assisi seien, war unbefriedigend. Man verhöhnte sie, die hungerten und froren und wunde Füße hatten, und sie wurden auch mißhandelt. Doch einige Leute hörten sie freudig an und waren von ihrer Schlichtheit und Geduld bewegt. Die harte Erde brach ein ganz klein wenig unter dem Pflug auf. In der „Legende des heiligen Franziskus" berichten die drei Gefährten über die Erlebnisse von Bernhard und Ägidius in Florenz. Sie sind typisch für jene erste Zeit, wo die Brüderschaft noch nicht mit Achtung anerkannt und das Franziskanerhabit noch nicht überall geehrt wurde.

Ägidius und Bernhard versuchten, ein Nachtquartier in der großen Stadt zu finden, die der eine nie gesehen hatte, und die vielleicht auch dem anderen fremd vorkam. Sie gingen also von Haus zu Haus, doch warf man ihnen die Tür vor der Nase zu. Die Nacht kam, und es wurde kalt. Sie waren erschöpft von dem langen Wandertag, und als sie einen Torbogen fanden, in dem ein Feuer brannte, beschlossen sie, dort Unterschlupf zu suchen. Doch vorher klopften sie an die Tür, boten ihren Friedensgruß und fragten die Hausfrau, ob sie eintreten dürften. Sie ließ sie nicht ein, gestattete ihnen jedoch, im Torbogen beim Feuer zu nächtigen. Selbst dagegen machte ihr Mann noch Einwendungen, doch meinte sie, daß die zwei außer dem Brennholz nichts stehlen könnten. Also kauerten diese beiden Franziskaner, die wohl die bedeutendsten unter den ersten Brüdern waren, mit leerem Magen und unbedeckt unter dem Tor. Sie fanden wenig Schlaf und suchten sich, als der Morgen kam, eine Kirche, in der sie zum Gebet niederknieten. Bald läutete die Glocke zur Matutin, ein paar Gläubige kamen und mit ihnen die Bettler, die vor den Kirchenportalen niemals fehlten. Auch die Frau, die den Brüdern weder ein Stückchen Brot noch eine Decke zum Schutz gegen die Kälte gegeben hatte, kam zur Kirche, und sah sie erstaunt in andächtigem Gebet. Sie beobachtete sie und machte sich während des Gottesdienstes Gedanken über sie. Nach der Messe fing ein anderes Gemeindemitglied, ein Mann namens Guido, an, Almosen an die Bettler zu verteilen, und wollte auch Bernhard und Ägidius Geld geben. Als sie es nicht nahmen, fragte er nach dem Grund ihrer Weigerung, worauf Bernhard sagte: „Gewiß, wir sind arm, doch kommt unsere Armut uns nicht hart an wie andere, denn wir haben sie freiwillig auf uns genommen, um Gottes Ratschluß zu erfüllen." Guido fragte verwundert, ob sie denn etwas besessen hätten, worauf Bernhard ihm erzählte, daß er um Gottes willen sein Gut an die Armen verteilt habe. Die Frau hatte zugehört und bat sie beschämt, als Gäste in ihr Haus zurückzukehren. Sie dankten demütig und erwiderten: „Gott möge es dir lohnen." Aber auch Guido war von Scham erfaßt, und er bestand darauf, daß sie in seinem Haus bleiben müßten, solange sie wollten. Er nahm sie mit und versorgte sie gut, und sie verweilten einige Tage bei ihm. Ihr Beispiel bewegte ihn so sehr, daß er, nachdem sie gegangen waren, einen großen Teil seines eigenen Reichtums den Armen überließ.

Im Tal von Rieti mit seinen schneebedeckten Bergen gewann auch Franz das Herz eines reichen Mannes. Angelo di Tancredi, ein tapferer Ritter von hinreißender Liebenswürdigkeit, lebte in der Stadt Rieti. Eines Nachts träumte er von Franz, und Thomas von Celano, dessen weitschweifige Biographie des Heiligen gelegentlich von Humor belebt wird, sagt, daß er hinterher „bessere Vorsätze, zumindest für spätere Zeiten" faßte. Franz soll, wie berichtet wird, Angelo in Rieti auf der Straße begegnet sein, wo er und ein anderer Bruder predigten, und zu ihm gesagt haben: „Du hast schon lange genug Gurt und Schwert und die Sporen der Welt getragen. Folge mir, und ich werde dich zum Ritter der Armee Christi schlagen." Diese Geschichte klingt sehr wahrscheinlich, denn Franz hatte die Gabe, auf den ersten Blick zu wissen, wessen Leben mit dem seinen eng verknüpft sein würde, und Angelo sollte einer der ihm besonders nahestehenden Söhne werden. Seine Worte scheinen anzudeuten, daß er das bereits vorausgesehen hatte, und auch Angelo muß es gewußt haben, denn als Franz zur Portiuncula zurückkehrte, schloß er sich ihm an.

Franz und der Bruder verließen Rieti und wandten sich nordwärts nach Poggio-Bustone, einer kleinen Stadt, die vom Bergrand her die Ebene überblickt. Als sie dort gepredigt hatten, ergriff ihn das Verlangen, mit Gott allein zu sein. Wie sein Meister bedurfte auch er zuzeiten der Einsamkeit, in der Gott ein neues Geschöpf voller Kraft zu weiteren Taten aus ihm machen könne, und wie Christus stieg er gern in die Stille der Bergwelt, wo ihn, fern dem Erdenlärm, nichts vom Gebet ablenkte. Dort war nur das große Schweigen, das ihm nicht leer, sondern von Gottes Gegenwart erfüllt schien.

Von der Stadt stieg er durch den Wald auf steilen Pfaden in die Berge bis zur Baumgrenze hinauf, und zwischen den Felsenklippen, über denen der Schnee lag, fand er eine Höhle, in der er sich verbergen konnte. Denn tiefer Jammer hatte ihn erfaßt. Er war wie zerschmettert von dem Gedanken an seine vergeudeten Jugendjahre und meinte, daß Gott ihm die Unzahl seiner Sünden nie vergeben würde. Obwohl der ständige Wechsel von Freude und Niedergeschlagenheit zu seinem Leben gehörte, entsprang diese überwältigende Trübsal zumindest teilweise dem Zustand der Erschöpfung. Übermüdete Christenmenschen unterliegen immer der Versuchung, sich mit der Vergangenheit zu befassen und sich zu fragen, ob Sünden, die sie bereut, gebeichtet und für die sie Absolution empfangen haben, nicht unverzeihlich wären. Diese ausgeklügelte Versuchung des Teufels, einen Menschen an seinem schwächsten Punkt zu treffen, läßt ihn an der Liebe Gottes zweifeln, ohne daß er sich darüber klar wird, woran er eigentlich zweifelt.

Man denkt meist nicht ohne weiteres daran, wie jung der heilige Franziskus war, während man sich ihn vorstellt oder über ihn liest. Die alten Chronisten nennen ihn stets den „heiligen Vater" oder den „heiligen Mann", und das ist im Hinblick auf sein Alter irreführend; denn damals war er tatsächlich erst achtundzwanzig Jahre alt. Es waren gerade fünf Jahre vergangen, seit in Spoleto die Stimme zu ihm gesprochen hatte, und die körperlichen und seelischen Leiden während dieser Zeit müssen einen so zartfühlenden und überempfindlichen Menschen wie Franz viel zu stark beansprucht haben. Daß einige reife Männer vor kurzem ihr sicheres Leben nach einer Aussprache mit ihm aufgegeben hatten, lastete als schwere Bürde auf dem jungen Franz. Konnte ein Sünder wie er andere Männer führen? Konnten acht arme Sündige, denen ihr Kampf für Gott bisher nur Mißerfolge und Verachtung eingetragen hatte, die Welt bekehren? Von der Last seiner Sünden gebeugt, kauerte er müde und hoffnungslos in der Höhle und schluchzte wie ein Kind sein Unglück in die Stille hinaus, bis er ermattet war.

Nach und nach wurde ihm klar, was ihn gefesselt hielt. Das Bild des Leidens Christi, das der arme Gekreuzigte ihm zu San Damiano in die Seele gebrannt hatte, schwebte seinem Geist immer vor. Vielleicht erinnerte ihn das Bewußtsein seiner Sündenlast an eine andere Bürde, und er sah den Mann, der unter ihrem Gewicht fast zusammenbrach, einen Hügel hinaufwanken. „Sehet das Lamm Gottes, das die Sünden der Welt hinwegnimmt." Langsam wie die Morgendämmerung überflutete ihn die Erkenntnis, daß die göttliche Liebe ihm vergeben habe. Dann lüftete die Gnade des Herrn den Schleier der Zukunft für einen Augenblick und zeigte ihm, daß „wohl schreitet jetzt unter Tränen, wer den Samen trägt zur Aussaat. Doch jubelnd kehrt er heim, mit Garben beladen" (Ps. 126,6).

Thomas von Celano sagt: „Er war ... ganz in das ewige Licht versunken; so sehr wuchs die Kraft seines Geistes, daß er deutlich sah, was später geschehen würde." Soweit solche Geschehnisse in Worte zu fassen sind, versuchte Franz sie nach seiner Rückkehr zur Portiuncula den Brüdern zu beschreiben. „Ich habe", sagte er, „eine große Zahl von Männern zu uns kommen sehen, die das Gewand des Heils anlegen und nach der Regel unserer Religion zu leben wünschen; ich hörte ihren Schritt und sehe sie den Weg des heiligen Gehorsams wandeln. Aus allen Landen werden sie herbeiströmen: Franzosen, Spanier, Deutsche und Engländer eilen zu uns, und groß ist die Zahl derer, die in fremden Zungen reden."

Aber für die Liebe, die ihn durchflutete, und für die Kraft, die ihn erfüllte und stützte, gab es keinen Ausdruck. Alle Schwäche war von ihm gewichen, und, neu gestärkt, sang er

Gottes Lob und Preis und betete, daß der Herr den Schritt der reisenden Brüder heimwärts zur Portiuncula lenken möge, damit er seine Freude mit ihnen teilen könne. Auch sie waren häufig erschöpft und entmutigt, wie er wohl wußte, und deshalb wünschte er, ihnen seine Erfahrung mitzuteilen. Sein Gebet wurde erhört. An jenem Tage waren alle Brüder plötzlich überzeugt, daß sie umkehren müßten. Als sie sich alle in der Portiuncula trafen, fanden sie Franz beim Wiedersehen so zuversichtlich und glücklich, daß sie glaubten, er sei „ein anderer Mensch geworden".

> *Und dann, als der Herr mir Brüder gab, zeigte*
> *mir keiner, was ich tun müsse, sondern der*
> *Höchste selbst offenbarte mir, daß ich nach dem*
> *Maß des heiligen Evangeliums leben solle. Und*
> *ich ließ es mit wenigen Worten einfältig auf-*
> *schreiben, und der Herr Papst bestätigte es.*
>
> Aus den Schriften des heiligen Franziskus

1

Das Anwachsen der Bruderschaft, das Franz visionär voraussah, stellte ihn vor ein Problem. Das unabhängige Leben, das er bisher mit den Brüdern geführt hatte, war für einen kleinen Kreis möglich, nicht aber für viele Menschen, ohne dadurch eine Belastung für den Klerus zu werden, wie sie es bereits für Bischof Guido gewesen waren. Franz begehrte als ergebener und treuer Sohn der Kirche ihren Segen für das Leben und die Arbeit der Brüderschaft. Zweifellos hatte er nunmehr begriffen, daß der Wiederaufbau von San Damiano ein Symbol für das war, was Christus wirklich von ihm wollte. Er hatte wie ein Kind mit Bauklötzen gespielt, während sein Herr, sein göttlicher Vater, ihm in aller Zärtlichkeit zusah und ihn sanft darauf hinwies, daß die lebendige Kirche aus Seelen erbaut ist. Menschenseelen, die in Liebe aufgerichtet werden müßten, sollten seine wahren Bausteine sein. Doch Liebe kann nicht von außen wirken; sie ist sowenig imstande, anzugreifen und Kritik zu üben, wie Franz es war. Er sah jetzt, daß er mit den Brüdern in evangeliumsgemäßer Armut tief im Schoß der Kirche leben müßte, wenn ihr verderbtes und von Macht und weltlichem Ehrgeiz verhärtetes Herz gerührt werden sollte. Sie müßten zum Papst gehen und die Erlaubnis zur Gründung eines anerkannten Ordens erwirken, der unter seinem Schutz und mit seinem Segen leben würde. Es muß den Brüdern den Atem geraubt haben, als Franz ihnen den tollkühnen Vorschlag machte, daß die kleine Barfüßer-Familie direkt zum Papst, dem großen Innozenz III., gehen sollte, vor dem Könige erzitterten. Alle Ideen von Franz waren so einfach und verwegen, aber er ließ sich von ihnen nie zu weit hinreißen; so betete er in tiefem Ernst mit den Brüdern, um Gottes Willen zu erfahren.

Die Antwort Gottes manifestierte sich durch die Ankunft von vier neuen Brüdern: dem jungen Ritter Angelo von Tancredi, der Franz von Rieti gefolgt war, sowie Johannes von San Constanzo, Barbaro und Bernhard von Vigilanzio. Nunmehr waren sie zwölf, und da Christus zwölf Apostel gehabt hatte, nahm Franz das als ein Zeichen dafür, daß er seine zwölf Apostel zum Papst, dem Statthalter Christi auf Erden, bringen sollte. Es mußte nur noch ein Name für die kleine Gemeinschaft gefunden und eine Ordensregel niedergeschrieben werden, die man dem Papst zur Bestätigung vorlegen konnte.

Sie nannten sich Fratres Minores, die Minderbrüder. In Assisi hießen die einflußreichen Männer der Stadt majores, die in ihrem Dienst Tätigen hingegen minores, und die Brüder gedachten des Wortes Christi: „Ich bin gekommen, um zu dienen." Gleichfalls entsannen sie sich, daß Christus die Jünger als „seine geringen Brüder" bezeichnet hatte. Franz schrieb eine Regel nieder für die demütigsten und ärmsten der Armen. Er bediente sich dabei zumeist der Worte Christi und machte Zusätze zu den Versen des Evangeliums, nach dem er mit Bernhard und Peter zusammen in San Nicola zu leben beschlossen hatte. Daraus wurde das Gesetz für jene Männer, die sich verpflichtet hatten, die strengsten Gebote Christi zu befolgen, Gebote, die die meisten Christen durchaus nicht wahrhaben wollen; so entstand der grundlegende Plan zu einem der größten Abenteuer, das Menschen je unternommen haben.

Franz gelobte Innozenz und seinen Nachfolgern Gehorsam und Ergebenheit, und alle Brüder mußten das Gelübde der Keuschheit, des Gehorsams und eines Grades von Armut ablegen, der jegliches Eigentum für Lebzeiten ausschloß. Jeder Bruder, der dem Orden beitrat, mußte sein Hab und Gut verkaufen und den gesamten Erlös an die Armen verteilen. Die schäbige Ordenskleidung sollte mit Lumpen oder Sackleinwand geflickt werden; was man den Brüdern vorsetzte, mußten sie essen, und sie durften nichts bei sich tragen, während sie barfüßig durch die Welt zogen. Nie sollte einer von ihnen Macht ausüben oder Prior genannt werden, sondern jeder Minderbruder heißen; zum Zeichen ihrer Demut waren sie verpflichtet, einander die Füße zu waschen. Alle Brüder sollten das Handwerk ausüben, das sie erlernt hatten, wofür ihre Entlohnung in dem Lebensnotwendigen — Nahrung und Behausung —, nicht aber in Geld bestand, und wenn sie sich als Diener verdingten, durften sie kein höheres Amt im Haushalt ausüben. Sie waren kein Bettelorden, sollten sich jedoch nicht schämen, im Notfall um Almosen zu bitten. Sie mußten geloben, einander zu lieben, niemals miteinander zu streiten oder einander Böses nachzusagen, und bedenken, daß sie ihren Körper abgetan und ihn Jesus Christus hingegeben hatten, dem zuliebe sie sich ihren sichtbaren und unsichtbaren Feinden aussetzen würden. Sie sollten Christi Demut und Armut nachstreben und ihr Glück im Zusammensein mit den Verachteten, den Armen, Schwachen, den Kranken, Bettlern und Aussätzigen, sehen. Die Brüder mußten Katholiken sein, und wenn einer vom katholischen Glauben abirrte und seinen Sinn nicht wandelte, sollte er ausgeschlossen werden. Sie waren verpflichtet, alle Priester und Personen geistlichen Standes als ihre Oberen zu achten, auch ihrem Orden, Amt und Werk Achtung zu zollen.

Auf all ihren Wegen sollten sie Gott loben und die Menschen zur Ehrfurcht ermahnen. Ein großer Lobgesang ist der Regel einverleibt, ein gewaltiger Wasserfall atemloser, seliger, beglückter Worte: „Nichts anderes laßt uns denn wünschen, nichts anderes wollen; nichts anderes gefalle und erfreue uns als unser Schöpfer und Erlöser und Heiland, der Eine, wahre Gott: der ist volles Gut, alles Gut, ganzes Gut, wahres und höchstes Gut; der allein ist gut, fromm und mild, sanft und süß, der allein ist heilig, gerecht, gerade und wahr, der allein ist gütig, unschuldig und rein; von dem und durch den und in dem ist alle Vergebung, alle Gnade, alle Herrlichkeit für alle Büßenden, alle Gerechten, alle Seligen, die im Himmel Freudigen. Nichts also hemme, nichts trenne uns, nichts dränge sich ein. Überall laßt uns alle, an jedem Ort, zu jeder Stunde und jeder Zeit, täglich und ständig in Wahrheit und Demut glauben und im Herzen halten und lieben, ehren, anbeten, dienen, loben und benedeien zur Glorie und zur höchsten Hoheit erheben, verherrlichen und dankbar preisen den obersten und höchsten Gott der Ewigkeit, den Dreifaltigen und Einfaltigen, den Vater und Sohn und Heiligen Geist, den Allschöpfer, den Heiland derer, die an ihn glauben und auf ihn hoffen und ihn lieben; welcher ohne Anfang und ohne Ende, unwandelbar, unsichtbar, unerzählbar, unaussprechlich, unbegreiflich, unaufspürbar, gesegnet, gepriesen, glorreich, höchsterhöht, ragend, erhaben, sanft, liebenswert, genießenswert und immer ganz über alles ersehnenswert ist nun und in Ewigkeit."

Nichts weiter als diese Regel trugen die Barfüßerbrüder bei sich, als sie sich zu ihrer Pilgerschaft nach Rom aufmachten. Das war im Frühling des Jahres 1210.

2

Innozenz III. war eine große Persönlichkeit und ein großer Papst. Er saß damals, im Alter von neunundvierzig Jahren, bereits seit zwölf Jahren auf dem päpstlichen Stuhl und hatte in dieser Zeit Bedeutendes geleistet. Sein Kampf gegen die deutschen Barone war im großen und ganzen erfolgreich gewesen. Die päpstlichen Armeen rotteten Ketzerei mit Feuer und Schwert aus, und alle Könige Europas fürchteten ihn, denn er hatte das Papsttum zu einer gewaltigen Macht erhoben. Er war ein großer Staatsmann, ein kluger Politiker und ein ausgezeichneter Theologe, der in Bologna und Paris studiert hatte. Sein Auftreten war edel und vornehm, trotz seiner gebieterischen Art, für die man ihn jedoch nicht tadeln kann, denn sie entsprang nicht seiner Herrschsucht, sondern dem aufrichtigen Glauben, daß das Papsttum größerer irdischer Macht bedürfe, um die Welt zu erlösen. In dieser Macht sah er, was Franz einst im Geld gesehen hatte: ein Mittel zur Errettung der Menschen. Aber er war asketisch und tief religiös und erfuhr mit Bitternis und Trauer, daß die Kirche von Üppigkeit und Habgier zerfressen war, die Geistlichkeit und Laienvolk gleichermaßen befallen hatte. Er durchschaute wohl, daß die Läuterung der Welt innerhalb der Kirche selbst beginnen mußte, wußte jedoch kein Mittel zu ihrer Rettung.

Es unterliegt kaum einem Zweifel, daß die müden, fußwunden Brüder nach ihrer Ankunft in Rom geradenwegs zum Grab des heiligen Petrus zogen. Franz führte die kleine Gruppe die Stufen hinauf und durch die bronzene Tür in die schattige Kühle der Kirche. Lautlos glitten ihre bloßen Füße über den Marmorboden zwischen den hohen Säulen, und dann knieten sie zusammen am Grab des großen Apostels, der Christus nachgefolgt war, der Ihm zuliebe alles verlassen, der für Ihn gelebt und für Ihn den Märtyrertod erlitten hatte. Die neuen, kleineren zwölf Apostel, die ebenfalls alles für Christus hingegeben hatten, weihten Ihm nochmals ihr Leben und Sterben. Es war erst vier Jahre her, seit Franz hier, wo er jetzt von seinen Brüdern umgeben, kniete, allein gebetet hatte. Gott war gnädig zu ihm gewesen, und er verströmte sich in Liebe und Dankbarkeit für die Führung und Obhut, die ihn zu dieser bedeutungsvollen Stunde seines Lebens geleitet hatte.

Sie verließen Sankt Peter, und Franz führte die Brüder durch die geschäftigen Straßen Roms zum Lateranpalast. Fürchtete er sich? Stellte er sich unter dem Mann, den er aufsuchte — dem Papst Innozenz III. — den Herrn vor, der die ganze Christenheit in Angst und Schrecken versetzte? Die Einfachheit und Furchtlosigkeit, mit der er an ihn herantrat, läßt vermuten, daß er sich ihn schlicht als den Stellvertreter Christi auf Erden dachte, der darum sicher ein liebevoller, sanfter und zugänglicher Mann wie Christus selbst sein mußte.

Da Franz von den Schwierigkeiten und Umständen, die einer Audienz vorausgehen, keine Vorstellung hatte, ließ er die Brüder in einem stillen Winkel warten, betrat, anscheinend unbehindert, den Lateranpalast und geriet durch einen ungewöhnlichen Glücksumstand direkt in einen Flur, in dem der Papst tief in Gedanken auf und ab ging. Entrüstet und erstaunt sah sich Seine Heiligkeit, als er sich umwandte, einem schmächtigen jungen Mann mit feinen Zügen und eifriger Miene gegenüber. Er war in einen schäbigen, schmutzigen Kittel gekleidet, barfuß, von Reisestaub bedeckt, und sehr schwach. Mit seinen mageren, nervösen, blassen Händen hielt er ein Stück Pergament umklammert, und in die Knie sinkend, begann er sanft und demütig, dem Papst von diesem Pergament zu erzählen. Seine leise, tönende Stimme war wohlklingend, und als er aufschaute, sah der Papst seine dunklen, leuchtenden Augen. Selten konnte ein Mensch Franz widerstehen, bei dieser Gelegenheit aber machte sein Charme keinerlei Eindruck. Kaum hatte der Papst seinen Ärger und sein Erstaunen gemeistert, als er Franz befahl, sich fortzumachen, und ihm sogleich den Rücken wandte.

Franz schlich den Gang entlang, der ihm endlos erschienen sein muß. Bis ins tiefste von den verächtlichen Worten und der schroffen Verabschiedung verletzt, kehrte er zu den Brüdern zurück, berichtete, was vorgefallen, und wanderte mit ihnen weiter durch die belebten Straßen, in denen sie angerempelt und von den Fußgängern angestarrt wurden. Sie hatten kein Brot und kein Ziel. Ihr weiter Weg war umsonst gewesen: Der Herr Papst wollte nichts von ihrer Regel wissen.

Franz war erstaunt, als sie Guido von Assisi auf der Straße begegneten, der seinerseits verwundert war, Franz in Rom zu finden. Doch war Franz bestimmt weniger überrascht als der Bischof, weil er ja erwartete, daß Gott Hilfe senden würde. Bischof Guido nahm sich der Müden an und brachte sie zum St.-Antonius-Spital beim Lateran, wo sie unterkamen. Die modernen Biographen von Franz sind sich über das Wesen des Bischofs nicht einig. Doch ist eines unumstritten: daß er Franz liebte und mit Umsicht für ihn handelte. Unter den Großen in der Umgebung des Papstes war der Kardinal Johannes Colonna, Bischof von Sabina. Guido vermutete, daß auch er Franz liebgewinnen würde, und nahm ihn mit zu ihm.

Wäre der Kardinal von Gott zum Leben eines Mönchs oder Einsiedlers berufen worden, so hätte er sich genauso freudig wie Franz allen Besitzes entledigt. Das wäre für ihn sehr viel leichter gewesen als die schwere Aufgabe, ein geweihtes Leben in der Welt zu führen. Von der Pracht des päpstlichen Hofes, vom Ehrgeiz und der Grausamkeit der raffinierten Männer seiner Umgebung bedrückt, mußte er innerlich einsam sein, um wenigstens am Altar der eigenen Seele Christus in geistiger Armut anzubeten. Er hatte diesen Sieg errungen, und als er mit Franz zusammentraf, erkannten sie einander augenblicklich als wahre Christen, denen Gott alles bedeutete.

Ein neuer Orden schien dem Kardinal zunächst nicht notwendig, und er hätte es gerne gesehen, wenn Franz und seine Brüder einen der vorhandenen Orden durch die Glut ihrer Liebe geläutert hätten. Wie Bischof Guido bat auch er sie, in ein Kloster einzutreten; doch wußte Franz, daß er das nicht tun könnte, und als der Kardinal nach ein paar Tagen gleicher Meinung wurde, ging er zum Papst, um sich für die Brüder einzusetzen. Er beschrieb dem Heiligen Vater Franz mit den folgenden Worten: „Ich habe einen sehr vollkommenen Menschen gefunden, der nach den Geboten des Heiligen Evangeliums leben möchte und in jeder Weise nach christlicher Vollkommenheit strebt. Ich glaube, daß es Gottes Absicht ist, den Glauben in der ganzen Welt durch ihn zu erneuern." Darauf erklärte Innozenz sich bereit, Franz und die Brüder zu empfangen.

Es ist reizvoll, sich die Frage vorzulegen, welche historischen Ereignisse man sich auswählen würde, falls es möglich wäre, als Zuschauer in die Vergangenheit zurückzukehren. Der Tag, an dem Franz mit den Brüdern vor Innozenz III. in der Kardinalsversammlung erschien, wäre sicher einer davon. Innozenz saß im Kreis seiner prächtig gekleideten Kardinäle auf seinem großen Stuhl; in der strahlenden Pracht des Saales knieten vor ihnen zwölf arme Männer, die um die Erlaubnis baten, die harten Gebote Christi in ihrer ganzen Strenge erfüllen zu dürfen. Ein größerer Gegensatz als der zwischen Innozenz und Franz ist nicht denkbar, und Kardinal Johannes Colonna, der beide verstehen konnte, muß tief bewegt gewesen sein, als er sie beobachtete. Denn er wußte, welche Ähnlichkeit sie insgeheim verband: Beide Männer liebten Gott, und jeder versuchte auf seine eigene Art, den Willen Gottes für Seine Kirche zu erfüllen. Vielleicht kam dem Kardinal mit der Intuition des Heiligen eine seltsame Erkenntnis, als er den demütig knienden Franz erblickte: daß man sich in künftigen Jahrhunderten an den Kirchenfürsten auf dem Thronsessel hauptsächlich im Zusammenhang mit dem schäbigen, unbedeutenden jungen Mann, der vor ihm kniete, erinnern würde.

Mit Ehrfurcht las Franz die Regel, trug liebevoll die Worte Christi vor, in denen sie hauptsächlich abgefaßt war, während Papst und Kardinäle beim Zuhören den Blick über die Gesichter der zwölf Brüder gleiten ließen: von den empfindsamen Zügen des Franziskus und denen des edlen Ritters Angelo di Tancredi zu Bernhard, Peter Cathanii und dem alten Sylvester. Sie waren zumeist Männer von gutem Herkommen, waren kultiviert, intelligent und nicht zur Mühsal ausersehen. Würden sie imstande sein, ein Leben, wie sie es vorhatten, auf die Dauer zu ertragen? Ohne irgendeinen Schutz, ja ohne die Sicherheit der bloßen Lebensnotwendigkeiten wie Essen und Behausung wollten sie von der Hand in den Mund leben in Gesellschaft der Armen, Ausgestoßenen und Aussätzigen. Erschöpfung, Krankheit und Tod mußten das unvermeidliche Ende davon sein. Dergleichen war schon früher versucht worden und hatte stets zur Katastrophe geführt. Auch diese Männer würden zu Fall kommen, wieder würde ein gescheitertes frommes Unternehmen der Kirche Spott eintragen. Als Franz schwieg, wurde ein Murren nachdrücklicher Ablehnung vernehmlich. Der Papst faßte es in der freundlichen, doch festen Weigerung zusammen, die Regel zu bestätigen, und riet Franz und den Brüdern, wie das Bischof Guido bereits vorher getan hatte, in einen der bestehenden anerkannten Orden einzutreten.

Kardinal Johannes Colonna wurde der Fürsprecher von Franz. Er wies darauf hin, daß diese Männer um Erlaubnis baten, das im Evangelium gebotene Leben zu führen. Es als unmöglich zu bezeichnen, hieße Christus lästern, der seinen Jüngern diese Gebote selbst gegeben hatte. Der Papst war von der Rede des Kardinals erschüttert. Er erkannte die Wahrheit dieser Worte. Franz und die Brüder hatten nichts weiter begehrt, als dem Wort Christi folgen zu dürfen. Wie konnte das verboten sein? Die Zeit sollte als Prüfstein dienen. Diesen Beschluß teilte er Franz mit: „Mein Sohn, gehe und bete zu Jesus Christus, daß Er uns seinen Willen kundtue; wenn es Sein Wunsch ist, werden wir deine fromme Absicht genehmigen."

Franz und die Brüder verließen den Audienzsaal, und die alten Chronisten sagen, daß er „vertrauensvoll zu Christus lief und zu beten begann, nachdem er den Brüdern aufgetragen hatte, dasselbe zu tun". Gern würde man wissen, in welcher Kirche oder welchem römischen Garten er in diesem Frühling betete. Vielleicht in der Kapelle des St.-Antonius-Spitals, die noch immer steht. Vertrauensvoll und geduldig harrte er im Gebet des göttlichen Willens; und die Antwort wurde ihm, der Symbole und Parabeln so gern hatte, in einer Geschichte, wie man sie geliebten Kindern erzählt: Es war einmal eine arme Frau, die in der Wüste lebte. Ein König, der sie dort fand, gewann sie lieb, machte sie zu seiner Frau, und sie hatten stattliche Söhne, die sie mit großer Sanftmut erzog. Als sie erwachsen waren, sagte ihre Mutter zu ihnen: „Liebe Kinder, schämt euch eurer Armut nicht, denn ihr seid alle die Söhne eines erhabenen Königs. Darum ziehet guten Mutes an seinen Hof und bittet ihn um alles, was euch nottut." Die Söhne, erstaunt und froh, empfanden ihre Armut als Reichtum, da sie wußten, daß sie Königskinder waren. Kühn und furchtlos traten sie vor den König, dem sie sehr ähnlich sahen. Der König bemerkte die Ähnlichkeit und fragte, wessen Söhne sie wären, worauf sie erwiderten, sie seien die Kinder der armen Frau in der Wüste. Da umarmte sie der König und sprach: „Ihr seid meine Söhne und Erben. Fürchtet euch nicht. Ich speise Fremde an meinem Tisch; ihr, meine Erben, habt gewiß mehr Anrecht darauf, ihn gedeckt zu finden." Später befahl der König, daß die arme Frau alle Söhne, die sie bekäme, an seinen Hof schicken solle, damit sie dort erzogen würden. Franz wurde sich darüber klar, daß er dem Papst die Geschichte erzählen müsse, wenn er ihn wiedersah.

Auch Innozenz hatte zu Gott gebetet und, wie Pharao, einen Traum gehabt: Er glaubte sich in einem Raum des Lateran-

palastes, der wegen seiner schönen Aussicht „der Spiegel"
genannt wurde, sah auf die Johanneskirche, die Mutterkirche
des Christentums, hinaus und bemerkte, daß die Mauern dieser großen und geliebten Kirche geborsten waren und bald
einstürzen würden. Vom Alpdruck gelähmt, konnte er weder
schreien noch sich rühren, ja, nicht einmal die Hände zum Gebet erheben. Er stand in Todesangst wie versteinert da, als er
eine kleine, schmächtige Gestalt in einem schäbigen Gewand,
das mit einem Zingulum gegürtet war, über die Piazza kommen sah. Der kleine Mann schritt eilends auf das schwan-
kende Gebäude zu und stemmte seine Schultern gegen die
brüchigen Mauern der Basilika des Konstantin. Der Papst
fürchtete, daß sie den Mann zermalmen würden, aber die
ganze Kirche richtete sich wieder auf und stand wie zuvor am
gewohnten Ort. Als der Mann, der sie stützte, dem Papst sein
Gesicht zuwandte, erkannte Innozenz den Bruder Franz aus
Assisi und entsann sich der Worte des Kardinals Colonna:
„Ich glaube, daß es Gottes Absicht ist, den Glauben in der
ganzen Welt durch ihn zu erneuern."

Am nächsten Tag wurden Franz und die Brüder wieder zur
Audienz befohlen, und Franz bat den Papst, ihm die Geschichte der armen Frau erzählen zu dürfen. „Heiliger Vater",
schloß er, „ich bin die arme Frau, die Gott so geliebt und in
seiner Gnade mit soviel Ehre bedacht hat."

Gott hatte, wie einst in Galiläa, das Gebet beider Männer
mit einer Parabel beantwortet.

Der Papst war nun für das Unternehmen gewonnen, von
dem er jetzt glaubte, daß es tatsächlich vom Göttlichen Geist
angeregt sei und daß er es deswegen nicht unterbinden dürfe.
Er erklärte sich bereit, die Regel zu bestätigen, und sagte zu
Franz, daß die Brüder Buße predigen und die Menschen ermahnen dürften, Gott zu lieben und sich vom Übel abzuwenden. Darauf beschränkte sich ihr Amt, denn es war ihnen nicht
gestattet, die Kirchendogmen auszulegen. Innozenz stellte sie
auf die Probe. „Brüder", sagte er, „gehet mit Gott, der euch
erleuchten möge, und predigt allen Menschen Buße. Aber wenn
der Allmächtige euch in Zahl und Gnade hat wachsen lassen,
kehret mit Freuden zu mir zurück, und ich werde euch mehr
gewähren und das in der Gewißheit, daß ich euch größere
Machtbefugnis anvertrauen kann."

Kniend gelobte Franz dem Papst Gehorsam, und die Brüder
versprachen darauf, Franz gehorsam zu sein. Der Papst er-

teilte ihnen seinen Segen und entließ sie. Voller Freude knieten sie wieder am Grabe des heiligen Petrus, wo sie ihre Herzen im Dankgebet ausschütteten. Auch Kardinal Johannes war von Dankbarkeit erfüllt. Die Brüder alle hatten seine Ehrfurcht und Zuneigung gewonnen, und er nahm sie als seine Söhne an. Ehe sie gingen, gewährte er ihnen die kleine Tonsur, und wahrscheinlich erhielt Franz damals das Diakonat. Er war niemals ein Priester, sondern bis ans Lebensende Diakon, und obwohl er in späteren Jahren die große Tonsur hätte tragen dürfen, tat er es nicht und war immer zufrieden damit, der „Minderbruder" zu sein. So waren Franz und die Brüder auf dem Heimweg nach Assisi nicht mehr die verrückte Vagabundengesellschaft, die von allen verlacht wurde, sondern der Orden der Minoriten, dem es von damals bis heute bestimmt war, eine solch ungeheure Schar von Sündern zur Liebe Christi zu bekehren, daß der Himmel allein sie zählen kann.

3

Die Brüder kehrten nicht zur Portiuncula zurück, sondern zogen in eine verfallene Hütte in dem Teil des Waldes, der Rivo Torto, der gewundene Fluß, hieß. Vielleicht taten sie das, weil sie fürchteten, daß sie aus Anhänglichkeit an die geliebte Portiuncula einen Anspruch auf sie geltend machen würden, wo sie doch gelobt hatten, nichts außer der Armut Christi zu begehren. Doch die Portiuncula lag nicht weit entfernt und war in einem kurzen Marsch durch den Wald zu erreichen, so daß sie die Messe in Santa Maria degli Angeli hören konnten. Auch lebten sie nah der Aussätzigensiedlung von Santa Maria Maddalena und nur eine halbe Stunde weit von Assisi. Sie blieben bis tief in den nächsten Winter am Rivo Torto. Es war die Zeit der Stille in ihrem Leben, eine Atempause vor den großen Tagen, die bald anbrechen sollten, den Tagen der Ausbreitung des Ordens, der Volksmengen, der Missionsreisen, der Wunder und des Ruhmes. Da sie jetzt vom Papst anerkannt und gesegnet waren, hörten die Verfolgungen in Assisi auf, und um diese Zeit zogen sie nicht auf lange Reisen oder zu großen Unternehmungen aus. Sie arbeiteten auf den Feldern, pflegten die Aussätzigen, fasteten und beteten. Es war, wie Franz wußte, Gottes Wille, daß seine Söhne diese Zeit der Stille und Sammlung haben sollten, denn die ersten Brüder, die der Grundstein des Ordens waren, mußten demütig, diszipliniert, stark in Glauben, Liebe und Gebet sein, ehe sie andere Menschen unterstützen, lehren und ausbilden und vor der Welt Zeugnis ablegen konnten.

Rivo Torto war als Vorbereitungsstätte sehr geeignet, denn hinter der Hütte, in der die Brüder aßen und schliefen, schnitt sich eine tiefe Waldschlucht in den Berg — das Flußbett des Rivo Torto, der bei feuchtem Wetter wie ein Wildbach hinabstürzte —, und hoch droben im Felsen waren Höhlen, die Franz die Carceri nannte. Dort konnten die Brüder fasten und beten, und die Herrlichkeit Gottes in Einsamkeit und Frieden betrachten und anbeten. Was die Wüste für Johannes den Täufer gewesen war, waren ihnen diese Höhlen. Hier bildeten sie sich in strenger Zucht für Gott heran. Franz und die Brüder liebten diese Höhlen so sehr, daß sie sie auch noch benutzten, als sie Rivo Torto verlassen hatten. Sie waren grimm wie die Disziplin, die darin geübt wurde, aber von großer Naturschönheit umgeben. Die Schlucht war dicht bewaldet, und auf der felsigen Höhe, wo sich eine kleine Kapelle der Heiligen Jungfrau befand, war es frisch und kühl. Die Kapelle war sehr alt und vielleicht wie Santa Maria degli Angeli anstelle eines früheren Heiligtums entstanden. Darunter lag eine kleine Höhle, in der Franz zwischen den Stunden des Gebets zu schlafen pflegte, und noch weiter unten die Höhlen, die die meditierenden Brüder Bernhard und Sylvester bewohnten. Wasser und Bäume machten die Gegend zu einem Lieblingsaufenthalt der Vögel, von deren Sang die Wälder widerhallten. Hier sang Franziskus mit einer Nachtigall um die Wette, wobei sie gewann; und er segnete eine Vogelschar, die auf einer Stechpalme saß.

Auch Blumen gediehen in der Schlucht so reichlich, daß der Grund im Frühling dicht von Alpenveilchen bedeckt war, und später hingen Girlanden wilder Rosen an den Abhängen. Bei gutem Wetter müssen die Brüder dort friedliche Tage von idyllischer Schönheit erlebt haben.

Aber der Winter kam mit Regengüssen, Schnee und Schloßen und schneidendem Wind. Da wurde das große Holzkreuz vor der verfallenen Hütte, um das sie sich zu gemeinsamem Gebet wie eine Familie versammelten, zum rechten Sinnbild ihrer Mühsal. Der Regen sickerte durch das Dach der Hütte, in der sie auf dem schlammigen Boden, von Lumpen bedeckt, im Stroh schliefen. Sie war so klein, daß Franz den Platz für jeden Mann mit Kreide an den Balken abgrenzte, um für die

Stunden des Gebets soviel Ruhe und Ordnung zu schaffen wie irgend möglich.

Oft waren sie sehr hungrig und hatten nichts als Rüben zur Nahrung. Doch nur einer der Brüder, Johannes mit dem Hut, konnte dieses Leben nicht ertragen und verließ sie. Der Hut war fraglos das Symbol der Annehmlichkeiten des Daseins, denen er nicht zu entsagen vermochte. Eines Nachts erwachte ein junger Bruder in solchen Schmerzen, daß er zu sterben meinte und vor Angst aufschrie. Es war der übliche Zustand, halbverhungert zu sein, und er hatte sich zusätzliche Fasten auferlegt. Franz erhob sich unverzüglich und bereitete, als er den Grund des Übelseins herausfand, aus vorhandenen Brokken eine Mahlzeit, die er mit dem Kranken teilte, damit dieser sich nicht schäme, allein zu essen. Dann scharte er die Brüder um sich und sprach zu ihnen von der Mäßigung im Fasten, das den Körper zum gestählten Werkzeug des Geistes machen, nicht aber ihn zerbrechen solle. „Meine Geliebten", sagte er, „ich wünsche, daß ihr auf eure Anlage achtgebt; einige Kräftige mögen weniger Nahrung brauchen, die anderen sollen sich nicht verpflichtet fühlen, jene nachzuahmen, sondern dem Körper das Notwendige zuführen, damit er stark genug sei, dem Geist zu dienen. Übermaß an Nahrung müssen wir meiden, denn es ist Leib und Seele abträglich; ebenso, nein, sogar mehr müssen wir uns vor übertriebener Kasteiung hüten, denn der Herr ist gnädig und will keine Opfer."

Franz legte für seine Söhne stets Weisheit an den Tag, wenn es sich um das schwierige Problem der Kasteiung handelte. Als er später herausfand, daß viele Brüder Eisenketten am Körper trugen und sich im Übereifer, ihren Willen zu brechen, bis aufs Blut peitschten, ließ er sich von ihnen sämtliche Marterinstrumente bringen und verbot, sie je wieder zu benutzen. Doch war er für sich selbst nicht so einsichtig und tat ausnahmsweise nicht, was er den anderen vorschrieb, denn er verkürzte sein Leben durch die Härten, die er sich auferlegte. Die übliche Disziplin, die für seine Söhne zu Beginn genügend Kasteiung war — all die Enttäuschungen, Nöte und Demütigungen ihres Lebens —, machten ihm bald gar nichts mehr aus. Er mußte weitergehen, er konnte nie die Leiden Christi vergessen und das Verlangen, sie zu teilen, verzehrte ihn.

Während der Zeit am Rivo Torto waren die Brüder häufig in Lebensgefahr, weil hungrige Wölfe, Räuber und Wegelagerer im Wald umherstreiften, und obendrein wurde ihnen

der Krieg um die Kaiserkrone zwischen Guelfen und Ghibellinen gefährlich. Kaiser Otto IV. war erst ein Jahr vorher von
Innozenz gekrönt worden, hatte ihm den Treueid geleistet und
sein Wort gebrochen; nun waren die Deutschen in Umbrien
wieder auf dem Marsch. Perugia begab sich auf den Kriegspfad, und Assisi verschloß seine Tore. Die Brüder aber hatten
sich nicht in die Stadt geflüchtet, sondern waren im Wald
geblieben. Franz sorgte dafür, daß die Nähe des Feindes sie
nicht in Angst versetzte, ja, er ging sogar weiter: Als er erfuhr, daß der Kaiser auf dem Wege nach Rieti mit Waffen-
gepränge durch das Tal zog, schickte er ihm einen der Brüder
entgegen, der ihn abfing, um ihm den Verlust seiner Macht
und einen unrühmlichen Tod anzukündigen. Sechs Jahre später
kam es, wie Franz es vorausgesagt hatte. Der Kaiser starb
geschlagen und entehrt. Sein Sterbelager war von Priestern
umgeben, die ihn geißelten. Im Sterben schluchzte er das Miserere und flehte sie an, fester zuzuschlagen. Es ist erstaunlich,
daß man den tapferen Bruder, der ihm von seinem schimpf-
lichen Ende erzählte, nicht sogleich an den nächsten Baum
knüpfte, aber der Mut und die Schutzlosigkeit der armen
Männer scheint sie in ihrem eigenen Land stets beschirmt zu
haben.

Durch den Krieg bot sich Franz in Assisi eine glückliche
Gelegenheit, die er eifrig und dankbar ausnutzte. Ihm war der
Gruß „Der Herr gebe dir Frieden!" nicht nur Formsache, denn
für den Frieden kämpfte und betete er leidenschaftlich, in erster
Linie für den Gottesfrieden im Herzen, aber auch für den Frieden zwischen Städten, Nationen und Menschen. Zu jener Zeit
scheinen Streitigkeiten den italienischen Gemeinden großes
Vergnügen bereitet zu haben. In Assisi herrschten unaufhörlich Hader und Verbitterung zwischen Adel und Kaufleuten.
Die Armen, die von ihnen unterdrückt wurden, haßten die
einen wie die anderen. Gemeinsame Gefahr und die Furcht,
ihre Unabhängigkeit nochmals zu verlieren, veranlaßte sie, auf
Franz zu hören, als er sie inständig bat, untereinander und
mit Gott Frieden zu machen. Der 9. November 1210 war für
die Stadt Assisi und für Franz ein großer Tag, denn die Bürger
schlossen miteinander einen Friedensvertrag ab. Die Majores,
also Adel und Kaufmannschaft, und die Minores — die ärmere
Bevölkerung — verpflichteten sich darin, zusammen für das
Wohl von Assisi zu wirken und weder mit Papst noch Kaiser
noch einer anderen Stadt ohne Zustimmung der gesamten

Gemeinde ein Bündnis einzugehen. Verbannte sollten heimkehren, gerechte Steuern festgesetzt werden und Bürgerfriede herrschen.

Der Friedensvertrag legt beredtes Zeugnis dafür ab, welch ungewöhnlichen Einfluß Franz trotz seiner Jugend auf seine Mitbürger gewonnen hatte. Segen und Bestätigung des kleinen Ordens durch den Papst hatte ihre Befürchtungen zum Schweigen gebracht und ihnen Achtung abgenötigt. Nie wieder würde die Stadt über Franz lachen oder ihn verfolgen. Aber das war nicht alles. Die Macht seiner Sprache hatte sie gewonnen. Für Franz waren die Monate, in denen die Brüder in der Stille verharrten, nicht so ruhig, denn er trat gerade zu der Zeit als Prediger hervor. Man hatte ihm zugehört, als er an den Straßenecken redete. Jetzt aber durfte er als Oberhaupt eines anerkannten Ordens in den Kirchen und im Dom predigen, wodurch er einen viel weiteren Kreis erfassen konnte. Seine erste Predigt hielt er in San Giorgio, jenem Gotteshause, das die Entstehung des Ordens gesehen hatte. Bald darauf ersuchten ihn die Kanoniker der Kathedrale, sonntags dort zu sprechen, und damit er Ruhe zur inneren Sammlung fände, stellten sie ihm einen Raum in ihrem Haus zur Verfügung. Dorthin pflegte er am Samstagabend zu kommen und sich nach kurzem Schlaf in mehrstündigem Gebet auf die Messe und seine Predigt vorzubereiten.

Die strahlend neue Kathedrale war aus dem rosiggetönten Stein des Monte Subasio erbaut und erst wenige Jahre vor seiner ersten Predigt vollendet worden. Bänke und Kanzel, wie wir sie heute kennen, gab es nicht; die Gemeinde lauschte stehend oder kniend, der Prediger stand auf einer Art Katheder. Man klatschte ihm Beifall oder äußerte seinen Widerspruch vernehmlich, während er auf seiner weiten Bühne gestikulierend einherging. Bei solch einer Predigt im dreizehnten Jahrhundert dürfte es in den italienischen Kirchen manchmal recht lebhaft zugegangen sein.

Sicher ging es noch lebendiger zu, da der eifrige junge Franz, statt Lateinisch zu predigen, zum Volk in seinem eigenen heimatlichen Dialekt sprach. Was für ein Bild, wenn die Menge ihn am Sonntagmorgen begierig erwartete und den Platz des Redners umdrängte! Sie müssen es schon geahnt haben, daß Assisi jenen kostbarsten aller Schätze — seinen eigenen Heiligen — besitzen würde, und sprachen von ihm im Flüsterton, während sie ihn erwarteten; dann kam er, und sie schwiegen.

Die barfüßige, kleine, hagere Gestalt in der geflickten, schäbigen Kutte bestieg das Katheder. Trotz seiner Jugend waren seine Gesichtszüge durchsichtig und zerfurcht, aber in den dunklen Augen glühte unauslöschliche Lebenskraft. Noch ehe er zu sprechen begann, hatte er die Menschen gewonnen.

Über seine Predigten liegen so viele Berichte vor, daß man sich ohne weiteres vorstellen kann, was für ein Erlebnis es gewesen sein muß, ihnen beizuwohnen. Er schrieb seine Predigten nicht nieder, seine Vorbereitungen bestanden vielmehr in Wachen, Beten und in Vereinigung mit Gott. Auch bediente er sich keiner Rednerkünste, sondern sprach schlicht und einfach, wie es ihm aus dem Herzen kam, wie es der Heilige Geist ihm eingegeben hatte. Er war von Natur ein guter Schauspieler, dachte jedoch an diese Begabung so wenig wie an sich selbst, denn all sein Denken war auf Christus, den Erlöser der Welt, gerichtet, auf sein Verlangen nach ihm und auf die Menschen vor ihm, die des Herrn so dringend bedurften. So sprach er flüssig und natürlich mit aller Kraft seiner aufrichtigen und brennenden Liebe für Gott und die Menschheit.

Thomas von Celano sagt über seine Predigten: „Mit wenigen Worten deutete er das Unaussprechliche an, und die Inbrunst seiner Worte wurde von feurigen Gesten unterstützt, wodurch er seine Zuhörer zu den himmlischen Dingen emporriß." Die Glückseligkeit über die himmlischen Dinge überwältigte ihn manchmal derart, daß er keine Worte mehr fand, sondern zu Gottes Lob sang und tanzte. Seine Hörer fanden es schwierig, sich nachträglich des genauen Wortlauts seiner Rede zu erinnern, wenn er nicht mehr vom unwiderstehlichen Reiz des Redners selbst getragen war. Einer sagte: „Ich kann mich nie auf seine Worte besinnen, und fallen sie mir ein, so kommt es mir vor, als wären es nicht dieselben."

Aber ein andermal war es wieder einfach, die Rede zu behalten, denn wie sein Herr liebte auch er es, häufig in Parabeln zu sprechen. Eine schreckliche Geschichte über einen sündhaften, verschlagenen alten Wucherer auf dem Totenbett beweist, wie gut er es verstand, die Furcht vor dem Herrn in seinen Hörern zu erwecken. Er sagte seine Meinung ohne Bedenken. Bonaventura schreibt: „Da er immer erst selbst tat, was er später anderen auftrug, fürchtete er keinen Tadel und predigte getreulich die Wahrheit. Es lag nicht in seiner Art, Fehler zu beschönigen, sondern sie auszumerzen; nicht Sündern zu schmeicheln, sondern ihnen unerbittliche Vorhaltungen über ihr Leben zu machen." Sein Tadel verhallte nicht wirkungslos. Männer, die sich auf unehrenhafte Weise bereichert hatten, gaben das Geld den Armen zurück; Kaufleute, die fanden, daß das Geschäftsleben nicht mit peinlichster Redlichkeit vereinbar war, wechselten den Beruf und wurden Landwirte. Da Franz ein wahrer Seelsorger war, machte es ihm nichts aus, ob die Gemeinde aus vielen oder wenigen bestand. Celano sagt: „Ihm war eine riesige Zusammenkunft von Leuten wie ein Mann, und für einen Mann predigte er so gewissenhaft wie für eine Menge."

Obwohl Franz seine Söhne manchmal verlassen mußte, vergaß er sie auch nicht für einen Augenblick. Eines Sonnabends, als er im Gartenhaus der Kanoniki betete und die Brüder am Rivo Torto teils beteten, teils Vigilie hielten, wurde ihre Hütte plötzlich von Licht erfüllt. Sie hatten alle die gleiche Vision: Ein feuriger Wagen fuhr hin und her, und über ihm schwebte ein Feuerball von ungewöhnlicher Helle. Gleichzeitig wurde ihre Seele in Licht getaucht, und sie erkannten, wie ein jeder wirklich war, und sahen einander ins Herz, wie man es sonst nur im Himmelreich kann. Dann schwand das Licht und die übernatürliche Weisheit, und sie waren so von ehrfürchtiger Scheu erfüllt, daß sie sich dicht aneinander drängten und sich fragten, was das übersinnliche Erlebnis bedeuten könne. Alle erklärten es auf die gleiche Art: Franz, der zwar körperlich abwesend war, hatte sich mit ihnen in Geist und Gebet geeint. Das bestätigte er ihnen, als er am folgenden Tage zurückkehrte.

4

Ein Esel brachte den Aufenthalt am Rivo Torto zu plötzlichem Ende. Franz und die Brüder beteten in ihrer Hütte, als der Esel Kopf und Schultern durch die enge Tür zwängte. Die rauhe Stimme eines unmanierlichen Bauern trieb ihn von draußen mit Worten an, die für die Ohren der Brüder bestimmt waren. „Geh nur ganz hinein, denn hier wird es uns behagen!" Nun war aber in der Hütte nicht genügend Raum für die Minderbrüder und den Bauern nebst seinem Tier; also mußten die einen oder die anderen weichen, und Franz entschied, daß die Brüder sich entfernen sollten. Unhöflichkeit gehörte zu den wenigen Dingen, die ihn, der selbst immer so höflich war, noch aufregten, und nicht einmal sein Humor konnte es verhindern. Die Grobheit des Mannes ärgerte ihn, daher sagte er: „Brüder, Gott hat uns nicht berufen, einen Stall für einen Esel zu beschaffen, und auch keine Gaststube für fremde Leute." Damit überließ er dem Mann und dem Tier die Behausung, und sie gingen allesamt davon.

Nun waren sie wiederum obdachlos und hatten nur die Höhlen in der Schlucht zum Beten, aber bei schlechtem Wetter waren sie nicht immer erreichbar. Obgleich sie, an Frau Armut gebunden, kein Heim im üblichen Sinn haben durften, brauchten sie doch eine Betstätte, einen Sammelplatz, von dem sie ausgingen, wenn sie das Evangelium predigten, und an den sie zurückkehren konnten. Franz ließ die Brüder allein im Wald und fragte Bischof Guido, diesen treuen Freund, ob er nicht eine geeignete Kapelle kenne, doch diesmal wußte er keinen Rat. Auch die Kanoniker der Kathedrale waren außerstande, ihm zu helfen. Schließlich stieg er bergauf zur Benediktiner-Abtei, die auf die weite Ebene hinaussieht wie ein Leuchtturm auf das Meer, und trug dem Abt seine Sorge vor. Der Abt muß verständnisvoll und freigebig gewesen sein, denn er erbot sich nach einer Besprechung mit den Mönchen, den Minderbrüdern die geliebte Portiuncula zu übereignen. Er knüpfte nur eine Bedingung daran: daß, falls der Orden wachse, die Portiuncula immer das Zentrum für den ganzen Orden sein solle. In die Freude von Franz mischte sich die Angst, etwas zu besitzen, aber es fand sich auch aus dieser Sorge ein glücklicher Ausweg. Die Portiuncula sollte den Minoriten nicht geschenkt, sondern nur vermietet werden; die Jahresmiete bestand in einem Korb voll Fisch aus dem Fluß. Die Brüder bezahlten sie stets gewissenhaft und erhielten vom Abt regelmäßig ein Gefäß mit Öl als Quittung.

Als er den Abt verlassen hatte, muß Franz in großer Eile den Berg hinab in den Wald gelaufen sein, um den Brüdern die freudige Nachricht zu bringen. Gott hatte ihnen die Portiuncula gegeben. Sie hatten sie nach der Rückkehr aus Rom trotz aller Liebe gemieden aus Furcht, sich ein Gewohnheitsrecht anzumaßen. Jetzt aber hatte der Herr sie damit beschenkt. Sie waren heimatlos wie Christus, der nur Bethanien gehabt hatte. Ihr „Luogo" — ihre Stätte — würde die Portiuncula sein.

Zweiter Teil

RITTER DES HERRN

DER ERSTE ORDEN

*Wo Liebe ist und Weisheit, ist weder Furcht
noch Unwissenheit. Wo Geduld und Demut ist,
da ist weder Zorn noch Erregung. Wo Armut
und Freude ist, da ist weder Gier noch Geiz.
Wo Ruhe und Besinnung ist, ist weder Verwirrung noch Unrast. Wo Furcht des Herrn ist,
seine Schwelle zu behüten, dort hat der Feind
keinen Raum zum Eintritt.*

Aus den Schriften des heiligen Franziskus

1

Die nächsten zehn Jahre waren die großen Jahre des
Ordens, und die Portiuncula teilte ihren Ruhm. Von
ihr zogen Franz und die Brüder auf ihre Missionsreisen, zu
ihr kehrten sie zurück. Als der Orden erstarkte und über die
Grenzen Italiens hinauswuchs, strömten Brüder aus ganz Europa dort zu den Kapiteln zusammen, blieben eine Zeitlang
und zogen erquickt wieder heimwärts. Reiche und Arme pil-
gerten dorthin und fanden, was immer sie bedrückte, Trost in
der Portiuncula. Kurz nachdem der Orden sie empfangen
hatte, träumte ein Mann, der später einer der Brüder wurde,
er sehe viele erblindete Menschen rund um Santa Maria degli
Angeli knien. Mit gefalteten Händen und leerem Blick flehten
sie Gott an, ihre Augen zu erhellen, und aus dem Himmel fiel
ein Licht auf die Gesichter der Betenden, und sie konnten
sehen. Die Portiuncula war stets eine Stätte des Lichts, die
wie ein Leuchtturm Strahlen auf die finstere, beschwerte Welt
aussandte. Sie hatte, ganz abgesehen von Franz und den Brüdern, ihr eigenes Feuer, hatte wie jede Stelle, von der sich
viele Gebete emporgeschwungen haben, eine Atmosphäre des
Friedens.

Alle späteren franziskanischen „Stätten" entsprachen in
ihrer Anlage der Portiuncula. In der ersten Zeit bauten die
Brüder nicht in Stein, weil das ihren Wohnorten den Anschein
der Dauer gegeben hätte; sie bauten sich strohgedeckte Hütten
aus Flechtwerk und Lehm. Die Kirche und die kleinen Hütten
waren von einer Hagedornhecke umgeben. Eingefriedet von
dieser Hecke war die Klausur der Brüder, zu der Laien der

Zutritt nicht erlaubt war und wo die Brüder nur von heiligen Dingen sprachen. In ihrem Garten züchteten sie Gemüse und Kräuter, und dort fand sich auch der einzige Luxus der Franziskaner — ein paar Blumen, „um jene, die sie anschauen, an die ewige Lieblichkeit zu erinnern". Sie schliefen auf Stroh und hatten weder Tische noch Stühle, sondern saßen bei den Mahlzeiten auf dem Boden, und ihre Schüsseln und Kochgeschirre waren äußerst ärmlich, denn Franz wollte, „daß alles in Armut ende und ihnen ihre Pilgerschaft und ihre Verbannung vor Augen halte". Ihr bescheidener, kleiner Bereich lag ganz in einen schönen Eichwald eingebettet.

Drei Wendungen aus einer alten Chronik haften einem wie Musik im Ohr: „Die Burgen über den Dörfern", „In den Wald" und „Wir, die mit ihm lebten". Sie rufen drei eindrucksvolle Bilder vom Leben des Ordens in seinen Anfängen wach.

Das erste zeigt uns die Brüder im grauen Habit, wie sie auf unebener Straße durch den Abend wandern und am Ende des Weges eines jener zauberhaften Dörfchen auf felsigem Hügel sehen, die so häufig im Hintergrund italienischer Gemälde erscheinen. Die Burgen und die Türme mit den Schießscharten stehen als Silhouetten vor der untergehenden Sonne, und am Bergesgrund sind kleine, dichtbewohnte Häuser, deren Mauern da von hellen Vierecken durchbohrt sind, wo man ein Licht in das winzige Fenster gesetzt hat. Die müden Brüder mit den wunden Füßen beschleunigen ihren Schritt. Im Dorf werden sie Essen und ein Nachtlager finden und morgen das Evangelium predigen, die Kranken versorgen und die Beladenen trösten.

Die Wendung „in den Wald" wird immer wieder gebraucht. Der Wald war der Dom, in dem sie beteten. Auf stillen Wegen war man von Einsamkeit umfangen, in der man in Gebet versinken konnte. Vogelsang und rauschende Blätter, doch sonst kein Laut. Wenn es Gott in seiner Gnade gefallen sollte, sich einem liebend zu offenbaren, so konnte man in seiner Gegenwart weilen, ohne daß einer die Vereinigung störte.

„Wir, die mit ihm lebten . . ." Mit Liebe und mit unendlichem Stolz sagen das die Brüder, deren Erinnerungen an Franz für uns in der „Legende der drei Gefährten" und im „Spiegel der Vollkommenheit" aufgezeichnet sind. Aber auch die anderen Männer, die ihn während der ersten großen Tage in der Portiuncula umgaben, hätten es mit gleicher Liebe, mit gleichem Stolz äußern dürfen. Obwohl die Gemeinde an Zahl ständig wuchs, war es Franz damals noch möglich, jeden einzelnen Bruder genau zu kennen und ihm mit der eigenen Freude, Selbstlosigkeit und Hingabe an Christus, ihren Herrn, zu erfüllen. Ihre gegenseitige Liebe wurzelte in ihrer Liebe zu Christus, wurde aus Christus geboren und ihm wiedergegeben. Sie waren Ritter des Herrn, nicht die seines Dieners Franz. Niemals würde Franz ihnen auch nur einen Augenblick lang gestattet haben, ihn aus Stolz und Liebe über sie zu stellen. Sie waren ausnahmslos demütige Menschen, aber er war der Demütigste, war ihrer aller Diener und so in Angst vor der Autorität, die der Papst ihm gegeben hatte, daß er immer einen anderen Bruder zur „Mutter" der Gemeinschaft bestellte und sich wie die übrigen dessen Entscheidungen unterwarf. Jetzt war der Traum vom Palast der Frau Armut, in dem er mit seinen Anhängern wohnen sollte, Wahrheit geworden, aber die Ritterrüstung war nicht mit dem Wappen von Franz, sondern mit dem Kreuz Christi verziert. Von allen Brüdern hätte man genau wie von ihm sagen können: „Mit ganzem Herzen trachtete er danach, durch die leibliche und geistige Kraft des Kreuzes Christus nachzustreben."

Die heilige Katharina von Siena schrieb: „Der ganze Weg zum Himmel ist der Himmel selbst", weil Er sagte: „Ich bin der Weg", und da sie diesen Weg gewählt hatten, getragen und gehalten von Seinem Kreuzesopfer, umgab sie der Atem des Himmels. Selbst in den Niederlagen, in der Angst und dem Schmerz ihrer Erdentage wußten sie darum, was wahre Freude ist. Diese Gabe war das Geschenk der Auferstehung Christi, der sagte: „Jubel soll in deinem Herzen sein, und niemand soll ihn dir rauben." Froh zu sein jedoch, hatte Franz genauso ernsthaft geboten wie Armut und Demut und einen Wandel in Liebe. Es war ihre Aufgabe, ihre Freude zu bewahren, die Flamme zu schüren und, wenn sie erlosch, sie gleich wieder zu entzünden. Er wußte, daß Freude der Schutz gegen Sünde ist, und erklärte es den Brüdern folgendermaßen: „Wenn die Diener des Herrn lernen würden, äußerlich und innerlich die geistige Freude zu bewahren, die aus Herzensreinheit entspringt und durch andächtiges Gebet erworben wird, könnten ihnen die Dämonen kein Leid zufügen. Sie würden eingestehen: ‚Da dieser Gottesknecht in Drangsal wie in Glück voll Freude ist, ist uns der Zugang zu ihm verschlossen, und wir können ihm nichts anhaben.' " Verdrießliche Gesichter duldete er nicht und sagte zu einem bekümmerten

Bruder: „Warum läßt du dir anmerken, daß deine Vergehen dich bedrücken und betrüben? Das zeige Gott allein, doch vor mir und anderen bemühe dich, freudig zu erscheinen, denn es ziemt einem Diener Gottes nicht, seinen Kummer an den Tag zu legen."

Das Dasein von Franz war so völlig auf den Jubel des Himmels abgestimmt, „auf das heimliche Rauschen, das er im stillen hörte", daß er oft vor Freude nicht an sich halten konnte und zu singen begann. Im Wald hob er manchmal einen Ast auf, „legte ihn auf den linken Arm, nahm einen anderen als Bogen in die rechte Hand, strich darüber, wie man es auf einer Fiedel oder einem anderen Saiteninstrument tut, und sang auf Französisch zum Herrn Jesus Christus". Doch plötzlich erinnerte er sich in aller Freude des Grauens der Sünde und der Todesqual Christi, der unsere Sünden in seinem eigenen Leib zum Kreuz getragen hatte, und brach weinend zusammen.

Das Leben spielte sich weiterhin ab wie das der ersten acht Brüder in der Portiuncula. Dem Vorbild Christi folgend, teilten sie den Tag in Gebet, Arbeit, Heilen und Lehren.

Gebet stand an erster Stelle: die Anbetung und Verehrung Gottes, für die der Mensch geschaffen war, das Bußgebet für die Sünden der Welt, die Fürbitte für alle, denen ihr Mühen galt. Franz lehrte sie, daß „im Dienst für Gott ohne Gebet nichts Gutes zu bewirken ist", daß Gebet nicht nur während der Stunden der heiligen Beschau in der Zelle oder im Wald, nicht nur im gemeinsamen Offizium, sondern immer nötig sei. Sie müßten unaufhörlich beten „ob gehend oder sitzend, ob drinnen oder draußen, bei Arbeit und Muße". Ging einer auf die Reise, so sagte Franz zu ihm: „Sei auf der Reise so andächtig wie in einer Einsiedelei oder in deiner Zelle, denn wo wir auch sind, wohin wir auch gehen, wir tragen unsere Zelle bei uns; unser Bruder Körper ist die Zelle, die Seele der Eremit, der darin wohnt, um zum Herrn zu beten und Andacht zu üben." Er warnte sie, das Gebet in irgendeiner Art zur Schaustellung zu machen. Er selbst pflegte den Kopf in seinem Mantel zu verbergen oder sich eine verlassene Kirche zu suchen, mochte auch des Nachts leise aufstehen und ungesehen in den Wald hinausschlüpfen. Er ließ die Brüder niemals glauben, daß es leicht wäre zu beten, und er hielt sie dazu an, sich mit Mut und Beharrlichkeit darin zu üben. Wir gehen neben dem Gebet ruhig unseren Gedanken nach, ihnen aber galt das als sündhaft. Einmal richtete Franz seinen Blick beim Gebet auf ein Töpfchen, das er angefertigt hatte, und war dadurch einen Augenblick abgelenkt. Als er sein Gebet beendet hatte, warf er das Töpfchen ins Feuer mit den Worten: „Es ist eine Schande, an Nichtigkeiten zu denken, wenn man mit dem großen König spricht." Wenn sie sich unter ernstem Mühen im Gebet Trost erarbeitet hatten, sollten sie sagen: „Diesen Trost, o Herr, den Du mir unwürdigem Sünder vom Himmel gesandt hast, gebe ich in Deine Hut, denn ich weiß, daß ich Deinen kostbaren Schatz nur entwenden würde."

In der ersten Zeit hatten die Brüder keine Gebetbücher. Sie hatten eine Abschrift der Evangelien besessen, doch als eines Tages eine Bettlerin kam und sie ihr, selbst in Nöten, nichts zu geben hatten, beschenkte Franz sie damit. Doch der Mangel an Büchern machte ihnen nichts aus, da sie das Evangelium lebten und das Vaterunser zum Gebetbuch nahmen. Sie sagten es mit einigen anderen schlichten Gebeten und Lobhymnen, die Franz sie gelehrt hatte, zu den vorgeschriebenen Stunden her. Diese Stunden wurden stets innegehalten, und selbst wenn Franz müde oder krank war, sprach er die Gebete barhäuptig und aufrechtstehend oder kniend „und lehnte sich niemals an Mauern oder Türpfosten". Ein Bild zeigt ihn betend im strömenden Regen. Gegen Ende seines Lebens, als er aus Schwäche auf einem Pferd oder Esel reisen mußte, stieg er aus dem Sattel, schob seine Kapuze zurück und betete „mit solch glühender Hingabe und Ehrfurcht, als wäre er in einer Kirche oder Zelle, obwohl er auf der Straße stand und der Regen unablässig auf ihn fiel". Die Brüder folgten seinem Beispiel ebenso pflichtgetreu.

Alle Beter, besonders solche, die zu einem kontemplativen Leben berufen sind, haben in harter körperlicher Arbeit die beste Ergänzung zu ihren Gebetsübungen gefunden. Der beschauliche Zisterzienserorden hat von jeher Landarbeit verrichtet, und für die Franziskaner war schwere Arbeit nicht nur zum Erwerb des Unterhalts, sondern auch für Leib und Seele wichtig. Wiewohl ihre Arbeit ursprünglich im Gebet wurzelte, stimmt es auch, daß die angestrengte körperliche Tätigkeit sie zur Beschaulichkeit vorbereitete. Der Bauernsohn Ägidius, der zu einem der bedeutendsten Kontemplativen aller Zeiten wurde, legte nachdrücklichen Wert auf schwere Arbeit. Er behauptete, daß niemand ohne gründliche und gewissenhafte Vorbereitungen durch praktische Tätigkeit in ein kontemplatives Leben treten könne und man darum aktiv sein und energisch arbeiten müsse. Wenn es ihm gelungen sei, im Gebet Übung zu erlangen, so verdanke er das seinen Körperkräften, die ihn zur Schwerarbeit befähigten. Die Brüder arbeiteten alle angestrengt in ihren verschiedenen Berufen: als Bedienstete, Landarbeiter, Schafhirten, Flickschuster oder Korbflechter, und abends kehrten sie mit dem Essen, das sie als Bezahlung erhalten hatten, zur Portiuncula zurück und teilten es miteinander. Der Geist ihrer Unabhängigkeit zeigt sich deutlich darin, daß sie im Betteln den schwersten Teil ihrer Berufung sahen, wenn sie einmal keine Arbeit fanden. Franz hatte Nachsicht mit ihnen, denn er dachte an sein eigenes Widerstreben, an den Tag, an dem er die erste erbettelte Mahlzeit gegessen und erfahren hatte, daß am Tisch des Herrn die Demütigung in Freude umgeschlagen war. Ein junger Bruder hatte Scham und Stolz so gründlich überwunden, daß er einen ganzen Beutel voller erbettelter Brocken singend zur Portiuncula trug. Er sah, als er sich näherte, Franz auf sich zukommen. Franz nahm ihm den Ranzen ab, küßte die Schulter, auf der er gelegen hatte und sagte: „Gesegnet sei mein Bruder, der bereitwillig ausgeht, demütig bittet und fröhlich heimkehrt."

Beten und Arbeiten gingen Hand in Hand, und auch ihre Krankenpflege und Armenfürsorge war mit Gebet verbunden. Die Brüder fanden wie ihr Herr, daß ein epileptisches Kind und der Berg der Verklärung unzertrennlich zusammengehörten. Sie ließen ihr Gebet, um die göttliche Liebe in die leidende Welt zu tragen, und um das Erdenleid zu Gott zu erheben, nahmen sie ihre Andacht wieder auf. Nun sahen sie zwar alle Kranken und Betrübten als ihre Kinder an, aber die Aussätzigen nahmen sie in ihre besondere Obhut, weil sie, genau wie Franz, in ihnen vor allen anderen das Leiden Christi verkörpert sahen. Franz hatte sie gelehrt, das Wort Aussätzige, das sie an ihre Qualen erinnerte, zu vermeiden, und so nannten sie sie immer ihre christlichen Brüder. Zwei Geschichten in den alten Chroniken veranschaulichen die Geduld und Sanftmut der Franziskaner im Umgang mit diesen bedauernswerten Menschen.

In einem Spital, wo Minoritenbrüder arbeiteten, war ein recht widerspenstiger Aussätziger. Die grausame Krankheit hatte ihm Herz und Sinn verbittert und ihn tiefunglücklich gemacht. Er war so ungeduldig, lästerte so unverschämt, daß außer den Brüdern niemand etwas mit ihm zu tun haben wollte, und selbst sie plagten sich weidlich mit ihm. Schließlich wußten auch sie sich nicht mehr zu helfen. Mit seiner Heftigkeit und Grobheit hätten sie sich wohl abgefunden, aber seine lästerlichen Reden waren ihnen unerträglich geworden. So könne es nicht weitergehen, sagten sie zu Franz, der darauf selbst zu dem Kranken ging und ihn sanft und höflich grüßte: „Gott gebe dir Frieden, mein geliebter Bruder." „Frieden!" erwiderte der Aussätzige. „Was kann ich von Gott erwarten, der den Frieden und jeden Segen von mir genommen, der mich faulen läßt und zum Abscheu gemacht hat?"

Franz, im Versuch ihn zu trösten, sagte ihm, daß geduldiges Ausharren der Seele neue Kräfte gebe, doch der Kranke brach in bittere Klagen über die Brüder aus, die ihn so lange aufopfernd gepflegt hatten. „Sie sollten sich besser um mich kümmern!" rief er.

Während er die Beschwerden über sich ergehen ließ, hatte Franz im stillen um Hilfe gebetet, und darum fand er nun die besänftigende Antwort: „Da die anderen dich nicht zufriedenstellen, werde ich selber dich in Zukunft versorgen."

„Was könntest du mehr als sie für mich tun?" fragte der Aussätzige.

„Alles, was du verlangst", sagte Franz.

„Dann wasche mich von Kopf zu Füßen, denn ich kann den Ekel vor mir selbst nicht mehr ertragen."

Franz bereitete warmes Wasser mit wohlriechenden Kräutern, entkleidete den Kranken achtsam wie eine Mutter ihr Kind und wusch seinen Körper. Durch die Berührung schlossen sich die Wunden, und die Schmerzen wichen; ein Tränenstrom befreite die Seele des Geheilten, und in ihm war wieder Frieden. Das Gebet hatte Erhörung gefunden.

Bruder Jakob, der Einfältige mit dem Kindergemüt, hatte nicht begriffen, daß ein Schwerkranker das Spital nicht verlassen dürfe, und dachte, daß es eine nette Abwechslung wäre, einen Aussätzigen, der seiner Obhut anvertraut war, auf einen Spaziergang zur Portiuncula zu führen. Sie machten sich also auf den Weg durch den Eichwald und kamen zur Einfriedung in der Hagedornhecke. Dort begegneten sie Franz, der in hellem Entsetzen vor lauter Schreck zu Bruder Jakob sagte: „Du darfst unsere Christenbrüder nicht auf den Straßen herumführen; das schickt sich weder für dich noch für sie." Kaum hatte er das ausgesprochen, als ihm klarwurde, wie tief er den Aussätzigen verletzt haben mußte, und er bekam furchtbare Gewissensbisse. Unverzüglich ging er zu Peter Cathanii, der damals „die Mutter" der Gemeinschaft war, kniete nieder und fragte, was er zur Buße tun könne, um seine Reue zu beweisen.

„Tue, was du selbst für richtig hältst", sagte Peter voll Mitgefühl.

„Dann werde ich mit meinem Christenbruder aus der gleichen Schüssel essen", antwortete Franz und tat es bei der nächsten Mahlzeit. Was muß das einen empfindsamen Menschen wie ihn gekostet haben! Der „Spiegel der Vollkommenheit" drückt in unmißverständlichen Worten aus, welche Gefahr er dabei lief, sich die widerliche Krankheit zuzuziehen. „Eine Schüssel wurde zwischen den heiligen Franziskus und den Aussätzigen gesetzt. Dieser war ganz mit Geschwüren bedeckt und entstellt. Als er die Brocken aus der Schüssel nahm, flossen Blut und Eiter aus seinen abgefressenen Fingern in das Gefäß. Bei diesem Anblick wurden Peter und die anderen Brüder von tiefer Traurigkeit ergriffen, doch wagten sie aus Angst und Ehrerbietung gegen den heiligen Vater nichts zu sagen." Die geistige Einstellung des Ordens — die Bereitschaft jedes einzelnen, wie Christus sein Leben um der Liebe willen niederzulegen — ist in dieser schrecklichen Szene zusammengefaßt. Der Chronist durchschaut ihre große Bedeutung, denn er schließt sie fast mit den gleichen Worten, mit denen der Apostel Johannes über die Kreuzigung berichtet: „Und der es gesehen, hat Zeugnis gegeben, und sein Zeugnis ist wahr."

Man ist versucht, sich Franz und die Brüder in der Umgebung der Portiuncula vorzustellen, weil die „Stätte" besonderen Liebreiz hat, doch hielten sie sich tatsächlich nie sehr lange dort auf. Sie waren immer unterwegs und legten Entfernungen zurück, die unglaublich erscheinen, wenn man bedenkt, daß sie auf bloßen Füßen einhergingen. Sie stellten sich Schwierigkeiten und Gefahren entgegen, die oft noch größer waren als die von Paulus auf seinen Missionsreisen; denn Paulus, der Griechisch, die offizielle Sprache des Römischen Kaiserreiches, sprach, konnte sich überall verständlich machen und genoß als Bürger Roms einen gewissen Schutz. Die Brüder jedoch waren, sobald sie Italien verließen, schutzlos, und nicht alle beherrschten die lingua franca, die auch von ihren Zuhörern nicht ausnahmslos verstanden wurde. In Italien waren ihre Missionsreisen von wachsendem Erfolg gekrönt, doch jenseits der Grenzen erlebten sie häufig Fehlschläge. Daß sie diese Missionsreisen überhaupt unternahmen, zeugt für ihren Mut.

Christus hatte gesagt: „Gehet hin in alle Welt", und das taten sie in kindlichem Glauben und Gehorsam, ob sie der fremden Sprache mächtig waren oder nicht.

In Deutschland riß man ihre Kutten herunter, schlug sie und vertrieb sie aus dem Lande. In Ungarn hielt man sie für wandernde Komödianten, verspottete und verunglimpfte sie. In Marokko wurden fünf Brüder, die in einer Moschee gegen Mohammed gesprochen hatten, ausgepeitscht und ins Gefängnis geworfen. Nach ihrer Entlassung weigerten sie sich, wie es verlangt wurde, das Land zu verlassen, und predigten den gekreuzigten Christus in den Straßen. Daraufhin wurden sie wieder eingesperrt und gefoltert. Auf der Folterbank versprach man ihnen das Leben, wenn sie Christus abschwören würden, doch da sie ihn noch in ihren Todesqualen priesen, enthauptete man sie.

Es heißt, das Blut der Märtyrer sei der Samen der Kirche. Nun blieb es zwar damals unbeachtet, daß aus diesem Märtyrertum, wie aus jedem Glaubensopfer, neues Leben entstand, aber es war doch eine der ersten Garben der großen Ernte, die später eingebracht wurde, als die franziskanischen Missionare in alle Länder der Welt reisten. Die ersten christlichen Märtyrer, die in der römischen Arena starben, vertrauten fest darauf, daß mit Christi Hilfe eine Seele unter den Zuschauern durch ihren Tod gerettet würde. Die marokkanischen Märtyrer gewannen auch eine Seele, allerdings einen Christen, den sie nicht erst vom Heidentum abkehren mußten, und zwar einen Mann, der dazu ausersehen war, einer der Größten in den Reihen des Ordens zu werden. Der Infant Dom Petro von Portugal ließ die Leichen der fünf Märtyrer nach Coimbra überführen und in einer Kirche beisetzen. Unter den vielen Betern, die an ihr Grab kamen, befand sich ein junger Mann, der Antonius hieß. Während er betend dort kniete, wurde er von den Taten der Märtyrer so tief bewegt, daß ihn ein Verlangen ergriff, es jenen gleichzutun. Wenige Tage später trat Antonius, der Heilige von Padua, dem Orden der Minderbrüder bei.

Franz wurde seine Seelenernte infolge eines unglücklichen Umstandes auf einer der frühen Missionsreisen zuteil. Er faßte, kurz nachdem er die Portiuncula bezogen hatte, den schlichten, aber verblüffenden Vorsatz, mit einem Bruder von Ankona nach Syrien zu segeln, um dort die Ungläubigen zu bekehren. An der Küste von Dalmatien erlitten sie bei einem heftigen Sturm Schiffbruch. An ein Weiterkommen war also nicht zu denken, aber eine Zeitlang schien ihnen auch der Rückweg abgeschnitten zu sein, da die mittellosen Brüder ihre Heimreise nicht bezahlen konnten. Es entbehrt nicht der Komik, daß der humorvolle, unverzagte Heilige beschloß, als blinder Passagier heimzukehren, weil es keine andere Möglichkeit gab. Ein Matrose, der ihnen wohlwollte, schmuggelte seine beiden Freunde an Bord, und ein anderer, der sich sagte, daß essen auch für blinde Passagiere eine Notwendigkeit sei, versah sie mit Lebensmitteln, woran Franz sicher nicht gedacht hätte. Wieder tobte der Sturm, und das kleine Schiff war lange auf See. Als die Vorräte ausgegangen waren, ergriff Franz diese günstige Gelegenheit: Er verteilte sein Essen unter die Mannschaft, wodurch er ihre Gunst gewann, und dann führte er sie durch seine überzeugende Predigt dem Heiland zu.

Im Jahre 1224 kamen die Brüder nach England. Welcher Gegensatz muß dieses kalte, graue, unwirtliche Land zu dem sonnigen, freundlichen Süden gewesen sein! In der Chronik von Lanercost gibt es aus jenen Tagen eine Geschichte, die von dem für alle diese Menschen charakteristischen Mut und ihrer Heiterkeit berichtet. Nach ihrer Landung waren sie bis Canterbury und London vorgestoßen, und am Weihnachtstag befanden sie sich in einem Wald bei Oxford in grimmiger, markdurchdringender Kälte. Der hartgefrorene Schnee auf den rauhen Pfaden riß ihre Füße blutig. Heimweh bemächtigte sich ihrer; in der Kälte und Einsamkeit litten sie um so mehr, als der Gedanke an die Portiuncula sie verfolgte, wo jetzt die Brüder in Santa Maria degli Angeli ihren Lobgesang für das Kind von Bethlehem anstimmten. Plötzlich fragte der junge Mönch seinen älteren Begleiter: „Darf ich singen, Bruder, um uns den Weg zu verkürzen?" und brach, als jener zustimmte, in ein donnerndes „Salve Regina Misericordiae" aus ... Als er zu Ende war, beglückwünschte er sich selbst mit den Worten: „Bruder, hat der Gegengesang des Echos nicht prachtvoll geklungen?"

2

Wir wissen nur wenig von diesen Gottesstreitern, aber die Macht, die von Franz ausgeht, bringt uns auch die Menschen seiner nächsten Umgebung nahe. Weil sie schlicht und demütig waren, weil ihr Leben nach dem Evangelium den Stempel der

Zeitlosigkeit trägt, weil sie Berg und Wald und Wasser liebten, Tiere und Vögel zu Freunden hatten wie wir und weil ihre Politik, Philosophie und Kunst in dem Begriff der unwandelbaren Liebe gipfelt, gehören sie keinem und jedem Zeitalter an, gleichen sie in diesem Punkt wie in anderen Dingen Christus, ihrem Meister.

Es genügt, einige dieser Männer herauszugreifen, um eine klare Vorstellung von der Ritterschaft zu gewinnen, deren Vorhut sie waren. Allen voran geht Bernhard, der älteste Sohn, von Franz der Gründer genannt, von den Brüdern innig geliebt und die wahre Verkörperung der Gemeinschaft, „die von Gott berufen war, sein Kreuz in Herz und Hand zu tragen, es durch Predigt zu verkünden und durch Wesen und Wandel, Tun und Treiben Gekreuzigte zu werden". Bernhard war ein ruhiger Mensch, beständig, redlich, zuverlässig, und er liebte die Einsamkeit in Gottes freier Natur. Welcher Demut und Geduld dieser einst wohlhabende Mann fähig war, wird in den „Blümlein des heiligen Franziskus" geschildert. In der Frühzeit des Ordens sandte Franz ihn zur Predigt nach Bologna. Dieser Stadt mit den berühmten Lehrstühlen für Recht und freie Künste, wo das Studium der Heiligen Schrift im Hintergrund stand, sollte er mit schlichten Worten das Evangelium nahebringen. Aber die Kinder, die vorher noch nie einen Franziskaner gesehen hatten, hielten ihn für einen Irren, liefen ihm nach, lachten, höhnten und schrien: „Pazzo! Pazzo!" Bernhard begann den Lobgesang, eine Mischung von Hymne und Predigt, den die Brüder von Franz gelernt hatten und den sie in Stadt und Dorf auf jedem Marktplatz anstimmten.

„Fürchtet, lobet, segnet und betet an den Gott der Dreieinigkeit, Vater, Sohn und Heiliger Geist, danket dem Allmächtigen, dem Schöpfer aller Dinge. Tut Buße und bringt Opfer, die der Himmel als Buße ansieht, denn euer Ende ist nah. Gebt, auf daß euch gegeben werde. Vergebt, auf daß euch vergeben werde, denn wenn ihr nicht verzeiht, wird Gott euch eure Schuld nicht vergeben. Beichtet eure Sünden. Selig sind, die in Buße sterben, denn sie werden im Himmelreich sein. Wehe denen, die unbußfertig sterben, die dem Teufel verfallen werden, dessen Werk sie tun, denn sie werden im ewigen Feuer brennen. Hütet euch vor dem Übel, meidet es und tut Gutes bis an euren Tod."

Doch da das Volk bloß lachte und es nicht hören wollte, fuhr er fort, auf eigene Weise zu predigen: Er setzte sich nieder und nahm es schweigend hin, daß Männer und Kinder Staub und Steine auf ihn warfen, sich über ihn lustig machten und ihn bei seiner Kapuze umherzerrten. Tag für Tag kehrte er zurück, um diese stumme Predigt der Demut und Geduld zu halten. Ein Rechtsgelehrter von Bologna beobachtete diesen einzigartigen Prediger, begriff, daß er kein Irrer war, und fragte ihn, woher er komme. Wortlos zog Bernhard die Ordensregel aus seiner Kutte und gab sie ihm zu lesen. Der Mann war bewegt und beeindruckt. Er wandte sich an das Volk ringsum und erklärte ihm, man solle, statt den Prediger zu beleidigen, in ihm einen Diener Gottes ehren. Er nahm Bernhard in sein Haus und versorgte ihn später mit einer „Stätte". Solche „Stätten" am Rande der großen Städte wurden dem Orden häufig geschenkt, und, vorausgesetzt, daß sie bescheiden genug waren, angenommen. Meist handelte es sich um Hütten beim Stadttor mit einer kleinen Kapelle dabei, wie sie später, als die franziskanischen Missionare weiter in die Welt hinausgingen, in ganz Europa zu finden waren.

Bernhard führte in seiner „Stätte" ein Büßerdasein im Gebet, wenn er nicht auszog, um zu predigen oder Kranke und Hilfsbedürftige zu versorgen. Nach und nach erwarb er die Liebe des Volkes und wurde von panischer Angst ergriffen, weil man ihn mit Ehren überhäufte. Demut ist der höchste Schatz der Heiligen, und ihn zu verlieren, würde ihre unsterbliche Seele in Gefahr bringen. Er floh darum zu Franz und bat: „Vater, das Kloster in Bologna ist errichtet; sende nun andere Brüder aus, die es erhalten und darinnen wohnen. Ich könnte dir dort keinen Nutzen mehr bringen, vielmehr müßte ich, weil man mir zuviel Ehre erwies, fürchten, selber mehr zu verlieren als zu gewinnen." Franz war damit ganz einverstanden und sandte andere Brüder, die seine Stelle einnahmen.

Bernhard war nach dem Tode von Franz zehn Jahre lang Vikar der Portiuncula und allen Brüdern, die dorthin kamen, ein väterlicher Ratgeber, bis er sich in die Einsamkeit zurückzog, um ganz der Betrachtung zu leben. Seine Gebete waren so beschwingt, daß Ägidius von ihm sagte: „Er nährt sich im Flug wie die Schwalbe." Er war als erster in den Orden gekommen und war auch einer der ersten Brüder, die starben. Er hatte ein glückliches Ende, denn unter den Brüdern, die sein Lager umstanden, befand sich auch Ägidius, der aus seiner Klause gekommen war, um ihm mit freudigem Zuspruch beizustehen. „Sursum corda, Bruder Bernhard, sursum corda."

Als sein Leben am Erlöschen war, bat er die Brüder, ihn aufzurichten, und sprach zu ihnen: „Nicht um tausend Welten von gleicher Schönheit wie diese hier hätte ich einem anderen Meister als meinem Herrn Jesus Christus dienen mögen" und starb.

Von Ägidius, den die Brüder vielleicht am meisten von allen liebten, erklärten sie ohne Bedenken, daß er unter allen kontemplativen Mönchen der Welt mit den größten Ruhm erworben habe. Er reiste gern und ernährte sich auf seinen vielen Pilgerfahrten und einsamen Wanderungen durch mannigfache Arbeiten: Er war Wasserträger und Korbmacher, sammelte Reisig, half Nüsse ernten oder reinigte schmutzige Küchen. Er war ein Mystiker, der wie der Apostel Paulus einmal in den dritten Himmel emporgehoben wurde, ein Mann, der so heldenhaft im Gebet rang, daß er im Alter sagte, Märtyrer zu sein sei leicht, doch der ernsthafte Beweis menschlicher Standhaftigkeit liege, wie er erkannt habe, im Gebet. Es gibt entzückende Geschichten aus seinem Alter, als er in einer Einsiedelei im Gebirge lebte, aber jederzeit bereit war, den Besuchern seines Zufluchtsortes kluge und witzige Ratschläge zu geben, auch gelegentlich herauszukommen, um über die Veränderungen im Weltgeschehen bissige Bemerkungen zu machen. Bei einer solchen Gelegenheit begab er sich, nachdem Franz gestorben war, nach Assisi, um die schönen Gebäude zu sehen, die zu Ehren des armen, demütigen Heiligen errichtet wurden: eine prächtige Kirche zur Beisetzung seiner Gebeine, ein päpstlicher Palast und ein großes, bequemes Kloster für die Minderbrüder, die einst in tiefster Armut in Hütten aus Flechtwerk und Lehm gelebt hatten. Der alte Ägidius starrte auf diesen Glanz in beredtem Schweigen, das lange genug währte, um den Brüdern, die ihn stolz herumführten, Unbehagen zu schaffen.

„Ah", sagte Ägidius schließlich, „nun braucht ihr nur noch Frauen."

Entsetzt riefen die Brüder: „Wie kannst du so etwas auszusprechen wagen, Bruder?"

„Das soll nur heißen, daß ihr, nachdem ihr der heiligen Armut entsagt habt, nur noch das Gelübde der Keuschheit aufzugeben braucht."

Zwei Kardinäle, die ihn in seiner Klause besuchten, baten ihn, für sie zu beten. Darauf er: „Was braucht ihr Herren mein Gebet, da ihr mehr Glauben und Hoffnung habt als ich?"

„Wie das?" fragten sie.

„Weil ihr", sagte der Alte, „was die Welt an Reichtümern, Ehren und Erfolg zu bieten hat, besitzt und doch auf Erlösung hofft, während ich trotz Mühsal und Elend fürchte, im Jenseits verloren zu sein."

„Demütige dich täglich bei allem, was du tust und erblickst", war einer der Aussprüche von Ägidius, der für Selbstzufriedenheit keinen Sinn hatte. Als ein Bruder ihm erzählte, er sei im Traum in der Hölle gewesen und habe keine Minderbrüder gesehen, antwortete er: „Du bist nicht tief genug hinuntergestiegen." Einem faulen Bruder sagte er: „Glaubst du, daß das geistige Leben im Nichtstun besteht?"

Die „Blümlein" enthalten eine Sammlung seiner Aussprüche, die durchaus nicht alle sarkastisch und teilweise sogar weise und voller Herzenswärme sind, denn er liebte nicht nur Gott den Herrn, sondern auch seine Mitmenschen. „Selig ist, der wahrhaft liebt und keine Gegenliebe begehrt ... Selig ist, wer Gott mit ganzem Herzen und ganzer Seele liebt und dennoch keinen Lohn auf Erden erwartet, sondern sich nur in Gottes Schuld fühlt." Ägidius hätte das Gebet des mohammedanischen Mystikers nachsprechen können: „O Herr! Wenn ich Dich aus Furcht vor der Hölle anbete, verbrenne mich in ihrem Feuer; bete ich Dich an, weil ich auf das Paradies hoffe, so lasse mich nicht ein; wenn ich aber um Deiner selbst willen zu Dir bete, so versage mir nicht den Anblick Deiner ewigen Schönheit."

Ägidius verbrachte die letzten Jahre seines langen Lebens in Betrachtung. Er bewohnte eine kleine Zelle neben einer Kirche auf einem Hügel bei Perugia, von wo er einen Überblick über das ganze Tal von Spoleto hatte und Assisi und die Portiuncula sehen konnte. Dort hatte er einen kleinen Garten, in dem er im Gespräch mit den Waldtauben umherging und manchmal nach dem Beispiel von Franz Zweige wie Fiedel und Bogen benutzte, wenn er laut zum Lobe Gottes sang. Er starb am Sankt Georgentag 1262, dem Jahrestag seiner Aufnahme in den Orden. Sein Leben hatte als Sohn von Franz im Gebet seinen Anfang genommen, als er in San Giorgio kniete, und es blieb ein langes Gebet bis ans Ende seiner Tage. Für ihn war, wie er sagte, „Gebet Anfang, Mitte und Ende alles Guten".

Bruder Leo stand Franz von allen Söhnen am nächsten. Er trat dem Orden im Jahre 1210 bei, während die Brüder am Rivo Torto wohnten. Daß gerade dieser sanftmütige Bruder

„Leo" — was Löwe bedeutet — hieß, mag Franz belustigt haben, und so nannte er ihn scherzhaft „pecorello di Dio", das Lamm Gottes. Leo, ein Priester, der im engeren Kreis von Franz fast der einzige literarisch Befähigte war, wurde sein Beichtvater und Sekretär. Er hatte eine wunderbare Handschrift, wie man aus seinem Brevier für die heilige Klara sehen kann, und aus seiner Feder stammen auch die Erinnerungen „Wir, die mit ihm lebten". Seine wertvollen Aufzeichnungen bildeten auch die Grundlage für die frühesten Schriften über Franz: „Die Legende der drei Gefährten", „Der Spiegel der Vollkommenheit" sowie die Biographien des Thomas von Celano und des heiligen Bonaventura. Es ist nicht übertrieben zu behaupten, daß wir ohne Leo kaum etwas von Franz wüßten. Dieser sanfteste und bescheidenste aller Brüder hat darum große Bedeutung für uns. Gewisse Geschichten in den Chroniken beziehen sich auf die verschiedenen Brüder. Ganz besonders bekannt ist die Geschichte „von der vollkommenen Freude", in der es sich um Leo handelt; obwohl sie so berühmt ist, soll sie trotzdem ganz wiedergegeben werden, weil man sich Leo ohne sie nicht vorstellen kann.

An einem Wintertage ging der heilige Franziskus mit Bruder Leo, der voranschritt, von Perugia nach Santa Maria degli Angeli. Sie litten sehr unter der Kälte. Franz rief Bruder Leo, der voranschritt, zu sich und sagte:

„Bruder Leo, wenn auch die Minderbrüder allenthalben ein rechtes Beispiel der Frömmigkeit und Erbauung geben, schreibe es dir auf und merk es dir genau, das ist noch nicht vollkommene Freude."

Als Sankt Franziskus noch ein Stück weitergegangen war, rief er ihn zum zweiten Male: „Wenn auch der Minderbruder die Blinden sehend macht, die Krummen aufrichtet, die Dämonen austreibt, den Tauben das Gehör, den Stummen Kraft zum Reden und den Lahmen zum Gehen verleiht und, was noch mehr ist, wenn er die Toten nach vier Tagen erweckt — schreib es auf, auch das ist noch nicht die vollkommene Freude."

Als sie wieder eine kurze Strecke gegangen waren, rief er laut: „Oh, Bruder Leo, wenn auch der Minderbruder alle Sprachen, alle Wissenschaften und alle Schriften verstünde, ja, könnte er selbst prophezeien und nicht nur künftige Dinge, sondern auch die Geheimnisse der Gewissen und Seelen kundtun — schreib es dir auf, auch das ist noch nicht vollkommene Freude."

Und als sie abermals ein wenig weitergegangen waren, rief Sankt Franziskus wieder laut: „Oh, Bruder Leo, du Lamm Gottes, wenn auch der Minderbruder mit Engelszungen redete und sich auf den Lauf der Sterne und die Kraft der Kräuter verstünde, wenn die Erde ihm ihre Schätze preisgäbe, die Vögel ihn ihren Flug lehrten und er die Art der Fische, ja, aller Tiere und noch der Menschen, der Bäume, Steine, Wurzeln und Meere erkannt hätte — schreib es dir auf, auch das ist noch nicht die vollkommene Freude!"

Und als sie noch ein Stück gegangen waren, rief Sankt Franziskus laut: „Oh, Bruder Leo, wenn auch ein Minderbruder so inniglich zu predigen wüßte, daß er alle Ungläubigen zur Lehre Christi bekehren würde — schreib es dir auf, auch das ist noch nicht die vollkommene Freude!"

Als er diese Art der Belehrung auf dem etwa drei Kilometer weiten Wege fortgesetzt hatte, fragte ihn schließlich Bruder Leo verwundert: „Vater, ich bitte dich, sage mir in Gottes Namen, welches ist denn die vollkommene Freude? Sankt Franziskus antwortete: „Wenn wir nun nach Santa Maria degli Angeli kommen, vom Regen durchnäßt, von Kälte durchfroren, mit Kot bespritzt, von Hunger gequält, und wenn wir dann an die Pforte des Klosters klopfen und der Pförtner kommt zornig heraus und spricht: ‚Wer seid ihr?', und wir antworten: ‚Wir sind zwei von euren Brüdern', er aber entgegnet: ‚Ihr redet die Unwahrheit, ihr seid zwei Strauchdiebe, die ihr die Welt betrügt und die Armen ihrer Almosen beraubt, fort mit euch!' — und wenn er uns nicht einläßt, sondern uns nötigt, draußen in Schnee und Regen hungernd und frierend bis in die Nacht hinein zu bleiben, dann — wenn wir solch Unrecht, solche Grausamkeit, so harte Zurückweisung geduldig und ohne Zorn und Murren tragen werden, dann, wenn wir in Demut und Liebe bedenken, daß der Pförtner uns zwar kennt, daß Gott ihm aber die Worte wider uns eingibt — oh, Bruder Leo, schreib es dir auf, das ist vollkommene Freude!

Wenn wir dann nicht aufhören zu klopfen und er zornig herauskommt und uns wie freche Landstreicher mit Schimpf und Schlägen verjagt und spricht: ‚Packt euch, ihr elenden Burschen, geht in das Spital, hier bekommt ihr weder Speise noch Obdach!' — wenn wir auch das geduldig, heiter und in Liebe ertragen — oh, Bruder Leo, schreib es dir auf, das ist vollkommene Freude! Wenn wir dennoch, von Hunger und Kälte gequält und von dem Dunkel der Nacht geängstigt, abermals klopfen und rufen und bitten und weinen, er möge uns auftun und uns nur einlassen, und wenn jener noch mehr aufgebracht ausrufen wird: ‚Das sind ja ganz unverschämte Gesellen, ich werde ihnen heimzahlen, so wie sie es verdienen' — und wenn er dann mit seinem Knotenstock herkommt, uns bei der Kapuze packt, uns zu Boden wirft, uns im Schnee wälzt und uns mit dem Stock Schlag auf Schlag versetzt, wenn wir alles geduldig und heiter ertragen, im Gedenken an die Leiden des gebenedeiten Christus, die wir ihm zuliebe dulden müssen — oh, Bruder Leo, schreib es dir auf, das ist vollkommene Freude!

Nun vernimm die Lehre, Bruder Leo! Aller Gunst und Gaben Krone, die Christus mit dem Heiligen Geist seinen Freunden verleiht, hat der Mann erworben, der sich selbst besiegt und mit Fröhlichkeit Christo zuliebe Mühsal, Unrecht, Schimpf und Schmach erträgt. Denn wie könnten wir uns der Gaben Gottes rühmen, sie sind ja nicht unser, sondern Gottes Werk. Darum spricht auch der Apostel: ‚Was ist dein, das du nicht von Gott empfangen hast, und was rühmest du dich, als verdanktest du es dir selber?' Aber des Kreuzes, der Bedrängnis, des Herzeleids dürfen wir uns rühmen, denn dieses ist unser! Deshalb spricht der Apostel: ‚Ich will mich nicht rühmen, es sei denn des Kreuzes unseres Herrn Jesu Christi.' "

Wie Ägidius lebte Leo bis in ein hohes Alter und starb in Sacro Convento in Assisi.

Ruffino, ein Mitglied der vornehmen Familie Scefi, gehörte zur Aristokratie von Assisi. War er auch nicht furchtlos wie Ägidius, so war er doch ein Held, der einen lebenslänglichen Kampf mit sich selbst tapfer bestand. Typen seiner Art — einsam, melancholisch, von Ängsten gejagt, schüchtern und zurückhaltend — bezeichnet man heutzutage als Neurotiker. Er ließ sich von seinen Schwächen nicht überwinden, sondern wurde ihrer Herr, und die Kraft seiner Beharrlichkeit machte ihn zu einem großen Kontemplativen, den Franz vor anderen heimlich „den heiligen Ruffino" nannte. Er war nicht imstande, öffentlich zu sprechen, brachte, sobald er vor einer Menge stand, kein Wort heraus. Ob er stotterte oder es ausschließlich aus Angst geschah, ist nicht überliefert. Doch ein Minderbruder, der Christus Gehorsam und das Evangelium zu predigen gelobt hatte, durfte nicht in Schweigen verharren; daher gebot Franz, um dem ein Ende zu machen, er solle nach Assisi gehen und predigen. Ruffino bat in tödlicher Angst, es ihm zu erlas-

sen, und wehrte sich so hartnäckig, daß Franz plötzlich die
Geduld verlor und ihm nunmehr auftrug, sich unverzüglich
und zur Strafe in Hosen ohne Kutte nach Assisi zu begeben.

Es ist absonderlich, in Franz einen Zug von Härte zu finden,
der zuzeiten fast an Grausamkeit grenzte. Für gewöhnlich beschränkte er seine Strenge auf sich selbst, doch gab es einige
Gelegenheiten, bei denen auch die Brüder die Peitsche zu spüren bekamen. Wie läßt sich solche Härte mit seiner Liebe und
Sanftmut vereinbaren? Mehr noch als uns mußte sie jene ver-
wunden, die ihr ausgesetzt waren, aber es ist dabei zu beachten, daß nur eines sie auslösen konnte: der Verstoß gegen den
unbedingten Gehorsam. Sein gütiges Naturell blieb von per-
sönlichen Kränkungen unberührt, aber Ungehorsam gegen die
Ordensregel oder das Gebot eines Oberen sah er als Ungehorsam gegen Christus selbst an, und eine solche Entehrung
des Herrn duldete er nicht. Derartige Ausbrüche beweisen, daß
er ständig in größter Anspannung lebte, daß er, wie Ruffino,
unter überempfindlichen Nerven litt, die gelegentlich versagten, wenn er es auch durch seine Fröhlichkeit und Selbstlosigkeit leichter hatte als Ruffino.

Mit dem Mut der Verzweiflung gehorchte Ruffino. Nur mit
seiner Hose bekleidet, stieg er den steinigen Weg nach Assisi
hinauf und ging in die Stadt. Vermutlich war die Außenkanzel
der Kathedrale der Ort, an dem er predigen sollte, und so
mußte er lange durch die Straßen wandern, wo die Gassen-
jungen ihm höhnend nachliefen und ihm aus Tür und Tor aller
Augen folgten. Das wäre für jeden empfindlichen Menschen
ein Alptraum gewesen, ihm aber, der einst im Fürstenkleide
durch die Stadt gegangen war, muß es noch schwerer gefallen
sein als Franz der Weg von San Damiano zu seines Vaters
Haus. Niemand hielt Ruffino für irrsinnig und zog ihn aus
Erbarmen hinter schützende Mauern. Es blieb ihm also nichts
weiter übrig, als die Kanzel zu besteigen. Er wollte versuchen,
über Redlichkeit zu sprechen, aber die Worte kamen nur mit
größter Anstrengung aus seinem offenen Munde, und schnell
versammelte sich eine neugierige Menge, die sich über seine
Rede lustig machte, statt sich daran zu erbauen. Doch Ruffino
fuhr fort, wie sehr sie auch lachten, denn er tat es um des
heiligen Gehorsams und Christi willen.

Kaum hatte Ruffino die Portiuncula verlassen, als Franz
plötzlich von rasenden Gewissensbissen erfaßt wurde. Er
wußte nur zu gut, wie Ruffino unter seiner Anlage zu leiden

hatte, er verstand den schwierigen Menschen und hatte stets Nachsicht geübt, aber falls das eine heilende Wirkung gehabt hatte, war nun alles durch den rauhen Zugriff wieder zerstört. Franz wütete mit all seiner Heftigkeit gegen sich selbst: „Sohn des Pietro Bernadone, du kläglicher Wicht, warum gebietest du dem Bruder Ruffino, der zu den edelsten Männern von Assisi gehört, er solle nackt dem Volk predigen? Bei Gott, erprobe an dir selbst, was du anderen aufzwingst!" Dann warf er die Kutte ab und machte sich, nur noch mit der Hose bekleidet, nach Assisi auf.

Ruhig ergriff der junge, praktische Leo die beiden Kutten, nahm sie über den Arm und ging vorsichtig hinter ihm her.

Als Franz die Volksmenge vor der Kanzel erreicht hatte, wartete er unbemerkt das Ende der unbeholfenen Rede ab und stellte sich dann neben Ruffino auf die Kanzel. War ein halbnackter Mönch schon reichlich komisch, so löste der zweite noch mehr Heiterkeit aus; doch verstummte das Lachen gar bald, denn Franz predigte über Christi Armut und Nacktheit. Immer und immer erinnerte er sich des Leidens Christi, und sprach er davon, so dachten auch seine Zuhörer an nichts anderes mehr. Am Schluß seiner Predigt weinte die ganze Gemeinde.

Das schien Leo der geeignete Augenblick, die beiden Heiligen wieder zu bekleiden, und als er ihnen die Kutten angelegt hatte, drängte das Volk herbei, um den Saum der abgetragenen Gewänder zu küssen, wobei sie Ruffino die gleiche Ehrerbietung bezeigten wie Franz selbst. Von jenem Tage an lebte Ruffino das volle Leben eines Franziskaners und nahm seinen Kelch mit Standhaftigkeit entgegen. Ihm wurde für sein langmütiges Dulden Friede und Freude beschieden, denn dem betagten Bruder erschien in seiner Todesstunde der Heilige mit offenen Armen.

Kein größerer Gegensatz ist denkbar als der zwischen Ruffino und Bruder Masseo, einem fülligen, stämmigen, stattlichen Mann von anziehendem Wesen. Ihm hatte die Natur gesunden Menschenverstand und eine „vorzügliche, inbrünstige Beredsamkeit" gegeben, folglich war Predigen für ihn eher eine Freude als eine Quelle der Angst. Franz nahm ihn deswegen gern als Reisegefährten mit sich, denn wenn er sich zum Gebet zurückziehen wollte, fesselte Masseo unterdessen das Volk durch seine Redegabe. Aus den Geschichten über Masseo ist zu entnehmen, daß auch er seine Schwierigkeiten hatte, doch entstanden sie nicht wie bei Ruffino aus Unzulänglichkeiten, sondern aus seinen reichen Gaben. Das Ringen um Demut wurde durch seine ansprechende Art und Beliebtheit erschwert, und da er obendrein mit einem guten Appetit gesegnet war, vermochte er die Liebe des Heiligen für Frau Armut nicht voll und ganz zu teilen.

Franz hatte eine Missionsreise nach Frankreich geplant und wollte, wie er das vor allen wichtigen Unternehmungen zu tun pflegte, vorher nach Rom pilgern. Müde und hungrig unterbrach er die Wallfahrt in einem Städtchen, um mit Masseo Nahrung zu erbetteln. Sie gingen in verschiedenen Richtungen, und die Hausfrauen, vom Mitleid mit dem erschöpften Pilger ergriffen, gaben dem schönen, stattlichen Masseo reichlich; der unscheinbare, kleine Franz hingegen bekam fast nichts. Die Brüder trugen ihre Almosen vor die Stadt hinaus zu einer reinen Quelle, wo sie sie auf einem flachen Stein auslegen konnten. Franz freute sich sehr, daß Masseo besser bedacht worden war als er selbst. Der Himmel wölbte sich wie ein königlicher Baldachin über ihnen, das klare Wasser floß kühl, auf dem Grase stand der steinerne Tisch mit den Brocken, die ihnen um Gottes willen zuteil geworden waren. Dieser Anblick verwandelte die Freude des Heiligen in ekstatisches Entzücken. Das war die Wohltat Gottes, das der Tisch des Herrn, die grüne Weide und das Wasser der Erquickung. „Du bereitest vor mir einen Tisch ... Gutes und Barmherzigkeit werden mir folgen mein Leben lang ..."

„O, Bruder Masseo", sagte Franz, „wir sind eines so großen Schatzes nicht wert." Als er diese Worte mehrfach wiederholt hatte, entgegnete ihm Bruder Masseo: „Mein Vater, wie kann man hier von einem großen Schatz sprechen, wo die größte Armut herrscht und Mangel am Allernötigsten; hier ist weder Tischtuch noch Messer, noch Schneidebrett, noch Haus, noch Tisch, noch Knecht, noch Magd." Da sprach Sankt Franziskus: „Gerade deshalb nenne ich 's ja einen großen Schatz, weil hier nichts von Menschenhand bereitet ist. Nein! Alles, was du hier siehst, hat uns die göttliche Vorsehung beschert, sieh hier: das erbettelte Brot, den schönen Tisch aus Stein, den klaren Quell, und deshalb will ich, daß wir Gott bitten, er möge uns den Schatz der heiligen, so edlen Armut, dessen sich auch Gott bedient hat, von ganzem Herzen lieben lehren."

Dann — endlich — sagten sie ihr Gebet, und Masseo konnte seine Hungerqualen stillen. Nach dem Essen gingen sie in eine

Kirche, wo sie beteten, und als sie sich geraume Zeit dem Gebet hingegeben hatten, hielt Franz „so achtsam wie für eine Menge" dem Masseo eine Predigt über die Armut, die sehr rührend und wundervoll ist.

„Mein lieber Gefährte, wir wollen zu Sankt Petrus und zu Sankt Paulus gehen und wollen sie bitten, sie mögen uns helfen und uns lehren, wie wir den unermeßlichen Schatz der hochheiligen Armut erlangen; denn sie ist eine so herrliche und göttliche Kostbarkeit, daß wir nicht würdig sind, sie in unseren dürftigen Gefäßen zu besitzen. Denn sie ist jene Himmelsmacht, durch die wir die Seele von jeder Sorge befreien, daß sie sich ungehemmt mit dem ewigen Gott vereinigen mag; jene Himmelsmacht, welche die Seele noch auf Erden befähigt, mit den Engeln im Himmel zu reden; jene Himmelsmacht, die Christus bei seiner Kreuztragung begleitete, mit Christus ins Grab stieg, mit Christus erstand, mit Christus gen Himmel fuhr; jene Himmelsmacht, die noch in diesem Leben die Seelen, die sie liebend hegen, so leicht macht, daß sie vermögen, gen Himmel zu fliegen. Sie hütet auch die Waffen der wahren Demut und Nächstenliebe. Deshalb wollen wir die heiligen Apostel Christi, die jene Perle des Evangeliums mit unvergleichlicher Liebe liebten, herzlich bitten, sie mögen diese edle Frau Armut für uns von unserem Herrn Jesu Christo erbitten; durch sein hochheiliges Erbarmen möge es uns gewährt sein, daß wir wahrhaft Liebende, Nachfolger und demütige Jünger der köstlichen, geliebtesten evangelischen Armut werden."

Der hochbegabte, humorvolle Masseo konnte auch komponieren. Einmal verfaßte er ein Lied, das ihm selbst recht gefiel, und daher sang er es unentwegt, bis die Brüder ihn ungeduldig fragten, ob er nicht eine neue Weise anstimmen könne. Da antwortete er: „Wenn man in einem Ding alles Gute findet, braucht man nicht ein anderes zu suchen." Franz mußte ihn zur Demut anleiten, so wie er Ruffino Gehorsam gelehrt hatte, und er half ihm mit großer Strenge, doch auch mit frohem Lachen auf dem schweren Weg. Er trug ihm auf, die niederen Dienste in der Gemeinschaft zu übernehmen, und beließ ihn dabei so lange, daß die anderen Brüder um seine Ablösung baten. Doch da Masseo in erster Linie nach Demut strebte, weigerte er sich und sagte zu Franz „Vater, was du mir auch auferlegst, sei es die ganze Last oder nur ein Teil, das sehe ich als von Gott bestimmt an."

Doch sich auslachen zu lassen, fiel ihm nicht leicht. Als sie wieder einmal zusammen unterwegs waren, blieb Franz im Gebet zurück, während Masseo bereits an einem Kreuzweg stand.

Er rief: „Vater, welchen Weg sollen wir gehen?"

Franz erwiderte: „Den Gott will."

„Wie aber werden wir Gottes Willen erfahren?" fragte Masseo.

„An dem Zeichen, das ich dir sagen werde", entgegnete Franz. „Ich befehle dir bei dem heiligen Gehorsam, daß du an diesem Kreuzweg dich rundum-rundum drehst, so wie es spielende Kinder tun, und dich weiterdrehst ohne Unterlaß, bis ich es dir sage."

Also mußte der verwirrte, dicke Masseo sich drehen, bis ihm schwindelig wurde und er sich fragte, warum Franz ihn zum Vergnügen der Vorübergehenden solch Kinderspiel treiben ließ. Als Franz ihn anhielt, sah er in Richtung Siena, folglich gingen sie nach Siena, was offenbar Gottes Wille für sie war.

Masseo empfand, daß für die kostbare Gabe der Demut kein Preis zu hoch sei. Er erschöpfte sich in Fasten, Wachen und Gebet und flehte zu Gott, sie ihm zu gewähren. Aber er hatte erkannt, daß er nicht wirklich demütig war, und als er eines Tages in den Wald ging und auf den anmutigen Wegen dahinschritt, brach er weinend zusammen, weil ihm die Gnade der Demut versagt war. Unter bitteren Tränen hörte er plötzlich die sanfte, ferne Stimme, die Franz so gut kannte.

„Bruder Masseo", rief die Stimme Christi, und er antwortete: „Signor mio, mein Herr!" Christus sprach zu ihm: „Was gibst du dafür, wenn du die Gnade erlangst, die du erbittest?" Bruder Masseo antwortete: „Herr, ich will aus meinem Haupt die Augen geben." Doch im Himmel wird um Gottes großmütige Gaben nicht gefeilscht, und die Stimme sagte: „Ich will aber, daß du diese Gnade besitzest und deine Augen behältst."

Der Allgegenwärtige schwieg. Masseo blieb von der Demut und Sanftheit Christi tief erschüttert zurück und war so vom Licht des Herrn erfüllt, daß er fortan in Jubel lebte. Er wurde sehr alt, und man nannte ihn „Masseo den Demütigen".

Leo, Ruffino, Masseo und der edle Ritter Angelo di Tancredi bildeten in den letzten Lebensjahren die Leibwache des heiligen Franziskus. Sie begleiteten ihn nach Monte Alvernia, pflegten ihn während seiner letzten Krankheit und wachten noch über ihn in der großen Kirche San Francesco, wo sie in seiner Nähe beigesetzt sind. Leo, Ruffino und Angelo sind die „Drei Gefährten", deren Erinnerungen Leo in seinen Aufzeichnungen festhielt.

Auch Pacifico gehörte zu den Großen in der Welt, ehe Gott ihn zur Armut und Niedrigkeit des Minderbruders berief. Er war der Meister der Dichtkunst Wilhelm von Lisciano und ein Troubadour gewesen. Als Knabe war er an den heiteren Hof des Kaisers nach Palermo gebracht worden, wo er im Wettstreit mit normannischen und provenzalischen Troubadours vom Kaiser selbst zum Hofdichter ernannt wurde. Mit diesen Ehren frisch beladen, zog er in Begleitung vieler junger Bewunderer, die sich um den Helden des Tages scharten, in die Mark Ankona zum Kloster San Severino, wo er Franz predigen hörte. Er war von der Predigt so „durchbohrt", daß er Franz fragte, ob er mit ihm sprechen dürfe. Dann saßen sie irgendwo zusammen, wo man in Ruhe miteinander reden konnte: der Mönch in schäbiger grauer Kutte und der Höfling in seinem Staat, und Franz erzählte leise von dem königlichen Hof, an dem er diente, dem Hof des Herrschers im Himmel. Plötzlich fiel Wilhelm ihm in die Rede und rief: „Was ist da weiter zu erörtern? Handeln wir! Nimm mich aus dem Kreis der Menschen und gib mich dem Höchsten Herrn!" Sie kehrten zu den Höflingen, die den Dichter begleitet hatten, zurück, und in ihrer Gegenwart kniete er vor Franz nieder, um sich Gott zu weihen. So wurde Wilhelm von Lisciano zum Bruder Pacifico. Diesen Namen wählte Franz für ihn, weil er das fröhliche Treiben der Welt für den Frieden Christi aufgeben hatte. Wenn diese unverzügliche Aufnahme in den Orden verblüffend wirkt, so ist dabei zu bedenken, daß Franz, der den jungen Mann nie zuvor gesehen hatte, bei der Wahl der Berufenen einem untrüglichen Instinkt folgte. Er verfuhr kurz mit einem anderen jungen Menschen, der weinend vor ihm kniete: „Glaubst du, elender Erdenwurm, den Heiligen Geist und mich belügen zu können? Deine Tränen fließen nur aus den Augen, doch dein Herz ist nicht bei Gott. Hebe dich fort, denn der Geist ist dir fern!" Es muß Franz sehr beglückt haben, den Troubadour zu seinen Söhnen zu zählen, und als die Minderbrüder später Missionsreisen in das geliebte Frankreich veranstalteten, führte Pacifico sie an.

Einmal wurde Pacifico die Gnade einer Vision zuteil. Auf einer Wanderung durch das Tal von Spoleto kamen sie an eine der verlassenen Kirchen, in deren Einsamkeit Franz zu beten liebte, und er sagte zu Pacifico: „Gehe zum Aussätzigenspital zurück und komme morgen früh wieder, denn ich will hier über Nacht allein bleiben."

Pacifico folgte dem Befehl. Franz ging zur Komplet und zum Gebet in die Kirche und legte sich, als er ermüdet war, zum Schlaf nieder. Aber er konnte keine Ruhe finden, weil er sich vom Bösen umgeben fühlte und sich sehr fürchtete. Das Bewußtsein von Macht und Grausen des Übels war stets in seinem Herzen wach; ihm waren die bösen Taten schlechter Menschen gegenwärtig, doch mehr noch das teuflische Übel, das unsichtbar in der geistigen Welt seine Kräfte gegen die Macht des Lichts aufbietet. Er fühlte Leib, Geist und Seele oft so stark den Strömungen des ewigen Konfliktes ausgesetzt, daß er manchmal vom Übel geradezu überflutet zu werden glaubte. Die über- und unterirdischen Mächte erschienen ihm wie allen seinen Zeitgenossen fast als leibliche Wesen, deren Kämpfe mit unseren eigenen verwoben sind. So wirklichkeitsnah waren ihm Engel und Dämonen, daß er ihre Schritte, ihren Flügelschlag zu vernehmen meinte und vor Schreck erzitterte. Doch floh er niemals vor den Schrecknissen und hielt tapfer stand, weil er wußte, daß Gottes Macht größer ist als jedes Übel, das uns befallen könnte; und außerdem wirkte Gott nach seiner Meinung manchmal sogar durch die Dämonen Gutes. Er nannte sie „die Wachtmeister des Herrn" und stellte sich vor, daß es ihre Aufgabe sei, auf Erden die Heimsuchungen zu bringen, die die Sünde zügeln, und im Jenseits die göttliche Gerechtigkeit zu vollziehen.

Im Dunkel der Kirche bedrängte ihn das Übel innerlich und äußerlich. Teuflische Einflüsterungen bemächtigten sich seines Geistes, und die Beklemmung der Angst umfing ihn. Er stand auf, nahm die üblen Gewalten, die ihn umklammerten, mit sich aus dem Heiligtum, bekreuzigte sich unter den Sternen, und als er den Namen Gottes anrief, ließen die Bösen von ihm ab. Dann ging er in die Kirche zurück und schlief in Frieden.

Pacifico trat am nächsten Morgen in aller Frühe leise in die Kirche und fand Franz betend vor dem Altar. Da er ihn nicht stören wollte, wartete er vor dem Chor, wo er vor einem Kruzifix niederkniete. Welch ein schönes, Ehrfurcht erregendes Bild: In dem verlassenen, einsamen Kirchlein knien zwei Männer im Gebet, und draußen fangen die Vögel im Morgendämmer zu singen an. Als Pacifico tiefer in Gebet versank, schien es ihm, daß er in den Himmel emporgehoben würde, wovon er später mit den Worten des Apostels Paulus sagte: „Gott allein weiß, ob es leiblich oder geistig war." Im Himmel sah er viele Sitze, und ein besonders schöner glänzte von Edelsteinen, doch war er leer. Da sagte die göttliche Stimme: „Das war der Stuhl des Luzifer, und an seiner Stelle soll der demütige Franziskus sitzen."

Als Pacifico wieder Herr seiner Sinne war, sah er Franz vom Altar her auf sich zukommen. Er ging ihm entgegen, kniete mit gekreuzten Armen vor ihm nieder und flüsterte: „Vater, erweise mir die Gnade, Gott den Herrn um Erbarmen für mich und um die Vergebung meiner Sünden zu bitten."

Franz erkannte an den verklärten Zügen seines Freundes, daß er eine Vision gehabt hatte, und hob ihn sanft auf, worauf sie zusammen die Kirche verließen.

Wie so manche, die mit bedeutenden Menschen oder mit Heiligen Umgang hatten, sann auch Pacifico hinterher darüber nach, was für eine Meinung Franz über sich selbst hätte, und fragte: „Was hältst du von dir selbst, mein Bruder?"

Franz antwortete: „Mir scheint, daß ich auf der Welt der größte aller Sünder bin."

Da wußte Pacifico, daß seine Vision echt gewesen war, denn nur die Demütigen werden im Himmel erhöht.

Unter den Brüdern waren zwei, die weder durch edle Geburt noch durch dichterische Gaben ausgezeichnet waren. Sie kamen aus niederem Stand, und Intelligenz war nicht ihre starke Seite; sie gehörten zu den Einfältigen, und gerade aus diesem Grunde war ihnen Franz sehr zugetan. Bruder Johannes und Bruder Juniper bedurften keiner Lehre in Demut und Gehorsam. Durch seine Beschränktheit wurde Juniper so oft vom Mißgeschick ereilt, daß das allein genügt hätte, ihn bescheidener zu machen als das artigste Kind, und der blinde Gehorsam des Johannes brachte den Orden manchmal in Verlegenheit.

Eines Tages war Franz im Dorf Nottiano östlich von Assisi und fand die Kirche nicht so reinlich, wie sie hätte sein sollen. Er ging sogleich ans Werk, da ihn nichts mehr betrübte als vernachlässigte Gotteshäuser. Damit er sie ausfegen könne, nahm er gewöhnlich einen Besen mit auf die Reise. Am Ende seiner Predigten in kleinen Städten oder Dörfern versammelte er häufig abseits, wo das Laienvolk ihn nicht hören konnte, die Priester der Gegend um sich, sprach zu ihnen von Seelenrettung und bat sie dann, sich um Kirchen und Altäre mit der nötigen Ehrfurcht zu kümmern.

An diesem Tage also war das Herz von Franz sehr bekümmert darüber, daß die Menschen Gottes Haus aus Lieblosigkeit vernachlässigten, und während er tüchtig arbeitete, um das armselige Kirchlein zu säubern, hörte er Schritte auf dem Steinpflaster. Er sah sich um und erblickte „einen Bauern von sonderbarer Einfalt", der zu ihm sagte: „Bruder, gib mir deinen Besen, daß ich dir helfe." Franz entsprach der Bitte, und als fertiggefegt war, setzten sich beide nieder — vielleicht vor der Kirchentür, von wo sie einen Augenblick auf die Felder hatten, die zur Frühlingssaat gepflügt wurden, und auch auf die Weinranken und die silbrigen Olivenbäume.

Ein Ochsengespann stand müßig auf einem der Felder, denn Johannes, der Landmann, war beim Pflügen gewesen, als es sich im Dorf herumsprach, daß Bruder Franz von Assisi in der Kirche wäre, und er hatte darauf Pflug und Ochsen einfach stehenlassen und war schnell zu ihm gelaufen. Er erzählte Franz, er habe schon lange zu ihm kommen wollen, doch nicht gewußt, wie er das anfangen solle. „Seit langer Zeit hatte ich den Wunsch, Gott zu dienen. Da es dem Herrn gefallen hat, mich zu dir zu führen, will ich nun tun, was du verlangst."

Franz, der sah, daß dieser einfache Bauer die Gabe hatte, ein heiliger Diener Gottes zu werden, erklärte ihm die Ordensregel. Der Gedanke, seinen Besitz herzugeben, schreckte Johannes nicht. Er lief davon, brachte einen der Ochsen herbei und sagte zu Franz, er werde diesen seinen Anteil am Familienerbe den Armen geben.

Als jedoch die Eltern und jüngeren Brüder des Johannes von seiner Absicht hörten, schrien sie entrüstet auf, denn sie wollten ihn nicht verlieren und noch viel weniger den Ochsen. Franz allerdings wußte sie zu trösten. Er teilte ihr Mahl und sprach mit ihnen, und seine Liebe und Güte beglückte sie sehr. Er erzählte den Eltern, daß es eine große Ehre sei, ihren Sohn dem ewigen Herrscher zu geben; da sie jedoch so arm seien, solle Johannes den Ochsen ihnen schenken. Da bemächtigte sich ihrer große Freude bei dem Gedanken, Johannes dem Herrn zu weihen, „aber hauptsächlich freuten sie sich über den Ochsen", und Johannes empfing den Segen seiner Eltern, ehe er mit Franz zur Portiuncula ging.

Um seiner Einfalt willen liebte Franz ihn so sehr, daß er ihn immer um sich hatte, obwohl diese Gemeinschaft viele Schwierigkeiten mit sich brachte; denn was immer Franz tat, glaubte Johannes auch tun zu müssen: kniete Franz, so beugte Johannes das Knie, seufzte Franz, so stieß er einen Seufzer aus, blickte Franz gen Himmel, so hob auch er die Augen. Auf Vorhaltungen erwiderte er: „Bruder, ich habe versprochen, alles zu tun, was du tust, und daran muß ich mich halten." Johannes war weise auf seine eigene Art. Er begriff wohl, wie genau Franz auf den Spuren Christi wandelte, und gleich dem Pagen des guten Königs Wenzeslaus dachte er, daß er nicht fehlgehen könne, wenn er den Spuren von Franz folgte. Also ging er immer dicht hinterdrein, und obwohl er nicht mehr lange lebte — er war einer der wenigen Brüder, die jung starben —, „vollendete er in kurzer Zeit den langen Weg zur Vollkommenheit. Denn Gott, der an seiner Seele Gefallen hatte, nahm sie bald aus der sündigen Welt zu sich." Franz nannte den Verstorbenen stets „den heiligen Johannes".

Von Bruder Juniper, dem geliebten Narren des Ordens, gehen so viele ergötzliche Geschichten um, daß er fast zur Legende geworden ist. Dieser Flickschuster war kindlich, warmherzig, impulsiv, einfältig, demütig, selbstlos und sehr geduldig. „Juniper" bedeutet „Wacholder", und Franz wünschte sich „einen ganzen Wald voll Junipers", was seiner großen Zuneigung zu dem Bruder Ausdruck verleiht. Die anderen Brüder hingegen waren es zufrieden, daß es nur einen Juniper gab, besonders, wenn ihm der Küchendienst oblag. Er glaubte nämlich, es sei weniger umständlich, Kaninchen im Fell zu kochen, und war überrascht, daß die Brüder so gar nicht zu schätzen wußten, was er für sie tat. Der redselige Juniper fand es nicht beängstigend, Predigten zu halten, doch zog er Kinder allen Kanzelreden vor, und einmal mußte eine Versammlung vornehmer Gemeindemitglieder eine Weile auf ihn warten, weil er am Stadttor mit zwei Lumpenmätzen auf der Wippe schaukelte.

Nach dem Tode von Franz hatte Juniper ein schweres Leben, denn er konnte die Veränderungen, die im Minoritenorden vorgingen, nicht verstehen. Da die Zahl der Ordensbrüder auf Tausende angewachsen war, ließ sich die absolute Armut der Frühzeit nicht mehr aufrechterhalten. Es wurden wohlausgestattete Klöster gebaut, Juniper aber verteilte fröhlich Bücher und Mobiliar als Almosen unter die Armen. Hatte doch Vater Franz ihn gelehrt, allen Bedürftigen zu geben und niemals Christi Gebot zu vergessen, daß man dem, der um einen Rock bitte, auch den Mantel schenken müsse. Das tat Juniper so häufig, daß sein Superior die Geduld mit ihm verlor und ihm verbot, je wieder seine Kutte zu verschenken. Darauf ließ er sie sich nunmehr stehlen.

Bei irgendeiner Gelegenheit schalt ihn der Superior so gründlich, daß er heiser davon wurde. In seiner selbstlosen Demut dachte Juniper nicht, daß ihm mit dieser wahrscheinlich wüsten Schimpfrede eine Kränkung widerfahren oder ein Unrecht angetan worden sei, obwohl er doch nur Christus und Vater Franz gehorcht hatte — nein, er dachte bloß an die gerötete Kehle des Superiors. Er ging in die Stadt, bettelte Butter und Mehl und kochte eine Suppe. Spät abends klopfte jemand an die Tür des Superiors. Dieser öffnete, und vor ihm stand Juniper, der in einer Hand eine brennende Kerze, in der anderen die Suppe hielt. Mit seinem lieben Kinderlächeln sagte er: „Mein Vater, als du mir meine Fehler vorhieltest, merkte ich, daß deine Stimme rauh geworden ist. Das kam gewiß von der Anstrengung. Ich habe dir ein Gericht Suppe als Heilmittel gemacht."

Holte er ihn dazu aus dem Bett? Das brachte das Faß zum Überlaufen! Vielleicht erinnerte sich der Superior an die Kaninchen und hatte darum kein rechtes Vertrauen zu Junipers Suppe? Jedenfalls geriet er wieder außer sich und befahl Juniper zu verschwinden. Der aber stand voller Liebe und Mitleid da und streckte ihm bittend den Suppennapf entgegen. Doch, da der verärgerte Mann am Ende seiner Geduld war, nahm er sie nicht. Das Herz eines Schwächlings wäre daran gebrochen! Er hätte sich weinend abgewandt und die Suppe den Schweinen vorgesetzt. Aber Juniper war aus härterem Holz, und wenn es ihm auch an Intelligenz fehlte, so hatte er doch einen gesunden Menschenverstand. Diese Suppe war zu gut, um vergeudet zu werden! Also sagte er: „Vater, wenn du sie nicht essen willst, so halte doch bitte diese Kerze, damit ich sie essen kann." Wie hätte Franz gelacht! Die größte Tugend dieses harten, müden Nachfolgers des Heiligen, der jetzt der Vater der Brüderschaft war, bestand in seiner Liebe zu Franz. Vielleicht drang aus dem Dunkeln das Echo eines Lachens an sein Ohr. Doch sei das, wie es wolle, es war schließlich nicht das Herz von Juniper, das brach. So nahm der Superior ihn in seine Zelle, und sie aßen die Suppe gemeinsam.

Ein Bruder ist der Nachwelt nur durch die Kürze seines Aufenthalts im Orden und durch den plötzlichen Ausschluß bekannt geworden. Er scheint sich das Leben eines Mönchs als eine Art Erholungskur vorgestellt zu haben, „betete kaum, arbeitete überhaupt nicht und wollte auch keine Almosen sammeln, doch aß er tapfer". Franz verfuhr summarisch mit ihm. „Zieh deines Weges, Bruder Fliege", sagte er, „du willst dich vom Schweiß der anderen Brüder mästen, aber nicht das Werk des Herrn verrichten. Du schaffst nichts und bringst keinen Nutzen, sondern du verzehrst wie eine wertlose Drohne die Früchte der Arbeit guter Bienen."

Im Gedanken an diese Bienen beschrieb Franz einen guten Minderbruder als einen Mann mit dem Glauben von Bernhard, der Schlichtheit und Armut von Leo, der Höflichkeit von Angelo, dem gütigen, offenen Sinn von Masseo, der Beschaulichkeit von Ägidius und dem nimmermüden Bemühen des heiligen Ruffino — „der ohne Unterlaß betete, denn bei jeder Arbeit und noch im Schlaf weilte sein Geist bei Gott" — und der Geduld des Bruders Juniper, „der zur vollkommenen Geduld kam, weil er die vollkommene Wahrheit seiner eigenen Schlechtigkeit stets vor Augen hatte".

In Franz war all dies vereinigt. Seine Tugenden waren die Tugenden all dieser Männer, die in gewissem Sinne in ihm verkörpert waren, so daß er sie zu Gott emporheben konnte.

> *„Selig, die reinen Herzens sind, denn sie wer-*
> *den Gott schauen. Reinen Herzens sind, die*
> *das Irdische verachten, das Himmlische suchen*
> *und nicht ablassen, Gott dem Herrn, den Le-*
> *bendigen und Wahren, reinen Herzens und*
> *Geistes immer anzubeten und zu schauen."*

Aus den Schriften des heiligen Franziskus

1

Ein Jahr nachdem die Brüder die Portiuncula bezogen hatten, wurde in San Damiano eine weitere Feste des Gebetes
errichtet. Franz hatte bereits in den Tagen des Wiederauf-
baus gewußt, daß Nonnen dort leben würden. So dürfte er,
sobald der erste Schrecken überwunden war, sich ehrfurchtsvoll
in eine neue, doch nicht unerwartete Entwicklung geschickt haben. Gott tat seinen Willen durch ein großes, blondes, achtzehn-
jähriges Mädchen kund, das erklärte, dem Orden der Minderbrüder beitreten zu wollen. Für Franz und Klara war der Wille
Gottes immer ausschlaggebend. Er muß von Anfang an durchschaut haben, welche Schwierigkeiten ihre Aufnahme in den
Orden ihnen beiden bereiten würde, aber was anderen pro-
blematisch schien, war für ihn äußerst einfach: Klara war von
Gott auserwählt. Sie wußten es beide, und sie konnten sich
ihrer Pflicht nicht entziehen. So wie er Pacifico sogleich beigestanden hatte, als er die Welt verlassen und sich Gott weihen
wollte, erfüllte er auch Klaras Bitte ohne Zögern; und Klara
tat, was sie tun mußte, genau wie Pacifico und die anderen
Brüder, bedenkenlos und fest entschlossen. Sie war ihr Leben
lang von zähem, männlichem Mut beseelt, ein beherzter Kämpfer und außerordentlich hartnäckig. Sogar dem Tod rang sie
eine kurze Lebensspanne ab, weil sie nicht friedlich sterben
konnte, ehe sie eine Sache, die ihr sehr am Herzen lag, durch-
gesetzt hatte.

Vermutlich wurde Klara im Sommer 1193 geboren, als Franz
ein Junge von elf Jahren war. Sie war eine Edelfrau aus dem
Hause Scefi, eine Kusine von Ruffino und womöglich auch von
Sylvester und somit das dritte Mitglied dieser Adelsfamilie,
das in den Orden eintrat. Ihr Vater, Favorino Scefi, war Herr
von Sasso Rosso, einem Schloß am Abhang des Monte Su-

basio, und er besaß auch einen Palast in Assisi. Von den fünf Kindern des Favorino und seiner Gemahlin Ortolana war Klara das dritte. Ortolana muß genau wie Pica von vornherein die göttliche Bestimmung gefühlt haben, denn als sie vor der Geburt um eine glückliche Niederkunft betete, hörte sie die innere Stimme sagen: „Fürchte nichts, Weib! Du sollst ein Licht hervorbringen, das die Erde erhellen wird", und sie nannte das neugeborene Kind Klara, „die Lichte". So war Klara sogar durch ihren Namen ausersehen für den Orden, dessen Licht die geschlossenen Augen betender Menschen erhellen sollte, wie es die Brüder in der Portiuncula im Traum gesehen hatten.

Ortolana war eine fromme Frau, die sich gern für ein Weilchen aus der Welt zurückzog, um auf Wallfahrten zu gehen, und Klara war ein frommes kleines Mädchen, das sich gern in ein Versteck zurückzog, um dort zu beten. Im Schloß am Berg und im Stadtpalast wuchs sie auf, hörte dort mit an, wie man über aktuelle Fragen diskutierte, lauschte dem Lied der Spielleute, deren Musik sie entzückte, lernte Lesen und Schreiben und feinste Stickerei. Sie wurde eine gebildete, kultivierte, schöne junge Dame, und ihr Vater beabsichtigte, sie mit einem ebenbürtigen Manne zu vermählen. Aber als sie heranwuchs, entwickelte sie Neigungen, die nicht im Sinn ihres Vaters gewesen sein dürften, denn sie beschäftigte sich nicht mit Heiratsgedanken, sondern mit dem Leiden der Armen. Zur Zeit, da Francesco Bernadone anfing, den Armen von Assisi zu dienen, muß sie etwa zwölf Jahre alt gewesen sein. Vielleicht hatte sie ihn einmal auf einem Spaziergang mit der Mutter oder der Kinderfrau beobachtet, als er sich voll Erbarmen über einen armen Teufel neigte, um seine Leidensgeschichte anzuhören, und der Anblick haftete in ihrem Gedächtnis. Vielleicht wurde er da bereits ihr Ideal? In Assisi wußte ein jeder, wie sein Vater ihn behandelte, was sich bei dem Streit im bischöflichen Palast ereignet hatte, und so muß auch sie es gewußt haben. Vielleicht beweinte sie sein Schicksal? Sie war etwa fünfzehn Jahre, als Franz begann, sich im Dienst der Aussätzigen aufzuopfern, und sobald sie selbst für Arme zu sorgen begann, zeigte sie die gleiche opferwillige Einstellung: Sie trat ihnen nicht als herablassende Edeldame entgegen, sondern sparte sich ihr Essen ab, um ihnen zu helfen. Ihre Familie legte ihr nichts in den Weg; wahrscheinlich konnte sie gar nichts anderes tun, da Klara durch ihre Willensstärke imstande war, sogar Männer einzuschüchtern. Aber zu den Armen war sie die Güte selbst, und ihr wundervolles Mitgefühl und Verständnis gewann ihr solche Zuneigung, daß alle Menschen von ihr sprachen. Sie schien vom Licht des Himmels umflossen, wenn sie an die finsteren Stätten des Elends ging, und wenn Klara die Tür einer jämmerlichen Hütte öffnete, muß das manchen Armen auf seinem Krankenlager wie der Sonnenaufgang erschienen sein. Frisch, jung und lächelnd trat sie ein; das Blondhaar war vom Goldnetz gehalten, ihr schlichtes Kleid bedeckte ein langer Mantel, unter dem sie einen Korb mit Brot und Früchten, Verbandszeug, Salben und wohlriechenden Kräutern trug. Man beschrieb sie Franz als ein Geschöpf voller Liebe, Licht und Mut, und er wünschte sich sehr, sie zu sehen und mit ihr zu sprechen.

Auch sie wünschte sich, ihm zu begegnen. Gesehen hatte sie ihn oft, denn sie gehörte zur großen Gemeinde der Kathedrale, und als sie seine Predigten vernahm, wußte sie, daß er der Mann war, der ihr helfen würde. Denn gerade jetzt befand sie sich in einer nahezu ausweglosen Lage. Länger als andere adlige Mädchen hatte sie ledig bleiben dürfen, doch nun war ein passender Gatte für sie gefunden worden, und die Eltern drängten auf Heirat. Aber das konventionelle Leben einer Ehefrau war nichts für sie, die sich Gott zu vermählen wünschte. „Wie der Hirsch lechzt nach den Wasserbächen, so verlangt meine Seele, o Gott, nach Dir (Ps. 42,1)."

Ebensowenig sagte ihr der Gedanke an das konventionelle Leben einer Klosterfrau zu. Was waren diese Klöster anderes als Nebengebäude der Adelshäuser, in denen das Dasein unverheirateter Töchter aus einer Mischung von Gebet, Klatsch und Handarbeiten bestand? Ihr heldenhaftes Naturell war höheren Aufgaben gewachsen und forderte restlose Hingabe nach der Art von Franz, der allein sie verstehen und ihr helfen konnte.

Ehe sie sich ihm noch zu nähern versuchte, veranlaßte Franz, der ihre Nöte zu spüren schien, ein Zusammentreffen. Keiner Worte fähig, hatte sie ihn stumm angefleht: „Nimm mich hinweg von hier!", und ihre Biographen sagen: „Es verlangte ihn danach, diese edle Beute dem Zugriff der bösen Welt zu entreißen." Er muß Klaras Bestimmung mit absoluter Sicherheit erkannt haben, denn es war für gewöhnlich nicht seine Art, von sich aus in Geschehnisse einzugreifen. Er vermied den Umgang mit Frauen soweit wie möglich, und wenn sie darauf bestanden, mit ihm über ihre unsterbliche Seele zu sprechen, senkte er während der ganzen Aussprache den Blick zu Boden oder hob ihn gen Himmel. Er war heißblütig, mied also Frauen nicht aus natürlicher Anlage, sondern um Gottes willen und wollte sich nicht gefährden.

Wo mag das erste Zusammentreffen der beiden stattgefunden haben? Verneigte sich Klara im Staat der Patrizierin am Domplatz nach der Sonntagspredigt zum ersten Male vor dem schäbigen jungen Mönch, der seit langem ihr Ideal war? Von da an gingen Klara und ihre Tante Bianca Guelfucci, die sie gut verstand und all ihre Herzensgeheimnisse kannte, oft zur Portiuncula hinunter, um mit Franz zu sprechen. Das müssen auch viele andere Bürger aus Assisi getan haben, denn Franz brachte nach vielem eigenem Leiden für Seelenqualen ungewöhnliches Verständnis auf, und seine durch Gebet geschulte natürliche Sanftmut und Höflichkeit kam nun in christlichem Trost zum Ausdruck. Hinter der Hagedornhecke herrschte klösterliches Schweigen, aber wenn seine Besucher auch diesen Bereich nicht betreten durften, so konnte er mit ihnen draußen im waldigen Dom reden. Deshalb ging Klara in den Wald, wo sie mit Franz von der Liebe zu Christus sprach und ihm erklärte, daß sie ihm nachfolgen müsse. Franz teilte ihre Ansicht und bestärkte sie in ihrem Vorhaben. Gott wollte, daß außer den Söhnen ihm auch Töchter im Orden dienen sollten. Der Frühling nahte, und an den Bäumen schwollen die Knospen.

Am 18. April 1212 — dem Palmsonntag — entsagte Klara der Welt. Morgens ging sie mit ihrer Familie zum Hochamt in den Dom, wo die Segnung und Verteilung der Palmzweige stattfand. Ihre Biographen berichten, daß sie das Festgewand einer Edelfrau getragen habe: ein scharlachrotes Kleid mit juwelbesetztem Gürtel, einen hohen, steifen Kopfputz und gestickte Schuhe. Der Dom war voll, denn das Volk von Assisi liebte den Palmsonntag-Gottesdienst, und unter all den schönen Frauen sei Klara mit ihrem blonden Haar und den feinen Zügen ihres ovalen Gesichts eine der lieblichsten gewesen. Die seelische Bewegung muß ihr fast die Brust gesprengt haben, denn sie war zum letzten Male mit Eltern und Geschwistern hier. Nun hieß es, den sicheren Schutz des Elternhauses, die Aussicht auf Ehe und Kinder, den irdischen Rang und die Annehmlichkeiten des Daseins gegen ein Leben der Mühsal einzutauschen, für das sie gänzlich unvorbereitet war.

Für Menschen ihres Schlages gab es kein Zurück, wenn

auch ihre Umgebung gekränkt, ihre Familie vor Gram gebrochen sein würde. All das beschwor sie im Alter von neunzehn Jahren aus Liebe zu Gott herauf, den Augen nicht sehen, Arme nicht halten konnten und den sie erst finden würde, nachdem in langen, harten Kämpfen all ihre Eigenliebe vernichtet war. Gewiß tat sie, was es sie zu tun drängte, aber das menschliche Leben ist voller Widersprüche, und was unser besseres Selbst uns gebietet, vollenden wir nur mit Blut und Tränen. Als die anderen zum Altar schritten, um ihre Palmzweige in Empfang zu nehmen, mußte sie kniend zurückbleiben, weil sie so sehr zitterte.

Darauf ereignete sich ein Zwischenfall, aus dem sich entnehmen läßt, daß Klara nicht nur die Zustimmung von Franz und den Beistand ihrer Tante Bianca Guelfucci, sondern auch den von Bischof Guido hatte. Als er bemerkte, daß Klara nicht zum Altar kommen konnte, stieg er zu der Knienden hinab und steckte den gesegneten Palmenzweig zwischen ihre gefalteten Hände.

Noch heute kann man das spitzgewölbte Pförtchen sehen, durch das sie in jener Nacht ihr Heim verließ. Umbrische Häuser hatten eine besondere Pforte für die Verstorbenen, die zwischen den Todesfällen mit Steinen abgesperrt war. Da Klara fürchtete, Aufmerksamkeit zu erregen, falls sie durch das Haupttor des Palastes ginge, brachte sie es irgendwie fertig, die schweren Blöcke fortzubewegen, und entfernte sich durch die Totenpforte. Als sie in die kühle Frühlingsnacht hinaustrat, mag es ihren Sinn durchzuckt haben, daß das Edelfräulein nun tot war und unter den Sternen Schwester Klara stand.

Bianca erwartet sie auf der Straße, und sie stiegen von der Stadt den steilen Hügel zum Wald hinunter. In der Nähe der Portiuncula angelangt, vernahmen sie Gesang und sahen Licht durch die Bäume schimmern. Die Mönche, die in der Kirche die Matutin gebetet hatten, sangen Lobeshymnen und kamen ihr zur Begrüßung entgegen. Sie nahmen Klara mit zurück nach Santa Maria degli Angeli, wo sie vor dem Altar kniend ihr Gelübde ablegte. Franz schnitt ihr Haar ab und bekleidete sie mit der kreuzförmigen Ordenskutte. Sie blieb bei ihnen während der ersten Messe des ersten Tages der Osterwoche, und das gab ihr Kraft, der Zukunft standzuhalten, die ihr, wie sie wußte, Armut, Leid und Verfolgung bringen würde. Epistel und Evangelium — das 63. Kapitel des Isaias und das 14. Kapitel des Markus — müssen ihr wie ein Geschenk erschienen sein.

„Wer ist 's, der da kommt von Edom, in roten Gewändern von Bosra? Der da so prächtig ist in seinen Kleidern und stolz einherschreitet in seiner Kraft (Js. 63,1)?" Was bedeutete ihr künftiges Leiden neben dem des göttlichen Helden? Er würde sie überall begleiten, und am Ende würde ihr der Lohn werden. „In all ihrer Bedrängnis fühlte auch er sich bedrängt, doch der Engel seines Angesichts rettete sie ... Du, o Herr, bist unser Vater; ,unser Erlöser' von alters (Js. 63,9 u. 16)."

Als das Evangelium gelesen wurde, hörte sie die Geschichte der Frau, die ihren Schatz zu Christus brachte, „ein Alabaster-gefäß voll echten, kostbaren Nardenöls, und sie zerbrach das Gefäß und goß das Öl über sein Haupt", und Er nahm ihr restloses Geben mit Liebe und Erbarmen an.

Die Messe war zu Ende, und es kam das kalte Morgen-grauen. Die Lichter waren erloschen. Was sollte Klara nun beginnen? Franz hielt nicht in einer Hand ein Kloster und in der anderen eine Schwesternschaft von Nonnen, die er ihr hätte übergeben können, und die freundliche Bianca, die ihnen bisher so tapfer geholfen hatte, mußte nach Hause gehen.

Es ist fraglich, ob Franz, der in seinem Kinderglauben auf den Augenblick vertraute, sich das gründlich überlegt oder überhaupt an den Morgen gedacht hatte, zumal Christus es im Evangelium ausdrücklich anders vorschreibt. Doch gleich-viel, ob es Vorbedacht oder die Eingebung des Augenblicks war: Er führte Klara zu dem Kloster der Benediktinerinnen Sao Paola di Bastia, einem ruhigen Ort am Waldrand, wo sich zwei Wasserläufe treffen, und bat die Nonnen, sich ihrer an-zunehmen, bis er ein Heim für sie finden könne. Dann ging er fort, und Klara war allein, allein vor dem Sturm, der los-brechen würde.

Es dauerte nicht lange, bis ihre Eltern ihren Aufenthalt aus-findig machten und äußerst verärgert kamen, um sie nach Hause zu holen. Sie floh in die Kirche, und als man ihr drohte, sie zu zwingen, falls sie nicht gutwillig mitkomme, entblößte sie ihren geschorenen Kopf und schrie, an den Altar geklam-mert, daß sie jetzt Gott allein gehöre und niemand sie fort-führen dürfe. Sie war ihrer Sache so sicher und so willens-stark, daß sie die Angehörigen überwand. Bis zu ihrem Lebensende vermochte Klara Menschen davon zu überzeugen, daß sie im Recht wäre, und mit der Autorität einer Königin unterwarf sie selbst den Papst ihrem Willen. Vielleicht ent-sann sich ihre Mutter, Frau Ortolana, warum ihr Kind Klara,

„die Lichte", hieß, und begriff plötzlich, daß dies die Bestimmung ihrer Tochter war. So ließ man sie vor dem Altar.

Wenige Tage später ging sie in das Kloster Sant' Angelo in Panzo, kaum zwei Kilometer von Assisi am Abhang des Monte Subasio und ziemlich nah beim Schloß ihres Vaters, und später wurde sie hier mit ihrer Schwester Agnes wieder vereint, die auch fortgelaufen war, weil sie ein Leben ohne Klara unerträglich fand. Agnes war erst fünfzehn Jahre alt und, wiewohl nicht von so entschlossenem Charakter wie Klara, stark genug, um zu wissen, daß sie gehen müsse, wohin ihre Schwester gegangen war, und tun müsse, was jene tat; denn sie liebte sie von Herzen. Eine zweite Ausreißerin! Das war zu viel für die Familie! Also ritt eine Abordnung von zwölf Männern aus dem Hause Scefi zum Kloster hinauf. Nun lebte die Komödie wieder auf. Die Nonnen erschraken vor dem geräuschvollen Reiterzug, und die Mädchen nahmen eilends in der Kapelle Zuflucht, wo sie sich an den Altar klammerten. Aber die zwölf Männer folgten ihnen. Zunächst sprachen sie leise, und da sie auf geheiligtem Boden standen, versuchten sie, die Mädchen auf gute Art zur Vernunft zu bringen. Doch Agnes erschien es das einzig Richtige, bei Klara zu bleiben, und vom Beistand ihrer Schwester gestärkt, gab sie nicht nach. Schließlich verlor aber einer der Männer — vielleicht ihr Bruder Bozo — die Geduld und schleifte sie an den Haaren aus dem Kloster ins Freie, wo sie alle ihrem Unwillen rückhaltlos Ausdruck geben konnten. Klara kniete weiter vor dem Altar und bat Gott um Errettung ihrer Schwester, bis der Lärm ihrer Verwandten von einem Hilfeschrei übertönt wurde. Da begriff sie, daß sie Agnes entführen wollten, und lief ihnen nach. Als sie sie eingeholt hatte, lag Agnes auf der Erde, und die Legende erzählt, sie sei durch Klaras Gebet so schwer geworden, daß die Männer sie nicht mehr hätten tragen können. Viel eher dürfte es wahr sein, daß sie befürchteten, Agnes zu verletzen, wenn sie sie weiter festhielten, da sie sich verzweifelt wehrte. Klara stürzte sich wie ein wildes Tier auf sie, schloß Agnes in die Arme und befahl den Männern, nach Hause zu reiten. Die ruhige, gebieterische Stärke dieses ungewöhnlichen Mädchens verblüffte sie derartig, daß sie klein beigaben und tatsächlich abzogen.

Klara und Agnes blieben ein Jahr bei den Nonnen von Sant' Angelo, und diese Zeit verging in Einsamkeit und Gebet und geduldigem Abwarten, bis die gütigen Benediktiner vom

Monte Subasio den Orden wiederum mit einer „Stätte" beschenkten: Die Damianskirche mit dem kleinen Haus sollte das erste Kloster des Zweiten Ordens werden, und Klara und Agnes zogen jubelnd in ihr Heim.

Der Zweite Orden der armen Klarissen wuchs genauso schnell wie der Erste Orden der Minderbrüder. Fast unverzüglich kamen andere Frauen, um sich den beiden Schwestern anzuschließen. Bianca Guelfucci war eine der ersten, und nach dem Tode von Klaras Vater kam auch Frau Ortolana mit ihrer Tochter Beatrice; so waren fünf Frauen aus jener edlen Familie in dem Orden versammelt. Sieben Jahre lang blieb Agnes bei Klara in San Damiano. Da aber in ganz Italien neue Häuser des Klarissenordens entstanden und man dort zur Anleitung Frauen brauchte, die bereits in einem Leben in Gebet und Armut erprobt waren, wurde sie im Alter von zweiundzwanzig oder dreiundzwanzig Jahren zur Äbtissin des Klosters Monticelli bei Florenz eingesetzt. Dort lebte sie über dreißig Jahre, ohne ihre angebetete Klara wiederzusehen. Das Scheiden muß den Schwestern höchste Seelenpein bereitet haben, aber als sie ihre Gelübde ablegten, wußten sie, daß sie damit auch das Leiden auf sich nahmen, das der Gehorsam bringen kann.

Als Klara im Sterben lag, durfte Agnes bei ihr sein, und dann waren sie nicht mehr lange voneinander getrennt, da Agnes ihre Schwester nur um drei Monate überlebte und in ihrer Nähe beigesetzt wurde. Zwei kostbare Reliquien werden im Kloster und der Kirche von Santa Chiara von Assisi aufbewahrt: das Kästchen mit Klaras blonden Locken, die Franz am Palmsonntag abschnitt, und der Schädel von Agnes. Agnes muß, wie man an ihm sieht, eine sehr kleine Person gewesen sein; daß sie trotzdem dreißig Jahre lang ohne Klaras Beistand als Äbtissin diente, deutet auf eine der stillen Heldentaten hin, die der Welt unbekannt geblieben sind.

2

Keine der franziskanischen Stätten ist so gut erhalten geblieben wie San Damiano. Eine große Kirche schließt heute die Portiuncula ein, und das Kirchlein Santa Maria degli Angeli duckt sich darin, als fürchte es sich vor all der Großartigkeit, die es überragt. San Damiano steht jedoch wie einst unter freiem Himmel, eine einfache, demütige und heilige Stätte. Man kann die Kapelle, in der Klara mit den Schwestern vor dem Kreuz kniete — jenes Kreuz, von dem Franz die Stimme vernommen hatte — fast unverändert sehen. Vor der Kapelle ist auch noch die ausgetretene Steintreppe zum Schlafraum der Schwestern, die Klara über vierzig Jahre lang benutzte, und das Refektorium, in dem sie ihre bescheidenen Mahlzeiten einnahmen. Celano sagt von San Damiano: „Dies ist ein heiliger, ein glücklicher Ort." Hier kann der Wallfahrer besser als irgendwo anders die Nähe jenes Mannes und jener Frau fühlen, deren Heiligkeit die Erde durchstrahlt, hier kann er ihnen über die Jahrhunderte hinweg näherkommen. Hier auch kann er sich das Leben der Schwestern, das sie in den vielen Jahren bis zu Klaras Tod mit solcher Standhaftigkeit führten, vergegenwärtigen. Es war dem der Brüder nach Möglichkeit angeglichen, nur war der Zweite Orden beschaulich, und die Schwestern durften den Klosterbereich nicht verlassen. Wie bei den Brüdern ging auch bei ihnen das Gebet allem vor: das Offizium, die großen Anforderungen des beschaulichen Gebets und der Fürbittegottesdienst, der ihre Krankenpflege unterstützte. Da sie San Damiano nicht verlassen durften, konnten sie nicht wie die Brüder Aussätzige pflegen, betreuten aber Kranke, die man zu ihnen ins Kloster brachte. Sie stopften die Kleidung ihrer Pfleglinge, flickten die Kutten der Brüder, spannen und webten den Stoff für die Altardecken und Korporale, die die Brüder in den ärmeren Kirchen der Gegend verteilten. Außerdem mußten sie noch kochen, säubern und ihren Gemüsegarten versorgen, arbeiteten also schwer hinter ihren Klostermauern. Wenn, was sie anbauten, nicht ausreichte, bettelten die Brüder für sie, und sie aßen, genau wie Franz, freudig und dankbar am Tisch des Herrn.

Es ist recht wahrscheinlich, daß ein Klosterleben dieser Art für Klara nicht ohne Tragik war. Sie hatte nicht eine beschauliche Nonne werden, sondern es den Brüdern gleichtun wollen. Ihre Chrarakterstärke und ihr großer Mut ersehnten Abenteuer. Sie hätte die Liebe Christi durch alle Welt in die Finsternis tragen mögen: zu den Armen und Verderbten in Schmutz und Elend, zu den Gefangenen, den Aussätzigen und den Heiden. Doch sie war vor ihrer Zeit geboren, deshalb hatte sie nur die Wahl zwischen Ehe und Abgeschlossenheit, und nicht einmal Franz scheint verstanden zu haben, daß sie Christus als Kämpfer zu dienen wünschte. Dennoch beugte sie sich unbedingt der Regel, die Franz für sie gesetzt hatte, nahm sie als den Willen Gottes hin und fand ihren Frieden darin, sich im Gehorsam zu vervollkommnen. Nur einmal brach ihr leidenschaftliches Sehnen hervor, und da zeigte sich, wie schwer es ihr manchmal gewesen sein muß, sich mit ihrer Enttäuschung abzufinden. Als sie vom tapferen Sterben der Missionare in Marokko hörte, schrie sie auf und erklärte, auch hinausziehen und den Märtyrertod suchen zu müssen. Nur mit großer Mühe konnte Franz sie davon abhalten, das Kloster zu verlassen und augenblicklich loszuziehen, wie es Therese von Avila als kleines Mädchen getan hatte.

Sie gehorchte und wandte sich wieder dem Gebet, ihrem eigenen heldenhaften Wagnis zu. Denn ihre Auffassung vom Leben einer beschaulichen Nonne war ungewöhnlich. Wie Angela von Foligno es später tat, gönnte sie sich nicht die geringste Bequemlichkeit selbst in Dingen, die den meisten Menschen notwendig erscheinen, um ihr Herz gänzlich der Armut zu weihen und außer Christus nichts zu besitzen und nichts als eine Sklavin Christi zu sein. Ihr Bett war eine Pritsche, ihr Kissen ein Stück Holz. Doch schlief sie wenig, denn sie hatte sich, genau wie Franz, dazu erzogen, sich Schlaf sowie Nahrung zu versagen.

Nach der Komplet blieb sie, während die anderen Nonnen zu Bett gingen, allein in der Kapelle und sagte, vor dem Altar kniend, „crucis officium", die Gebete zu Ehren des Kreuzes Christi, die Franz zusammengestellt und sie gelehrt hatte. Wie eine Mutter ins Kinderzimmer, ging sie hinterher leise in den Schlafraum der Nonnen, nach dem Rechten zu sehen, und in kühlen Nächten deckte sie die Empfindlichen besonders warm zu, damit sie sich nicht erkälteten. Bei aller strengen Disziplin, die sie ihnen auferlegte, liebte sie sie so zärtlich wie Franz die Brüder, und ihre ganze Mütterlichkeit war ihnen gewidmet. Sie weckte sie morgens, entzündete das Licht und läutete die Glocke zur Frühmette.

Die Wirkung ihres Gebetes wuchs mit ihrer Heiligkeit. Als die Jahre vergingen, verbreitete sich ihr Licht weithin. Für uns bleibt es ein Geheimnis, und nur Gott allein weiß, wie sie zu einer Macht in der Welt wurde. Nicht bloß die geliebten Armen, sondern Königinnen, Kardinäle und Päpste suchten ihren Rat und wünschten, in ihr Gebet eingeschlossen zu werden. Es war einer der Widersprüche in der franziskanischen Bewegung, daß sie, die Armut und Dienst für die Armen gelobt hatten, die Reichen im Sturm eroberten. Vielleicht besiegten Franz und seine Söhne und Töchter die Herzen, weil sie zwischen reich und arm keinen Unterschied machten. „Der Mensch hat soviel Wert, wie Gott in ihm findet, und nicht mehr", sagte Franz. Er dachte von Leuten, weil sie schöne Kleider oder stolze Schlösser besaßen, nicht besser, aber — wie andere Neuerer — auch nicht schlechter und warb sie mit der gleichen Wärme für Christus wie die Verstoßenen; und sie reagierten darauf ebenso bereitwillig. Mit Klara verhielt es sich nicht anders. Wenn sie ihre Kranken versorgt hatte, beantwortete sie Briefe der Königinnen Agnes von Böhmen und Elisabeth von Ungarn. Einmal klopfte ein armer Bettler an ihre Tür und ein andermal der Papst, und sie betrachtete sie allesamt als ihre Kinder, deren sie liebend im Gebet gedachte. In demütiger Ergebenheit schrieb ihr der große Kardinal Ugolino: „Obwohl ich mich immer für einen armen Sünder gehalten habe, sage ich jetzt, ich weiß, daß ich auf meinen Tod nicht vorbereitet bin. Denn nachdem ich Ihre hervorragenden Verdienste kennengelernt, mit eigenen Augen die Strenge Ihrer Religion gesehen habe, bin ich von meiner Schuld tief gebeugt. Ich habe mich so schwer gegen den Herrn der Erde vergangen, daß ich niemals hoffen darf, zu den Auserwählten einzugehen, wenn Ihre Tränen und Gebete nicht die Vergebung meiner Sünden erlangen." Was die Macht ihrer Gebete für Franz bedeuteten, wußte vielleicht er, aber niemand sonst konnte es wissen.

Nichts vermochte ihre Treue zu Franz zu erschüttern. Weder zu seinen Lebzeiten noch nach seinem Tode, als im Ersten Orden Veränderungen gegen seinen Wunsch und Willen stattfanden, erlaubte sie die geringsten Verstöße gegen die strengen Regeln des Zweiten Ordens. Franz hatte evangeliumsgemäße Armut zur Grundforderung erhoben, und nichts anderes ließ sie gelten. Sie gab nicht nach, obgleich vier Päpste in Anbetracht der vorgehenden Veränderungen sie nacheinander baten, etwas Eigentum anzunehmen. Papst Innozenz IV. brachte es fertig, ihrer Entschlossenheit eine Zeitlang zu widerstehen, doch trotz tödlicher Krankheit siegte sie schließlich. Auf sein Angebot, sie vom Gelübde der Armut zu entbinden, antwortete sie: „Heiliger Vater, lösen Sie mich von meinen Sünden, aber nicht davon, Christi nachzufolgen." Sie küßte das Pergament mit der päpstlichen Unterschrift, das sie zwei Tage vor ihrem Tod empfing. Darin wurde den Klarissinnen das Recht zugesichert, bis an ihr Ende so zu leben, wie Franz es gewünscht hatte.

Klara überlebte Franz um vierundzwanzig Jahre, doch war sie in dieser Zeit lange krank, weil sie ihren Körper durch die harten Kasteiungen erschöpft hatte. Während ihrer Krankheit verwüstete die Armee des Kaisers wieder das Tal von Spoleto. Assisi wurde belagert, und die Sarazenen umzingelten San Damiano. Die Nonnen liefen in ihrem Entsetzen zu Klara, die ruhig blieb. Sie ließ sich zur Klosterpforte tragen, um dem, was da kommen mochte, als erste ausgesetzt zu sein, und ließ die Nonnen das Ziborium aus Silber und Elfenbein aus der Kapelle herbeibringen. Dann kniete sie vor der Hostie nieder und betete laut: „Willst Du, mein Gott, Deine schutzlosen Kinder, die ich mit meiner Liebe genährt habe, in die Hände jener Rohlinge geben? Ich bitte Dich, gütiger Herr, beschütze sie, die ich in dieser Stunde nicht beschützen kann." Beim Beten hörte sie die Stimme sagen: „Ich werde immer Dein Schützer sein." Sie erhob sich, von Mut und Vertrauen durchdrungen, und tröstete ihre Nonnen. Die Sarazenen gaben den Gedanken, nach San Damiano einzudringen, auf und zogen weiter.

Gegen ihr Lebensende, als es ihr nicht mehr möglich war, sich körperlich zu betätigen, lag sie in ihrem winzigen Garten und nähte. Blumen umgaben sie, denn diesen einzigen Luxus der Franziskaner hatte auch sie sich vergönnt. Ihr gesunder Menschenverstand bewahrte die ersten Ordensgründer davor, sich krankhaft übertriebene Härten aufzuerlegen, wie das manche Heiligen bei ihren Kasteiungen taten, und nie wandten sie sich gegen Dinge, aus denen die Liebe, Fürsorge und Schönheit Gottes zu ihnen sprach. Vögel und Blumen, Bäume, Wasser und Sonnenschein waren Gottes Wort und kein Luxus.

Klaras kleiner Garten bestand aus einer vier Fuß langen Terrasse, über die sich Schlingpflanzen rankten. Dort pflanzte sie Lilien, Rosen und Veilchen, die ihr von der Reinheit, Liebe und Demut Christi sprechen sollten. Celanos Beschreibung ihres Lebens in der Abgeschlossenheit gibt eine lebendige Darstellung des Gartens. „Hier fand sie Schutz vor den Stürmen der Welt, und hier blieb sie ihr Leben lang wie in einem Kerker um Jesu Christi willen und machte sich in einer Mauernische ihr Nest, einer schönen Taube gleich." Von dieser Stelle hat man eine wunderbare Aussicht: Rivo Torto, die Portiuncula, gewundene Straßen und Olivenhaine liegen vor den fernen bläulichen Bergen. Wahrscheinlich verging kein Tag ihres Lebens, an dem sie nicht von hier auf die Behausung von Franz hinüberschaute, die sein Geist selbst dann noch erfüllte, wenn er leiblich abwesend war.

Welcher Art die Liebe der beiden zueinander war, scheint für einige ihrer Biographen eine Sorgenquelle gewesen zu sein, da sie sich nicht damit zufrieden gaben, diese Liebe in der Hand des Herrn zu lassen, in die Franz und Klara sie gelegt hatten. Die Nonnen von San Damiano bezeichnete Franz stets als „die Damen", Klara jedoch nannte er „Christiana", womit alles gesagt ist. Alles im Leben der beiden war so völlig der Liebe zu Christus untergeordnet, daß nichts anderes Raum darin hatte.

Klara starb am 11. August 1253, dem Fest des Schutzheiligen der Kathedrale, San Ruffino, im Alter von sechzig Jahren, und nicht nur Agnes, sondern auch die von Franz geliebten Brüder Leo, Angelo und Juniper boten ihr im Sterben Beistand. Celano beschreibt ihren Tod in schlichten, schönen Worten: „In den langen, erschöpfenden Tagen, durch die sich ihr Todeskampf hinzog, wuchsen Glaube und Hingabe des Volkes ständig an. Nein, nicht nur täglich, stündlich besuchten sie Prälaten und Kardinäle, denn alle waren völlig überzeugt, daß diese Sterbende in Wahrheit eine große Heilige war. Obwohl sie in den letzten siebzehn Tagen ihres Lebens keine Nahrung zu sich nehmen konnte, gab der Herr ihr solche Seelenstärke, daß alle, die sie sahen, sich enger um Christus scharten. Als man sie zur Geduld ermahnte, antwortete sie tapfer: ‚Seit dem Tag, an dem ich die Gnade des Herrn Jesus Christus durch seinen Diener Franz erfahren habe, schien mir kein Schmerz bedrückend, keine Buße hart, keine Krankheit schwer zu ertragen.' Als der Herr sich ihrer erbarmte, bat sie um den Beistand von Priestern und Frommen, die ihr die Leidensgeschichte Christi erzählen sollten. Unter denen, die kamen, ihr Trost zuzusprechen, war Bruder Juniper, dieser mächtige Athlet vor dem Herrn, der das Wort des Evangeliums glühenden Herzens hinausschleuderte ... Dann segnete sie alle Frauen und Männer, die ihr Liebes erwiesen hatten, und auch alle bestehenden und zukünftigen Klöster für arme Nonnen. Wer kann den Rest ohne Tränen erzählen? Zwei der frommen Gefährten des heiligen Franziskus waren bei ihr: Angelo, der, selbst tränenüberströmt, die Schwestern zu trösten suchte, so gut er konnte, und Leo, der auf die Knie fiel und das Lager küßte, auf dem die sterbende Heilige lag ... Aber die heilige Klara ging leise mit ihrer eigenen Seele zu Rat:

‚Zieh hin, Christenseele, ziehe furchtlos hin, denn du hast einen guten Führer für deine Reise. Fürchte nichts, denn der dich schuf, hat dich geheiligt, hat dich stets beschützt und doch geliebt wie eine Mutter." Als eine der Schwestern fragte, mit wem sie spräche, sagte sie zu den Anwesenden: „Seht ihr den König der Ehren, der mir erscheint? ... So starb die heilige Klara ... Ihre Seele jauchzte der Freiheit entgegen und schwang sich auf den Flügeln der Freude zu dem Sitz empor, den Gott ihr bereitet hatte ..."

3

In den „Blümlein" steht eine Geschichte über Franz und Klara. Sie sagt über beide die Wahrheit aus, obwohl sie wie eine Legende klingt, denn Klara soll ja den Klosterbereich von San Damiano nie verlassen haben. Es wird darin erzählt, daß Klara sich sehnsüchtig wünschte, einmal eine Mahlzeit mit Franz einzunehmen. Sie bat ihn darum, wenn er die Schwestern besuchte, doch er gewährte ihr die Bitte nicht. Die Brüder machten ihm Vorstellungen ob solcher Härte: Seine Predigten haben Klara veranlaßt, aus dem weltlichen Leben zu scheiden, sagten sie, warum wolle er ihr nicht einmal diesen Wunsch erfüllen? Franz ließ sich erweichen und versprach, ihr ein kleines Fest in der Portiuncula zu geben. Am festgesetzten Tage kam Klara mit den Nonnen aus dem Kloster; die Brüder gingen ihnen entgegen und führten sie in die Kirche Santa Maria degli Angeli, wo sie in der Nacht nach ihrer Flucht ihr Gelübde abgelegt hatte. Dann wurden sie, nachdem sie „die Jungfrau Maria begrüßt hatten", zur Festtafel geführt, die auf der bloßen Erde gedeckt war. Da es ein Fest und nicht nur eine gewöhnliche Mahlzeit sein sollte, dürfte es außer Wasser und Brot einen Kräutersalat und Gemüse aus dem Garten gegeben haben. Beim Anblick der ersten Schüssel war Franz so von der Großmut Gottes überwältigt, daß alle durch seine hinreißenden Worte über die Ewige Liebe zu beten anfingen. Alles außer Gott war vergessen, und sie saßen anbetend da. Aus dem Wald strömte das Licht des Himmels so hell hervor, daß die Bewohner von Assisi, die von der Stadt herabsahen, glaubten, die Portiuncula und die Bäume wären in Brand geraten, und den Berg hinunterliefen, um löschen zu helfen. Ein Feuer fanden sie nicht, wohl aber die beiden Heiligen und ihre

Gefährten, die vor dem unberührten Mahl in Betrachtung der Herrlichkeit Gottes versunken waren.

Falls der Verfasser zum Höhepunkt dieser Geschichte durch die Botschaft an Klaras Mutter: „Du sollst ein Licht hervorbringen, das die Erde erhellen wird" angeregt worden ist, könnte es kein schöneres Ende für eine Legende über die beiden Heiligen geben.

DER DRITTE ORDEN

Wir wollen in allen Dingen mit all unserer
Kraft Deine Ehre suchen, Leib und Seele einzig
und allein in den Dienst Deiner Liebe stellen.
Und wir wollen unsere Nächsten lieben wie
uns selbst und mit aller Macht nach Deiner
Liebe streben.

Aus den Schriften des heiligen Franziskus

1

Als Franz nach seinem erfolglosen Versuch, die Ungläubigen zu bekehren, in Ankona ankam und müde, erschöpft und vielleicht auch vom Mißerfolg entmutigt war, konnte er nicht ahnen, daß die Vorsehung Gottes diesen Fehlschlag zu großen Geschehnissen wenden würde. Denn gerade weil er zu dieser Zeit — im Frühling 1213 — ankam, bekam er den Monte Alvernia geschenkt, ein Geschenk, das nach dem göttlichen Plan nicht nur in seinem eigenen Leben eine Rolle spielte, sondern auch die Schaffung des Dritten Ordens wesentlich beeinflußte. Voraussehen konnte er es nicht, aber er war gewöhnt, auch Mißerfolge als Anzeichen für den Höchsten Willen anzusehen, sofern er den aufrichtigen Versuch gemacht hatte, Gott zu dienen. Es war ihm mißlungen, und daher mußte er wie ein kleines Kind, das dem Vater nachläuft und der Länge nach hinfällt, wieder aufstehen, um von neuem in die Fußstapfen des Herrn zu treten. Also zog er von Ankona sogleich zu einer Missionsreise aus und predigte einige Zeit darauf nahe der toskanischen Grenze am Fuß der Apenninen. Dort erfuhr er, daß im Gebirgsdorf Montefeltro ein Turnier stattfinden sollte. Der Herr von Montefeltro veranstaltete diese Feier einem jungen Verwandten zu Ehren, der den Ritterschlag empfangen hatte.

Frühling und Blumen und ein Turnier in den Bergen! Abends würden die Troubadours singen und die Tänze ein anmutiges, buntes Bild bieten. Solch Ritterprunk war für Franz unwiderstehlich! Einst hatte er selbst ein Troubadour sein wollen, und wenn er sich auch zu einem Bänkelsänger Gottes gewandelt hatte, so lebte doch die alte Sehnsucht noch in ihm. Daher beschloß er, nach Montefeltro zu ziehen. Während er sich mühsam die steile Straße zum Dorf auf der Felsplatte hinaufschleppte, sah er das Schloß in den leuchtend blauen Himmel ragen. Von den Türmen wehten die Fahnen, und auf den Mauern bliesen Trompeten einen Willkommensgruß. Dicht drängte sich das Volk auf den Wegen, und von den Nachbarschlössern nahten glänzende Reiterzüge, denn sie alle wollten bei diesem großen Ereignis anwesend sein. Den Rittern in voller Rüstung folgten die jungen Edelleute mit dem runden Pagenschild, den Franz selbst am Arm getragen hatte; die Frauen trugen ihren steifen, hohen Kopfputz zu den leuchtenden Kleidern und den juwelenbesetzten Gürteln, die bei solchen Festen vorgeschrieben waren. Vielleicht erinnerten die lieblichen Frauen in ihren Sänften Franz an Klara in ihrer Jugendschönheit, wie sie voller Erhabenheit seiner Predigt im Dom zu Assisi gelauscht hatte, und seine Gedanken flogen zu ihr, die jetzt im Ordensgewand vor dem Kruzifix in San Damiano betete. Ein vorüberziehender Ritter mochte ihm seinen Sohn Angelo ins Gedächtnis rufen oder das vornehme Gebaren eines Edelmanns den geliebten Ruffino, und er betete für sie alle. Es gab auch einfache Leute auf der Straße: Hausierer und Spielleute und Marktschreier, und Franz betrachtete sie im Schutz der Kapuze entzückt, interessiert und gleichzeitig mit aufrichtiger Zuneigung. Manch einer muß den mühselig kletternden kleinen Mönch im grauen Habit angelächelt haben, und wenn sich ihre Augen trafen, rief er mit tiefer, klarer Stimme: „Der Herr gebe dir Frieden!" Wie muß er sich gesehnt haben, sie alle in Gottes Reich zu versammeln! Noch war dazu die Zeit nicht gekommen, aber vielleicht beschäftigte er sich in Gedanken bereits mit all den Männern und Frauen, die Gott zwar zu einem weltlichen Leben bestimmt hatte und deren Herzen dennoch nach einer Art Zucht verlangten, nach einem inneren Halt, die ihrem Handeln Sinn und Weihe geben sollte.

Im Schloß mischte Franz sich unter die Menge, und bei einer Gelegenheit — wahrscheinlich bei einem Sängerstreit, der ihn gewiß am meisten anzog — muß er sich im Schloßhof befunden haben. Er fühlte, daß er zu der Versammlung sprechen müsse, und bat, als der Wettstreit ausgetragen war, um Gehör. Da stand er auf einer Erhöhung, und bald scharten sich die Gäste in tiefem Schweigen um ihn; denn selten mußte er mehr als einmal dazu auffordern, weil der Klang seiner Stimme allein schon Aufmerksamkeit erzwang; und außerdem hatte es sich wohl herumgesprochen, daß Franz von Assisi da wäre. Die

Sänger und auch die Ritter mit ihren Damen lächelten ihn an und waren zugleich belustigt und gerührt von der winzigen Gestalt mit dem eifrigen Gesicht und den strahlenden Augen. Zum Thema seiner Predigt wählte er zwei Zeilen aus einem Lied der Troubadours, das vielleicht gerade verklungen war.

„Mir steht dereinst soviel Gutes bevor,
daß ich mit Freuden mir Mühsal erkor."

Er predigte über die Heiligen, denen jegliche Mühsal und Buße als bescheidener Preis erschien, wenn sie dafür schließlich Gott schauen durften, und die selbst den Tod gering achteten. In der schönen Burg am Berge malte er ihnen ein Bild der grünen Weiden und stillen Wasser im ewigen Land, das jenseits des Kreuzes liegt, und enthüllte ihnen zweifellos das Sehnen in ihren Herzen. Da begriffen sie, daß Schönheit und Schätze, die einem nicht den Weg zu Gott erschließen, nur Staub sind, der uns durch die Finger rinnt.

Als Franz sich nach seiner Predigt wieder unter die Menge mischte, verbeugte sich ein prächtiger Edelmann vor ihm und fragte, ob er mit ihm reden dürfe. Damals muß er es bereits gewohnt gewesen sein, daß die Aristokratie ihm so leicht ins Netz ging, und da er den üblichen Gesprächsverlauf erwartete, sagte er lächelnd zu dem Bittsteller, Orlando dei Cattani, Herrn von Chiusi in Casantino: „Mit Freuden, aber erst mußt du deinen Freunden die Ehre erweisen, mit ihnen zu speisen, und nach dem Mahl werden wir beratschlagen." Orlando war einverstanden, und später hatten sie eine lange Aussprache, die wohl andauerte, bis der Sonnenuntergang die Täler mit goldenem Dunst füllte. Doch die Unterredung verlief nicht in gewohnter Weise, denn Orlando wollte nicht von Franz darin bestärkt werden, der Welt zu entsagen und in den Orden einzutreten, sondern hatte sich eine Aufgabe erwählt, die ihm weit schwerer schien: ein christliches Leben im Getriebe der Welt zu führen. Tatsächlich fühlte Orlando durch diese Aussprache neue Kraft in sich, und er bot Franz ein Geschenk an, das dem kleinen Mönch die Rede verschlagen haben muß. Ihm, der sich der Armut geweiht hatte, wurde der Alverniaberg in den Apenninen angeboten, und Franz dürfte bei der Beschreibung in ziemliches Erstaunen geraten sein. Er lag nahe beim Schloß von Chiusi, das Orlando bewohnte, und der Ausblick ging auf die Ebene des Arno mit seinen reichen Wiesen und Feldern. Am Fuß des Berges bildeten Kastanien und Eichen, Pinien und Lärchen einen dichten Wald. Der kahle Felsen darüber war bis zum Gipfel hinauf zerklüftet, doch ganz oben lag eine bewaldete Platte. Orlando glaubte, daß dieses Hochplateau, von dem aus man die Berge von halb Italien sehen konnte, sich besonders gut zu beschaulichem Gebet eignen würde, und stellte es deshalb Franz für den Orden zur Verfügung. Franz nahm das Geschenk an.

2

Sobald er zur Portiuncula zurückkehrte, sandte er einige Brüder, denen er sich jedoch nicht anschloß, nach Alvernia. Wieder war er an einem Wendepunkt seines Lebens angekommen und wollte sich in der Portiuncula im Gebet Klarheit verschaffen. Sein Lebensrhythmus wechselte zwischen einsamem Gebet und intensiver, beglückender Aktivität. Wie die Sonne plötzlich durch die Wolken bricht, tat sich ihm blitzartig der Wille Gottes kund. Dann folgte diesem mystischen Prozeß der Reinigung, Erleuchtung und Vereinigung wie ein Echo die Rückkehr in die Welt, in der er mit Kraft und Freudigkeit Gottes Werke tat. Ein Beispiel dafür ist sein einsames Gebet am Sankt Martinstage. Von Gottes Willen geleitet, machte er sich damals unverzüglich nach Assisi auf, um zu predigen; ein anderes Beispiel ist die Zeit der Zurückgezogenheit in der Bergeinsamkeit von Poggio-Bustone, wo er die Vergebung seiner Sünden fand und von wo er, nachdem er das Anwachsen des Ordens visionär erlebt hatte, heimwärts eilte, um die Brüder nach Rom zu führen. So ging er auch jetzt wieder allein mit seinem Problem in den Wald, um Gottes Hilfe und Führung zu erflehen.

Die Missionsreise war fehlgeschlagen, aber er hatte Alvernia geschenkt bekommen. Hieß Gott ihn, von den Missionsversuchen abzulassen und sich ausschließlich dem Gebet zu widmen? Daß kontemplatives Gebet die Ordensarbeit unterstützen müsse, hatte er stets geglaubt. Jetzt aber fragte er sich, ob er die Missionstätigkeit nicht seinen Söhnen überlassen und er selbst nicht ihr Moses auf dem Berge sein sollte, der die Arme im Gebet für die Schlacht in der Tiefe hob? War Alvernia sein Berg Horeb? „Herr, was willst Du, daß ich tue?"

Wieder einmal meinte er in seiner übergroßen Demut, daß

er nicht imstande sei, allein zu entscheiden, was Gott von ihm erwarte. Die „Blümlein" sagen darüber: „Weil aber seine heilige Demut in ihm nicht einmal den Gedanken aufkommen ließ, daß seine Persönlichkeit oder sein Gebet etwas gälten, gedachte er, Gottes Willen durch das Gebet anderer zu erforschen." Wenn man seine ihm von Gott verliehene große Fähigkeit zu beten bedenkt, ist es auch wahrscheinlich, daß er das kontemplative Leben gewählt hätte, wäre ihm der Wille des Herrn nicht wichtiger gewesen als sein eigener. Das mußte ihm die Entscheidung noch erschweren. Er ließ also Masseo zu sich kommen, erzählte ihm von seinen Schwierigkeiten und bat ihn, Klara und Sylvester aufzusuchen. Gottes Ratschluß für seinen Diener würde sich ihnen im Gebet kundtun. Masseo eilte mit diesem Auftrag zu Klara nach San Damiano und zu Sylvester, der in einer der Höhlen der Carceri betete, und ging nochmals zu beiden, die Antwort zu erfahren, auf die Franz in der Portiuncula wartete. Als Masseo müde und erhitzt zurückkehrte, fragte Franz nichts, ehe er mit aller Ehre, die dem Boten des Herrn zukam, den Bruder versorgt hatte. Er kniete vor ihm, wusch ihm die Füße, bereitete eine Mahlzeit und bediente ihn. Dann erst gingen sie in den Wald, wo Franz niederkniete, die Kapuze zurückschob und die Arme über der Brust kreuzte, um Gottes Willen zu erfahren. Klara und Sylvester hatten auf ihre Gebete die gleiche Antwort erhalten: Franz war dazu berufen, in die Welt zu ziehen und das Evangelium zu predigen; nicht für ihn selbst war der Ruf an ihn ergangen, sondern damit er Seelen zum Heil führe. Hatte er es sich im stillen nicht gewünscht, so war es doch der Wille Gottes, dem er sich anbetend beugte, und sobald dieser sich auf ihn niedersenkte, rief er freudig aus: „Lasset uns im Namen des Herrn hinausziehen!"

Er machte sich auch sogleich auf, und seine freudige Stimmung ist an der Wahl seiner Gefährten zu erkennen: Er nahm mit sich den fröhlichen, beredten Masseo und den heiteren, höflichen Angelo. Sie trotteten von der Portiuncula durch die Wälder in südöstlicher Richtung auf Cannara zu. Es war Sommer, die herrliche Sonne schien glühend, die Felder sahen aus, als wolle die Ernte in Flammen aufgehen, und der Puls des Lebens regte sich kräftig. Aus der Lebensfreude, die sie umgab, und aus der Glut ihres eigenen Inneren entstanden zwei Predigten, die beide in ihrer Art noch heute so lebendig sind, wie sie waren, als Franz sie hielt. Sein grenzenloses Entzücken darüber, Gottes Willen zu tun, durchdrang sie und machte sie unvergänglich.

Auf ihrer Wanderung konnten sie Cannara sehen, da der Weg von Assisi nur drei Kilometer weit war. Die ummauerte Stadt hatte zwei gegenüberliegende Tore inmitten der Mauern und an jeder Ecke einen Turm. An einer Seite zog ein Fluß an der Mauer vorüber, ein Graben mit Zugbrücken ging rund um die Stadt, und es fehlte auch nicht an Bäumen. Es war eine Landschaft, wie die Vögel sie lieben, und als Franz die engen Straßen heiß und drückend fand, rief er den Menschen, die ihn umdrängten, zu: „Gott gebe euch Frieden, liebe Leute! Kommt hinaus in die Felder, wo es kühl ist im Schatten der Bäume!" Man folgte diesem Anführer immer, und besonders heute, wo er von Freude überströmte. Mann, Weib und Kind gingen ihm über die Zugbrücke nach, alles Volk zog auf die Felder hinaus, und Cannara lag wie ausgestorben.

Draußen im Freien predigte Franz über das Reich Gottes. Er sprach mit solch hinreißender Gewalt, daß alle baten, sich dem Orden anschließen zu dürfen. Diesen Enthusiasmus lenkte Franz mit der ihm eigenen Weisheit in die rechten Bahnen. Es war unmöglich, ihrem Wunsch nachzugeben. Ihre Aufgabe war es, Gott durch ihre Arbeit zu dienen, und er konnte nicht Italien durchwandern und die Städte entvölkern. Aber entmutigen durfte er sie auch nicht, da sie glühend danach verlangten, Gott zu dienen. So bat er sie, heimzukehren, wo sie den Liebesdienst für Gott geduldig verrichten sollten, bis er einen Weg für sie gefunden hätte, auf dem sich Zucht und Hingabe im Dienst des Herrn mit Zugehörigkeit zum Orden vereinen ließe und auf dem sie dennoch die weltlichen Pflichten erfüllen konnten, zu denen sie berufen waren. Damit war das Volk von Cannara einverstanden, und ihr geduldiges Warten wurde im Lauf der Zeit zur Grundlage des Dritten Ordens.

Zwischen Cannara und Bevagna kamen die drei zu einem Feld, auf dem sich eine große Vogelschar versammelt hatte, die sich am Wasser, an den Bäumen und den ertragreichen Feldern freute. Franz, der so glücklich war, geriet über den Sonnenglanz auf den Flügeln der lebhaften, kleinen Geschöpfe und über ihr vergnügtes Gezwitscher in Entzücken. Er liebte alle Kreatur und hatte die Gabe, ihr Vertrauen und ihre Freundschaft zu erwerben. Nun war sein Herz von der Freude der Vögel an Gottes Freigebigkeit so bewegt, daß er es nicht fertigbrachte, einfach an ihnen vorüberzuwandern. Also sagte er zu seinen Jüngern: „Erwartet mich hier am Wege; ich aber will meinen Geschwistern, den Vögeln, predigen", und ging auf das Feld, mitten unter die Vögel, die sich nicht vor ihm fürchteten. Die auf der Erde saßen, blieben dort, obwohl der Saum seiner Kutte sie berührte, als er vorsichtig zwischen ihnen umherging und zu ihnen sprach. Beim Klang seiner Stimme flogen andere aus den Bäumen herbei und ließen sich um ihn nieder. Franz sagte: „Meine Geschwister! Ihr Vögel müßt Gott, eurem Schöpfer, sehr dankbar sein und ihn allezeit und allerorten loben, denn er verlieh euch die Kraft, allenthalben zu fliegen, auch gab er euch Kleidung doppelt und dreifach, ferner bewahrte er euren Samen in der Arche Noahs, so daß sich eure Art nicht minderte. Dann müsset ihr auch dankbar sein für das Element der Luft, das er euch zugewiesen hat. Und zum dritten: Ihr säet nicht und mähet nicht, und Gott gibt euch Speise und tränket euch aus den Flüssen und Quellen; er gewährt euch Zuflucht in den Bergen und Tälern und in den hohen Bäumen, darinnen ihr euch eure Nester baut! Und ob ihr gleich nicht zu spinnen und zu nähen wisset, Gott kleidet euch, euch und eure Kinder. Oh, wie sehr liebt euch also eurer Schöpfer, er erweiset euch so viel Huld, und drum hütet euch, meine Geschwister, vor der Sünde der Undankbarkeit und seid allzeit beflissen, Gott zu loben!"

Als Franziskus diese Worte zu ihnen gesprochen hatte, begannen alle jene Vögel die Schnäbel zu öffnen, die Hälse zu recken, die Flügel zu breiten und ehrfurchtsvoll ihre Köpfe zur Erde zu neigen und durch Schwingen und Zwitschern kundzutun, daß der heilige Vater sie gar sehr ergötzt hatte. Franziskus erfreute und ergötzte sich mit ihnen, er wunderte sich sehr über die große Menge der Vögel, über ihre schöne Mannigfaltigkeit, über ihre Aufmerksamkeit und Zutraulichkeit. Hierfür pries er ihrem Kreise andächtig den Schöpfer.

Als der Heilige dann die Predigt beendet hatte, machte er über ihnen das Zeichen des Kreuzes und entließ sie. Da erhoben sich alle jene Vögel mit frohen Liedern in die Lüfte. Nach den Richtungen des Kreuzes, das er über ihnen geschlagen hatte, teilten sie sich in vier Scharen: die eine nahm ihren Flug gen Sonnenaufgang, die zweite gen Untergang, die dritte gen Mittag, die vierte gen Mitternacht; und jede Schar flog dahin und sang wundervolle Lieder.

Franz stand da und beobachtete ihre kreuzförmigen Flügel, die er nie vergaß. Als Jahre später der Herr auf dem Alvernia zu ihm kam, sah er ihn als gekreuzigten Seraph, dessen gewaltige Flügel den Himmel überspannten. Von Ehrfurcht erfüllt, kehrte er zu Masseo und Angelo zurück im Bewußtsein, Gott etwas nähergerückt zu sein. Nachdem er die Hand des Aussätzigen geküßt und vor dem Kruzifix in San Damiano gekniet hatte, war er so weit fortgeschritten, daß er Christus in allen Menschen und alle Menschen in Christus sehen konnte, denn seither fand er es leicht und köstlich, die Menschheit zu lieben. Jetzt verhielt es sich mit den Tieren ebenso. Er hatte sie immer wegen ihrer Schönheit und ihrer gefälligen Art gern gehabt, nun aber hatte diese Liebe sich vertieft, und später sagte man von ihm: „Franz sah in allen Geschöpfen die Liebe Gottes, und darum fühlte er für sie besonders herzliches Entzücken und große Liebe."

Franz, Masseo und Angelo wanderten weiter, machten zur Stunde der Vesper auf den Feldern halt und sagten ihr Offizium, und wenn die beiden Jünger sich nicht recht zu den Responsorien sammelten, so geschah das, weil ihnen die Predigt ihres Meisters noch durch den Sinn ging und sie sein Habit sanft über die furchtlosen Vögel gleiten sahen. Sie vergaßen es nicht, und durch ihren Bericht blieb die Predigt erhalten. Daraus entstand die allgemein bekannte Geschichte in den „Blümlein", die Giotto auf seinem weltberühmten Fresco in der Kirche San Francesco in Assisi dargestellt hat. Ihre Macht ist aus der Freude geboren, die Franz in der Erfüllung des göttlichen Willens fand.

3

Während der ganzen erfolgreichen Reise war Franz von Freude beschwingt. Im Tal von Spoleto und später in der Mark Ankona drängten Menschen herbei, um seine Predigten über das Reich Gottes zu hören. Müde und glücklich kehrte er in der Hitze des Herbstes zur Portiuncula zurück, doch gönnte er sich keine Ruhe, weil er nicht vergessen konnte, daß er nicht zu den Ungläubigen vorgedrungen war. Das bedrückte sein Herz sehr, und er plante, in Spanien und Marokko den Mauren zu predigen. Er wählte, nebst einigen anderen, Bernhard von Quintavalle zum Begleiter und ging so schnell, daß die anderen kaum mit ihm Schritt halten konnten, denn „er schien vom Geist berauscht". Doch sein gebrechlicher, zarter

Körper war niemals fähig, seinem Eifer im Dienst für Gott standzuhalten; er hatte sich völlig verausgabt und wurde in Spanien so krank, daß er nicht imstande war, weiterzuziehen. Als er wieder bei Kräften war, kehrte er um, denn auch diese Krankheit schien ihm ein Fingerzeig Gottes; noch immer nagte die traurige Lage der Ungläubigen an seinem Herzen, aber noch war die Zeit nicht gekommen.

Franz ließ sich durch Krankheit nicht vom Predigen abhalten. Jetzt oder vielleicht während eines Fiebers, das ihn zwei Jahre später niederwarf, diktierte er den „Brief an alle Gläubigen", der später die Grundlage für die Regel des Dritten Ordens bildete. Konnte ihn auch auf seiner Strohmatratze keine sichtbare Gemeinde inspirieren, so sah sein geistiges Auge dafür eine riesige Menge von Christenmenschen zusammenströmen, die zwar auch Christus folgen wollten, deren Wallfahrt über diese Erde jedoch durch Versuchungen gefährdet war, durch Sorgen und Ängste, die die Blume des Glaubens wie böses Unkraut erstickten. Der zehrende Schmerz und die Christenheit ließ ihn für den Augenblick die Ungläubigen vergessen. Er gedachte der Edlen und des Herrn von Montefeltro und des Volkes von Cannara, denen er sein Versprechen gegeben hatte; der Christen in den dichtbewohnten Städten, die vom Übel bedrückt, der vielen Bauern, die von schwerer Arbeit oft zu ermüdet waren, um ihre Gebete zu sagen. Sie bedurften der Hilfe. Er rief Leo zu sich, und während sie miteinander sprachen, flog Leos gewandte Feder über das Pergament.

Am Anfang sagt dieser Brief, daß Franz, „der Knecht von allen", krank ist und diese Botschaft sendet, weil er nicht selbst kommen kann. Dann erinnert er an die Armut Christi; denn gerade die Armut im Geiste, die sie befähigen würde, von Luxus, Angst und Übel Abstand zu gewinnen, tat ihnen so dringend not. „Dies Wort des Vaters, so würdig, so heilig und her. Da er nun reich war über alles, wollte er doch zusammen mit unserer Lieben Frau, seiner Mutter, die Armut erwählen." Dann arbeitet der Brief eine Lebensregel aus. Christen sollten der Herrlichkeit des heiligen Sakraments gedenken, ihre Sünden bereuen, sie beichten und Gott mit reinem Herzen und keuschem Körper empfangen. Sie sollten oft in die Kirche gehen, die Geistlichkeit verehren, die gesetzten Fasten halten; sollten sich in Zucht nehmen, sich selbst verleugnen und gehorsam den Rat und die Vorschriften Christi befolgen. Sie sollten Gott lieben, preisen, früh und spät zu ihm beten, ihre Nächsten lieben wie sich selbst, barmherzige und demütige Diener aller sein, freigebig sein und Almosen geben, „denn Almosen waschen unsere Seele vom Schmutz der Sünden rein". Gegen Ende des Briefes erhebt sich ein lauter Schrei des Entzückens darüber, daß Christen einen solchen Vater, solch einen Bruder wie den Herrn Jesus Christus haben. „O wie hehr und heilig und groß, einen Vater im Himmel zu haben! ... O wie heilig und wie lieb, wohlgefällig, demütig, friedlich, süß und freundlich und über alles ersehnlich, einen solchen Bruder zu haben, der seine Seele für seine Schafe einsetzt und den Vater für uns gebeten hat, da er spricht: „Heiliger Vater, erhalte sie in deinem Namen, die du mir gegeben hast." Der Brief schließt mit einem Segen: „Und all die Männer und Frauen, die diese Dinge gütig aufnehmen und anderen zur Lehre weitergeben, mögen in ihnen verharren bis zum Ende, und dafür segne sie Vater und Sohn und Heiliger Geist. Amen."

Einige Jahre nach der Predigt von Cannara wurde der Dritte Orden ins Leben gerufen. Der Brief, seine Grundlage, wurde durch ausführliche christliche Lebensregeln erweitert. Alle Christen — Mann und Frau, ledig oder verheiratet — konnten eintreten, und das Ziel war, ihnen eine recht enge Anpassung an das Leben der Brüder und Schwestern des Ersten und Zweiten Ordens zu ermöglichen, obwohl sie der Welt nicht entsagten und ihre ihnen von Gott auferlegten irdischen Pflichten erfüllten. Edelleute wie Orlando — der unter den ersten war, die Franz in den Orden aufnahm — entsagten den ererbten Verpflichtungen nicht; sie verwalteten ihre Güter weiter, aber sie behielten bei ihrer Arbeit Gott vor Augen, betrachteten auch ihre geringsten Aufgaben als Teile des göttlichen Planes, und wenn sie die von ihnen abhängigen Menschen versorgt hatten, gaben sie den Überschuß an die Armen. So handelten auch Kaufleute, die versprachen, ihr Geschäft mit absoluter Redlichkeit zu führen, auf alles unrecht erworbene Gut zu verzichten und künftig nur für sich zu behalten, was für ihren eigenen Unterhalt unentbehrlich war. Sie kleideten sich bescheiden, aßen mäßig, enthielten sich des Luxus, der eines der Übel aller Zeiten ist. Die Männer hatten sich verpflichtet, Frieden zu halten, und trugen keine Waffen. Der Papst entband sie des gesetzlichen Eides, nach dem jeder Mann zum Kampf für seine Partei verpflichtet war, ganz gleich, ob es sich um

eine gerechte oder ungerechte Sache handelte. In den streit-
süchtigen italienischen Republiken stellten sie eine große Frie-
denspartei dar, und als ihre Zahl wuchs, wurden sie auch zu
einem Einfluß auf Europa. Ihre Einstellung zum Leben war
positiv. Wie anders hätten sie sich auch Franziskaner nennen
können! Sie lebten freudig, ohne andere zu verdammen. Es
genügte ihnen nicht, Almosen zu geben, sondern sie sahen
ihre Pflicht darin, den Armen liebevoll zu dienen, nahmen die
Kranken in ihren Häusern auf und pflegten sie mit aller Kraft
und Sorgfalt.

Der Dritte Orden, Büßerorden genannt, wuchs so geschwind
wie die beiden ersten und arbeitete immer für Recht und Frieden, Liebe und Ehrlichkeit. Den geistigen Einfluß dieses Ordens
abzuschätzen, ist ganz unmöglich. Er überdauerte Generationen, lebt heute noch fort, und unter seinen Büßern befanden
sich einige der bedeutendsten Diener des Herrn: Könige und
Königinnen, Dichter und Künstler, Männer und Frauen, deren
Namen uns wohl vertraut sind, wie Christoph Columbus, Lud-
wig der Heilige von Frankreich, Elisabeth von Ungarn, Angela
von Foligno, Petrarca, Roger Bacon und Duns Scotus. Auch
Giotto gehörte dem Orden an; wahrscheinlich kam er als Schüler von Cimabue nach Assisi, der den Heiligen ebenfalls in
seinen Gemälden verherrlicht hat und dessen Portrait von
Franz uns den kleinen Mann mit seiner humorvollen Leidens-
miene so zeigt, wie wir ihn uns vorstellen. Nach seinem Tod
führten die Ordensbrüder oft dramatisierte Szenen aus seinem
Leben in Klöstern und Kirchen auf, und daß Giotto solche Vorstellungen in Assisi gesehen hat, scheint sich in seinen berühmten Fresken zu manifestieren, die an die mittelalterliche
Bühne erinnern. Gemessen an den damaligen stilisierten
Kunstwerken Italiens, haben sie eine frische, dramatische, reiz-
volle Natürlichkeit, die der Schlichtheit und Natürlichkeit von
Franz selbst entsprang.

Franz regte nicht nur eine neue Schule der Malerei, sondern
auch eine neue Ära der Dichtkunst an. Zwei große Dichter —
Jacopone da Todi und Dante Alighieri — gehörten dem Dritten
Orden an. Der Sonnengesang inspirierte Jacopone zu seinen
Versen und beeinflußte auch alle folgenden italienischen Dich-
ter einschließlich Dante.

Jacopone, etwa 1230, also vier Jahre nach dem Tod von
Franz geboren, war ein reicher, ehrgeiziger Mann, in dessen
erster Lebenshälfte Gott keinen Platz hatte. Als dann das stolze

Gebäude seines Lebens unter dem Druck des Leides zusammenbrach, war er eine Zeitlang dem Wahnsinn nahe. Dann nahm ihn Gott aus den Ruinen zu sich, führte ihn in den Schutz der franziskanischen Familie — erst in den Dritten, dann in den Ersten Orden —, und er wurde der größte Dichter seiner Zeit, der in seinen Versen den franziskanischen Geist so vollkommen zum Ausdruck bringt wie Giotto in seinen Gemälden. Wie Franz war auch er von Liebe zu Gott entflammt. Über sein Gedicht Amor de Caritate ist gesagt worden, es sei das Gegenstück zur mystischen Kreuzigung des Heiligen, nur drücke es das Wunder der Vereinigung der Seele mit Gott durch Worte aus. Sankt Bernadin von Siena glaubte, daß nicht er, sondern Franz selbst es geschrieben habe.

Dante stand sein Leben lang unter dem Einfluß von Franz. Er wurde in der Schule der Franziskaner in Santa Croce erzogen und im Gewand des Dritten Ordens von den Mönchen in Ravenna begraben. Zur Zeit, da sein Leben von Leid erfüllt war — so erzählt die Geschichte von ihm —, kam er eines Nachts an ein einsames Kloster in den Apenninen und klopfte an das Tor. Der Bruder Pförtner sah einen gebeugten, grauhaarigen Alten im Schatten stehen und fragte ihn, was er wolle, worauf Dante antwortete: „Frieden!" Die großen Namen der Fürstlichkeiten und Dichter verleihen dem Orden Glanz, doch waren es die Tausende ärmlicher Männer und Frauen, die ungesehen durch ihr selbstloses Leben das Rückgrat der Ordensbewegung bildeten.

Einer von ihnen namens Lucchesio war in Toscana gebürtig und lebte in Poggibonsi unweit Siena. Er war ein wohlhabender Kaufmann gewesen, hatte aber, als er sich dem Dritten Orden anschloß, all seinen Reichtum unter die Armen verteilt und nur sein Haus, seinen Garten und seinen Esel für sich behalten. Bona Donna, seine schöne Gattin, die er innig liebte, war mit ihm ein Herz und eine Seele, und beide lebten ganz dem Liebeswerk im Herrn. Sie machten ihr Heim zum Armenspital und bearbeiteten ihren Garten, um die Kranken ernähren zu können. Wer zu ihnen kam, wurde freundlich aufgenommen und liebevoll gepflegt, doch damit gab Lucchesio sich nicht zufrieden. Er ritt in das Sumpfgebiet der Maremmen hinaus, wo er sich der Fieberkranken annahm. Manchmal brachte er zwei zugleich ins Haus: einen, den er auf den Esel, und einen anderen, den er auf seinen Rücken geladen hatte. Manches Jahr arbeitete das Ehepaar für Christus, bis Bona

Donna sterbenskrank wurde. Lucchesio war in seinem Kummer darüber untröstlich. Vielleicht hatten auch diese beiden zueinander gesagt: „Wir wollen zusammen sterben." Darum betete nun Lucchesio, während Bona Donna, neben deren Bett er kniete, die letzte Ölung empfing. Ihm wurde Gewißheit, daß sein Gebet erhört worden war, denn er flüsterte der Gattin zu: „Warte auf mich", rief den Priester zurück, daß auch er die Sterbesakramente von ihm empfange. Er hielt die Hand seiner Frau und tröstete sie im Todeskampf; als alles vorüber war, schlug er ein Kreuz über sie, legte sich neben ihr nieder, rief die Liebe Christi, Maria und Franziskus an und folgte ihr.

Daß von allen unbekannten Geschichten der Ritter des Dritten Ordens uns gerade diese überliefert ist, scheint sehr angebracht, weil die Liebe dieses Ehepaares zu Gott und zueinander für die Ritterschaft sehr typisch ist.

Dritter Teil

Das Königreich

DIE REICHEN

O Liebe, deine Flammen,
Die so mein Herz entflammen,
Laß führen uns zusammen,
Ein Fleisch und Blut zu sein.

Liebe mit gütgen Händen,
O Liebe voll Verschwenden.
Du läßt das Fest nie enden,
Willkommen stets uns sein.

Jacopone da Todi, aus der Lauda „Von
der göttlichen Liebe und ihrem Lob"

1

Franz würde vor Schrecken und Entsetzen gezittert haben,
falls ihm jemand angedeutet hätte, daß er als Fürst unter
den Menschen wandle. Aber es ist wohl wahr. Im Himmelreich gelten andere Werte als in der Welt, und doch hat dieses
mächtige Reich seine Fürsten. Eine der befriedigenden historischen Tatsachen besteht darin, daß heilige und demütige
Männer geistigen Einfluß auf die Menschheit ausüben. Als
Sankt Bernhard von Clairvaux im zerlumpten Habit ganz
Europa durchzog, seinen Grimm über verderbte Könige und
irrende Päpste wütend ergoß und durch unwiderstehliche Beredsamkeit einen Kreuzzug entfachte, muß er sich seiner Macht
wohl bewußt gewesen sein, obgleich er alles Gott allein zu-
schrieb. Franz hingegen beherrschte Arme und Reiche gleichermaßen, ohne auch nur zu ahnen, was er tat. Es ist ein hin-
reißendes Schauspiel, wie der kleine Mönch — eine Lerche
zwischen den stolzen Pfauen — ruhig und anspruchslos unter
den Großen seiner Zeit wandelt, von denen wir meist überhaupt nur im Zusammenhang mit ihm wissen, der sie mit
seiner hingebenden Demut beherrschte.

Im Jahre 1215, bald nachdem der zweite Versuch, zu den
Ungläubigen zu gelangen, durch die Krankheit von Franz miß-
lang, reiste er nach Rom. Papst Innozenz III. hatte ein Allge-
meines Konzil einberufen, bei dem Franz als Gründer eines
religiösen Ordens anwesend sein mußte. Alle führenden
Männer der Christenheit waren gekommen: die Vertreter von
Königs- und Fürstenhöfen, die Oberhäupter der Klöster und

Universitäten, Kardinäle, Bischöfe und Erzbischöfe. Am Sankt Martinstag strömten sie in Glanz und Pracht in die Laterans- kirche, um die Eröffnungsrede des Papstes zu hören, und mit ihnen ging der Barfüßer in der grauen Kutte, von dem Inno- zenz geträumt hatte, daß er diese Kirche auf seinen schwachen Schultern trage. Zwar war die Versammlung weltlicher und kirchlicher Fürsten ihm im Traum nicht erschienen, aber sie waren dennoch in dem schwankenden Gebäude gewesen. Jetzt hielt Franz sie alle und den Papst mit seinem Gebet aufrecht, als er unbemerkt in der dunkelsten Ecke saß, die er hätte finden können. Tiefe Stille herrschte, als Innozenz die Kanzel bestieg und über die Versammlung hinblickte, und in diesem Augenblick stand es für Franz außer Zweifel, daß der große Papst vom Tode gezeichnet war. Solche Dinge wußte Franz stets im voraus, und sicher hat er in selbstloser Liebe für Innozenz, der trotz seiner Krankheit die Predigt halten mußte, gebetet und ihn auch in den folgenden Wochen des Leidens und Sterbens in sein Gebet eingeschlossen.

Innozenz aber hatte das Konzil einberufen, weil er den Tod nahen fühlte. Ihm blieb nur noch eine kurze Zeitspanne, und er wollte der Versammlung so vieles sagen, solange es ihm noch möglich war. Er hatte die Worte des sterbenden Christus zu den Jüngern zum Text genommen: „Mit Sehnsucht habe ich danach verlangt, dieses Pascha mit euch zu essen, ehe ich leide." Dann sprach er mit Kraft und Leidenschaft von den beiden Dingen, die er am meisten ersehnte: daß vor seinem Tod die heiligen Stätten durch einen Kreuzzug aus der Hand der Ungläubigen errettet würden; und daß die geläuterte Kirche das sündige Christentum in Buße und Frieden zu Gott zurückführe. Das wünschte er mitanzusehen, aber wenn Gott es ihm nicht bestimmt hätte, so „geschehe sein Wille und nicht der meine"!

Seine eindringliche Rede wandte sich an jeden einzelnen Mann der Versammlung, aber vielleicht an keinen so direkt wie an Franz. Wie ein Feuerbrand fiel sie in seine Seele und brachte ihm einen der erleuchteten Augenblicke, die seinen heldenhaften Handlungen vorausgingen. Wie allen anderen Christen des Mittelalters lag auch Franz der Gedanke an die Kreuzzüge am Herzen, doch hatte er nicht die allgemein ver- breiteten Vorstellungen davon. Da Glaubensfragen im Vorder- grund standen, spielte die Kirche in jenen Zeiten eine Rolle von höchster Bedeutung. Sie war die Retterin der Seelen; sie belehrte die Unwissenden, nährte die Armen und versorgte die Kranken. Sie allein war imstande, die Habgier der Fürsten in Schranken zu halten, und jenseits ihrer Mauern herrschte nur Finsternis und Verwirrung. Sie war die geistige Feste des Christentums, und das Heiligtum dieser Feste war das Land, in dem Christus gelebt, und vor allem die Stadt, die seinen Tod und seine Auferstehung gesehen hatte. Das Allerheiligste, Jerusalem, trug jeder Christ im Herzen, und der Gedanke an seine Entweihung durch die Ungläubigen war nahezu unerträglich, weil die Trauer um das verlorene christliche Königreich noch anhielt. Saladin hatte ihm vor achtundzwanzig Jahren ein Ende bereitet, aber vorher waren die heiligen Stätten von Jerusalem achtundachtzig Jahre in den Händen der Christen gewesen. Richard Löwenherz hatte vergeblich versucht, sie durch einen Kreuzzug zurückzuerobern. Die Christenheit fühlte, daß es Christus bekümmern müsse, seine irdische Heimat im Besitz der Ungläubigen zu wissen. Die Gefühle von Franz jedoch gingen darüber hinaus; er empfand Liebe für die Ungläubigen. Andere Christen wollten die heiligen Stätten vor den Ungläubigen retten; er hingegen wollte die Ungläubigen für die heiligen Stätten retten. Zweimal schon war es ihm mißlungen, sie zu erreichen. Wenn es Gottes Wille wäre, würde er ein Kreuzfahrer werden. Es dauerte fünf Jahre, bis sich sein Wunsch erfüllte, aber, wie immer, konnte er warten.

Nicht weniger rüttelte ihn der zweite Punkt der päpstlichen Rede auf. Das Christentum sollte durch die Kraft einer bußfertigen Kirche gereinigt werden. Gerade darin hatte er ja seine Lebensaufgabe gesehen; hieß nicht sein eigener Ruf: „Seid bußfertig"? Diesen Teil seiner Predigt hatte der Papst auf das neunte Kapitel des Hesekiel aufgebaut, in dem Gott Männer erwählt, seine Stadt zu reinigen. Zu ihrem Anführer sagt er: „Gehe in die Stadt Jerusalem und zeichne die Stirn der Leute, die da seufzen und jammern ob der Greuel, die darin geschehen." Auf die Stirn der Büßer sollte der Buchstabe Tau gesetzt werden, der das kopflose Kreuz des alten Testaments war. Die Hebräer hatten diesen letzten Buchstaben ihres Alphabetes zur Rettung der Erstgeborenen in Ägypten an ihre Türen geschrieben. Nach der Überlieferung hatte das Kreuz, an das Sankt Matthäus in Äthiopien geschlagen wurde, die Form eines Tau. Es war also das Symbol der Buße, des Leidens und der Erlösung und wurde Franz mit seiner Neigung zu Symbolen von jenem Sankt Martinstage an für alle

Zeiten sehr teuer. Er erwählte es von Stunde an zum Sinnbild der Berufung für die Minderbrüder, und er zeichnete nicht nur seine Wohnstätten, sondern auch seine Briefe mit dem Tau. Der Visionär Pacifico träumte bald darauf, daß die Stirn von Franz mit einem leuchtenden Tau geschmückt wäre.

Als der Kreuzzug dann zustande kam, führte er wieder zum Mißerfolg, und es gelang auch nicht, die Habsucht am römischen Hof auszurotten. Doch die Aufnahme der Bußbruderschaften in das regelrechte System der Kirche brachte die Rettung für die Christenheit. Bei der Reinigung, zu der Innozenz aufgefordert hatte, sollten zwei Mitglieder seiner Versammlung vorangehen: Franz von Assisi und Dominikus de Guzman, der später aller Welt als der heilige Dominikus bekannt wurde.

Dieser bedeutende Mann war zum Generalkonzil gekommen, um vom Papst Erlaubnis zur Begründung eines neuen Predigerordens zu erbitten. Damals noch völlig unbekannt, hatte auch er im Lateran die aufwühlende Rede still und unbeachtet mit angehört. Die Namen der beiden schäbig gekleideten Männer, die in der glanzvollen Versammlung kaum auffielen, waren ausersehen, der Nachwelt gemeinsam überliefert zu werden. Mochten sie auch äußerst verschieden voneinander sein, so ergänzten sie sich doch in der Arbeit, zu der sie berufen waren. Während Franz und seine Ordensbrüder zur Buße und demütigen Nachfolge Christi aufriefen, wollte Dominikus einen Predigerorden gründen, der den christlichen Glauben gegen ketzerische Angriffe verteidigen und die Kirche von Ketzerei reinigen sollte. Erging der Ruf von Franz an das Herz der Menschen, so war Dominikus bestrebt, ihren Geist zu reinigen. Er war — damals fünfundvierzig Jahre alt — von Jugend auf streng und asketisch gewesen, war ein Gelehrter und predigte ganz anders als Franz: Sein Intellekt stellte mit treffenden, logischen Worten die Wahrheit zur Schau. Jedoch besaß er einige Eigenschaften, die denen von Franz ähnelten. Er war ein Mann des Friedens und glaubte, daß Ketzerei am besten durch Beeinflussung des menschlichen Verstandes auszurotten wäre. Genauso fest wie Franz war er davon überzeugt, daß keiner, der nicht selbst ein geweihtes Leben führt, imstande ist, Menschen zur Vernunft zu bringen. Der Orden, den er gründen wollte, würde die Ketzerei mit Gelehrsamkeit und Heiligkeit bekämpfen. Er liebte die Armen so sehr, daß er während einer Hungersnot seine kostbaren Bücher verkauft hatte, um die Darbenden zu ernähren.

Die beiden trafen einander in den Straßen Roms. Es überrascht nicht, daß Dominikus auf der Stelle dem Zauber von Franz verfiel, der in seiner schlichten, demütigen Art Heiligkeit, Frieden und Liebe verkörperte, die dem anderen anbetungswürdig schienen. Auch hatte ihm die Nacht zuvor geträumt, die heilige Jungfrau stelle ihn und einen ihm unbekannten Mann dem Herrn Christus als Gottes Boten auf Erden vor. Dieser Mann war Franz. In jenen Zeiten waren die Menschen weniger zurückhaltend und scheuten sich nicht, einer plötzlich entstandenen Zuneigung Ausdruck zu verleihen. Dominikus umarmte Franz und sagte: „Wir wollen zusammenhalten, dann kann kein Feind uns überwinden."

Im folgenden Juli starb Innozenz in Perugia, und unter denen, die an seinem Bett knieten, war Franz. Als er in den letzten Zügen lag, flohen die meisten Anwesenden in Entsetzen, aber Franz blieb bis zum Ende. Sah ihn der große Papst? Dann wären die letzten Worte, die er bei vollem Bewußtsein gesprochen hätte, das Gebet von Franz gewesen: „Der Herr gebe dir Frieden!"

Nach dem Ableben geschah etwas Schändliches, das irgendwie typisch für die grimmige, schreckliche Stadt Perugia war. Kurze Zeit war die Leiche unbewacht geblieben, und zu dieser nächtlich stillen Stunde schlichen sich Diebe ein, die sie aller Juwelen beraubten. Sollte Franz davon erfahren haben, so war er gewiß weniger betrübt darüber als mancher andere.

Der erste Kardinal, den Franz für sich gewann, war der fromme Johannes Colonna gewesen, der sich seiner freundlich angenommen hatte, als er das erste Mal um eine päpstliche Audienz ansuchte. Auch er starb um diese Zeit, und Franz muß ihn sehr betrauert haben. Dann erwarb er einen anderen mächtigen Freund, einen Verwandten Innozenz' III., Kardinal Ugolino, Bischof von Ostia, der ihm bis zum Lebensende erhalten blieb. Sie begegneten sich in Florenz, als der Kardinal sechzig und Franz fünfunddreißig Jahre alt war. Kein größerer Gegensatz ist zwischen zwei Freunden denkbar als der zwischen Franz und dem stattlichen Mann, der alt genug war, um sein Vater zu sein. Er war groß und stark, schön und gütig, ein sprachgewandter Gelehrter und fähig und geschickt in der Handhabung seiner Aufgaben. Es dauerte jedoch nicht lange, bis die zwei eng miteinander verbunden waren. Wie Colonna war auch er im Grunde seines Herzens ein Asket und aufrichtig in seiner Hingabe an die Kirche. Noch ehe er Franz traf, verehrte er die Minoriten, die ihm durch das Tau ausgezeichnet schienen. Da sein liebevolles Wesen sich in der Neigung äußerte, Menschen seinem Schutz zu unterstellen, appellierten die Schlichtheit und Schwäche von Franz unverzüglich an seine Herzensgüte. Franz aber sah in dem disziplinierten, starken, warmherzigen Mann ganz das, was er im Augenblick besonders ersehnte: einen weisen Freund, der ihm in seinen Schwierigkeiten Kraft geben und mit seinem Rat beistehen würde. Denn der Orden wuchs zusehends, und mit der Zahl seiner Mitglieder wuchsen die Probleme.

Längst war aus der ersten kleinen Kompanie von Rittern eine Armee geworden, und so wandte Franz sich immer häufiger um Beistand an den Kardinal.

Zwischen dem Kardinal, Dominikus und Franz entstand ein fester Freundesbund. Der Aufruf des sterbenden Papstes war dem Kardinal stets gegenwärtig, und er erwartete von ihnen die Läuterung der Welt durch die Läuterung der Kirche. Papst Innozenz hatte der Bitte des Dominikus auf dem Allgemeinen Konzil stattgegeben, und der Predigerorden wurde gegründet. Kardinal Ugolino, der Franz und Dominikus zu sich nach Rom gebeten hatte, zog sie ins Vertrauen: Er wollte aus den Reihen der beiden Orden Bischöfe wählen, weil er meinte, daß Franziskaner und Dominikaner wieder Frömmigkeit in die Kirche bringen würden. Dem stimmten jedoch Franz und Dominikus nicht bei. Sie glaubten beide, daß es gegen den Geist ihrer Orden wäre, die von Gott zur Demut berufen waren, und daß nichts als die gehorsame Erfüllung des göttlichen Willens der Kirche von Nutzen sein könne. Das überzeugte den Kardinal zwar nicht, doch da er seinerseits nicht imstande war, sie zu seiner Ansicht zu bekehren, mußte er sich für den Augenblick zufrieden geben und sie gehen lassen.

Auf der Straße griff Dominikus impulsiv nach der Hand von Franz. Wie ganz einig sie doch waren in ihrer Liebe zu Gott und der Anbetung seines geheiligten Willens! Sollte man — so wenigstens dachte Dominikus — nicht auch ihre Orden zusammenschließen? Aber Franz wußte nur zu gut, daß das nicht möglich war. Die Dominikaner waren dazu berufen, Gelehrte und Kämpfer in der geistigen Sphäre zu sein. Später wurden sie „die Hunde des Herrn" genannt, weil sie die Fährte der Ketzerei mit solchem Ungestüm aufspürten und verfolgten. Die Franziskaner hingegen waren zur Armut berufen, und nach der Auffassung von Franz durften wahrhaft Arme nicht einmal die zur Gelehrsamkeit unentbehrlichen Bücher besitzen und auch nicht den Jagdinstinkt, der selbst auf dem geistigen Kriegspfad unerläßlich ist. Ein Bräutigam der Frau Armut mußte im Geist demütig, von Stande gering, sanft, friedlich und überzeugend sein. Darum sagte Franz nein, wie sehr es ihn auch betrübte, den Freund zu enttäuschen, und er schüttelte nur den Kopf, als Dominikus nicht gleich nachgab. Das war kein Abschied voneinander, sondern eine Scheidung der Geister, und Dominikus muß Bitternis empfunden haben, weil die Vereinigung der Orden nicht zustande kam. Er erbat sich von Franz das Zingulum, das er um die Kutte trug, und Franz war von der Ehrfurcht des Älteren so beängstigt, daß er zögerte. Dann jedoch löste er es und gab es dem Freund, der es bis an sein Lebensende unter dem Habit des Dominikaners trug.

Die Freundschaft der beiden Männer und ihrer Orden ist eine der großen Freundschaftsbeziehungen der Weltgeschichte. Ein Künstler und ein Dichter haben sie verewigt: Andrea della Robbia hat den Abschied auf der Straße dargestellt. Er zeigt die beiden Heiligen, die einander Hand in Hand ansehen und in dem Gedanken, daß ihre Wege sich scheiden, den Abschied unerträglich schwer finden. Dante beschreibt in der Göttlichen Komödie ihre Wiedervereinigung im Himmelsglanz. Dante und Beatrice sind zur Sonne im vierten Himmel gestiegen, wo sie sich von einem Kreis seliger Geister umgeben finden. Sie sind die vierte Familie Gottes, deren Herrlichkeit unbeschreiblich ist. Unter ihnen befinden sich Franz und Dominikus, die beiden, die Gott dazu ausersehen hatte, die Kirche in der Stunde der Not zu retten, eng vereint:

> „... Von einem sprech' ich, weil, wen man von ihnen
> Auch preisen mag, man nie vom andern schweigt,
> Da beide wirkten, einem Zweck zu dienen."

Aus der Herrlichkeit dringen die Stimmen ihrer Söhne, die ihre ewige Freude teilen und ihre Geschichte erzählen. Aber so höflich ist man im Himmel, daß Thomas von Aquino, der Dominikaner, das Loblied auf Franz und seinen Orden singt, während Sankt Bonaventura, der Franziskaner, Dominikus preist.

> „Der glaubenstreue Buhle, der Athlet,
> Dem Feind ein Graus, den Seinigen voll Milde ...

Der Gärtner, welchen als Gehilfen Christus
Für seinen Garten wählt und sich verband."

So kreist die Schar der anbetenden Heiligen und Helfer
Christi um die Sonne.

Wenn er auch für den Augenblick in der Sache seiner franziskanischen und dominikanischen Bischöfe enttäuscht worden
war, glaubte Kardinal Ugolino immer noch, daß die Brüder
der beiden Orden die Kirche aus der Weltlichkeit zur Heiligkeit leiten würden, und deshalb wollte er Franz dem neuen
Papst, Honorius, zuführen. Er hielt es für einen ausgezeichneten Gedanken, Franz vor Honorius und dem päpstlichen Hof
predigen zu lassen, und Franz erklärte sich demütig dazu
bereit.

Als jedoch die Zeit für die Predigt näherkam, wurde Ugolino
von der Angst gepackt. Was würde geschehen? Franz war —
milde geurteilt — zwanglos, und Männer, die in jedem Augenblick ihres Lebens dem Heiligen Geist die Führung überlassen,
legen manchmal ein ungewöhnliches Benehmen an den Tag.
Der Kardinal befürchtete, daß es nicht leicht sein würde, Franz
auf dem schmalen Pfad von Brauch und Sitte zu halten. Was
für einen Eindruck würde es auf den neuen Papst machen,
wenn er davon abwiche? Von Angst verzehrt, suchte der Kardinal einen Ausweg und schlug Franz vor, daß es wohl das
beste wäre, die Predigt vorher gründlich auszuarbeiten und
auswendig zu lernen. Franz, der sich bisher auf seine Predigten
durch vielstündiges Gebet vorbereitet und sich dann der Führung des Heiligen Geistes anvertraut hatte, versprach demütig,
dem Wunsch des Kardinals nachzukommen. Er dachte sich also
seine Predigt aus, schrieb sie nieder und lernte sie auswendig.
Aber es entsprach nicht seiner Natur, den eigenen Kräften
statt dem Heiligen Geist zu vertrauen, und er war sehr unsicher. Als die angesetzte Stunde kam, war auch der Kardinal
nicht eben glücklich. Celano sagt: „Der hochehrwürdige Herr
Bischof von Ostia war in quälender Spannung und betete mit
aller Kraft zu Gott, daß die Schlichtheit des heiligen Mannes
nicht der Verachtung anheimfallen möge ... und vertraute auf
das Erbarmen des Allmächtigen, das denen, die fromm darauf
warten, in der Stunde der Not nie mangelt."

Der Augenblick war gekommen. Franz stand barfuß und
schäbig gekleidet vor Honorius und seinen Kardinälen in all
ihrer Pracht, wie er einst von Innozenz und seinem Hof ge-

standen hatte. Aber damals war er zuversichtlich und glücklich gewesen und hatte mutig frei heraus gesprochen, jetzt hingegen war er blaß und gezwungen, und er fand keine Worte. Kardinal Ugolino verdoppelte seinen Kraftaufwand und betete dringlicher, doch es geschah nichts. Franz hatte seine sorgfältig vorbereitete Rede vollkommen vergessen. Das lange Schweigen wurde unerträglich, und dann ließ die Anspannung ein wenig nach. Vielleicht hatte auch der Papst begonnen, für Franz zu beten, denn er war ein alter und frommer Mann, „sehr schlicht und sehr wohlwollend", ein Mann, der Franz so gut verstehen konnte, daß die Besorgnis des Kardinals über ihr Zusammentreffen überrascht. Allmählich lichtete sich die Dunkelheit, die sich über Franz gesenkt hatte, und der Heilige Geist regte sich in ihm, sein Gesicht bekam etwas Farbe, und seine Augen begannen zu leuchten, als er sich des Gottes der Liebe erinnerte, dem er diente. Vor lauter Kopfzerbrechen über die Predigt hatte er Gott vergessen.

Nun aber füllte ihn die Erinnerung an Gott mit Kraft und Freudigkeit. Er fing an, von Gottes Liebe zu sprechen. Einst hatte er zu den Brüdern gesagt: „So hehr und köstlich ist die Liebe Gottes, daß man nur selten und in großer Not und dann mit tiefster Ehrfurcht von ihr sprechen soll." Die Freude hatte ihn so sehr sich selbst vergessen lassen, daß die Worte ihm wie Lerchensang vom Munde strömten. Selbst seine Füße beflügelten sich, und er begann zu tanzen. Dem alten Papst war zumute, als rührte ein Finger an sein innerstes Herz, und Tränen liefen ihm über die Wangen. Einige der Kardinäle fingen ebenfalls zu weinen an. Sie weinten den Tagen nach, da sie mit dem heiligen Augustinus gesagt hatten: „Er sah durch die Hülle unseres Fleisches und gab uns gute Worte, ja, er entflammte uns, und wir eilten auf Seine Spur." Die Jahre hatten sie hart gemacht, ihre erste Inbrunst war dahin, doch jetzt hatte Franz sie wieder für Christus gewonnen.

2

Nicht nur Kirchenfürsten, auch Männer und Frauen der großen Welt gerieten in den Bann von Franz; die Adligen Roms und ihre Damen verehrten ihn ebenfalls. Giacoma von Settesoli stand ihm freundschaftlich besonders nah. Die kontemplative Klara und die praktische, charmante Giacoma sind die Maria und die Martha der Lebensgeschichte von Franz, und beide erscheinen in ihr etwa zur selben Zeit. Bald nach dem Eintritt Klaras in den Orden begegneten sich Franz und Giacoma in Rom. Sie war damals fünfundzwanzig Jahre alt und kam zu ihm, weil sie in Sorge und Verwirrung war. Gratiano Frangipani, ihr Gatte, war gerade gestorben, und ihr war nun die Erziehung ihrer beiden kleinen Söhne sowie die Verwaltung ihres beträchtlichen Reichtums und ihrer großen Liegenschaften überlassen. Obwohl es ihr durchaus nicht an Charakterstärke fehlte, entsetzte sie der Gedanke an diese Aussichten in den ersten Tagen des Kummers und der Einsamkeit. Es gelang Franz, ihr Kraft und Mut einzuflößen, und sie faßte den dreifachen Entschluß, ihr Leben der Erziehung ihrer Söhne, dem Dienst an den Armen und der Anbetung Gottes zu weihen. Dieses Gelübde hat sie bis an ihren Tod treu gehalten.

Als der Dritte Orden entstand, schloß Giacoma sich ihm an. Sie verwaltete zwar weiterhin ihre Güter und erzog ihre Söhne in dem Stil, der ihrer zukünftigen Stellung in der Welt entsprach, doch ihr eigenes Leben wurde zusehends schlichter, demütiger und von Frömmigkeit erfüllt. Ihr Haus in Rom stand den Armen und Leidenden und allen, die der Fürsorge bedurften, stets offen. Für Franz war ein Besuch bei ihr eine Herzensfreude. „Bruder Giacoma", wie Franz sie ihrer mannhaften Art wegen nannte, muß eine befähigte, gastfreundliche, energische Person gewesen sein. Anscheinend fühlten sich Männer im Umgang mit ihr völlig ungezwungen. Ihre Mütterlichkeit war von einer gewissen Herbheit — war sie doch die Mutter von Söhnen —, und sie besaß die natürliche und selbstlose Höflichkeit aller wirklich großen Damen. Sie scheint eine gute Köchin gewesen zu sein, denn sie pflegte für Franz ein süßes Mandelgebäck herzustellen, das nach ihr heißt, und es spricht für ihren Takt und ihre Diplomatie, daß sie ihn dazu bringen konnte, sich an gutem Essen zu erfreuen.

Sie nahm es sogar mit Humor hin, als er ihr ein Lamm als Haustier schenkte. Er hatte die Gewohnheit, Lämmer aufzukaufen, die für den Schlachthof bestimmt waren, und bezahlte sie gewöhnlich mit Mänteln, die man ihm für den eigenen Gebrauch gegeben hatte, obwohl es sich von selbst verstand, daß er sie nie lange behielt und sie den Schafhirten zugute kamen. Eines dieser Lämmer behielt Franz in der Portiuncula und richtete es dazu ab, mit den Brüdern zur Kirche zu gehen.

Er trug ihm auf, „inständig Gott zu loben und den Brüdern keinen Anlaß zum Ärgernis zu geben". Wenn es die Brüder singen hörte, „beugte es die Knie und blökte vor dem Altar, als ob es die Heilige Jungfrau grüßen wolle". Ein anderes Lamm gab er einer Nonnengemeinde, und ein drittes war das Geschenk für „Bruder Giacoma". Sie erzog es so vorzüglich, daß es sie, wenn sie verschlief, anstieß und weckte, damit sie nicht zu spät zur Messe komme; und dann lief es auf dem Weg zur Kirche neben ihr her. Als es älter wurde, erfüllte es einen praktischen Zweck: Es wurde geschoren, und Giacoma spann und webte seine Wolle zu Tuch. Aus seiner Wolle war das Leichentuch, das Franz bedeckte, als er auf der Totenbahre lag.

Nach seinem Tod verließ Giacoma Rom und lebte noch viele Jahre in Assisi. Ihr Haus war der Treffpunkt aller treuen Freunde des Heiligen. Sie war es auch, die Leo die Augen zudrückte. Sie wurde in der Franziskanerkirche zu Assisi beigesetzt, und ihre Grabinschrift besagt: „Hier ruht Giacoma, eine fromme, edle Römerin."

3

Je näher ein Mensch Gott komme, um so mehr, sagt man, finde er sich selbst. Befaßt er sich zu eingehend mit weltlichen Dingen, so verwischt das leicht den Umriß seiner klaren Linie, versenkt er sich aber in Gott, so fördert das das Wachstum seiner Persönlichkeit. Die Kiesel auf dem Grunde eines reinen Wassers sind erstaunlich schön und glänzen wie mancherlei vielfarbige Edelsteine; entreißt man sie jedoch ihrem Element, so sehen sie stumpf und unscheinbar aus und gleichen einander, bis man sie wieder an ihren Platz tut. Franz wurde durch seine Versenkung in Christus eine so scharf umrissene Persönlichkeit, daß er bis heute nicht vergessen ist. Nach der endgültigen Vereinigung mit seinem Herrn auf dem Alvernia war er mehr er selbst als je zuvor. Die Welt lieh ihm keine Farbe, und zu handeln wie seine Mitmenschen, war er nicht gesonnen. Wie sehr er sich selbst treu blieb, geht aus der schönsten Geschichte über ihn — der von dem Gastmahl in Rom — hervor.

Kardinal Ugolino hatte ihn in seinen Palast eingeladen. Abends sollten viele Edle und Ritter zum Essen kommen, und

Franz beobachtete die Vorbereitungen dazu. Schweißüberströmt arbeiteten sich Köche und Küchenjungen bei der Herstellung der Mahlzeit ab, die sie selbst nicht essen sollten. Im Bankettsaal deckte die Dienerschaft die lange Tafel mit Gold und Silber, trug Platten mit feinem Weizenbrot, Schüsseln voller Obst und Näschereien auf und stellte Weinkrüge bereit. Ein Heer von Armen hätte man mit solchen Mengen vor dem Verhungern retten und den Durst manches Aussätzigen mit all den Früchten und dem Wein löschen können. Franz dachte an seine Brüder, die nach schwerem Tagewerk, wenn es gut ging, eine Handvoll trockene Bohnen und ein Stück grobes Roggenbrot zum Lohn bekommen würden; und hatten sie kein Glück, so mußten sie, todmüde, ein paar Brocken zusammenbetteln oder hungrig schlafen gehen. An Gottes Sohn brauchte er nicht zu denken, denn ihn, den Heimatlosen, vergaß er nie. Heimlich und unbemerkt schlich er sich aus dem Palast auf die Straßen von Rom.

Als sich die Gäste versammelten, war er nicht da. All die vornehmen Gäste — Prälaten, Ritter und Edle — mußten ohne ihn zu Tisch gehen, und der ihm bestimmte Ehrenplatz neben dem Kardinal blieb leer. Das üppige Fest war bald in vollem Gange. Die Prachtgewänder der Gäste und die Wandbehänge strahlten im Glanz der Lichter, der Wein floß, begleitet vom Summen artiger Gespräche. Keiner bemerkte Franz, als er — ein Schatten in seiner grauen Kutte — auf bloßen Füßen eintrat. Er setzte sich ruhig an seinen Platz und legte vor sich hin, was er mitgebracht hatte: das Essen vom Tisch des Herrn. Diese armseligen Brocken, die an den Hintertüren Roms erbettelt waren, lagen jetzt auf der Tafel des Kardinals. Das Gespräch verstummte, und der Kardinal war beschämt. Ohne sich der peinlichen Situation bewußt zu sein, verzehrte Franz unbefangen etwas von dem Essen, das ihm ein Sakrament göttlicher Freigebigkeit war, und dann — so sagen die alten Chroniken — „nahm er von den Almosen und schickte jedem Ritter und Geistlichen meines Herrn Kardinals ein Stückchen im Namen meines Herrgotts". Man kann sich gut vorstellen, mit welch auserwählter Höflichkeit und Sanftmut er das tat. Die Peinlichkeit wich tiefer Rührung, und jeder Gast nahm seinen Brocken mit Ehrerbietung vor der Gottesgabe an. Einige aßen sie, andere aber bewahrten sie als Erinnerung an Franz auf.

Als die Gäste gegangen waren, nahm der Kardinal Franz zu sich ins Zimmer und umarmte ihn; aber sein gastfreundliches Herz war betrübt, und er fragte ihn: „Warum, mein schlichter Bruder, hast du mir das angetan? Warum bettelst du Almosen, wenn du in meinem Hause bist, das auch deinen Brüdern offensteht?

Franz erklärte, er habe es gerade um der Brüder willen getan, um ein Beispiel von Demut und Armut zu geben, die sie gelobt hatten. Er fügte hinzu, daß er es „Ihm zu Ehren getan habe, der um unseretwillen zum Diener wurde, obwohl er der Herr war, der im Reichtum und Glanz seiner Majestät arm und verachtet wurde, um uns Demut zu lehren."

Da sagte der Kardinal: „Mein Sohn, tue, was in Deinen Augen recht ist, denn Gott ist mit dir, und du bist mit ihm."

DIE ARMEN

Gott wohnt nicht in engen Herzen
Liebe macht es weit in Schmerzen
Armut wird die Brust dir dehnen
Daß drin Gott kann Wohnung nehmen.
Armut nennet nichts ihr eigen
Wird nach nichts Begehren zeigen
Und doch über allem thronen
In dem Geist der Freiheit wohnen.

> Jacopone da Todi, aus der Lauda
> „Von der heiligen Armut und ihren
> drei Himmeln"

1

Obwohl Franz ungezwungen mit den Reichen verkehrte, fühlte er sich bei den Armen zu Hause. Stolz trug er den Namen „el poverello", der Arme, und dieser Titel bleibt ihm für immer. Sein eigenes Leben und das des Ordens hatte er auf dem Grundstein der Armut aufgebaut. Die Heimatlosigkeit der Frau Armut war seine Heimat, und ihre Verlassenheit sein Reichtum. Seine leidenschaftliche Hingabe an die Armut ist schwer zu fassen. Sie war so tief und stark wie seine Hingabe an Christus, da er sie im Geist stets miteinander verband. In San Damiano hatte sich Christus durch seine Verlassenheit am Kreuz seiner bemächtigt; er teilte das Leben Christi in seiner Armut und diente Christus durch den Dienst an Seinen Armen. Darum war er fest entschlossen, daß es nirgends einen ärmeren Mann als ihn selbst geben solle. Wanderte er, von einem Sack geschützt, im strömenden Regen dahin und traf einen zerlumpten Bettler, so riß er den Sack sogleich von den Schultern und gab ihn dem Armen, denn er meinte: „Ich glaube, der große Almosenspender würde mich des Diebstahls bezichtigen, wenn ich meinen Umhang nicht dem gäbe, der ihn nötiger braucht als ich." Traf er schwerbeladene Arme, so nahm er ihnen die Last auf der Stelle ab, obgleich die meisten von ihnen viel eher als er in der Lage waren, schwere Lasten zu tragen. Er soll niemals einen Bettler zurückgewiesen haben. War er unterwegs und hatte nicht einmal einen alten Sack herzugeben, so riß er Stücke von seiner zerlumpten Kutte und zog es vor, sie hinzureichen, anstatt nein zu sagen. Diese Fetzen seines Gewandes wurden von den Besitzern als unschätzbare Kostbarkeit angesehen. Sie glaubten, daß sie imstande wären, Krankheiten zu heilen; sicherlich heilten aber ihre kranken Seelen bei dem bloßen Gedanken, daß es einen Menschen auf der Welt gab, der bereit war, sein Leben selbst niederzulegen, und dadurch bekamen sie eine schwache Vorstellung von dem, was Gott getan hatte.

Franz fragte niemals nach der Würdigkeit oder Unwürdigkeit der Armen, für die er sich aufopferte, denn das tun nur die, die auf ihren eigenen Wert pochen, und Franz schätzte sich selbst sehr niedrig ein. Als sie eines Tages auf dem Heimweg von einer Mission waren, neckte ihn Masseo: „Warum dir? Warum dir? Du bist nicht schön von Angesicht, du bist nicht reich an Weisheit, noch edler Abkunft: Warum also läuft alle Welt dir nach?"

Ganz sicher wußte Masseo die Antwort auf seine Frage recht genau, sonst wäre ihm das Wort des Evangeliums: „Die Welt folgte ihm nach" nicht durch den Kopf gegangen. Er wollte jedoch wissen, worauf Franz seine Macht über Menschen zurückführte. War er sich seiner eigenen Heiligkeit, die der Christi glich, bewußt?

„Willst du wissen, warum mir?" antwortete Franz. „Der hochheilige Blick des allmächtigen Gottes hat auf Erden kein kläglicheres Geschöpf gefunden. Darum hat er mich erwählt, um die Welt mit ihrem Stolz, ihrem Adel, ihrer Stärke, Schönheit und Weisheit zu beschämen, auf das wir erkennen, daß alle Kraft und alles Gute aus seiner Hand uns zufließt und nicht irdischem Wesen entstammt." Daran glaubte er so aufrichtig wie alle Heiligen, denn je näher ein Mensch der erhabenen Heiligkeit Gottes kommt, um so furchtbarer erscheinen ihm seine eigenen Sünden. So fühlte Franz sich als ein Sünder unter Sündern, wie er ein Armer unter Armen war. Wie Christus hatte er eine Vorliebe für die Verlorenen, die Ausgestoßenen, die trotz all ihrer Verbrechen mehr Ähnlichkeit mit den Heiligen haben als die Selbstzufriedenen und Heuchler. Als er im Sterben lag, bat er, daß man ihn auf dem „collis infernus", einem Hügel außerhalb von Assisi, begraben möge, wo die Verbrecher hingerichtet wurden, damit er sich im Tod mit ihnen vereine. Dort hat man die große Kirche erbaut, in der jetzt seine Gebeine aufbewahrt werden.

Er wußte genau, wie er Ausgestoßene für sich gewinnen konnte. In der Nähe einer der Ordensstätten wohnte im Wald eine Bande verwegener Männer, die von Raub und Mord lebten. Drei dieser Schwerverbrecher baten eines Tages, als sie sehr hungrig waren, an der Pforte des Klosters um Essen. Der Bruder Pförtner stand seinen Mann und sagte ihnen unumwunden, was er von ihnen halte, obwohl er befürchten mußte, daß man ihn für seine offenen Worte ermorden würde. Was gäbe ihnen, den Räubern und Mördern, das Recht, im Kloster um Nahrung zu bitten, die man den Dienern Gottes aus Mildtätigkeit geschenkt hätte? „Ihr seid nicht wert, daß die Erde euch trägt. Da ihr weder die Menschen noch Gott, euren Schöpfer, fürchtet, so gehet den Weg, den euch eure Sünden führen, und kommt mir nimmermehr vor Augen." Ein großmäuliger Raufbold, dem man mutig begegnet, weicht oft zurück, und die Diebe ließen ihre Dolche stecken und gingen wütend von dannen.

Kurz darauf kam Franz mit einem Sack voll Brot und einem kleinen Gefäß voll Wein, Geschenken, die er erhalten hatte, zurück. Der Bruder, der recht mit sich zufrieden war, erzählte ihm den Vorfall. Aber er wurde nicht belobigt, denn bei dieser Gelegenheit brach plötzlich all seine Heftigkeit aus Franz hervor, und er schalt den Bruder, wie er Ruffino für seinen Ungehorsam gescholten hatte, denn auch dieser Bruder hatte es an Gehorsam fehlen lassen. Er hatte sich dem Dienst Christi und seinen Armen geweiht und dennoch drei hungrige Menschen von der Tür gewiesen, drei Menschen, für die Christus gestorben war! Wahrscheinlich war es dem Bruder eine Genugtuung gewesen, den Räubern seine Meinung zu sagen, nun aber wurde ihm mit gleicher Münze heimgezahlt: Demütig und geduldig mußte er sich eine lange Strafpredigt von Franz anhören, der mit seinem Betragen ganz und gar nicht einverstanden war und verlangte, daß er die Missetat wieder gutmache. Er befahl ihm, Brot und Wein zu nehmen und in den Wäldern und Bergen die Räuber zu suchen. Sobald er sie gefunden habe, solle er demütig vor ihnen niederknien und seine Schuld eingestehen. Dann solle er sagen, daß Bruder Franz, der ihnen Brot und Wein sende, sie bitte, nichts Übles mehr zu tun, sondern Gott zu fürchten und ihn nie wieder zu beleidigen. Wenn sie das versprechen wollten, solle es ihnen an Essen und Trinken nicht fehlen, denn dafür werde künftig Franz sorgen.

Mochten die Söhne von Franz auch gegen den Gehorsam fehlen, so zeigten sie doch erstaunlichen Mut, wenn es galt, ihr Verschulden wiedergutzumachen. Der Bruder tat genau, was ihm aufgetragen war, obgleich er überzeugt gewesen sein muß, daß ihm der Tod gewiß sei. Während er auf seinem einsamen, gefährlichen Weg dahinzog, versenkte Franz sich in Gebet und bat Gott, das Herz der Raubmörder zu bewegen und sie zur Buße zu führen. Daß er für den Schutz des Bruders betete, erwähnt die Geschichte aus den „Blümlein" nicht. Wenn er seine Söhne auch herzlich liebte, scheint er sich um ihre leibliche Sicherheit nie gesorgt zu haben. Unsere heutige Einstellung wäre ihm unverständlich gewesen: Ist es nicht übertrieben, der Sicherheit und Bequemlichkeit des Leibes und unseren Vergnügungen solche Wichtigkeit beizumessen? Ihm war der Körper nur ein Kerker der Seele. Härte gegen die drei Armen gefährdete das Heil der unsterblichen Seele, und das schien ihm weit schlimmer, als daß der Bruder von den Räubern umgebracht werden könnte. Aber da er wie kein anderer Mensch verstand, was Hungerqualen waren, und wußte, daß oft genug Verbrechen daraus allein entstehen, schickte er den Räubern Brot und bot ihnen Sicherheit, um sie zu Gott zu führen.

Und er gewann sie durch seine Weisheit. Der junge Mönch setzte sein Leben aufs Spiel, als er die Gaben überbrachte und die Räuber zerknirscht und demütig auf Knien um Verzeihung für seine Härte bat. Während sie aßen und tranken, geschah ihnen, was dem Mörder am Kreuz widerfahren war: sie erkannten den Unterschied zwischen sich und dem anderen. Daß einer für solch geringes Vergehen kniefällig Buße tat, führte ihnen plötzlich die Abscheulichkeit ihrer eigenen Verbrechen vor Augen. Sie sagten zueinander: „All unserem ruchlosen Tun zum Trotz haben wir niemals Gewissensbisse noch Furcht vor Gott gehabt! Wie anders dieser fromme Bruder, der mit nur wenigen harten, aber wohlverdienten Worten uns unserer Bosheit verwiesen hat und jetzt zu uns kommt und demütig seine Schuld bekennt. Ja, noch mehr! Er hat uns Brot und Wein gebracht und uns das gütige Versprechen des heiligen Vaters übermittelt. Wahrlich, das sind heilige Brüder Gottes, die Gottes Paradies verdienen, wir aber sind Kinder der Verdammnis und verdienen die Strafen der Hölle."

Der junge Bruder brachte sie also zum Kloster, wo sie in Furcht und Zagen vor Franz standen. „Vater", sagten sie, „nach all den vielen Missetaten und Sünden, die wir begangen haben, glaubten wir, Gottes Barmherzigkeit nicht mehr erlangen zu können. Aber wenn du uns noch irgendeine Hoffnung läßt, daß sich Gott unser erbarmen wird, sind wir bereit zu tun, was du uns sagen wirst, und nach deiner Weisung Buße zu tun!" Franz tröstete sie und erzählte ihnen von dem grenzenlosen Erbarmen Gottes, und einige Zeit danach nahm er sie ohne Bedenken in den Orden auf.

2

Seiner selbst vergessend, kam Franz dem Herrn immer näher und sah die Sünde der Menschen mit dem Mitleid Gottes an; daher liebte er das Gute an ihnen inniger und mit aller Zärtlichkeit. Unduldsamkeit lag ihm fern. Er konnte böse werden, nie jedoch war er kritisch oder sarkastisch. Nicht um Kritik zu üben, hatte er die Speise vom Tisch des Herrn an die Tafel des Kardinals gebracht, sondern im Geist reiner Liebe, und als Liebesgabe hatten die Gäste empfangen, was er ihnen bot. So wie er arm und reich im gleichen Maße verstand, verstanden sie ihn.

Heilige sind schlichte Menschen, und Heiligkeit ist sehr einfach. Kompliziert sind vielmehr Zweifel und Kompromisse, die gewundenen Wege der Selbsttäuschung und der Versuch, zwei Herren zu dienen. Franz war — wie T. S. Elliot es nennt — in einem „Zustand vollkommener Einfachheit, der nicht mehr als alles kostet", und jedermann fühlte sich davon angeheimelt. Kein Wunder also, daß er, wohin er ging, hochwillkommen war und mit Glockengeläut empfangen wurde. Von Priestern angeführt, gingen ihm Städter und Dörfler mit Palmenzweigen in der Hand entgegen, und die Kinder riefen: „Ecco il santo! Ecco il santo!" Wenn er mit der Predigt fertig war, umdrängten die Menschen ihn, versuchten seine Kutte zu küssen oder sie wenigstens zu berühren, und sie brachten ihre Kranken zur Heilung herbei.

Obwohl er die Gnadengabe in hohem Maße besaß, verlangte es ihn nicht danach, Heilungen vorzunehmen. Er weigerte sich zwar nicht, Kranke zu heilen, weil sein apostolischer Gehorsam das einschloß, aber wenn er es, ohne hart zu sein, umgehen konnte, vermied er es. Er war wie Bernhard auf der Flucht vor der Verehrung der Bologneser, um seine Demut besorgt. Wer eine so hervorstechende Fähigkeit wie die Gabe des Charisma besitzt, muß jederzeit vor geistigem Stolz auf der Hut sein. Die Zeitgenossen von Franz liebten Wunder-taten, und dennoch tat er nie ein Wunder, um sich bei ihnen Geltung zu verschaffen; im Gegenteil, er tat alles Erdenkliche, um ihre Aufmerksamkeit möglichst von seinen ungewöhn-lichen Kräften abzulenken. Einmal kam während seiner Predigt ein wilder junger Esel auf den Markt und erschreckte seine Zuhörer, um die er herumlief. „Bruder Esel", sagte Franz, „stehe still und lasse mich dem Volk predigen", und der Esel stand sofort still und steckte den Kopf zwischen die Beine. „Und der heilige Franz brachte die Leute durch komische Be-merkungen zum Lachen, damit sie von diesem gewaltigen Wunder keine Notiz nähmen."

Franz handelte nie mit feierlichem Ernst und war sicher bei seinen Heilungen nicht weniger fröhlich als beim Predigen; sein fröhlicher Mut wirkte ansteckend, und dadurch allein übte er schon Heilkraft aus. „Keiner konnte soviel Kummer im Gemüt tragen, daß bei seinen frohen Worten die Wolken nicht zerstoben und der Himmel wieder klar wurde." Es gibt viele Geschichten über seine Heilungen und auch solche über die Austreibung böser Geister und die Erweckung Toter.

Ganz entzückend ist die Geschichte von der alten Frau, die sich, als er in Gubbio predigte, durch die Menge zu Franz drängte und ihm „mit betrübtem und sorgenvollem Gesicht" ihre verkrüppelten, nutzlosen Hände zeigte. Er legte sie in die seinen, und sie wurden heil. Von Glück überwältigt, eilte sie nach Hause, um Franz einen Käsekuchen zu backen. Den brachte sie ihm stolz und froh als Dank für ihre Heilung. Für gewöhnlich aß Franz nicht solche Leckerbissen wie Käse-kuchen, aber er wollte sie nicht enttäuschen; folglich aß er zu ihrer Freude ein Stückchen und schickte sie mit dem Rest nach Hause, damit ihre Familie sich daran ergötze.

Es muß den Augenzeugen ein unvergeßlicher Anblick und eine köstliche Erinnerung und infolge seiner eigenen Kindlich-keit ein himmlisches Erlebnis gewesen sein, als Franz ein Kind heilte. In Tuscanella lag ein kleiner Junge gelähmt im Bett. Franz betete, segnete den Knaben, nahm ihn in die Arme und setzte ihn auf den Boden, „und vor aller Augen gesundete der Knabe im Namen des Herrn Jesus Christus, stand sofort auf und begann im Haus herumzugehen".

Eine solche Heilung eines Kindes wurde für Franz selbst von Bedeutung. Er war im Jahre 1221 in der kleinen Gebirgs-stadt Bagnorea, als eine junge Frau mit einem sterbenden Kind im Arm auf ihn zukam. Sprachlos vor Leid, legte sie ihren kleinen Jungen Franz vor die Füße. Sobald er das Kind erblickte, rief er freudestrahlend aus: „O buona ventura!" Dann betete er für den Knaben, segnete ihn und gab ihn seiner Mutter zurück. Als Franz: „O Glück!" ausrief, muß er die Zukunft vorausgeahnt und einen Teil seines Wissens auf die Mutter des Kindes, Maria dei Ritelli, übertragen haben, denn ihr wurde, wie seiner eigenen Mutter, klar, daß ihr Sohn Gott angehörte, und sie weihte ihn dem Herrn. Sie nannte ihn Bonaventura, und als er alt genug war, wurde er Franziskaner. Der Orden hatte nach dem Tod von Franz viele Schwierigkeiten durchzumachen, durfte aber von neuem hoffen, als Bonaventura Generaloberer wurde. Er war ein schöner Mann, ein Dichter und Gelehrter, aber auch fromm und demütig. Er setzte das Angelus ein, das Glockengeläut, das die Welt dreimal täglich an die Mutter Gottes erinnert.

Die Geschichten, die über ihn erzählt werden, könnten sich auf Franz beziehen, da er seinem Vorbild nahekam. Der heilige Thomas von Aquino wollte einmal Bonaventura besuchen, ging aber wieder fort, ohne mit ihm gesprochen zu haben, denn er sah ihn in seiner Zelle sitzen, wo er betete, während er die Lebensgeschichte des heiligen Franziskus schrieb. „Man soll einen Heiligen bei der Arbeit für einen Heiligen nicht stören", sagte er; später fragte er ihn dann, woher er die Zeit zum Lesen nehme, worauf der Ordensgeneral antwortete: „Das Kruzifix ist mein Buch." Als er von seiner Ernennung zum Kardinal erfuhr, ergriff ihn ein so furchtbarer Schrecken, daß er in ein Kloster bei Florenz entfloh, wo er sich verbarg. Doch der päpstliche Nuntius folgte ihm und entdeckte ihn in der Küche, wo er gerade abwusch. Er sah ganz bestürzt auf den prächtigen Kardinalshut, den er mit seinen fettigen Fingern nicht anfassen konnte, aber ein Baum vor der Küchentür schien ihm ein geeigneter Hutständer zu sein. „Hängt ihn an den Baum da und führt den Nuntius in das Empfangszimmer", sagte er zu den Brüdern und wusch weiter ab.

Das Vorwort seiner schönen Legenda Sancti Francisci greift die Erinnerung an jenen Tag auf, an dem seine Mutter ihn vor die Füße des Heiligen legte. Er spricht von seiner innigen Liebe für „unseren heiligen Vater, dessen Verdienste und Bittgebete mich (wie mir wohl erinnerlich ist) als Kind den Klauen des Todes entrissen."

Franz rettete noch das Leben eines anderen Kindes. Einst

begegnete er auf der Straße zwischen Todi und Perugia in der Nähe des Tibers einer Frau, die einen Korb mit Wäsche auf dem Kopf trug. Er wußte sogleich, daß etwas nicht in Ordnung wäre, und hielt die Frau an, um zu fragen, wohin sie gehe. „An den Fluß, meine Wäsche waschen", antwortete sie. „Nein, Weib", erwiderte Franz scharf, „was du da trägst, gehört Gott. Setze den Korb nieder, und ich werde mich darum kümmern." Die Frau stellte den Korb ab, denn wenn Franz befahl, gehorchte man ihm. Er schob die Schmutzwäsche beiseite und nahm das Neugeborene in seine Arme, das die Frau hatte ertränken wollen. Später baute er an jener Stelle ein Haus, das er der Sorge mildtätiger Frauen anvertraute. Es war das erste Findelhaus für arme unehelich Geborene, und aus diesen bescheidenen Anfängen entwickelte sich das große Fürsorgewerk für Kinderspitäler.

Die Kinder verdanken dem Heiligen noch ein anderes Glück, nämlich die Weihnachtskrippe; aber die Geschichte von Greccio gehört in ein anderes Kapitel dieses Buches.

Wenn man bedenkt, wie sehr Franz Kinder liebte und was er alles für sie getan hat, findet man es betrübend, daß er so wenige Geschichten über Franz im Umgang mit ihnen gibt. Eine aber ist in den „Blümlein" aufgezeichnet, die beweist, daß Kinder mit ihm so zwanglos umgingen wie mit ihren Altersgenossen, „weil sie in den himmlischen Gefilden, in denen er lebte, weit mehr zu Hause waren als die meisten seiner erwachsenen Zeitgenossen. In einem der Klöster, wo Franz die Nacht zubrachte, lebte ein kleiner Junge bei den Brüdern. Sofort nach dem Abendgebet zog Franz sich in den Schlafraum zurück, denn er ruhte gern ein paar Stunden, ehe er um Mitternacht zu beten begann. Der kleine Junge hatte sich Franz zum Vorbild erwählt und beschloß, ihn ganz genau zu beobachten, da er auch lernen wollte, ein Heiliger zu sein. Jedenfalls dachte er, daß Heiligkeit sich durch Beobachtung erlernen lasse. Besonders wichtig schien es ihm, auf Franz des Nachts beim Gebet im Wald achtzugeben, aber das eben war sehr schwierig, denn man hatte ihm erzählt, daß er stets heimlich und ganz allein zum Beten ausgehe. Dann hatte er einen ausgezeichneten Gedanken. Er versteckte sich in einer Ecke, und als Franz eingeschlafen war, legte er sich neben ihn. Er band die dünne Kordel seines Gewandes an das Zingulum, das Franz gürtete, denn er dachte, daß er gleich erwachen würde, sobald Franz sich bewegte. Dann würde er schnell den Knoten lösen und ihm in den Wald nachschleichen, damit er genau zusehen könne, wie ein Heiliger sich beim Beten benimmt. Aber die Sache lief nicht planmäßig ab, weil Franz erwachte, als der Junge im ersten tiefen Kinderschlaf lag und sich nicht rührte. Um ihn nicht aufzuwecken, löste Franz den Knoten mit großer Vorsicht und ging dann leise aus dem Schlafsaal in den Wald, wo eine kleine Zelle als Gebetsstätte für ihn errichtet worden war. Etwas später erwachte der Kleine und fand, daß der Vogel ausgeflogen war. Da er nun aber fest entschlossen war, ein Heiliger zu werden, ließ er sich nicht davon entmutigen, seinen Plan für den Augenblick durchkreuzt zu finden. Er machte sich also auf den Weg zum Betplatz im Wald. Plötzlich vernahm er Stimmen und sah Licht durch die Äste der Bäume schimmern. Er kroch vorsichtig näher und bemerkte, daß es nicht Mondschein war, sondern das Licht aus dem anderen Land, in dem die Heiligen leben und ihr Dasein verbringen, während sie noch auf Erden wohnen und dieses Licht gar selten selbst erblicken. Kinder sehen es gelegentlich, sie empfinden auch die Anwesenheit jener Großen, die von Sünden gereinigt sind, und den Schritt schrecklicher Engel, die niemals gesündigt haben. Der Kleine kroch so nahe heran, wie er wagte, sah ihre Gestalten im Licht und vernahm die Musik ihrer Sprache. Er war ein unschuldiges Kind, doch zu jung, um es zu ertragen, und als Franz sich später auf den Heimweg machte, fand er das kleine Geschöpf scheinbar leblos am Boden liegen. Er hob das Kind auf, bemerkte zu seiner Erleichterung, daß es nicht tot war, trug es zurück ins Kloster und legte es ins Bett. Als der Kleine erwachte, erzählte er Franz ganz allein, was er gesehen hatte. Franz sagte, daß das ein Geheimnis zwischen ihnen beiden bleiben müsse und daß der Kleine niemals davon sprechen dürfe, bis er selbst, Franz, tot sei. Der Junge versprach es ihm, außer sich bei dem aufregenden Gedanken, mit Bruder Franz ein Geheimnis zu teilen. Er wurde ein tapferer Sohn des Ordens, blieb Franz von ganzer Seele zugetan und stand in Gottes Gnade. Er hielt sein Versprechen und berichtete erst nach dem Tod des Heiligen, was er gesehen hatte.

DIE TIERE

Es lobe ihn, den Ruhmreichen, Himmel und Erde und alle Kreatur, die im Himmel ist und auf Erden und selbst unter der Erde, das Meer und was darinnen ist.

Aus den Schriften des heiligen Franziskus

1

Papst Pius XI. schrieb über Franz: „Der Herold des großen Königs kam nicht, um aus Menschen närrische Liebhaber von Blumen, Vögeln, Lämmern, Fischen oder Hasen zu machen, sondern um sie nach dem Vorbild des Evangeliums zu formen und sie die Liebe zum Kreuz zu lehren." Diese Warnung haben die meisten von uns recht nötig, weil wir geneigt sind, an Franz nur als den glücklichen Troubadour zu denken, der Gottes Lob in Berg und Tal singt; an den Erzähler, der die Menge mit seinen Scherzen zum Lachen brachte; an den Mann, der Tiere, Vögel und Blumen so liebte, daß er ihnen predigte und zu ihnen wie zu Freunden sprach. Wir verweilen bei diesen sonnigen Dingen, die uns leicht und beglückend vorkommen, und wenden uns von den anderen ab, weil sie erschreckend und schwer faßlich sind. Wir möchten lieber nicht an den Büßer denken, der sich bis aufs Blut geißelte, nicht an den Mann, der um des Leidens Christi willen weinend durch die Welt ging, ohne sich zu schämen, der fastete und finstere, kalte Nächte betend durchwachte. Bei Armut möchten wir uns lieber geistige Freiheit und sonnige Tage im Wald vorstellen als Hunger, schmutzige Lumpen, strömenden Regen, Aussätzige, Krankheit und Tod. Die dunkle Seite des Bildes stellt eine Aufforderung an uns dar, der wir nicht gewachsen sind, und wir sind gar nicht so sicher, daß wir das Kreuz lieben lernen wollen.

Geben wir zunächst einmal zu, daß wir, von Bequemlichkeit übersättigt, sogar zu feige sind, unsere Schande einzugestehen, und Gewissensbissen darüber so weit wie möglich ausweichen. Nun erst dürfen wir uns Franz in seiner Beziehung zu den Tieren vorstellen; auch sie ist nicht leicht zu fassen, obwohl der Gedanke an seine Macht über die Kreatur schön und ansprechend ist. Wie seine Heilkraft entspringt sie seiner Heiligkeit, die sich in Selbstsicherheit, Gehorsam und der tiefen Ehrfurcht vor Gott äußert — auch dies eine Frucht echter Buße.

C. S. Lewis gibt in seinem Buch „Das Problem des Schmerzes" ein klug erdachtes Bild des Menschen vor dem Sündenfall, in dem der Mensch völlig auf Gott und nicht auf sich selbst konzentriert ist. Weil sein ganzes Bewußtsein in Gott ruht, beherrscht er seinen Körper vollkommen in allen Funktionen und Fähigkeiten. „Da er sich ganz und gar in der Gewalt hat, beherrschte er alle Kreatur, mit der er in Berührung kam ... denn der Mensch war bestimmt, der Priester und in gewissem Sinn der Christus der Tiere zu sein — der Mittler, durch den sie die göttliche Herrlichkeit erfassen, soweit es ihre vernunftlose Anlage erlaubt." Die Heiligen, die durch ihre harte Zucht und ihre glühende Liebe zu Gott diesen gesegneten Urzustand fast wieder erreicht haben, zeigen uns auf, was der Mensch eigentlich sein sollte, was er sein könnte, wenn er sich von sich selbst abkehren und Gott zuwenden würde. Wir haben wunderbare Fähigkeiten und Kräfte, nur ersticken sie im Schlamm, der unser Ich überlagert. Wird er weggewaschen, so werden die Kräfte frei, und der Mensch, der sich dann ihrer erfreuen kann, ist nicht abnorm, sondern vielmehr normal; denn jetzt entspricht er mehr dem Wesen, das er stets sein sollte.

Franz schreibt all seine Fähigkeiten dem Gehorsam zu. Wenn der Mensch sich ganz dem Willen Gottes ergibt, werden ihm Kräfte aus Gott zuteil. „Obwohl uns auferlegt ist, Dinge zu tun, die unsere Kraft überschreiten", sagt Franz, „gibt der heilige Gehorsam uns die Macht, sie auszuführen." In seinem „Preis der Tugenden" schrieb er: „Heilige Zucht schlägt jeden körperlichen und fleischlichen Willen und ertötet den Körper zum Gehorsam unter den Geist und zum Gehorsam unter den eigenen Bruder, und macht den Menschen untertan allen Menschen dieser Welt und nicht nur allen Menschen, nein, auch allem Getier und Gewürm, daß sie mit ihm tun können, was sie nur mögen, soweit es ihnen gegeben ist von dem Herrn droben." Diese Stelle malt wunderbar aus, wie die Brüderschaft der Geschöpfe sein sollte: nicht nur müßten sie alle Gott gehorsam, sondern auch untereinander in Gehorsam verbunden sein, weil in allem Erschaffenen der Schöpfer wohnt. Der heilige Bonaventura sagt von Franz: „Seine allumfassende Liebe für alle Kreatur gab ein neues Bild des Menschen vor dem Sündenfall. Beim Gedanken an den Anfang aller Dinge war er so von Nächstenliebe erfüllt, daß er auch das kleinste Tier Bruder und Schwester nannte, denn ihm waren sie ein Teil der Schöpfung wie er selbst."

Durch Buße hatte Franz erkannt, welcher Abgrund den sündigen Menschen von der erhabenen Heiligkeit Gottes trennt, hatte er Gott aus tiefster Seele anzubeten gelernt, und aus dieser Verehrung war seine Liebe zur Kreatur erwachsen. Gottes Hand hatte sie geschaffen, und an jedem Geschöpf war irgendeine Eigenschaft, die seine Gedanken zu Gott erhob. Es war ihm unerträglich, Laternen oder Lichter auszulöschen, weil sie ihn an das Licht der Welt erinnerten, und wenn er sich die Hände wusch, vermied er es, mit den Füßen in das herabfallende Wasser zu treten, weil Wasser für ihn das Symbol der Buße war. Aus Liebe zu dem, der der Felsen genannt wird, ging er ehrfürchtig über Steine, und niemals erlaubte er, einen ganzen Baum zu Brennholz zu schneiden, weil Christus an einem Baumstamm gestorben war. Die drei Gefährten sagen: „Wir, die mit ihm waren, konnten ihm die Freude an der Schöpfung, die ihn erfüllte, ansehen." Celano schreibt: „Dieser glückliche Reisende ... frohlockte über die Werke von Gottes Hand und sah jenseits des gefälligen Anblicks den lebenspendenden Schöpfer und das Urprinzip. Im Schönen erkannte er ihn, der am schönsten ist; alle guten Dinge riefen ihm zu: ‚Uns hat der Höchste geschaffen'. Er folgte dem Geliebten überallhin auf den Spuren, die er auf allen Dingen hinterlassen hat; er machte sich aus allen Dingen eine Leiter, auf der er den Thron zu erreichen hoffte."

Franz würde die Worte des heiligen Augustinus wiederholt haben: „Deine ganze Schöpfung singt Dir Lob ... damit unsere Seelen aus ihrer sterblichen Müdigkeit zu Dir steigen. Was Du geschaffen hast, hilft uns empor zu Dir, der Du es so wunderbar gemacht hast; und dort ist Erquickung und Kraft."

Es ist nicht verwunderlich, daß die Tiere ihn liebten und ihm gehorchten, da er sich, nachdem er tief in ihr Wesen und ihr Leben eingedrungen war, in Gehorsam und Ehrfurcht zu ihrem Bruder und Diener machte. So wurde er für sie der Mittler zu Gott, wie er es für die Armen und Kranken war, denen er sich gleichstellte. Wie nur wenige Menschen verstand er, daß dies der wahre Sinn der Erlösung ist. Denn sie besteht nicht darin, daß man die Leidenden bedauert, für sie betet und ihnen vom eigenen Reichtum abgibt. Die Erlöser schlafen unter den Torbogen, wo die Heimatlosen sich zusammenkauern, tragen schmutzige Lumpen, hungern wie sie, leiden an den gleichen Krankheiten und denken stets an Gott selbst, der die Seele des bußfertigen Mörders nur dadurch erlösen konnte, daß er an seiner Seite blutete und starb.

Wenn nun ein Mann das zeitliche Dasein der Tiere teilt, kann er ihnen, wie es scheint, in ähnlicher Art einen Anteil an seinem eigenen himmlischen Leben verschaffen. Wir sperren Tiere in Käfige, um ihre Gewohnheiten zu beobachten, Franz aber schlief ohne Furcht mit den wilden Tieren unter offenem Himmel, und auch sie fürchteten ihn nicht, weil dieses gemeinsame Leben sie verbrüderte. Wir beobachten Vögel durch Feldstecher, er aber brauchte nur still im Wald zu sitzen, und sie setzten sich auf seine Schulter, die Knie oder die ausgestreckte Hand. Alle Geschichten über Franz und die Tiere zeigen, wie er ihr Leben voller Gefahren und Mühsal teilte, damit sie einen Anteil an seinem Leben der Anbetung, des Gehorsams und des Erbarmens bekämen.

In der Portiuncula stand nahe bei der Zelle von Franz ein Feigenbaum, auf dem eine Grille lebte. Das kleine Tier war ihm ein guter Nachbar, und wenn es morgens fröhlich zu zirpen begann, raffte Franz sich von seinem Lager auf, das Lob Gottes zu singen. „Eines Tages", erzählt Bonaventura, „rief er sie, und sie setzte sich, als hätte Gott sie belehrt, auf seine Hand. Er sagte zu ihr: ‚Preise den Schöpfer, Schwester Grille, mit deinem frohen Lied.' Acht Tage lang kam und ging sie nach seinem Geheiß und sang, wenn er sie dazu aufforderte. Dann sagte er zu den Brüdern: ‚Nun wollen wir die Schwester Grille entlassen, denn sie hat uns lange genug mit ihrem Lied erfreut und uns damit volle acht Tage zum Lobe Gottes angeregt.' Er entließ sie, und sie flog davon."

Franz, der frohe Troubadour, fühlte sich mit den Vögeln besonders glücklich, und mehr noch als alle anderen liebte er die Lerchen, weil „Schwester Lerche eine Kapuze wie die Mönche hat". Es entsetzte ihn, wenn Vögel getötet wurden, und er wollte vom Kaiser Gesetze erwirken, „daß niemand unsere Schwestern, die Lerchen, fangen, töten oder ihnen ein Unrecht tun solle" und daß die Menschen gezwungen würden, am Weihnachtstag alle Vögel und Tiere zu füttern.

Die Tiere benahmen sich Franz gegenüber fast ebenso gut; sogar die Schwalben, die mit solchem Lärm ihr Nest bauten, daß Franz, als er in Alviano predigen wollte, kaum zu hören war. Für gewöhnlich sind Schwalben beim Nestbau sehr mit ihren eigenen Angelegenheiten beschäftigt; doch als Franz ihnen zurief: „O Schwalben, meine Schwestern, jetzt muß ich sprechen", schwiegen sie unverzüglich, bis er zu Ende gepredigt hatte. Einmal jedoch betrug sich ein Rotkehlchen schlecht. Ein Rotkehlchenpärchen kam täglich in die Portiuncula nach Krumen für ihre Jungen, und Franz, der sie willkommen hieß, gab ihnen sogar Korn. Die Eltern dachten, daß dies ein gutes Heim für ihre Jungen sei, und sobald diese das Nest verlassen hatten, „brachten sie sie den Mönchen, auf deren Kosten sie herangewachsen waren; nachdem sie sie abgeliefert hatten, verschwanden sie auf Nimmerwiedersehen." Die Jungen benahmen sich eine Zeitlang recht gut, gingen allem Laienvolk aus dem Wege und waren „neue Anhänger" der Brüder. Doch dann wurde das Größte unverschämt, verfolgte die Kleinen und vertrieb sie vom Futternapf, um alles für sich allein zu haben. Franz war darüber sehr betrübt und glaubte, daß das Große ein böses Ende nehmen würde, was auch tatsächlich geschah: „Der Störenfried flog auf ein Gefäß, um Wasser zu trinken, fiel sofort hinein und ertrank darin."

Eine andere Geschichte berichtet Thomas von Celano. Wie Küken unter die Flügel der Henne eilen, lief ein junger Hase zu Franz und fand es unerträglich, von ihm getrennt zu sein. „Eines Tages, als sie in Greccio waren, brachte ein Bruder ein junges Häschen, das in eine Falle gegangen war. Als der Heilige es sah, erfaßte ihn großes Mitleid, und er sagte: „Bruder Hase, komme her zu mir. Warum hast du dich täuschen lassen?" Als der Bruder ihn losließ, floh das Tierchen, ohne daß einer es getrieben hätte, sofort an die Brust des Heiligen, wo es sich sicher fühlte. Der heilige Vater streichelte es zärtlich, und sobald es sich ausgeruht hatte, ließ er es los, damit es wieder in den Wald zurückkehren könne. Jedesmal, wenn man es auf den Boden setzte, schmiegte es sich wieder an die Brust des Heiligen, bis er die Brüder bat, es in ein nahes Gehölz zu tragen."

Die berühmteste Tiergeschichte ist die über den Wolf von Gubbio. Gegen Ende seines Lebens mußte Franz auf seinem Esel reiten, neben dem einer der Brüder einherging. Eines Tages zogen sie vom Kloster San Verecondo nach Gubbio, und am Abend kamen sie in die Nähe eines Waldes, den sie durchwandern mußten. Im Feld arbeiteten Bauern, die den geliebten Bruder Franz gleich erkannten, denn sie waren mit dem Anblick des Reiters, der sich mit einem alten Sack gegen die Kälte schützte und dessen Esel von einem anderen Mönch geführt wurde, wohl vertraut. Da die beiden auf den Wald zusteuerten, hielten die Bauern sie an. Sie baten flehentlich: „Bleibe über Nacht bei uns, Bruder Franz, denn der Tag neigt sich, und jener Wald ist voll wilder Wölfe, die euch beide zerreißen und bestimmt den Esel fressen werden." Doch Franz rief ihnen unbeirrt zu: „Was habe ich dem Bruder Wolf zuleide getan, daß er den Bruder Esel zum Abendbrot verzehren sollte? Gute Nacht, Freunde, Gott segne euch." Darauf begaben sie sich in den Wald.

Leider wissen wir den Namen des Bruders, der ihn begleitete, nicht; denn die Namen all derer, die Franz auf gefährlichen Abenteuern begleiteten, sollten in goldenen Lettern niedergeschrieben werden. Für gewöhnlich begleitete ihn nur ein Bruder, und vielleicht waren dem Armen Wölfe und Martyrium nicht so völlig gleichgültig wie Franz. Aber trotzdem trottete der Bruder getreulich neben dem Esel her. Franz und der Bruder kamen unbeschadet aus dem Wald, und bei ihrer Ankunft fanden sie die kleine Stadt Gubbio in einer Panik. Infolge der bitteren Kälte waren die Wölfe sehr hungrig, und die Bevölkerung lebte in ständiger Angst vor einem besonders großen Wolf, der allein jagte. Furchtlos und wild vor Hunger kam er bis an die Stadtmauern, schleppte Tiere und Kinder davon und griff selbst bewaffnete Männer an.

Gubbio war in einem Belagerungszustand, und als Bruder Franz ankam, erzählte man ihm tiefbekümmert und verängstigt von den aufregenden Vorfällen. Voller Mitgefühl erbot sich Franz, den Wolf in seiner Felsenhöhle aufzusuchen und mit ihm zu sprechen. Das Volk schrie vor Entsetzen auf und versuchte ihn davon abzubringen, doch er blieb trotz Schwäche und Krankheit beharrlich. Er schlug ein Kreuz über sich und verließ die Stadt; einige Brüder und das Volk von Gubbio folgten ihm. Die Bürger gingen nicht weit mit, sie wollten sich das Schauspiel lieber aus der Ferne ansehen. Die Brüder blieben erst später stehen. Die „Blümlein" berichten, daß sie Angst gehabt hätten, aber die Wahrscheinlichkeit spricht eher dafür, daß Franz ihnen Halt geboten hatte, denn Mutlosigkeit ist bei den Franziskanern nicht auszusetzen.

Franz ging weiter und begegnete bald darauf dem Wolf. Als das Tier auf ihn zulief, schlug Franz ein großes Kreuz und rief: „Komm her, Bruder Wolf, ich gebiete dir im Namen Christi, nimmer Böses zu tun, weder mir noch irgendeinem anderen." Der Wolf erkannte seinen Erretter. Er war durch die

Kälte und den nagenden Hunger im Leibe in Todesgefahr. Der Mann jedoch, der in die steinige Wildnis zu ihm gekommen war, befand sich ebenfalls in Todesgefahr, also einer Gefahr, die sie beide teilten. Das Tier kroch dem Mann zu Füßen und legte sich dort nieder, und die Gefahr war für beide vorüber. Franz sprach dann zu dem Wolf. Er sagte, daß er wisse, wie hungrig er sei, und daß ihn nur der Hunger so schlecht gemacht habe. Er versprach ihm, daß die Bürger von Gubbio ihm zu essen geben und gegen den Hunger schützen würden, wenn er mit ihnen Frieden schließen und kein Unheil mehr bei ihnen anrichten wolle. „Doch da ich diese Gunst dir erwirkte, so will ich, Bruder Wolf, daß du mir versprechest, nimmermehr weder Mensch noch Tier Schaden zu tun — versprichst du mir das?"

Der Wolf gab durch Neigen des Kopfes deutlich kund, daß er es versprach. Franziskus redete weiter zu ihm also: „Bruder Wolf, ich will dein feierliches Gelöbnis für dieses Versprechen, damit ich dir vertrauen kann!" Hierauf streckte Franziskus ihm seine Hand entgegen, um sein Gelöbnis zu empfangen, und der Wolf erhob seine Tatze und legte sie freundlich in die Hand des heiligen Franziskus und gab, so gut er es vermochte, sein Treugelöbnis.

Dann befahl·Franz dem Wolf im Namen Christi, ihm zu folgen, und der Wolf ging lammfromm neben ihm nach Gubbio. Freudig und erstaunt machte das Volk am Stadttor eine Gasse, durch die Franz mit dem Wolf die steilen Straßen hinaufstieg, während jung und alt, Mann, Frau und Kind, ihnen zum Marktplatz folgten. Der große Wolf ging artig mit gesenktem Kopf und eingeklemmtem Schwanz dahin, denn er bedauerte seine Sünden gar sehr. Er war so groß und stark, daß ein einziges Zuschnappen seiner Kiefer den kleinen Mann neben ihm vernichtet haben würde, wenn dieser kleine Mann nicht so von Macht erfüllt gewesen wäre. Dann sagte Franz zum Volk, daß der Wolf verspreche, niemand mehr zu verletzen, falls sie bereit wären, ihn bis ans Ende seiner Tage zu füttern, und das versprachen sie einstimmig. Dann wandte sich Franz an den Wolf und sagte: „Und du, Bruder Wolf, versprichst du diesem Volke, den Friedenspakt zu wahren, keinem zu schaden, weder Mensch noch Tier noch irgendeinem Lebewesen?"

Der Wolf kniete nieder, neigte den Kopf und bekräftigte mit freundlichen Gebärden des Leibes, des Schweifes und der

Ohren, wie er es vermochte, daß er den Pakt in jeder Hinsicht wahren wolle. Da sprach Franziskus: „Bruder Wolf, ich will, daß, wie du mir vor den Toren Treue gelobt hast, du auch innerhalb der Stadt vor allem Volke mir dein Wort verpfändest, daß du mich nimmer hintergehen wirst, nachdem ich für dich gebürgt habe." Da erhob der Wolf seine Tatze und legte sie in Sankt Franziskus' Hand."

Bruder Wolf lebte zwei Jahre lang sehr sanft und liebenswürdig in Gubbio. Er ging wie ein echter Franziskaner von Haus zu Haus, um sein Essen zu erbetteln, und die Leute empfingen ihn ebenso freundlich und gaben ihm gern sein Futter. Nicht ein einziges Mal in dieser Zeit bellte ein Hund ihn an, und der Wolf tat keinem Geschöpf etwas zuleide. Das Volk liebte ihn sehr, weil seine Sanftmut sie an Franz erinnerte, denn das Tier, das seinem Erretter Gehorsam erwies, war ihm sehr ähnlich geworden. Dann starb Bruder Wolf, „und das Volk von Gubbio trauerte ihm nach".

Gewisse Leute haben die Wahrhaftigkeit dieser Geschichte für sehr zweifelhaft gehalten und erklärt, daß Bruder Wolf kein Wolf, sondern ein Räuber gewesen sei, dessen Grausamkeit ihm den Titel „Wolf" eingetragen habe. Doch zwei historische Tatsachen unterbauen den Bericht. Gubbio wurde zu jener Zeit tatsächlich von Wölfen heimgesucht, und in der sehr alten Kirche San Francesco della Pace fand man das Skelett eines großen Wolfes begraben.

DAS KAPITEL DER STROHDÄCHER

„Zeigt mir euer Kloster", sagte Frau Armut zu den Brüdern. Sie führten sie auf die Spitze eines Berges, zeigten ihr die weite Welt und sagten: „Das ist unser Kloster, Frau Armut."

Sacrum Commercium

Nichts Großes kann und darf auf Erden von Dauer sein. „So kann es nicht bleiben", sagen wir, und wenn wir besonders glücklich sind, fürchten wir uns am häufigsten. Wenn ein großer Mann auf der Höhe seiner Macht steht, entrinnt sie ihm; wenn die Schönheit des Leibes zur letzten Entfaltung gelangt, hat der Verfall begonnen. Wir müssen an geistiges Weiterleben — nicht nur der Menschenseele, sondern auch alles dessen, was in seiner irdischen Blüte einen Widerschein göttlichen Glanzes eingefangen hat — glauben, wenn wir überhaupt an Gott glauben, da alle Schönheit ein Teil von Ihm ist, doch ist es ebenso unbegreiflich für uns wie Er selbst. Nur eines wissen wir: daß es der einzige Weg zurück zu Gott ist, uns dem Gesetz unseres Daseins zu unterwerfen, das Verzicht von uns fordert. Wir sammeln auf der Ausreise nach und nach seine Gnadengaben, und auf der Heimreise zu Gott legen wir sie Stück um Stück in seine Hand zurück. Das sollte uns gar nicht so schwerfallen, da wir wissen, wohin sie gekommen sind, aber selbst für die Heiligen gibt es eine Form des Verzichtes, die bitter wie der Tod ist: Auch sie können es fast nicht ertragen, wenn sie zurücktreten und zusehen müssen, wie die Arbeit, die sie Gott zuliebe getan haben, anscheinend verdorben oder vernichtet wird.

Es war Franz nicht besonders schwergefallen, seine irdischen Schätze aufzugeben: Jugend und Gesundheit mit den dazugehörigen Freuden sowie Heim und Sicherheit. Er hatte nicht einmal wie die meisten unter uns darauf gewartet, daß die Zeit sie ihm nehme, sondern hatte sie freiwillig fortgeworfen, um sich der Armut Christi zu weihen. Andere Schätze waren ihm indessen zuteil geworden: die Armut Christi, die Blüte des glanzvollen Ordens, die Liebe und Hingabe seiner Söhne, die ihm weit mehr bedeuteten als alles, was er aufgegeben hatte. Nun aber sollte er durch einen schwereren Verlust geprüft werden, einen so harten Verzicht, daß er nicht imstande war, ihn allein zu bewältigen. Es kamen die Jahre, in denen die erste Schönheit von dem Orden — der ein Teil seiner selbst war — abfiel, in denen die Brüder Gott den Rücken kehrten und ein gewisses Maß von Macht und Sicherheit forderten, auf das sie bisher verzichtet hatten. Nicht länger schien die Armut Christi all seinen Söhnen annehmbar. Viele Brüder verließen den Heiligen, wenn auch nicht den Menschen, weil der Pfad zum Himmel, den er ging, für sie zu steil war. Noch war die Todespein, sein Gethsemane und sein Kalvarienberg, für Franz nicht gekommen, aber beim Kapitel der Strohdächer zeigte sich eine Wolke am Horizont, die den Schatten künftigen Leides vorauswarf.

Davon abgesehen, war es eine freudige Gelegenheit, voll von aller franziskanischen Schönheit, und es kamen, wie zur Huldigung für Franz, alle die herbei, von denen er mit Erstaunen erfahren hätte, daß er über sie gebot: die Reichen, die Armen und die Tiere. Damals wurden zweimal jährlich franziskanische Kapitel abgehalten: zu Pfingsten und zu Michaelis. Dem Pfingstkapitel, das das wichtigere war, wohnte jeder Bruder bei, der rechtzeitig hingelangen konnte. Das Pfingstkapitel 1219, das in der üblichen Form ablief, wurde wegen der riesigen Anzahl strohgedeckter Hütten, die zur Unterbringung der Brüder erforderlich war, Kapitel der Strohdächer genannt. Etwa 5000 Brüder strömten aus ganz Italien in der Portiuncula zusammen.

Bei dem Gedanken an dieses Familientreffen zogen die Barfüßer froh über die Bergpässe und durch die Wälder. Nun würden sie an der klösterlichen Messe in Santa Maria degli Angeli teilnehmen, würden die geliebten Züge von Franz erblicken und ihn predigen hören. Viele von ihnen waren junge Novizen, und da sie bisher weder die Portiuncula noch Franz gesehen hatten, waren sie von der Erwartung erregt. Was war das für ein kleiner Mann, der ganz Italien in Bann geschlagen hatte? Wie würde das Leben in der Portiuncula sein? Sie hatten erfahren, daß sie dort Frieden und Freiheit finden würden. Trotz der großen Menschenmenge, die in den Hütten im Wald leben sollte, standen ihnen lange Stunden der Stille und des Gebets bevor, weil alle nur im Flüsterton sprechen durften. Dann würde das herrliche Aufrauschen des gemeinsamen Lobgesanges folgen. Bei der Versammlung, in der die Ordensangelegenheiten geregelt wurden, durfte der jüngste Novize aufstehen und frei heraus sprechen, und man würde ihm höflich zuhören, denn keiner hatte einen Vorrang, und was einen von ihnen betraf, betraf alle. Sie würden all die Großen des Ordens sehen und Franz selbst, dann die ersten Nachfolger Bernhard und Ägidius, Sylvester und Angelo, Ruffino und Leo; und sie wußten, obwohl sie sie nicht sehen würden, daß Klara und ihre Schwestern in der Kapelle von San Damiano für sie beteten.

Der Sommer hatte begonnen, die Reben waren grün, die Vögel sangen, und die jungen Brüder waren jeder Sorge ledig. In den Feldern unterbrachen die Männer ihre Arbeit, um den in ihrem grauen Habit vorüberziehenden Brüdern einen frohen Gruß zuzurufen, und viele Stimmen antworteten: „Gott gebe dir Frieden!" Außer den Brüdern zogen auch andere arme Leute — Bettler, Kranke und Lahme — durch den Wald zur Portiuncula. Dort würden sie Trost und Heilung finden und den Lobgesang der Brüder hören. Zur Zeit des Pfingstkapitels erzitterte ganz Umbrien vor Stolz, denn der Ruhm des Ordens verbreitete sich durch Europa, und das Ursprungsland sonnte sich in seinem Glanz. Besonders stolz war Assisi, das Franz seinen Sohn nannte. Die Stadt bereitete zu diesem Kapitel eine Überraschung vor, eine Gabe, die, wie sie hoffte, ihm Freude machen würde.

Wenn sie auch nicht auf bloßen Füßen wandern konnten, kamen in diesem Jahr arm und reich zur Portiuncula. Kardinal Ugolino, der den Vorsitz für das Kapitel übernommen hatte, sollte am Pfingstsonntag mit einem Gefolge von Edelleuten und Kirchenfürsten aus Perugia herbeireiten; sie würden alle bequem auf schönen Pferden sitzen, und die vielen bunten Röcke und Mäntel würden wie ein Fluß von Farben durch den Wald ziehen.

Der Grund aber für dieses riesige Treffen, der Mittelpunkt von allem, war ein müder, kleiner Mann, der auch barfüßig durch die Wälder seines Weges ging und ein wenig humpelte, weil er am Ende einer langen Reise war. Franz, der zum Predigen ausgezogen war, kehrte erst jetzt heim zur Portiuncula. Es erhob sein Herz, als er zur Lichtung kam und den Giebel von Santa Maria degli Angeli und die Hagedornhecke sah.

Dann erblickte er noch etwas und traute seinen Augen nicht, denn neben der Kirche stand ein großes Gebäude aus Stein. Das war die Überraschung, die das Volk von Assisi für ihn vorbereitet hatte: ein Kapitelhaus, das sie erbaut hatten, damit die Brüder und ihre vornehmen Gäste ihre Beratungen bei jedem Wetter in Bequemlichkeit abhalten könnten. Doch das wußte Franz nicht; er wußte nur, daß das nicht die Armut Christi war. Sein Herr hatte an Straßenecken, auf Feldern, in einem kleinen, schaukelnden Boot auf dem See gepredigt, und er hatte mit taufeuchtem Haar nachts auf einem kahlen Berg gebetet. Der Regen hatte ihn durchnäßt, der Wind seine Haut gebräunt und sich in seinen Kleidern verfangen, denn er besaß keine Stätte, sein Haupt darauf zu legen. Das Herz von Franz, das eben noch brechen wollte, erglühte plötzlich in dem wilden Zorn, der sich manchmal seiner bemächtigte. Er ging in die Umfriedung und rief einigen Brüdern — zweifellos dem kräftigen Masseo, Leo, Ruffino und anderen getreuen Söhnen — zu, daß sie ihm helfen sollten. Er stieg mit ihnen auf das Dach des feinen, neuen Kapitelhauses und begann, es abzudecken und zu zerhacken und die Holzverschalung auf die Erde hinunterzuwerfen. Nicht alle Brüder waren damit einverstanden, und ein Bote wurde unverzüglich nach Assisi geschickt. Franz war mit seiner wütenden Zerstörung noch nicht weit gekommen, als die Abgeordneten und Ritter den Hügel hinunter in die Umfriedung eilten. „Vater Franz", riefen sie, „dieses Gebäude gehört nicht dir, sondern der Stadt." Ein Engländer namens de Barton, der für dieses Kapitel zum Majordomus ernannt war, unterstützte sie darin. Franz hielt inne und sah zu ihnen hinunter. Die verzehrende Wut hatte sich in die gewohnte Höflichkeit und tiefe Traurigkeit verwandelt.

„Wenn dieses Haus euch gehört, will ich es nicht berühren", sagte er und stieg vom Dach. Mehr konnte er nun nicht tun, aber er hatte das Geschenk nicht angenommen; damit es erhalten bliebe, mußten die Spender es zurücknehmen.

Die Wolken verflogen, und der folgende Pfingstsonntag war ein Tag der Freude. Als ein Bote ankam, um Franz die Ankunft von Kardinal Ugolino zu melden, zogen die Brüder ihm in feierlichem Zuge entgegen. Die armen Männer der Portiuncula und die reichen Männer von Perugia trafen sich im Walde. Der Gegensatz erschütterte den Kardinal dermaßen, daß er vom Pferd stieg, seinen kostbaren Mantel und seine Schuhe ablegte und barfuß hinter den Brüdern zur Kirche ging. Dort las er die Messe, bei der Franz als Diakon diente. Die kleine Kirche konnte die riesige Gemeinde nicht aufnehmen, aber draußen, in der Waldkathedrale, knieten die Brüder in vielen Reihen zwischen Gras und Blumen, und ihre tiefen Stimmen schwangen sich wie eine Woge im „Sursum corda" auf und zogen wie ein Sturm des Lobes im „Gloria in excelsis" durch den Wald. Dem Loblied vieler betender Männer gleicht kein anderer Klang an Gewalt, und Franz muß in der kleinen Kirche erschüttert an den Tag gedacht haben, an dem vor nunmehr zehn Jahren der alte Priester im Morgendämmer für ihn allein die Messe gelesen hatte. Jetzt hatte Gott ihm die vielen Söhne beigesellt.

Nach der Messe betrat er eine Kanzel im Freien, um zu ihnen zu sprechen, und sie kamen so nah, wie sie konnten, weil es unmöglich schien, daß die Stimme eines so gebrechlichen kleinen Mannes weit genug tragen würde. Doch als er sich zu ihnen wandte und zu sprechen begann, „war seine Stimme mächtig, süß, klar und klingend", und er sah wie immer „die größte Menge als einen Mann an und predigte so sorgsam für einen Mann, als handele es sich um eine Menge". Aus dem einen Mann, der vor zehn Jahren bei der Messe ministrierte, war diese gewaltige Schar geworden, und doch war in den Augen Gottes diese Vielzahl nur ein Mann — der Orden der Franziskaner. Ihm predigte er, und jedermann lauschte einer Predigt, die für ihn allein bestimmt schien. Er wählte ein Spielmannslied als Text:

> Wir haben große Dinge versprochen,
> Doch sind uns größere versprochen worden.
> Lasset uns unser Versprechen erfüllen
> Und dem Versprochenen entgegensehen.
> Kurzes Entzücken und ewige Strafe;
> Kurzes Leiden und unendliche Herrlichkeit!

Dann predigte er über die Art, in der sie zu leben gelobt hatten: über das Leben der Liebe, Demut, Buße, Armut, des Gehorsams und des Dienens, und rief ihnen ihre ersten Gelübde und ihre erste Inbrunst ins Gedächtnis. Er bat die Fünftausend, auf diesem Kapitel nicht an ihre leiblichen Nöte zu denken, sondern sich ganz dem Gebet und dem Lob Gottes hinzugeben, der sie wie Vögel und Tiere nähren werde. Jetzt und immerdar sollten sie all ihre Sorge „dem guten Hirten und Pfleger von Leib und Seele, unserem gebenedeiten Herrn Jesus Christus auferlegen".

Glückliche, sorglose Tage folgten. Die Brüder schliefen in kleinen Hütten aus Zweigen, die mit Schilfrohr überdacht waren. Sie lagen auf Stroh, und Steine waren ihre Kopfkissen.

Die Zeit war von Gebeten und Lobgesängen erfüllt und auch von der Sorge für die Armen und Kranken, die mit der Bitte um Hilfe gekommen waren. Ihre Stille und Andacht rührte Kardinal Ugolino zu Tränen, und er rief aus: „Wahrlich! Das ist das Lager und das Heer der Ritter Gottes!" Aber er ließ es nicht bei Tränen bewenden, sondern legte das Habit der Franziskaner an und wurde so einer der ihren und half ihnen bei ihrem mildtätigen Werk. Doch ihm fehlte die Erfahrung in solcher Sorge für die Armen, und es gelang ihm nicht gut, den Schmutz von den Füßen eines Bettlers zu waschen. Nicht ahnend, daß der Bruder, der so demütig vor ihm kniete, ein Kardinal war, rief der Bettler: „Fort mit dir, und schicke mir einen, der das versteht!"

Franz hatte mit Recht daran geglaubt, daß seine Fünftausend ebensowenig hungern würden wie jene, die, Christus in die Wüste folgend, mit Brot und Fischen gespeist worden waren; denn die Tiere selbst kamen zum Kapitel, um den Brüdern Essen zu bringen. Aus Perugia, Spoleto, Foligno und Spello kamen Kolonnen von Pferden und Eseln mit Karren und Tragkörben voller Brot und Wein, Bohnen und Käse — der einfachen Nahrung, die, wie die Umbrer wußten, die Brüder am liebsten mochten. Denn Gott hatte ihnen eingegeben, die Brüder nicht hungern zu lassen, und sie deckten bis zum Ende des Kapitels den Tisch des Herrn mit allem, was die große Schar brauchte.

Aber trotz der Vorsorge Gottes und dem Aufruf von Franz am Pfingsttag gab es auf dem Kapitel Männer, die um die Zukunft besorgt waren und den Kardinal um Unterstützung ihres Wunsches nach einer praktischeren Lebensweise baten. Nochmals warf das Steingebäude, das Franz hatte niederreißen wollen, seinen Schatten; es stellte das dar, was sie begehrten: ein Mindestmaß an Schutz und Obdach, wie es die anderen Orden besaßen.

Der Kardinal hörte an, was sie zu sagen hatten, und wiederholte es nachher zu Franz. Dieser ließ ihn zu Ende sprechen, nahm ihn bei der Hand und führte ihn zur Versammlung der Brüder. Erst dann sprach er und schüttete seinen ganzen Zorn und seinen Kummer aus: „Meine Brüder, meine Brüder! Der Herr hat mich auf dem Wege der Einfalt berufen und mir den Weg der Armut gezeigt. Ich will nicht, daß ihr mir eine Regel nennet, weder vom heiligen Augustin noch vom heiligen Benedikt noch vom heiligen Bernhard. Der Herr hat mir gesagt, was er wollte: Ich solle in der Welt ein neuer Narr sein. Er hat euch in der Welt auf einem anderen Weg führen wollen als dem eurer Wissenschaft. Aber Gott wird euch durch eure Weisheit und euer Wissen verwirren, und ich vertraue auf die Engel des Herrn, durch die er euch strafen wird; dann werdet ihr wohl oder übel gedemütigt in euren Stand zurückkehren." So leidenschaftlich brach sein Kummer hervor, daß er sie zum Schweigen brachte. Sie schämten sich und vermochten nichts mehr zu sagen, und vielleicht entstand aus diesem Gefühl der Scham die Entscheidung, drei Missionen zu den Ungläubigen zu senden. Drei Gruppen von Brüdern sollten nach Marokko, Tunis und Ägypten gehen. Das war ein äußerst mutiger Beschluß, und wir haben bereits gesehen, welches furchtbare Martyrium die Brüder in Marokko erwartete. Der Führer der Mission zu den Moslems in Ägypten sollte Franz selbst sein. Er hatte sich nach diesem Augenblick gesehnt. Es war vier Jahre her, daß er die Predigt des Papstes in der Laterankirche hörte, und seither hatte er geduldig der Stunde geharrt, die Gott ihm bestimmen würde. Nun war sie endlich gekommen, und er sollte auf einen Kreuzzug gehen.

DIE KREUZZÜGE

Es darf der Geist nun tragen
Ein solch Gewand und Wehr
Durch das nicht Schwert und Speer
Ihn ritzt mit einer Wunde.

Jacopone da Todi, Lauda von einer
vollkommenen Liebe

1

Der Kreuzzug, den Papst Innozenz III. entfacht hatte und
den er nicht mehr erleben sollte, war jetzt in vollem
Gange, und die christlichen Armeen standen in Ägypten. Franz
muß schon eine ganze Weile danach verlangt haben, sich ihnen
anzuschließen, doch hielt ihn zurück, daß ihm der Wille Gottes
noch nicht klar war. Wie wir wissen, sah er in den Ereignissen
einen deutlicheren Fingerzeig Gottes als in seinen eigenen
Gefühlen, denen er zutiefst mißtraute. Durch den spontanen
Beschluß des Ordens, die Ungläubigen aufzusuchen, war die
Sache entschieden. Nun sah er den fernen Horizont, dem er
allen voran als Bahnbrecher zustreben mußte. Denn zurückzu-
bleiben, während die anderen dem Martyrium entgegengin-
gen, war für ihn unvorstellbar. Bei früherer Gelegenheit hatte
er bei der Erörterung der Frage, ob er sich den Missionsreisen
der Brüder anschließen solle, zu Kardinal Ugolino gesagt:
„Herr, es würde mich sehr beschämen, die Brüder in ferne
Länder zu senden, ohne die Mühsal und Kümmernisse zu teilen, die ihnen dort bevorstehen."

Vom praktischen Gesichtspunkt aus war es kaum die rechte
Zeit für Franz, Italien zu verlassen, denn die Brüder, deren
Denkweise in dem neuen Steinhaus ihr Kennzeichen gefunden hatte, würden dann freie Hand bekommen. Aber Zweck-
mäßigkeit ließ Franz außer acht, wenn ihm der Wille Gottes
begreiflich geworden war, und in diesem Fall zeigte seine Entscheidung hohe, himmlische Weisheit. Was ein Mann tut, nicht
was er sagt, macht ihn unwiderstehlich. Dem, der von seinen
Überzeugungen spricht, wird man höflich zuhören, dem jedoch,
der für sie zu sterben bereit ist, werden andere Menschen folgen. Wenn Franz zu Hause geblieben wäre, um mit den unzufriedenen Brüdern über das Kreuz Christi zu streiten, hätte
er die später stattfindenden Änderungen um ein paar Monate

hinausschieben können. Aber dann hätte ein wichtiges Kapitel in seinem Leben gefehlt: das Kapitel des Martyriums. Wir werden später sehen, daß er den Orden nicht durch Streitigkeiten, sondern durch seine Verbindung mit dem Leiden Christi rettete. Zwar erlitt er auf den Kreuzzügen kein Martyrium, aber ohne Kreuzzug hätte es wahrscheinlich kein Alvernia gegeben. Er hatte für Christus in Ägypten sterben wollen, und hier wurde sein Opfer angenommen, hier vollzog sich die Vereinigung.

Er wollte zweifellos durch die Hand der Ungläubigen sterben und setzte darauf seine Hoffnung. Bonaventura sagt: „Er verlangte sehnsüchtig danach, sich als Opfer für den Herrn den Marterflammen darzubieten, um Christus, der für uns starb, wenigstens etwas zurückzuzahlen." Man kann sich durchaus nicht ohne weiteres vorstellen, daß das seine Lebensauffassung war. Er hatte in seiner Jugend die normalen Wünsche der Menschheit geteilt: Leistung und Erfolg erstrebt, Zuneigung und Liebe begehrt und als Gipfel des Glücks von Heldentaten geträumt, die ihm Ruhm bringen sollten. Diese Ansichten hatten sich nicht nur geändert, sondern völlig ins Gegenteil verkehrt. Er beanspruchte nichts mehr von Gott, verstummt war der Schrei nach neuen Gaben. Wie Sonnenstrahlen hatten ihn Gottes Liebe und Freigebigkeit so ganz durchflutet, daß er nur noch danach verlangte, etwas von seiner Schuld abzutragen. Er hätte bestimmt als erster die Sinnwidrigkeit seines Sehnens erkannt und belacht: Denn was kann eine Mücke für die Sonne tun, außer die Flügel zu strecken und in ihren Flammen zu sterben? „Eine größere Liebe kann niemand haben als die, daß er sein Leben für seine Freunde hingibt. Ihr seid meine Freunde ..." In diesen Worten drückt Christus eine gegenseitige Verpflichtung aus. Wenn Gott und Mensch Freunde sind, können beide füreinander sterben, und für beide ist der Kalvarienberg Höhepunkt des Daseins und Augenblick der Vereinigung. Franz sehnte also mit ganzer Seele das Martyrium herbei, und als er vom Tod der Brüder in Marokko erfuhr, erfaßte ihn nicht Reue noch Kummer, sondern reine Freude.

Bei all seiner Versunkenheit in Gott vergaß Franz niemals seine Söhne. Der kleine, feurige Wagen — das visionäre Abbild seiner Besorgnis um sie —, den die Brüder in Rivo Torto geschaut hatten, war immer bei ihnen. Ehe er sie verließ, tat er alles mögliche, um den ruhigen Lebensablauf der Bruderschaft während seiner Abwesenheit zu sichern. Er bestellte zwei Brüder zu Ordensleitern: Matthias von Narni, der in der Portiuncula leben und die Novizen empfangen, und Gregor von Neapel, der die Provinzen durchreisen sollte, „um die Brüder zu trösten". Er setzte in die Loyalität dieser beiden solches Vertrauen, daß er glaubte, das Wohlergehen seiner Söhne ihrer Obhut überlassen zu dürfen.

Unter den zwölf Brüdern, die ihn nach dem Osten begleiten sollten, waren Peter Cathanii, Barbaro, Illuminato, der einst Herr von Rocca Accarina im Tale von Rieti gewesen, und Leonard, der auch aus dem Adelsstande war. Die treue Freundschaft dieser vier erhöht die Wahrscheinlichkeit der Geschichte, daß Franz die Zwölf nicht selbst gewählt habe. Es wäre ihm auch gar nicht ähnlich, sich mit denen, die er am liebsten hatte, zu umgeben, wenn er vielleicht den Martertod erleiden müßte.

Die Geschichte besagt, Franz habe ein Kind herbeigerufen, das unter den vielen, die ihn begleiten wollten, die zwölf Männer wählen sollte. Der Orden dürfte durch ein Ereignis im April des Jahres, in dem Franz seinen ersten erfolglosen Versuch machte, die Ungläubigen zu erreichen, tief bewegt und vielleicht wesentlich beeinflußt worden sein, worauf sowohl die Gegenwart eines Kindes im Kreis der Brüder hinzuweisen scheint wie die Tatsache, daß man ihm die Wahl überließ.

Ein Schäferknabe in Vendôme hatte seine jungen Gefährten zu einem Kreuzzug aufgefordert. Voll Ungeduld über die Säumigkeit der Erwachsenen hatte er ausgerufen, daß, wenn Männer das Heilige Grab nicht befreien wollten, Kinder es tun würden. Wie dem Rattenfänger von Hameln folgte ihm ein Zug von Kindern nach Marseille, wo ihnen von der unwegsamen See Halt geboten wurde und die Erwachsenen sich weigerten, ihnen Fahrzeuge zu überlassen. Die Geschichte des Kinderkreuzzuges ist Franz bestimmt tief ins Herz gedrungen, und vielleicht war der Kleine, der die Männer auswählte, ein Schäferknabe.

Wieder stachen Franz und seine Freunde von Ankona aus in See, und diesmal reisten sie mit einem Geleitzug von Truppenschiffen der Kreuzfahrer über Zypern nach Akkon an der syrischen Küste. Die Reise dauerte etwa sechs Wochen. Man kann sie sich an Deck des Schiffes vorstellen, wie sie mit Herzklopfen auf den ersten Anblick des Heiligen Landes warteten, wie sie zunächst durchaus nicht entscheiden konnten, ob die verschwommenen Umrisse, die sie am Horizont sahen,

Wolken oder die Berge von Palästina wären. Als sie sich näherten und die Küste von Galiläa erkannten, hat Franz gewiß mit allen Brüdern ein freudiges Te Deum angestimmt. Langsam kam das Schiff nach Akkon, dem kleinen Hafenstädtchen zwischen den Dattelpalmen — Akkon, das einst Accho Ptolemais geheißen hatte, als die Phönizier von hier nach den Zinninseln des Westens gesegelt waren. Von den Hügeln oberhalb Nazareth könnte der Knabe Jesus die blaue See und die von Ptolemais absegelnden Schiffe gesehen haben. Es wird berichtet, daß Joseph von Arimathia mit den Phöniziern segelte und daß ihn Christus, der Sohn Gottes, auf einer der Reisen begleitete. Von Erinnerungen umfangen und wie bezaubert bei dem Gedanken, daß Nazareth so nahe lag, landeten die Brüder in Akkon, wo Bruder Elias, der Provinzialminister von Syrien, sie erwartete. Elias betreute die Minderbrüder, die bereits im Heiligen Land waren. Aber sie konnten nicht in Akkon bleiben, wo die Truppenschiffe nur angelegt hatten, weil es der militärische Stützpunkt für Damiette war. Nachdem sie Elias und die Brüder begrüßt hatten, segelten sie die Küste entlang nach Damiette an der Nilmündung, wo die christliche Ritterschaft seit anderthalb Jahren vor den Stadtmauern litt und starb, ohne sie bisher brechen zu können. Für den Erfolg des Kreuzzuges war die Eroberung von Damiette dringend notwendig, denn es war eines der Einfallstore nach Ägypten, und Ägypten war das Zentrum, von dem Macht und Einfluß der Sarazenen ausging. Mit der Eroberung der Stadt würden die Kreuzritter auf halbem Wege zur Besetzung der heiligen Stätten sein.

Es muß für Franz ein großes Erlebnis gewesen sein, im Lager der Kreuzritter zu weilen, wo all seine Knabenträume Wirklichkeit wurden. In den glänzenden Zelten lebten Kirchenfürsten und weltliche Herren, Ritter und Adlige aus fast allen Ländern Europas mit ihren Mannen, Spielleuten, Streitrossen, Saumtieren, Falken und Hunden. Die Zier der Wappenschilder, Banner und fliegenden Wimpel leuchtete in Scharlach, Azur und Grün. Wenn Franz durch die farbenfrohen Lagergassen ging, vernahm er ein Sprachgewirr aus Spanisch, Französisch, Deutsch, Englisch und Italienisch, hörte Trompetenklang, Soldatenlieder und Hammerschläge auf dem Amboß. Abends, wenn der Lärm nachließ, lauschte er entzückt der Musik von Lauten und Fiedeln, den Sängen der Troubadours und stahl sich dann von den glänzenden Zelten, wo Fürsten, Ritter und Prälaten schwelgten, fort ins Dunkel. Im Fackelschein sah er die Wimpel wehen und die Lichter draußen auf See, wo die venetianische Flotte vor Anker lag, und manchmal wanderte er in die Stille der Nacht und schaute auf die Wüste hinaus, auf die der Glanz des Sternenhimmels ein mildes Licht warf; dann sog er den Atem des Ostens ein und ward sich bewußt, daß er in Ägypten war. Wenn er aber das Licht auf See und das Lagerleben hinter sich ließ, wenn er nichts als das leise Rascheln der Dattelpalmen im Wind über sich hörte, sah er nur noch eins: den kleinen Esel, der sich, von einem müden, gebeugten Mann geführt, durch die Wüste schleppte. Auf dem Esel saß eine Frau im blauen Mantel, die ihr Kind in den Armen hielt.

War er wieder von der Geschäftigkeit des Lagers umgeben, so verwirrte ihn der Gegensatz zwischen der Vision und dem Bild vor seinen Augen und wurde zur Qual. Denn er hatte sehr bald entdeckt, daß diese Ritterschaft seinen Knabenträumen nur äußerlich entsprach. Einer oder der andere nur glich einem Parsifal, der sich, bei der Messe hingerissen, in den Anblick des erhobenen Kelches verlor. Manchmal sah er in einem bärtigen Gesicht den großen Kaiser Karl, oder ein Roland lächelte ihn mit verstehenden Augen an. Im Gefolge der Bischöfe und Äbte waren einige fromme Priester, und manch ein braver Mann fand sich unter dem rauhen Reitervolk.

Doch gab es in dieser Armee der Kreuzfahrer auch viel Gesindel aus ganz Europa, das nur auf Beute aus war. Es brach Franz fast das Herz, die Trunksucht und das Laster im Lager anzusehen, er war entsetzt, und es überraschte ihn nicht, daß während der Belagerung viel Unglück geschehen und viel Blut vergossen worden war. Als die Führer der Armee einen, wie sie glaubten, letzten Angriff auf Damiette planten, wußte er, daß er fehlschlagen würde. So viel Sünde, wie er um sich sah, mußte unvermeidlich Tod und Qualen nach sich ziehen. Er war um diese Menschen in großer Angst, aber er dachte praktisch wie immer. Was konnte er tun? Er konnte den Sündern Buße und den gekreuzigten Christus predigen, und er konnte sein möglichstes tun, den Angriff auf Damiette zu verhindern.

Es war für ihn leichtere Arbeit, den Sündern zu predigen, die er liebte und mit denen er umzugehen wußte. Liederlicher Adel, Weltgeistliche, Räuber und Galgenvögel hörten dem kleinen Mann erst ein wenig belustigt, dann jedoch mit angespannter Aufmerksamkeit zu. Er machte ihnen Angst um ihr Seelenheil, und wenn sie nicht gar zu verhärtet waren, zwang er sie in die Knie. Es gab viele Bußfertige, und in der Messe sah man nicht nur die frommen Ritter, sondern die Menge der Männer, die bald dem Tod geweiht sein würden und nun auf das Paradies hoffen durften, da sie, wie der Schächer am Kreuz, ihre Sünden bereut hatten. Um jene Zeit sagte man von Franz: „Er war so liebenswert, daß alle ihn verehrten." Auch in diesem Lager hatte der Heilige sein Königreich.

Hingegen gelang es ihm nicht, den Angriff auf Damiette zu verhüten. Er scheute nicht oft vor einer Pflicht zurück, und wenn er sich auch vor Martern nicht fürchtete, so fühlte er sich bei dem Gedanken, den Armeeführern die Niederlage vorauszusagen, nicht sehr wohl. „Sage ich ihnen, daß sie unterliegen werden", äußerte er zu einem der Brüder, „so werden sie mich für einen Narren halten; schweige ich, dann wird es mir mein Gewissen abdrücken. Nun sprich: Was meinst du, soll ich tun?" Der Bruder antwortete mit Humor: „Erstens bedeutet das Urteil der Menschen dir nichts, und außerdem werden sie dich nicht erst jetzt einen Narren nennen."

Franz ging also mutig zu den Anführern und warnte sie, doch sie lachten ihn aus, und am 29. August 1219 marschierte die große Armee bei Trompetengeschmetter mit fliegenden Fahnen der Niederlage und dem Tod entgegen. Franz konnte sich, von Seelenqual gepeinigt, nicht dazu entschließen, dem Verlauf der Schlacht zu folgen. Zweimal schickte er einen Bruder auf einen hochgelegenen Beobachtungsposten, und beide Male gab dieser ihm den Bescheid, er könne nichts Genaues sagen. Als Franz ihn zum dritten Male aussandte, kam er mit der furchtbaren Nachricht wieder, daß die Armee, geschlagen und aufgerieben, auf dem Rückzug sei. Nachdem die Überlebenden sich gesammelt hatten, stellte sich heraus, daß sechstausend Kreuzfahrer gefangen und getötet worden waren; fast die gesamte spanische Ritterschaft, die heldenhaft gekämpft hatte, war dabeigewesen.

Eine Zeitlang hatten Franz und die Brüder alle Hände voll damit zu tun, Verwundeten und Sterbenden behilflich zu sein, doch dann führte diese schmerzliche Tragödie den Augenblick herbei, auf den Franz gewartet hatte. Was ihn hierhergebracht hatte, würde sich jetzt durchführen lassen. Ein Waffenstillsand wurde geschlossen, damit man die Toten begraben und Verhandlungen eröffnen könne. Beide Seiten verlangten nach einer Kampfpause: der Sultan, weil er hoffte, daß die geschlagene christliche Armee vollends abziehen würde, die Kreuzfahrer, weil sie auf Verstärkungen warteten. Das war der Zeitpunkt für Franz, hinter die feindliche Front zu gehen und den Ungläubigen zu predigen.

Es ist bezeichnend für Franz, daß er beschloß, direkt zum Sultan zu gehen. Alle Ideen von Franz sind so kühn und einfach; es sind die Ideen eines Mannes, der entweder völlig verrückt oder über die Maßen vernünftig ist. Der Sultan war der Vertreter seines Volkes und das Symbol des Islam. Sein Volk würde seiner Führung folgen, und wenn man ihn zum Christentum bekehren konnte, mochte auch sein Volk für Christus gewonnen werden. Das schien Franz durchaus vernünftig zu sein, und er bat daher den päpstlichen Gesandten — der bei der Armee war —, daß er ihm erlaube, vor dem Sultan zu predigen. Sobald der Gesandte sich von dem Schreck über dieses Ansuchen erholt hatte, erinnerte er Franz daran, daß der Sultan auf den Kopf jedes gemarterten Christen einen Golddukaten ausgesetzt habe. Als das Gesicht von Franz darauf freudig aufleuchtete, gab der Gesandte nach. Mit einem Mann wie Franz ließ sich nichts anderes anfangen. Heiligen, Genies und Verrückten kann man schwer standhalten, und Franz schien etwas von allen an sich zu haben.

Er erwählte Illuminato zu der außerordentlichen Ehre, ihn auf dem Weg zu begleiten, der wahrscheinlich im Martyrium enden würde. Über die Folterungen bei den Moslems wußte man Bescheid: Enthauptung würde der Gnadenstoß nach langen Peinigungen sein. In dieser finsteren Stunde deutete nichts darauf hin, daß Illuminato im Alter von achtzig Jahren Bischof von Assisi und bei seinem Tod über neunzig Jahre alt sein würde. Illuminato bewies wahren Heldenmut, und Franz ist hierin gewiß nicht mit ihm zu vergleichen, da er ja gern den Märtyrertod sterben wollte. Für die Gefühle seines Begleiters aber zeigte er genug Verständnis, um ihn vor Beginn der Reise ein wenig zu trösten. Als ihnen ein paar Lämmer über den Weg liefen, sagte er frohgemut zu Illuminato: „Vertraue dem Herrn, Bruder; denn an uns erfüllt sich das Wort: ‚Siehe, ich sende euch wie Schafe mitten unter Wölfe.' "

Der Anblick der Lämmer muß sie an die beiden Schäferknaben erinnert haben: an jenen, der den Kreuzzug gepredigt, und auch an den, der die zwölf Männer ausgewählt hatte, die Franz auf diese Reise begleitete. Wie flach es unter dem erbarmungslosen blauen Himmel lag, dieses Ödland, das aus Schilfrohr, Lagunen und Sand bestand und auf dem keine anderen

Bäume als Palmen wuchsen. Fern waren die Wälder Italiens, fern seine Berge und Schluchten, in denen das Wasser plätscherte und die Vögel sangen, und fern auch war Assisi, ihre Heimat. Jeder Schritt brachte sie näher an die alte, schreckliche Stadt Damiette und an das Lager der siegreichen Armee des Sultans Al Kamil heran.

Die beiden kleinen Wanderer schleppten sich durch die Einöde hin, ohne auch nur einen Blick auf das Lager der Kreuzfahrer zu werfen, von dem sie schon weit entfernt waren. Dieser Landstrich trennte das Christentum von der finsteren Welt der Heiden, einer Welt, die die Menschen zittern machte, wenn sie nur an sie dachten. So schwach war die Spur, die ihre bloßen Füße im Sand hinterließen, daß der leichte Wind sie bald verwehte. Nun hörten sie schrilles Gekreisch in unbekannten Zungen, seltsames Singen — die Klänge der islamischen Welt —, und der heiße Atem fremdartiger Düfte löste Angst in ihnen aus. Sie gingen weiter bis an den Rand des Lagers, das schrecklich, reich und fremdartig vor ihnen lag. Dann hatten sie die Grenze zum heidnischen Land überschritten, und Schwerter umblitzten sie. Man stürzte sich auf sie, ergriff sie und nahm sie gefangen. Die furchtbare neue Welt schlug über ihren Köpfen zusammen.

Von da ab wird ihre wundersame Geschichte geheimnisvoll und legendenumwoben. Sie blieben einige Zeit im Sarazenenlager, aus dem sie nach vielen Leiden lebend auftauchten, und ihre Mission war augenscheinlich erfolglos gewesen. Das sind die reinen Tatsachen, über die sich ein Netz von Geschichten gebreitet hat, die wahr oder erfunden sein mögen. In bezug auf Franz entsprechen sie jedenfalls den Tatsachen, denn sie zeigen ihn uns als mutig, schlagfertig und bereit, jede Qual zu ertragen, um eine Seele für Christus zu retten.

Zunächst wurden Franz und Illuminato von den Moslem-Soldaten roh behandelt. Man schlug sie vielleicht oder legte sie einige Tage lang in Ketten. Daß die Soldaten sie für irrsinnig hielten, bewahrte sie wohl davor, umgebracht zu werden, da nach dem Gebot Allahs Geisteskranke verschont werden müssen. Franz konnte nicht mit den Soldaten sprechen, weil sie die lingua franca nicht verstanden, er konnte, was ihnen auch widerfuhr, nur „Soldan! Soldan!" ausrufen. Die Soldaten, die nicht wußten, was sie mit den Irren anfangen sollten, brachten sie zu den Höflingen des Sultans, die mit Franz sprechen und sich nach seinem Begehren erkundigen konnten. Er sagte, er sei gekommen, um dem Sultan das Evangelium Christi zu predigen. Obwohl diese Männer sehr grausam sein konnten, fehlte es ihnen nicht an Ritterlichkeit und höfischen Manieren, und sie taten dem kleinen Mann, der sein Leben so vertrauensvoll in ihre Hand gegeben hatte, nichts zuleide. Vielleicht rührte es sie, daß er müde, geschlagen, wund und im zerfetzten Habit, dennoch mit leuchtenden Augen und anscheinend völlig unbesorgt um seinen schlimmen Zustand und die drohende Gefahr vor ihnen stand. Sie erzählten Al Kamil von ihnen, und der Sultan sagte, daß er die beiden Christen sehen wolle. Er dachte wohl, die Unterhaltung mit ihnen würde eine müßige Stunde ausfüllen.

Der Sultan habe, heißt es, sich damit vergnügt, für die Audienz besondere Vorkehrungen zu treffen, und befohlen, einen ganz mit Kreuzen bedeckten Teppich auszulegen. „Wenn er auf ein Kreuz tritt, werde ich ihn der Lästerung seines Gottes anklagen; weigerte er sich, darüberzugehen, so werde ich mich als beleidigt betrachten.“ Er ging in sein großes Zelt, wo er sich, von seinen Emiren, Höflingen, Soldaten und nubischen Sklaven umgeben, niederließ. Das Blau und Karmesin der Teppiche, die Gewänder und juwelenbesetzten Turbane seines Hofstaates umglänzten ihn, und das gedämpfte Licht sprühte im Widerschein aus großen Rubinen und Krummschwertern. Ein erwartungsvolles Schweigen senkte sich auf die Gruppe, als man die zwei armen Mönche in ihrer zerrissenen Kleidung hereinführte.

Franz nahm die Pracht, die ihn umgab, nicht wahr. Er sah nur das dunkle, bärtige Gesicht von Al Kamil, dem Ungläubigen, einem Mann, für den Christus gestorben war und der ihn dennoch nicht anbetete, und in seinem Herzen erwachte ein großes Mitleid für ihn. In seine Augen trat das Licht der Liebe, als sie dem Blick des Ungläubigen begegneten, der ihn belustigt und wachsam betrachtete. Schnell ging er über den Teppich mit den Kreuzen auf den Sultan zu, der ihn sogleich höhnisch zur Rede stellte, weil er das Kreuz, das er anzubeten behauptete, mit Füßen getreten habe. Unverzüglich gab Franz eine seiner blitzschnellen Antworten: „Ihr müßt wissen, daß unser Herr zwischen zwei Schächern starb. Wir Christen besitzen das wahre Kreuz; die Kreuze der Schächer haben wir euch überlassen, und ich schäme mich nicht, auf sie zu treten.“ Der Sultan war entzückt. Durch seine Schlagfertigkeit hatte Franz sich Gehör verschafft, und Al Kamil hörte aufmerksam zu, während der böse zugerichtete kleine Christenprediger von seinem Gott zu ihm sprach. Und er sprach mit solcher Liebe und Überzeugung, daß er das Herz des Sultans rührte. Dieser fühlte sich zu dem Kleinen sonderbar hingezogen, und als sich ihre Augen wiederum trafen, verspürte er, daß sie etwas verband. Als Franz, zitternd vor Eifer und Erschöpfung, seine Predigt beendete, sprach der Sultan sanft zu ihm und forderte ihn auf, ein Weilchen in seinem Lager zu bleiben, damit sie weiter miteinander sprechen könnten; dann befahl er, daß man die beiden Mönche höflich behandele.

Wie sonderbar müssen jene Tage für Franz und Illuminato gewesen sein, als sie, wenn die Gebete und Offizien beendet waren, mit ihren Wächtern sprachen, so gut sie konnten, die fremdartigen Speisen aßen und den unbekannten Lauten in dem großen Lager lauschten. „Gott gebe euch Frieden!" Abends müssen sie den Ruf des Muezzins gehört haben: „Allah ist Gott, und Mohammed ist sein Prophet!" Wenn die Gläubigen sich im Gebet nach Mekka wendeten, beteten auch die Brüder und schlugen ihr Antlitz nach Jerusalem gerichtet, langsam das Kreuz. Franz sprach zu Al Kamil, ohne ihn für Christus zu gewinnen.

Der Sultan unterhielt sich gern mit Franz und war so entzückt von ihm, daß er ihn für immer bei sich behalten wollte. „Gerne", sagte Franz, „falls Ihr und Euer Volk Euch zu Christus bekehrt". Doch der Sultan schüttelte nur lächelnd den Kopf. Die Bitten von Franz rührten ihn; der Mann und sein Glaube übten unendliche Anziehungskraft auf ihn aus; aber was auch immer er für sich selbst dachte und anzweifelte, als Oberhaupt der islamitischen Welt konnte er nur einen Gott, Allah, und seinen Propheten Mohammed anerkennen. Franz hätte, um Al Kamil und sein Volk Christus zuzuführen und der Welt Frieden zu bringen, sein Versprechen gehalten, wäre immer bei ihm geblieben und hätte sein Leben für diesen Mann hingegeben.

Dieses Anerbieten wurde abgelehnt, aber ein anderer Weg blieb offen: Er erklärte sich bereit, sich der barbarischen Feuerprobe der Moslems zu unterziehen. „Wenn Ihr im Zweifel seid, welcher Glaube der wertvollere ist, das Gesetz Mohammeds oder das Christentum", sagte er zu seinem Freund, dem Sultan, „so lasset ein großes Feuer entzünden. Ich werde mit Euren Priestern zusammen in das Feuer gehen, damit Ihr erfahrt, welcher der würdigere und wahre Glaube ist." Der

Sultan, der beobachtet hatte, wie seine obersten Priester bei dieser Bemerkung das Lager stillschweigend verließen, meinte lächelnd, er denke nicht, daß einer seiner Priester auf diese Herausforderung eingehen würde. Darauf antwortete Franz: „Wenn Ihr versprechen wollt, daß Ihr und Euer Volk zum Christentum übertretet, falls ich unverletzt aus dem Feuer komme, werde ich allein hineingehen. Sollte ich verbrennen, so schreibt es meinen Sünden zu, sollte mich die göttliche Macht jedoch beschützen, so erkennet an, daß Christus der wahre Gott und Erlöser aller Menschen ist."

Doch der Sultan weigerte sich, die Prüfung vorzunehmen. Hätte er zugestimmt, so wäre ein Aufruhr unter seinem Volk entstanden, und Franz hätte sein Leben eingebüßt. Nach dieser Weigerung konnte Franz nur noch um die Erlaubnis bitten, in das Lager der Christen zurückkehren zu dürfen. Sie wurde ihm gewährt, und die beiden Freunde trennten sich bekümmerten Herzens. „Bete für mich", sagte Al Kamil, „daß Gott mir gnädig enthülle, welcher Glaube ihm wohlgefällig ist." Es war der Aufschrei des Pilatus: „Was ist die Wahrheit?", der Schrei der heidnischen Welt, die im Dunkel blind nach der Hand Gottes tastete.

So verließen Franz und Illuminato das Lager der Moslems und durchquerten nochmals mühselig die durch zahlreiche Lagunen unterbrochene Einöde zu den Zelten der Christen. Ihr Vorhaben war mißlungen. Weder Bekehrung noch Martyrium war ihnen beschieden worden. Sie empfanden große Bitternis, aber an die war Franz nur zu gut gewöhnt. Wenn auch seine Biographen nur von seinen Erfolgen sprechen, so muß es doch Fälle gegeben haben, bei denen seine Gebete ohne Erfolg geblieben waren, Fälle, in denen er Sünder nicht von der Sünde abzuwenden, und seine Hand Sterbenskranke nicht zu heilen vermochte. Doch seine Demut wird den ärgsten Schmerz darüber gemildert haben, denn wer war er? Nichts als ein elender Zwerg, der zu dienen oder zurückzustehen, der zu leben oder zu sterben bereit war, ganz wie Gott es wollte. Auf den Willen kam es an, nicht auf den Erfolg. Die Bereitwilligkeit war alles.

Aber die „Blümlein" wollen es dabei nicht belassen, und wenn die Geschichte, die sie über den Tod des Sultans Al Kamil erzählen, eine Legende ist, so ist diese Legende das Sinnbild einer unbekannten Wahrheit. Denn Gott, der große Wirt, vergeudet nichts. Jedes Gebet, jeder Liebesdienst, alle um seinetwillen ertragenen Schmerzen von Leib und Seele werden in dem großen Lagerhaus gesammelt, aus dem unaufhörlich Reichtum zur Rettung der Seelen strömt. Al Kamil kann Franz niemals vergessen haben, und die Erinnerung mußte sich auf ihn auswirken.

Nach der Legende versprach Franz dem Sultan, daß dieser schließlich doch ins Christentum aufgenommen werden solle und daß er, wenn er selber gestorben wäre, ihm zwei Mönche senden werde, die ihn taufen würden. „Mache dich frei von jedem Hindernis", sagte er, „so daß du, wenn die Gnade Gottes naht, zum Glauben und zur Hingabe bereit bist."

Die Jahre vergingen, und der große Sultan lag im Sterben. Franz war schon lange tot, aber Al Kamil hatte dessen Worte nicht vergessen. Er befahl, die Pässe mit Wachen zu besetzen, die, falls sie zwei Brüder im Franziskanerhabit sähen, diese sofort zu ihm bringen sollten. Zur gleichen Zeit erschien der heilige Franziskus zwei Minderbrüdern in einer Vision und gab ihnen die Weisung, zum Sultan zu gehen. Sie machten sich sofort auf, wurden von den Wachen zu ihm geführt und fanden ihn noch am Leben. „Jetzt weiß ich, daß der wahre Gott seine Diener zur Rettung meiner Seele gesandt hat", sagte er, wurde getauft und starb als Diener Christi.

2

Es war typisch für Franz, daß er nie genug getan zu haben glaubte. Nach seinen Erfahrungen im Sarazenenlager, nach den Schlägen, den Ketten und dem langen, schweren Kampf um die Seele von Al Kamil hätte es ihm niemand verdacht, wenn er sich ein wenig ausgeruht und dem Gefühl der Entmutigung und Niedergeschlagenheit hingegeben hätte. Aber der Luxus, sich für seine Stimmungen Zeit zu lassen, war bei Franz wie jeder andere Luxus ein Ding der Vergangenheit. Christus hatte die Jünger zu sagen gelehrt: „Wir sind unnütze Diener. Wir haben unsere Pflicht getan." Diesem strengen Gebot zu gehorchen, hatte eine große Läuterung in seiner Seele bewirkt. Seine Mission zu den Ungläubigen war erfolglos geblieben, aber wenn sich eine Tür schließt, öffnet sich eine andere. Also setzte er sich nach seiner Rückkehr in das Lager der Christen unverzüglich die Aufgabe, mit verdoppelter Kraft den Christen Christus zu predigen.

Darauf traten viele neu in die Reihen des Ordens. Ein französischer Bischof in der Armee der Kreuzfahrer schrieb damals ziemlich verärgert: „Rainer, der Prior von St. Michael, ist in den Orden der Minderbrüder eingetreten. Colin, mein englischer Schreiber, ist in den gleichen Orden gegangen, und sein Herr, Michael, und Dom Mathews, dem ich die Pfarre zum Heiligen Kreuz gegeben hatte, ebenfalls. Ich habe Mühe, Cantor und Henry zurückzuhalten." Das ist alles andere als entmutigend. Franz war wieder bei seiner eigentlichen Arbeit, andere mit der Fackel seiner Seele zu entflammen.

Die erwarteten Verstärkungen kamen, und im November griffen die Kreuzfahrer die Sarazenen wiederum an. Dieses Mal brachen sie durch, und Damiette wurde nach heldenhafter Verteidigung von mehr als einem Jahr erobert. Innerhalb der Mauern fand man Grauen und Elend, denn Hungersnot und Pest hatten ihr tödliches Werk verrichtet. Als der Feind ihnen ausgeliefert war, trat am Ende der langen Bemühungen die übliche demoralisierende Wirkung auf den Sieger ein, und die Christen vergaßen das Erbarmen Christi. Alle niederen Elemente wurden bis zum triumphalen Einzug in die Stadt am Fest Mariä Reinigung im Zaum gehalten, doch dann brach die Disziplin zusammen, und die Kreuzfahrerarmee sah sich den zerstörenden Kräften der Zersetzung preisgegeben. Trotz des Falles von Damiette wurde es offenbar, daß der Kreuzzug zum Mißerfolg verurteilt war, und kleine Abteilungen entmutigter Männer verließen nach und nach die demoralisierte Armee. Was Franz empfand, als er die geschlagene Stadt erblickte und sah, welcher Grausamkeiten auch die Christen fähig waren, wenn das Böse die Oberhand gewann, kann man daran erkennen, daß auch er nach dem Fall von Damiette davonzog. Wohl war er an den Anblick von Leiden gewöhnt, an den Umgang mit schlechten Menschen, aber nicht an eine derartige Hölle. Er tat sein mögliches, doch er wurde von dem entfesselten Bösen wie ein Strohhalm beiseite geworfen und ging, von Kummer überwältigt, fort. Mitleid mit sich selbst und Depressionen hatte er zu unterdrücken gelernt, und der Verzicht auf solche Stimmungen hatte ihn dazu befähigt, die Qual zu teilen, die sein Herr empfand, als er den Fall Jerusalems beweinte. So weit hatte Franz sein Leben bereits dem Vorbild Christi angeglichen.

Zu Schiff begab er sich mit einer Anzahl von Priestern, die sich dem Orden angeschlossen hatten, nach Akkon. Dort wurde er wieder von Bruder Elias empfangen, der ihm einen jungen

Novizen, Cäsar von Speyer, vorstellte. Cäsar hatte in Deutschland zum Kreuzzug aufgerufen und sich dadurch bei den Angehörigen derer, die er zum Anschluß an die Kreuzfahrer bewogen hatte, so unbeliebt gemacht, daß er nach Syrien fliehen mußte. Er war so recht ein Mann nach dem Herzen des Heiligen: ein guter Theologe und voll von der Demut und Einfachheit, die Franz an seinen Söhnen gern sah. Gerade jetzt, wo er von Gram überwältigt war, muß ein solcher Zuwachs zum Orden eine große Freude für ihn gewesen sein. Er verließ Akkon bald, um die benachbarten Christengemeinden aufzusuchen und dort zu predigen.

Dann aber verliert sich seine Spur. Im Lager des Sultans erhielt er von dessen Bruder Konradin, dem Sultan von Damaskus, das wohl kostbarste Geschenk seines Lebens, nämlich die Erlaubnis, die geweihten Stätten des Heiligen Landes zu besuchen. Zwar gewährten die Moslems auch anderen christlichen Pilgern Zutritt, aber sie mußten für diese Vergünstigung bezahlen, und Franz hätte in seiner Armut den Preis nicht erlegen können. Es scheint nur recht und billig, daß ihm dieses Geschenk von einem Ungläubigen zuteil wurde, nachdem er sich in Leiden und Gebeten so sehr bemüht hatte, die Ungläubigen für Christus zu gewinnen. So trug er sie im Herzen, als er auszog, um die Stätten zu besuchen, wo sein Herr gelebt hatte und gestorben war. Weniger noch als anderen Heiligen war es Franz gewährt, in Zurückgezogenheit zu leben. Bis ins letzte sind alle Einzelheiten seines Sterbens und seines Todes der Allgemeinheit vertraut; doch da er es liebte, sich zu verschwenden, würde ihm das nicht zu viel ausgemacht haben. Es gibt jedoch eine Periode in seinem Leben, über die nichts bekannt ist. Er zog ins Heilige Land, blieb mehrere Monate dort und kam zurück, aber er scheint nicht einmal zu Leo über diese Zeit gesprochen zu haben, denn die, „die mit ihm lebten", schrieben darüber nichts. Fast ist es, als ob Christus ihn während jener Zeit in seinen Mantel gehüllt hat, und so sind diese Monate ein Geheimnis zwischen Franz und seinem Gott.

Dennoch können wir uns, wenn wir es wollen, den Verlauf der Reise vorstellen. Zuerst hatte er Akkon nur flüchtig auf der Fahrt nach Damiette berührt, und das hatte ihm keine Zeit zu einer Reise ins Binnenland gelassen. Nun aber konnte er gehen, wohin er wollte, und sein erster Weg dürfte ihn nach Nazareth geführt haben, und vielleicht vergönnte er sich jetzt, da er ein Pilger war, Stab, Ränzel und Wasserflasche und hatte die Muschelschale des heiligen Jakob von Compostella an seinem Habit befestigt.

Franz wird sich in Nazareth zu Hause gefühlt haben, denn die Stätte, wo Christus seine Kinderjahre verbrachte, war seiner eigenen Heimat, Assisi ähnlich. Nazareth sieht vom Gebirge her auf die große Ebene von Jesreel mit ihren Olivenbäumen und Weinterrassen hinab, und im Norden erhebt sich der schneebedeckte Zug des Hermongebirges. Welch erschütternde Freude muß es für Franz gewesen sein zu wissen, daß Christus die Schönheit dieses Ortes gesehen und geliebt hatte! Unverändert lag die Landschaft da. Er sah die Werkstatt des Zimmermanns auf der Dorfstraße, den Brunnen, aus dem die Frauen Wasser schöpften, die Ochsen im Joch, den Schafhirten, der, ein Lamm auf der Schulter, zu seiner Herde wie zu seinen Kindern sprach.

Von Nazareth zog er durch den Frühling von Galiläa, durch die Wiesen voll leuchtend roter Anemonen und weißer Narzissen, die man ,Rose von Saron' nennt. Seine nackten Füße betraten dieselben Pfade, auf denen sein Herr gewandelt war. Er wird am See Genezareth gestanden und die Fischer beim Netzeflicken beobachtet haben. Wenn er hörte, wie das Wasser gegen die kleinen Boote schlug, die dort vor Anker lagen, wußte er, daß auch Christus dieses Geräusch vernommen hatte. Nachts ging er wohl auf die Hügel, um zu beten, und die Kapuze, die er tief ins Gesicht gezogen hatte, war feucht vom Tau. Dann ging er langsam hinauf nach Jerusalem: müde, auf wunden Füßen, hungrig, weil er in all diesen Monaten nur am Tisch des Herrn Nahrung gefunden hatte, und doch der Mühsal kaum bewußt, da er in die Fußstapfen Christi trat. Das wilde, kahle Bergland war so anders als die bewaldeten Höhen Italiens, aber das wunderbare Farbenspiel schien die Felsabhänge mit Blumen zu bedecken. Er erklomm den Quaransania, den Berg des Fastens, der von der Sonne ausgedörrt war; dort sollte Christus in einer Höhle gebetet haben, dort betete auch er. Er sah ihn gewiß allerorten: in der Karawanserei, wo er nachts zwischen Pilgern, Maultiertreibern, Dieben und Vagabunden gesessen hatte, denen er Geschichten erzählte; an einem Brunnen, wo er geruht und die Frauen um Wasser gebeten und die Kinder mit den blanken Augen und der braunen Haut zu sich gerufen hatte, daß er sie segne; und besonders da, wo blinde Bettler und Krüppel am Wegrand um Hilfe flehten, und in der Wildnis, wo die Aussätzigen umherirrten. Ja, überall dort sah ihn Franz, und er folgte ihm nach, wie er ihm stets gefolgt war, saß bei den Vagabunden, spielte mit den Kindern und gab fort, was er gerade bei sich trug — ein Stückchen Brot aus dem Ränzel oder ein Bund Anemonen, die er gepflückt hatte. Wer seiner Liebe, seines Gebetes oder seiner heilenden Hand bedurfte, fand ihn zum Dienen bereit.

Es muß lange Zeit gedauert haben, bis er Jerusalem erreichte, aber schließlich kam er an eine Wegbiegung, von der er die heilige Stadt, die Christus geliebt hatte, auf ihrem Hügel thronen sah. Da wird er am Weg niedergesunken sein, ohne den lebhaften Verkehr der Hauptstraße zu beachten, auf der die Kamele der vorüberziehenden Karawanen den Staub aufwirbelten. Keiner dürfte den unscheinbaren, kleinen Mann in seiner staubfarbenen Kutte, der ganz mit der Landschaft verschmolz, bemerkt haben. Wenn einer den Glanz in seinen Augen hätte wahrnehmen können, würde er sich wohl nach ihm umgesehen haben, aber beim Gebet hielt er sein Gesicht vollkommen verborgen. Er erhob sich und wanderte weiter. Vielleicht war sein Tritt unsicher, denn er hatte sich auf der Reise Malaria zugezogen, an der es bis zum Lebensende litt, und auch eine sehr schmerzhafte Augenkrankheit, durch die er schließlich erblindete. Aber Schmerz und Schwäche vermehrten seine Freude, weil er seine Leiden Christus aufopfern, sie ihm in diese Stadt mitbringen konnte, in der der Heiland so viel gelitten hatte.

Durch eines der Tore in den hohen, bräunlichen Mauern zog Franz in Jerusalem ein und mischte sich unter die Menge. Die Pilgerherberge, die sein geliebter Kaiser Karl der Große im achten Jahrhundert gegründet hatte, war zerstört, und so mußte er von einer anderen Unterkunft aus Tag für Tag seine Wege zu den heiligen Stätten machen. Er sah das Haus von Maria, der Mutter des Markus, in dem Jesus das heilige Abendmahl gefeiert, das gleiche Haus, in dem er sich den Jüngern nach seiner Auferstehung gezeigt hatte, und das Haus der Geistesausgießung, in dem nach der Überlieferung die Jungfrau Maria bis zu ihrem Tod gewohnt haben soll. Als die Christen nach der Zerstörung der Stadt aus ihrem Versteck in den Bergen nach Jerusalem zurückkehrten, fanden sie das Haus in Trümmern und bauten es als christliche Betstätte wieder auf. Während der Kreuzzüge war es ein Kloster der Regularkanoniker gewesen und etwa hundert Jahre, nachdem Franz es gesehen hatte, also damals, als die Obhut der heiligen Stätten seinem eigenen Orden anvertraut war, wurde es eine Zeitlang ein Franziskanerkloster. Von den Gärten hat man einen Blick über Jerusalem, und in der Kirche befindet sich die Kapelle des heiligen Sakraments.

Hat Franz, der Künftiges so oft vorauswußte, seine Söhne hier im Gebet erblickt, hat er gesehen, wie sie das Öl auf die Lampen gossen, den Altardienst in der Grabeskirche versahen und die Blumen im Garten von Gethsemane pflegten? Das wäre ihm eine Freude gewesen, und er hätte sich von Gott keine höhere Gunst für seine Söhne erbitten können. Er ging nach Bethanien. Durch die Olivenbäume sah er das Mondlicht auf den Garten Gethsemane fallen und betete neben dem Fels des Todeskampfes Christi.

Viele Male ging er Schritt für Schritt die Via Dolorosa entlang, die er wahrscheinlich niemals deutlich gesehen hat — nicht, weil seine Augen von der Krankheit geschwächt waren, sondern weil er sich noch immer nicht schämte, die Welt wegen der Leiden Christi weinend zu durchziehen.

Am Ende der Via Dolorosa war eine Mauer, hinter der der Hof der großen Kirche lag, in der sich die Kapelle des Kalvarienberges und die Kapelle des Heiligen Grabes befanden. Die von Kaiser Konstantin erbaute Kirche war zerstört worden, die, die Franz sah, hatten die Kreuzfahrer errichtet. Ein Teil davon steht noch heute. Dort Vigilie zu halten, muß für ihn ein derartig tiefes Erlebnis gewesen sein, daß sein Schweigen darüber nicht verwunderlich ist. In der Mitte der Kirche mit dem Dach aus Zedernholz war die Kapelle des Heiligen Grabes. In einiger Entfernung stand, etwa viereinhalb Meter höher als der Rest der Kirche, die Kalvarienkapelle, die über dem Hügel von Golgatha errichtet war. Achtzehn Stufen führten dorthin, und als Franz sie langsam hinaufgestiegen war, fand er eine Marmorkapelle mit einer Säule in der Mitte, die ein ausgemaltes Gewölbe stützte, sowie Altäre, vor denen die ewigen Lampen brannten. Von dem Loch in dem Felsblock, der dort lag, behauptete man, daß diese Vertiefung dem Kreuz Halt gegeben habe. Als er dort betete, muß die Welt um ihn versunken sein, denn er wußte nur noch, daß er auf dem Kalvarienberg am Fuß des Kreuzes kniete.

Unten, wo das Hauptgebäude der Kirche stand, kam er auf dem Weg zur Grabeskapelle erst in die dunkle Engelskapelle und betrachtete voller Ehrfurcht den Stein, auf dem der Engel der Auferstehung gesessen haben soll. Die Öffnung zum Felsengrab war sehr eng, und wer hineinkriechen wollte, mußte sich niederbeugen. Nicht mehr als drei oder vier Menschen konnten in dem Raum ohne Fenster vor dem Altar knien, der die Stelle bedeckte, an der die Leiche Christi gelegen hatte. Auch hier betete Franz. Während der Kreuzzüge war es Sitte, daß junge Leute, nachdem sie Vigilie gehalten, vor dem Altar im Felsengrab kniend den Ritterschlag empfingen. Nun kniete auch er dort, als Ritter Christi zu wachen.

Zu Weihnachten war Franz in Bethlehem, das nur siebeneinhalb Kilometer von Jerusalem entfernt ist, und er zog dorthin auf den Spuren der ersten Pilger aus fernen Landen, auf den Spuren der Heiligen Drei Könige. Er kam am Brunnen des Sterns vorüber, wo sie, wie man sagt, zu einem Trunk haltmachten; denn sie waren erschöpft und hatten den Stern aus den Augen verloren, doch als sie sich über den Brunnen neigten, sahen sie ihn im Wasser wieder scheinen. Mag sein, daß auch er dort anhielt, um seine Flasche aufzufüllen, ehe er zu den weißen Mauern weiterwanderte, hinter denen Bethlehem zwischen seinen Zypressen liegt. Da er hügelige Städtchen wie dieses gern hatte, wird er sich auch hier, ganz wie in Nazareth, heimisch gefühlt haben. In den engen Gassen sah er die alten Häuser, welche über Kalksteinhöhlen erbaut waren, die als Stallungen dienten. Er fragte nach der Geburtsstätte Christi, und man zeigte ihm eine kleine Tür in einer dicken Mauer. Sie war so winzig, daß sie nur ein Kind ungebeugten Hauptes hätte durchschreiten können, und war so angelegt worden, damit die Ungläubigen nicht hineinreiten und die christlichen Beter darin erschlagen konnten. Franz jedoch würde das als Symbol von Christi eigener Demut angesehen haben, da sein Herr sich tief genug gebeugt hatte, um Mensch zu werden. Das war auch das Sinnbild der Demut, die er von seinen Anhängern forderte, denn in das Himmelreich können nur die eingehen, die wie die Kinder werden. Franz neigte sich und trat durch die niedere Pforte in die Kirche des Konstantin, ein Gotteshaus von strenger Schönheit, das der Kaiser nach seiner Bekehrung zum Christentum erbaut hatte. Er stieg die Treppe vom Chor hinunter zum Keller und kniete in dem engen Raum, wo das Herz der Welt schlägt, weil Christus dort geboren wurde.

Sicher hat er um diese Weihnachtszeit noch an einer anderen Stelle gebetet, bevor er nach Jerusalem zurückkehrte, und das war der Ort in dem Hochtal, wo die Hirten ihre Schafherden hüteten, als sie die Engel singen hörten. Noch immer weideten Schäfer dort ihre Herden, wie sie es seit unvordenklichen Zeiten getan hatten.

Es kam der Augenblick, da er den Rückweg nach Akkon antreten, der letzte Tag, an dem er dem irdischen Jerusalem Lebewohl sagen mußte. Es gab noch ein anderes, an das er auf diesem letzten Teil der Pilgerfahrt freudig dachte, denn in seinen Mauern lebte alles, was er liebte. „Wann werde ich dahin kommen, daß ich erscheine vor Gottes Angesicht?"

Auf dieser Reise muß Franz oft verlassene Burgen der Kreuzfahrer gesehen haben, und dann blutete ihm wohl das Herz um das verlorene christliche Königreich von Jerusalem. Und doch wäre der ritterliche Saladin so ganz ein Mann nach seinem Herzen gewesen, denn er gab all seinen Reichtum den Notleidenden und starb so arm, daß man das Geld zu seinem Begräbnis borgen mußte. Als der schlichte Leichenzug durch die Straßen von Damaskus kam, brachen die Menschen weinend zusammen und sagten, daß ein Heiliger von der Erde gegangen sei, ganz wie es nach dem Tod von Franz in Assisi geschah. Es ist ein sonderbarer Gedanke, daß diese beiden gleichgestimmten Seelen, nur durch wenige Jahre getrennt, in dem Land gewesen waren, das ihnen beiden heilig war.

Aber es gab eine Kreuzritterburg, die noch in voller Pracht dastand, und wahrscheinlich hat Franz sie gesehen, denn sie lag an der Hauptstraße der Karawanen längs der Küste, an jener Straße, über die die römischen Legionen marschierten und auf der ihnen die Kreuzfahrer folgten, weil sie der Weg aller Pilger nach Jerusalem war. Athlit war die letzte Burg, die die Kreuzfahrer im Heiligen Land hielten. Ihre hohen Mauern ragten zwischen den Felsen am Ufer des Mittelmeers empor, wo die Wellen über den goldenen Sand schäumen. Sie war im Besitz der Tempelritter, deren Ordensbanner von den Zinnen flatterte. Das mag eine der letzten lebhaften Erinnerungen gewesen sein, die Franz mit sich nach Akkon nahm. So endete das große Erlebnis, das mit Ausnahme des einzigen anderen das größte bleiben sollte, und es hatte ihn für sein eigenes Gethsemane und seinen Kalvarienberg gestärkt, die seiner zu Hause in Italien warteten.

Doch das sind nur Vermutungen, denn alles, was er hier tat und dachte, ist sein Geheimnis.

Vierter Teil

DIE MACHT UND DIE HERRLICHKEIT

DIE HEIMKEHR

Nicht kann der Knecht Gottes erkennen, wieviel Geduld und Demut er in sich habe, solange ihm das Seine zuteil wird. Kommt aber einmal die Zeit, wo ihm die, die ihm das Seine zu geben hätten, Widriges geben — so viel Geduld und Demut er dann hat, so viel hat er und nicht mehr.

Aus den Schriften des heiligen Franziskus

1

Bei seiner Rückkehr nach Akkon wurde Franz vom Provinzialminister Bruder Elias, Cäsar von Speyer und Peter Cathanii empfangen. Außerdem war noch der junge Laienbrüder Stephan da, der mit vielen Nachrichten für Franz aus Italien gekommen war. Er erzählte ihm vom Martyrium der Brüder, die der Orden nach Marokko geschickt hatte. Franz, der diesen Tod für sich ersehnt hatte, war nicht eifersüchtig, sondern nur Gott unendlich dankbar, daß er seinen Söhnen die höchste Ehre des Martyriums zugebilligt hatte. „Nun kann ich wirklich sagen, daß ich fünf Brüder habe", meinte er. Er oder sie — darauf kam es nicht an; der Orden war eins. Aber Stephan hatte auch andere Nachrichten. Die Brüder, die Franz am nächsten standen, hatten Stephan ausgeschickt, daß er Franz suche und ihn bitte, heimzukommen und sie zu retten. Er war zu lange fort gewesen, so lange, daß man sich zu Hause fragte, ob er gestorben sei. Seine ungetreuen Söhne hatten geglaubt, nun tun zu können, was sie wollten, und seine Getreuen waren in Gram und Verzweiflung. Das war der Anfang einer Prüfung, die für Franz schwerer zu ertragen war als Folter und Feuer, und das muß er gewußt haben, als er Stephan bat, ihm ausführlich von den Vorgängen zu erzählen. Seine geschwächte Gesundheit machte es ihm schwer, dem Schrecken und Kummer über den Treubruch standzuhalten, aber im Geist war er still und stark, denn er hatte neben dem Fels des Todeskampfes Christi gekniet, und er hatte ihm Stärke gegeben.

Die Nachrichten hätten kaum schlimmer sein können. Die beiden, denen Franz die Verwaltung des Ordens während seiner Abwesenheit anvertraut hatte, Matthäus von Narni und Gregor von Neapel, hatten das in sie gesetzte Vertrauen gebrochen. Sie hatten sich an die Spitze der unzufriedenen Brüder gestellt und auf dem Kapitel, dem sie vorsaßen, dem Orden eine völlig neue Satzung auferlegt, die vollkommen im Gegensatz zu der Regel stand, die Innozenz III. genehmigt hatte — jener Regel, die die Minderbrüder zu halten gelobt hatten, dem Gebot Gottes, das sie zu dem machte, was sie waren. Die treuen Brüder, die sich geweigert hatten, die neue Satzung anzunehmen, waren von den beiden Generalvikaren verfolgt worden. Einige hatte man ganz aus dem Orden ausgestoßen, und Stephan hatte heimlich ohne Wissen der Generalvikare aus Italien fliehen müssen.

Die neue Satzung war wunderbar dazu geeignet, die Ritter Gottes auf den Abfall von Frau Armut vorzubereiten und sie eine maßgebende Rolle in den Angelegenheiten der Kirche spielen zu lassen. Nicht länger sollten die Franziskanermissionare in Lebensgefahr hinausziehen, um sich dem Spott und vielleicht dem Märtyrertod auszusetzen, sondern sie sollten Schutzbriefe des Papstes bei sich tragen und der Orden nur gesetzlich genehmigte Arbeit leisten. Franz hatte, weil es Bruderliebe und Frömmigkeit förderte, die Bildung kleiner Gruppen begünstigt. Diese sollten jetzt von viel größeren Gemeinschaften ersetzt werden, die anstatt in Einsiedeleien und ländlichen „Stätten" in gut gebauten Klöstern leben würden. Diese Klöster sollten Bibliotheken besitzen, damit die Minderbrüder es den anderen religiösen Orden an Wissen und Gelehrsamkeit gleichtun könnten. Eine verwirrende Anzahl von Vorschriften und Verfügungen sollte die wenigen schlichten Gebote der Liebe ersetzen, die sich auf das Evangelium Christi stützten.

Bei dieser Erzählung müssen Franz viele Erinnerungen an seinen Herren und Meister und an die glücklichen alten Zeiten des Ordens durch den Kopf gegangen sein. Kein genehmigtes Gesetz hatte Christus und seine Apostel vor dem Martyrium beschützt, und kein steinernes Haus hatte Wind und Regen und Bettler von ihnen ferngehalten. Christus, der der größte Gelehrte der Welt hätte sein können, sagte den Weisen des Tempels in Jerusalem Lebewohl und ging, seinen Eltern untertan, mit ihnen heim nach Nazareth. Er hätte unter den Fürsten der Erde ein großer Herr sein können, doch er wählte seine Freunde unter den Armen und Ausgestoßenen. Franz gedachte des sonnigen Frühlingstages, an dem Bernhard all sein Gut den Armen gegeben hatte. Wenn er von dem Geld eine Bibliothek gebaut hätte, wäre die Freude auf dem Marktplatz nicht so groß gewesen. Er erinnerte sich an den Ausruf des Pacifico, und ihn hatte er nicht erst nach einem Jahr des Noviziates, sondern in Minuten aus der Welt zu Gott führen können. Er entsann sich der Nächte unter dem gestirnten Himmel und der freundlichen Blumen, Vögel und Tiere; an die Freundlichkeit der Armen, mit denen man sein letztes Stück Brot teilt, wenn man sich, dicht beieinanderhockend, hinter einem Heuschober vor dem kalten Nachtwind schützt. Unzweifelhaft waren die neuen Satzungen voller Weisheit und Vernunft, und die anderen Orden lebten nach ähnlichen Regeln. Aber die Minderbrüder waren nicht wie die anderen Orden, sie waren von Gott dazu berufen, die Armut und das Leiden ihres Herrn Jesus Christus anzunehmen zur Erlösung der Sünder, für die er gestorben war.

Franz hat wahrscheinlich zunächst nicht viel zu dem bekümmerten Bruder gesagt, aber als sie später bei ihrer Mahlzeit saßen und er das Pergament mit der neuen Satzung in der Hand hielt, fielen seine Augen auf die Stelle, die angab, was die Minoriten an diesem oder jenem Tage essen oder nicht essen dürften. Er las, daß die Brüder auch an den Tagen, die nicht Fasttage waren, kein Fleisch verlangen, und daß sie außer an den in der Regel vorgesehenen Tagen auch an den Montagen fasten sollten. Vor ihnen stand gerade Fleisch auf dem Tisch. Er sah seinen alten Freund Peter an und fragte: „Messer Peter, was sollen wir tun?"

„Oh, Messer Franz", antwortete Peter, „tue, was du für richtig hälst, denn du hast zu bestimmen."

„Dann werden wir essen, was man uns vorgesetzt hat, wie es das Evangelium will", sagte Franz. Und sie aßen Fleisch.

Sobald wie möglich, wahrscheinlich im folgenden September, segelte Franz mit Peter Cathanii, Cäsar von Speyer und Elias, die ihm helfen und in der Notlage beistehen sollten, nach Italien zurück. Elias genoß sein Vertrauen, und zweifellos bot ihm der außerordentlich fähige Mann zu jener Zeit großen Trost.

Sie erreichten Venedig, wo sie einige Tage blieben, da Franz nicht wohl war, und als sie sich auf den Heimweg begaben, war er zu schwach zum Gehen und mußte auf einem Esel reiten. Bruder Leonhard, der mit Franz gefahren und nun mit ihm zurückgekehrt war, führte das Tier, doch zeigte er sich an jenem Tage der Bruderschaft mit dem Esel nicht würdig. Wären sie in Gefahr geraten, so hätte er seinen Wert wohl erwiesen, aber heute bestand die Schwierigkeit nicht in Wölfen oder Räubern, sondern in wunden Füßen und verletztem Stolz. Er war ein großer Mann in der Welt gewesen, dem Pferde und Diener zu Gebote gestanden hatten. Er äußerte kein Wort der Klage, doch da er ein aristokratisches Naturell hatte, machten ihn die Steine am Weg so ungeduldig wie die Erinnerung an vergangenen Glanz. Er dachte im stillen: „In der Welt würden meine Angehörigen nicht neben einem Bernadone einhergehen, und hier muß ich mich hinter seinem reitenden Sohn entlangschleppen." Er hatte dabei vergessen, daß Heilige Gedanken lesen können. Franz hielt den Esel an, stieg ab und sagte höflich: „Bruder, nimm meinen Platz ein; es gehört sich wahrlich nicht, daß ich reite, während du, der du vom Adel abstammst, zu Fuß gehst." Leonhard, von Gram und Scham überwältigt, sank vor Franz in die Knie.

Sie zogen nach Bologna weiter, und dort brach das Unwetter los. Der Provinzialminister der Lombardei, Peter Stacia, war Doktor der Rechte der Universität Bologna. Er hatte seinen akademischen Ruhm um Christi willen aufgegeben, als er in den Orden eingetreten war, doch gehörte im tiefsten Herzen seine Liebe noch immer der Gelehrsamkeit. Nachdem Franz als im Osten verschollen galt und sich im Orden Änderungen vollzogen, flammte die alte Leidenschaft wieder auf. Die Dominikaner hatten in Bologna eine Schule eröffnet, und warum sollten die Minoriten nicht dasselbe tun? Er sammelte Geld, baute ein Studienhaus und erklärte es zum Besitz des Ordens. Franziskanische Scholaren strömten herbei, und er vergaß in seinem Eifer ganz und gar, daß Bernhard von Quintavalle hierhergeschickt worden war und was sich dabei zugetragen hatte. Wahrscheinlich war ihm vor lauter Entzücken entgangen, daß er die Ordensregel gebrochen hatte, an die er wie an Gott in dreifachem Gelübde gebunden war. Er hatte Geld gesammelt, das Franziskaner nicht berühren durften, besaß im Namen des Ordens Eigentum, und außerdem entsprach die Lebensweise im Kloster nicht mehr der evangeliumsgemäßen Armut und Einfachheit, die sie gelobt hatten.

Diesen Tatsachen stand Franz nun gegenüber, als er krank und besorgt in Bologna ankam, und er verwandelte sich für kurze Zeit in einen wütenden, unduldsamen, ja erbarmungslosen Menschen, in dem man den wahren Franz kaum hätte erkennen können. Alle Sanftheit, aller Humor jenes „Messer Peter, was sollen wir tun?", worin wir den wirklichen Franz erblicken, verlor sich in der Härte, die aus ihm hervorbrach wie die unterirdischen Brände eines Vulkans. Aber auch diese Härte war ein Teil von Franz. Die Heiterkeit der Heiligen ist nicht unbedingt etwas, das ihnen angeboren ist, sondern die Frucht ihres Bemühens. Robert Bridges sagt von ihnen: „Ihren augenscheinlichen Liebreiz gewinnen sie durch eiserne Zucht bis zum Äußersten." Die mühsam bewahrte Beherrschung kann verlorengehen, wenn ein Mensch über das Maß seiner Kräfte geprüft wird. Im Zustand körperlicher Erschöpfung stand Franz nun seinen eigenen Söhnen gegenüber, die dem Ideal, für das er sein Leben eingesetzt hatte, untreu geworden waren. Das war zuviel für ihn. Es ist ein tröstlicher Gedanke, daß die Schwäche des Fleisches sogar die Heiligen zuzeiten verführt.

Franz fluchte dem Peter Stacia mit jenem Vaterfluch, der ihn einst selbst so geängstigt hatte und den jeder Italiener des Mittelalters fürchtete. Er befahl den Brüdern, die im Kloster lebten, es unverzüglich zu verlassen. Obwohl er sonst so mitfühlend mit Leidenden war, kannte er kein Erbarmen mit denen, die krank daniederlagen. Sie mußten aus ihren Betten aufstehen und sich entfernen. Er selbst weigerte sich, das Haus zu betreten und suchte Zuflucht bei den Dominikanern, und ihnen blieb es überlassen, ihn um Nachsicht für die Brüder zu bitten, die sich bekümmert und betrübt zu jeder Buße bereit erklärten, die er fordern werde. Die Wut begann zu verebben, und er verlangte nichts von ihnen, nur durften sie nicht mehr in das Kloster zurückkehren.

Dann verließ er Bologna. Während der wenigen Jahre, die er noch zu leben hatte, wich er zwar keinen Zoll zurück und bewahrte seine eigene Lauterkeit, aber er brach nie mehr in Wut aus oder ließ sich dazu hinreißen, seinen Söhnen Gehorsam einzubläuen. Es scheint, als hätten Kummer und Scham, die er nach seiner Abreise aus Bologna erduldete, alle Härte von ihm genommen. Wie tief seine Reue war, ersieht man daraus, daß er nicht nach Hause ging, sondern nach Rom ritt. Ein Traum, den er damals hatte, bringt seine Gedanken zum Ausdruck, und er diente ihm wohl als Richtschnur für die Zukunft. Die drei Gefährten erzählen uns, daß „er eine kleine schwarze Henne sah, die Federn an den Füßen hatte wie eine zahme Taube. Sie hatte so viele Küchlein, daß sie

sie nicht alle unter ihre Flügel nehmen konnte, weswegen sie außerhalb der Flügel im Kreis um sie herumsaßen. Über diesen Anblick dachte er beim Erwachen nach und durchschaute mit Hilfe des Heiligen Geistes sogleich, daß mit der Parabel von der Henne er selbst gemeint war. Er sagte: ‚Ich bin die Henne, klein von Gestalt und schwarz von Natur, und ich sollte einfach wie eine Taube sein und auf den Flügeln der Tugend zum Himmel fliegen. Der Herr der Gnaden gab mir Söhne und wird mir noch viele geben, die ich aus eigener Kraft nicht zu schützen imstande sein werde. Deshalb ziemt es sich, daß ich sie der heiligen Kirche anvertraue, die sie im Schatten ihrer Flügel bewahren und sie leiten wird.'"

Der Zornesausbruch in Bologna und die darauffolgende Reue ließ ihn sich selbst für einen größeren Sünder denn je — „schwarz von Natur" — halten. Er hätte mit seinen irrenden Söhnen sanft wie eine Taube sein sollen und war böse und unduldsam gewesen. Er war nicht länger wert, sie zu betreuen, und er hatte jetzt so viele, die zu stark und eigenwillig waren, als daß er sie weiterhin lenken konnte. Als er nur wenige Söhne besaß, hatte er sie alle unter seine Flügel nehmen können. Aber nun ging das nicht mehr, denn „sie saßen außerhalb der Flügel im Kreise um die Henne herum". Stärkere, breitere Flügel mußten sie bedecken. Es ist eines der Gnadengeschenke Gottes, daß wahre Reue einen Sünder dem Herrn näher bringen kann, als er ihm gewesen ist, bevor er sündigte. So wird Franz sich auf dieser Reise, auf der tiefste Demut in seinem gebrochenen Herzen war, seinem Herrn sehr nahe gefühlt und seines Rufes gedacht haben: „Jerusalem, Jerusalem ... Wie oft habe ich deine Kinder um mich sammeln wollen, wie eine Henne ihre Küchlein unter ihren Flügeln sammelt; doch ihr habt nicht gewollt." Auch Christus hatte die Sorge gekannt, daß seine Kinder im Kreis außerhalb seiner Flügel saßen.

Wenn Franz seinem üblichen Brauch folgte, ging er bei der Ankunft in Rom zuerst an das Grab des Petrus, um zu beten, und ihn erfüllte die Erinnerung an jenen Tag, an dem er die erste kleine Gemeinde von Minderbrüdern zum Papst geführt hatte. Nun begab er sich wieder zum Heiligen Vater, und weil er zu viele Söhne hatte, mußte er allein gehen. Er war zu beschämt und demütig, um eine Audienz zu erbitten, bei der er mit den Ehren empfangen worden wäre, die dem Oberhaupt des Minoritenordens zukam. Deshalb ging er auf den

Korridor vor dem Gemach des Papstes, wo er warten wollte, bis der Heilige Vater herauskäme. Da er zum Stehen zu müde war, setzte er sich auf den Fußboden. Schließlich öffnete sich die Tür, und als der Papst heraustrat, grüßte Franz ihn mit den Worten: „Vater Papst, Gott gebe dir Frieden."

Der alte, fromme Honorius III., der Franz liebte, antwortete: „Gott segne dich, mein Sohn" und hörte Franz, der seine Not beschrieb, an. Er sagte, der Papst habe so viel Arbeit und sei so erhaben, daß die Armen nicht jederzeit Zutritt zu ihm bekommen könnten. Er wünschte, daß Honorius einen weisen Mann ernenne, der ihm und dem Orden an Stelle des Papstes ein Vater sein würde, an den er sich um Rat und Führung wenden könne. „Wen soll ich dir geben, mein Sohn?" fragte der Papst, und Franz erwiderte: „Gib mir den Herrn Kardinal von Ostia." So wurde Kardinal Ugolino der Stellvertreter von Papst und Kirche und nahm die Minoriten, deren Schutzherr er wurde, unter seine Fittiche.

Franz hätte um keinen besseren Schutzherrn bitten können, denn der Kardinal war schon durch sein Naturell sehr geeignet, alles, was möglich war, zur Heilung des Bruches zwischen Franz und den rebellischen Brüdern zu tun. Er verstand beide Seiten, da sie den beiden Seiten seines Charakters entsprachen. Er war ein Gelehrter, Diplomat und fähiger Administrator, aber auch ein demütiger Sohn des Herrn. Als Gelehrter sympathisierte er mit den Brüdern, die verlangten, studieren und ihren Verstand für Gott brauchen zu dürfen. Diese Forderung hielt er für berechtigt. Wenn ein Mensch von seiner Intelligenz keinen Gebrauch macht, vergeudet er eine Gottesgabe. Gelehrte aber brauchten Bücher. Als Verwalter begriff er, daß ein Orden aus Tausenden von Brüdern nicht ganz in der alten Art von Bettelei leben konnte, ohne der Laienbrüderschaft zur Last zu fallen, und daß die Zahl der Kranken und Alten, die in einer ständig wachsenden Gemeinschaft von Männern zunehmen mußte, angemessener Fürsorge bedürfen würde. Der einzige Ausweg war, Geld aufzutreiben, um Klöster mit Bibliotheken und Krankenhäusern zu bauen. Je größer die Zahl der Männer werden würde, um so strenger müßte die Disziplin, um so achtsamer das Noviziat sein. Ihm schien, daß diese Änderungen der Natur der Sache nach kommen mußten.

Seine Aufgabe würde es sein, dem Orden, soweit es anging, bei der Bewahrung des franziskanischen Geistes der Einfachheit, Demut und Liebe zu helfen. Gleichzeitig mußte er aber auch versuchen, Franz vor übermäßigem Leid zu bewahren, denn er liebte ihn von ganzem Herzen und fühlte mit ihm. Franz würde in der Zukunft mit seiner eigenen ablehnenden Haltung gegenüber unvermeidlichen Änderungen bei vielen kein Verständnis mehr finden, aber zu denen würde er nicht gehören. Denn er war aus seiner eigenen demütigen Hingabe an Gott zu verstehen imstande, daß Franz ganz unfähig war, Jesus Christus, den armen Gekreuzigten, von seiner Armut oder seiner Kreuzigung zu trennen. Aus dieser grundsätzlichen Unfähigkeit war die Überzeugung gewachsen, daß man Männer, die von Gott zur Nachfolge Christi berufen waren, auch nicht davon trennen dürfe. Ein Minderbruder mußte in äußerster Armut sich selbst ans Kreuz schlagen, oder er war kein Minderbruder. In irdischen Dingen würden Kompromisse nicht zu umgehen sein, aber in dem, was den Himmel anging, würde Franz sie verweigern und würde sich selbst treu bleiben. Das war das alte, qualvolle Dilemma: Wie kann man gleichzeitig in zwei Welten leben?

Während des Winters von 1220 war der Kardinal in Rom und traf mit Franz zur Besprechung der Schwierigkeiten zusammen. Diese Erörterungen führten zu zwei Beschlüssen, aus denen die geteilten Sympathien des Kardinals deutlich zu ersehen sind. Peter Cathanii, der treue Freund und redliche Sohn von Franz, sollte Matthäus von Narni als Generalvikar der Portiuncula ersetzen, und seine Anwesenheit sollte Franz als Trost und Stärkung dienen.

Aber vor dem nächsten Pfingstkapitel sollte Franz die Ordensregel einer Durchsicht unterziehen und sie mehr den unvermeidlichen Änderungen anpassen, die im Laufe der Jahre eingetreten waren. Dann nahmen sie Abschied, und Franz machte sich auf den Heimweg zur Portiuncula. Die Nachricht verbreitete sich schnell im Gebirge und von einer Einsiedelei zur anderen, wo sich die treuen Söhne vor den Verfolgern verborgen hatten, und Freude brach wie Frühlingsknospen hervor. Der Vater war nicht gestorben! Er lebte und war wieder daheim, und nun würde alles wieder gut werden. Der Frühling nahte, und in den Bergen grünte das Gras unter dem schmelzenden Schnee.

Aber Franz brachte der Frühling Kummer, denn am 10. März starb Peter Cathanii. Für seinen alten Freund freute er sich wohl, denn Peter hatte den Kreuzzug überlebt und die

Portiuncula noch einmal in ihrer Blütenpracht gesehen, aber für die Sorgen, die er jetzt hätte teilen sollen, war sein Leben zu kurz gewesen. Sein Tod war ein unersetzlicher Verlust für Franz. Nie wieder würde er sagen können: „Messer Peter, was sollen wir tun?"

2

Vielleicht lag ein Trost für Franz darin, daß der fähige Elias Bombarone der Nachfolger Peters als Generalvikar der Portiuncula wurde, denn Elias konnte schweigen, wenn es ratsam war, und noch wußte Franz nicht, daß die Sympathien des Mannes, den er sich als Helfer aus dem Osten mitgebracht hatte, den Feinden gehörten. Man hat Elias als den Judas der franziskanischen Geschichte bezeichnet, doch das geht bestimmt zu weit. Die Ähnlichkeit mit Judas besteht hauptsächlich darin, daß auch er ein Rätsel aufgibt. Sein schwieriger, unverständlicher Charakter ist von denen, die seine ungewöhnliche Laufbahn durchforscht haben, sehr unterschiedlich beurteilt worden.

Elias Bombarone war in Beviglia, einem Dörfchen, das etwa fünf Kilometer von Assisi entfernt liegt, geboren. Aus dieser Stadt stammte auch seine Mutter, die einen sehr armen Matratzenmacher geheiratet hatte. Es heißt, daß Elias so klein und dürr war wie ein Mensch, der in seiner Kindheit gehungert hat; aber zum Ausgleich besaß er große Charakterstärke, hohe Intelligenz und einen Ehrgeiz, der vielleicht von der Bitternis der so jung erfahrenen Armut und seiner Entstellung herrührte. Wie Franz hatte auch er seine Träume, aber während Franz Ritterdienst vorschwebte, ersehnte Elias Macht. Da er bereit war, hart dafür zu arbeiten, vermochte er, sich die Macht, die er begehrte, auch zu verschaffen. Tagsüber lernte er bei seinem Vater Matratzen machen, und abends studierte er mit solchem Feuereifer, daß er schon als halber Knabe an einer der Schulen von Assisi Unterricht gab. Nach seinem späteren Charakterbild zu urteilen, behandelte er fügsame Schüler freundlich und liebenswürdig, widersetzliche jedoch brutal; doch es kann nicht viel Widerspruch gegeben haben, da er über andere Menschen große Macht ausübte. Es ist nicht bekannt, ob er Franz damals begegnete, denn er blieb nicht lange in Assisi. Irgendwie gelang es ihm, trotz seiner Armut nach Bologna zu kommen und sich beim Studium an der berühmten Lehrstätte hervorzutun. Er wurde Notar, studierte aber auch Geisteswissenschaften und machte alchimistische Experimente. Seine Begabung für Naturwissenschaft, die ihn interessierte, erregte die Aufmerksamkeit von Kaiser Friedrich II., und sie wurden Freunde.

Franz und Elias, die damals beide neunundzwanzig Jahre alt waren, lernten sich im Jahre 1211 in Cortona kennen. Die schöne Stadt mit der etruskischen Mauer liegt hoch oben auf einem Berg. Ein Fluß fällt zum Trasimenischen See herab durch eine große, dicht bewaldete Schlucht voller Linden, Kastanien, Eichen und Stechpalmen, und dort gibt es am Abhang Höhlen, die den Carceri ähneln. Es war Frühling, als die beiden in dieser schönen Gegend zusammentrafen, und Elias wurde Franziskaner. Das überrascht an ihm am meisten, denn die Niedrigkeit eines Minderbruders war einem Mann seiner Art fremd und stand außerdem seinem Ehrgeiz im Wege.

Die Erklärung scheint bei Franz selbst zu liegen. Ehe er Elias begegnete, hatte er die vierzig Fastentage auf einer Insel im Trasimenischen See verbracht. Dorthin habe er, heißt es, zwei Laib Brot mitgenommen, wovon er einen halben verzehrte. Lieber hätte er, wie der Herr in der Wüste, gar nichts gegessen, aber in seiner Demut wagte er nicht, sich Gleichheit mit Christus anzumaßen. Er verbrachte die vierzig Leidenstage mit Gott allein im Gebet, und nach diesem einzigartigen Erlebnis begab er sich, zermürbt und erschöpft, aber voll der Freuden des Herrn, die sein Gesicht verklärten, nach Cortona, wo er Elias traf. Franz war von einer Aura himmlischen Friedens umgeben, und Elias mußte ihn lieben, hat aber wahrscheinlich nie vorher und nie wieder irgend jemand geliebt. „Mein Volk sei dein Volk und mein Gott sei dein Gott" — das war es, was hier den Ausschlag gegeben hatte.

Elias war ein frommer Mann und von Natur aus asketisch, so daß es einem, der ihn nicht genau kannte, scheinen mochte, als könne er mit Franz den gleichen Weg bis zu Ende gehen. Das Hindernis lag in seiner Liebe zur Macht, die die Wurzeln seines Wesens wie eine Schlange umringte. Alle seine Gaben waren in diesem Machtstreben verankert: seine große Intelligenz, seine Energie, sein Ideenreichtum und das herzliche Vergnügen, das er daran fand, das Leben anderer Menschen zu bestimmen. Es machte ihm gar nichts aus, dem, was er an weltlichem Gut besaß, zu entsagen, aber die Schlange, die er mehr liebte als den Heiland, konnte er Christus nicht opfern. Gerade das aber wäre erforderlich gewesen. So zerbrach er schließlich an seinem Stolz, und er brachte über Franz, den er liebte, unermeßliches Leid. Das war die Tragödie seines Lebens.

Natürlich stieg er in der kleinen Welt der Minderbrüder ebenso schnell auf, wie er es überall sonst getan hätte. Er war erst etwa fünfunddreißig Jahre alt, als er zum Provinzialoberen von Syrien ernannt wurde. Vom Vikar der Portiuncula an Stelle von Peter Cathanii war es nur ein kleiner Schritt bis zum Generaloberen des Ordens an Stelle von Franz, und er wäre insofern ein ganz ausgezeichneter Ordensgeneral gewesen, als er ein guter Organisator war, der Disziplin aufrechtzuerhalten verstand. Nach dem Tod von Franz spaltete sich der Orden in zwei Richtungen wie ein Strom, der sich in zwei Wasserläufe teilt. Die Observanten blieben den Idealen von Franz treu und lebten das alte Leben der Armut in Einsiedeleien und dürftigen „Stätten" weiter, und die Anhänger des Elias, die Konventualen, führten in ihren Klöstern, Schulen und Spitälern das große Werk des Lehrens und Pflegens fort, das durch seine Energie eingeführt wurde.

Aber nach dem Tod von Franz ging in Elias eine Wandlung vor. Seine Liebe zu Franz hatte ihn weich und nachgiebig gemacht, aber sobald der besänftigende Einfluß dahin war und er, wie er es ausdrückte, „in tiefster Nacht zurückblieb", entwickelte sich aus seinem Stolz eine grausame Gewaltherrschaft. Brüder, die sich ihm widersetzten, geißelte er und setzte sie gefangen, und darunter waren auch die, die Franz am meisten geliebt hatte, und sogar Leo; wenn es wahr ist, daß Leo in einem Wutanfall das Gefäß zerschlug, in dem Elias Geldgaben zum Bau von San Francesco sammelte, so war er gewiß schuldig. Selbst seine eigenen Anhänger hatten unter der Heftigkeit und Tyrannei des Elias zu leiden, und die gelehrten und talentierten Männer, die er in den Orden gezogen hatte, waren nicht so sanften Wesens wie die früheren Franziskaner. Die Vorstellung, die Franz „von der vollkommenen Freude" hatte, würde ihnen nicht mehr zugesagt haben. Schließlich konnten sie Elias nicht mehr ertragen und stießen ihn aus. Er trat zurück, und sein Freund, Gregor IX., der ehemalige Kardinal Ugolino, dem er manches Leid zugefügt hatte, nahm sein Abschiedsgesuch an.

Schnurstracks ging er zu Kaiser Friedrich II., seinem alten Freund und dem Feind Gregors, und trat in seine Dienste, was der Papst ihnen dadurch vergalt, daß er sie beide exkommunizierte. Elias arbeitete für den Kaiser bis zu dessen Tode. Obwohl er sein Vertrauter und Gesandter war, betrachtete er sich trotz der Exkommunikation als Franziskaner und kleidete sich in die Kutte mit dem Zingulum. Nach dem Ableben Friedrichs kehrte er nach Cortona, wo er Franz erstmalig getroffen hatte, zurück und baute hoch oben in den Wolken über der Stadt ein Kloster und eine Kirche, die er San Francesco nannte. Hier lebte er — von den ghibellinischen Bürgern von Cortona der „Herr Elias" genannt — mit einer Anzahl von Brüdern, die sein Los teilten, bis zu seinem Ende.

Aber Trotz und Stolz machten nicht den ganzen Elias aus, denn neben dem Despoten lebte in ihm der sanftmütige, zärtliche Mensch, der Franz liebte und von Franz geliebt wurde. Das zeigt sich uns in einer Geschichte aus der Frühzeit des Ordens. Als Agnes im Alter von zweiundzwanzig Jahren als Äbtissin nach Monticelli geschickt wurde und ob der Trennung von Klara vor Kummer krank war, schrieb sie: „Gebiete Bruder Elias, zu mir zu kommen und mich oft, sehr oft in Jesus Christus zu trösten." Pater Cuthbert verweist auf zwei von Elias errichtete Gebäude, die für die zwei Menschen in ihm bezeichnend wären: San Francesco in Assisi und die „Celle" von Cortona. San Francesco, das zwei Kirchen, den für Gregor IX. erbauten päpstlichen Palast und das große Kloster umfaßt, bedrückt durch Umfang und Großartigkeit, aber die „Celle", die kleine Einsiedelei, die Elias oberhalb des Flusses in der Waldschlucht dort erbaute, wo er oft mit Franz entlanggegangen war, ist so schlicht wie seine Sanftheit zu dem heimwehkranken Mädchen und so demütig wie seine erste Liebe für Franz.

Wäre es nicht möglich, in San Francesco in Assisi nicht nur ein Denkmal für den Stolz, sondern auch für die Reue des Elias zu sehen? Er war sich seiner Grausamkeit zu Franz während dessen letzter Lebensjahre vielleicht gar nicht bewußt, denn wiewohl er alles, wofür Franz sich einsetzte, mit Füßen trat, sorgte er rührend für sein leibliches Wohlergehen. Aber als Franz tot war, muß er es wohl verstanden haben, und nichts ist so schmerzlich wie die verspätete Erkenntnis, daß man zu einem geliebten Menschen grausam gewesen ist. Elias sparte bei der Errichtung des Denkmals für den geliebten

Mann nicht an Mühe, Geld, Kraft oder Phantasie, aber es war zu spät, und der Ort scheint etwas von der Kälte auszustrahlen, die sein gramvolles Herz erfaßt hatte. Die kleine „Celle" aber spiegelt das Glück der Jugendtage wider, die er mit Franz zusammen in Cortona erlebte.

Vom ersten Schmerz über den Tod des Heiligen erfüllt, schrieb Elias dem Orden einen Brief, der, wie die „Celle", das Beste aus ihm hervorbrachte. Die Anfangssätze haben den Klang reiner Dichtung: „Was ich für euch und mich gefürchtet, ist geschehen. Der Tröster, der uns wie Lämmer im Arm getragen, ist von uns gegangen und hat sich zur Pilgerfahrt ins ferne Land aufgemacht ... Der Liebling Gottes und der Menschen ist in das Haus des ewigen Lichts eingegangen." Die Unterschrift lautete: „Elias, der Sünder."

Letzten Endes siegte die Demut des Heiligen. In all den Jahren der Leidenschaft und des Stolzes, als er Generaloberer, kaiserlicher Ratgeber und „Herr Elias" von Cortona war, muß die reine Flamme seiner Liebe für Franz im Verborgenen gebrannt haben. Doch als er alt und krank wurde und nicht mehr auf große Unternehmungen ausziehen konnte, vielleicht auch schon zu schwach war, um wie einst seine Umgebung zu beherrschen, zerbrach der Stolz. Dann saß er, der Welt vergessend, allein hoch oben über Cortona im Kloster, das von Wolken umgeben war; wenn der Wind schwieg, konnte er tief unten in der Schlucht das Wasser plätschern hören. Dort stand die „Celle", von würziger Luft umweht. Manchmal dachte er ein Weilchen an die Vergangenheit und durchlebte noch einmal die Tage, in denen er der geliebte Sohn von Franz gewesen war und zu der fröhlichen, tapferen Brüderschaft gehört hatte. Er kniete wieder mit ihnen in Santa Maria degli Angeli und stimmte in den Sang der Brüder ein, oder er zog mit ihnen den steilen Pfad nach Assisi hinauf, wo alle Glocken den Feiertag einläuteten. Auch mochte er mit einem Leid zu Franz, dem Tröster, eilen, und der ging mit ihm „in den Wald", wo sie beteten. Plötzlich schreckte ein scharfer Laut ihn auf — ein Fensterladen, der im Wind schlug — und er war wieder in dem einsamen Kloster von Cortona. Es war kalt, und er war allein. Auch die getreuen Brüder, die noch am Leben waren, sprachen nicht von ihm. Denn auf ihm lag der Bann.

Der Gedanke an seine Exkommunikation drückte ihn wie eine unerträgliche Last, und er schlug sich an die Brust und murmelte Stunde um Stunde die gleichen Worte: „Ach, was war und was bin ich für ein hoffärtiger, großer Sünder. Verschone mich, Herr, und verurteile Deinen Knecht nicht. Verschone mich, Herr, verschone mich." So vergingen die Tage in bitterer Reue, bis aller Stolz geschwunden war. Dann starb er, nachdem er gebeichtet hatte, in Frieden. Niemand besuchte sein einsames Grab, das in Cortona noch zu sehen ist.

3

Doch all das lag am Pfingsttag 1221 bei der Eröffnung des Kapitels noch in der Zukunft verborgen. An diesem Tag hieß Elias als Vikar der Portiuncula die Brüder mit all der Freundlichkeit und dem Charme, die ihn bei vielen so beliebt machten, willkommen. Es war für die Dreitausend, die zur Portiuncula gezogen kamen, eine wirklich freudige Gelegenheit. Franz lebte! Sie hatten gefürchtet, daß der Vater gestorben wäre, und da war er nun; älter zwar und hinfälliger, aber doch wenigstens am Leben! Jene, die während seiner Abwesenheit Verfolgungen ausgesetzt gewesen und sich wie Schiffer im tosenden Sturm vorgekommen waren, fühlten nun, daß dieser Sturm sich gelegt hatte, und sie im Hafen der Portiuncula gelandet waren. Sie sprachen Dankgebete und drängten sich freudig um Franz; sogar jene, die mit Franz nicht übereinstimmten, dankten Gott dafür, daß er in Sicherheit war. Denn weder jetzt noch später wollte jemals ein Mann Franz ausschalten, dazu liebten sie ihn alle viel zu sehr. Sie wollten ja nur, daß er dem Fortschritt zugänglich werden solle. Wenn einige wenige ihn nicht liebten, so wollten auch die ihn trotzdem nicht missen, denn sein gewaltiger Einfluß war für den Orden von unschätzbarem Wert.

Kardinal Ugolino konnte an diesem Kapitel nicht teilnehmen, aber ein anderer Kardinal führte den Vorsitz, und ein Bischof feierte das Hochamt, wobei Franz als Diakon diente. Dann hielt er die Predigt. Auf dem Kapitel der Strohdächer hatte er das Spielmannslied zum Text gewählt, doch diesmal gaben nicht Harfensaiten, sondern Trompetenstöße den Ton an. Er wählte den 143. Psalm: „Gepriesen sei der Herr, mein Gott, der meine Hände zum Kampf unterweist", und obgleich er krank war, klang seine Stimme so voll wie je. Bei dieser Predigt muß den Reformatoren der Mut geschwunden sein, denn er sprach nicht wie ein Mann, den man für eigene Zwecke einspannen konnte. Franz war nicht gekommen, um in Neuerungen einzuwilligen, sondern um die alten Grundsteine zu befestigen.

Das Kapitel erwartete die Verlesung der abgeänderten Regel mit Zagen. Der junge Cäsar von Speyer hatte Franz bei der Überprüfung geholfen, aber der Ruf, der ihm vorausging, war eher ein weiterer Grund zur Besorgnis. Die Regel wurde verlesen und bestätigte die schlimmsten Befürchtungen der Neuerer. Nichts war geändert, sondern der Nachdruck lag auf dem bereits Vorhandenen. Strengste Befolgung der Evangelien und evangeliumsgemäße Armut waren noch immer die Grundlage. Zwei neue Vorschriften waren der Regel hinzugefügt worden. Franz hatte keine bösen Worte über die Verfolgung seiner Getreuen oder über den Klosterbau zu Bologna gesprochen, aber die neuen Regeln waren ein weit härterer Schlag für die Reformatoren, als ein neuer Wutausbruch gewesen wäre, denn durch sie sorgte Franz ein für allemal dafür, daß sich solche Dinge nicht wiederholen konnten. Die erste Vorschrift besagte, daß kein Bruder einem Oberen zum Gehorsam verpflichtet sei, der ihm „etwas gegen unsere Lebensweise oder unsere Seele zu tun befiehlt, denn das, wodurch Fehler oder Sünden begangen werden, ist kein Gehorsam". Die zweite Vorschrift untersagte die Sammlung von Geld für Häuser oder „Niederlassungen".

Die enttäuschten Oberen versuchten anschließend, die Dinge mit Franz durchzusprechen. Einer war besonders verzweifelt, weil seine Bücher, wie er sagte, viel Geld wert wären. Franz rief leidenschaftlich aus: „Oh, ihr Brüder, die ihr von den Leuten Minderbrüder genannt werden wollt und euch den Anschein gebt, als folget ihr dem Evangelium, möchtet doch gar zu gern ein Schatzkästlein haben! Aber ich werde wegen eurer Bücher nicht das Buch der Evangelien hingeben. Tut ,was ihr wollt, aber mit meiner Erlaubnis werdet ihr den Brüdern keine Falle stellen!"

Diesen Standpunkt vertrat er in den folgenden Monaten weiter. Wenn sie nicht auf ihn hören und nicht gehorchen wollten, wie sie es dem Papst versprochen hatten, würde er sie nicht zwingen. „Ich gedenke nicht, wie ein Halsrichter zu strafen oder wie ein weltlicher Richter zu geißeln", sagte er später. „Ich habe ein geistliches Amt, nämlich ihre Laster zu überwinden und sie durch mein Wort und Beispiel zu bessern." Aber er würde ihre Taten nicht gutheißen oder ihnen gestatten, daß sie der Welt vortäuschten, sie lebten als seine gehorsamen Söhne, wenn sie es in Wirklichkeit nicht täten. Würden sie nicht gehorchen wollen, müßten sich ihre Wege trennen. Er sei entschlossen, Christus bis ans Lebensende zu folgen.

Die Mehrzahl der dreitausend Anwesenden bemerkte wahrscheinlich die Spannung zwischen Franz und den Oberen nicht, bis es zur Bestellung der Brüder für die Missionsarbeit kam. Dann nahmen sie eine Veränderung an ihm wahr. Er war so müde, daß er nicht sprechen konnte, und Elias sprach an seiner Statt, während Franz am Boden neben ihm saß. Sobald er wollte, daß Elias etwas Bestimmtes sagen sollte, zupfte er ihn bescheiden am Habit. Der neigte sich dann zu ihm herunter, und Franz flüsterte es ihm zu, denn er hatte im Verlauf der herzzerreißenden Streitigkeiten nicht nur seine Kraft, sondern auch seine Stimme verloren, nicht jedoch seine Leidenschaft für die Seelen. Seit die franziskanische Mission in Deutschland mißlungen war, hatte er um dieses Land Sorge getragen und dachte, man müsse es noch einmal versuchen. Er hatte manchmal Gruppen deutscher Pilger nach Rom wallfahrten sehen, und der Anblick hatte ihn tief berührt. Das hatte er Elias zugeflüstert, der jetzt zu den Brüdern sagte: „Brüder, unser Bruder sagt, in einem Land, das Deutschland heißt, wohnen fromme Christen, die wie ihr wißt, oft in schweren Stiefeln und mit langen Stekken durch unser Land ziehen. Sie singen zu Gottes und der Heiligen Lob und wandern, von der Glut erhitzt, zu den Gräbern der Apostel. Aber da unsere Brüder, als sie nach Deutschland geschickt wurden, schlecht behandelt worden sind, will unser Bruder niemand zwingen, wieder dorthin zu gehen. Doch falls einen der Eifer für Gott und Menschenseelen anfeuert, sich dazu bereit zu finden, wird er ihm ebenso gern, nein, lieber noch, zustimmen als denen, die über See zu den Ungläubigen gehen. Die das tun wollen, mögen vortreten."

Franz hatte sie nicht vergebens aufgerufen, und das schwierige Pfingstkapitel endete in einem plötzlichen Aufflammen des echten, alten Franziskanergeistes. Die Teilnehmer der Mission hatten so Furchtbares berichtet, daß die Versammlung der Brüder eine zweite Mission nach Deutschland als den sicheren Tod ansahen; viele hatten erst auf dem Kapitel von der Tortur und Enthauptung der Märtyrer in Marokko erfahren. Trotzdem erboten sich sogleich neunzig Mann, die freudig für Christus in Deutschland sterben wollten. Sie hatten noch immer den alten Mut, und die Scharen erschauerten in Stolz und Entzücken.

Dann erfolgte wie ein Witz in dieser Erzählung der ernsten und beängstigenden Vorgänge die Wendung zu der üblichen Komödie. Ein Mann aus Umbrien namens Giordano da Giano, der durchaus nicht den Wunsch hatte, ein Märtyrer oder auch nur ein Missionar zu werden, liebte es, wie manch einer von uns, sich den Mutigen zuzugesellen, solange ihm das keine Verpflichtungen auferlegte. Er schlenderte zu den tapferen Neunzig hinüber und lief leutselig schwatzend zwischen ihnen umher und fragte diesen und jenen nach Namen und Geburtsort, damit er in späteren Jahren damit hermachen könne, daß die und die seine Freunde gewesen seien und er wohl der letzte Mensch gewesen wäre, der mit ihnen auf dem Kapitel gesprochen habe. Aber das Verhängnis kam, als er seine Fragen an einen Bruder mit besonderem Scharfblick richtete. „Wie heißt du, Bruder?", fragte er unschuldig. „Palmerio", antwortete der andere, „und da du schon einmal hier bei uns bist, mußt du mit uns kommen." Dabei hielt er Giordano fest und wollte ihn nicht mehr loslassen. Der Arme protestierte vergeblich und sagte dann kläglich, daß er Elias fragen werde, was er tun solle. Elias antwortete mit der Gegenfrage, ob er denn zu gehen wünsche. Da bewies Giordano, daß er eben doch ein echter Franziskaner war. Er war zu Gehorsam und Selbstlosigkeit erzogen worden, und er sprach das Wort „Ich will nicht" niemals aus. Statt dessen sagte er: „Ich wünsche weder zu gehen noch nicht zu gehen." „Dann gehst du besser", sagte Elias. Und Giordano ging.

Nur fünfundzwanzig von den neunzig Freiwilligen wurden für die Mission nach Deutschland ausgewählt. Cäsar von Speyer führte diese bemerkenswerte Gruppe mutiger und heiterer Männer; Thomas von Celano war dabei und auch ein unternehmungslustiger Bruder, der später die Tatarei erforschte. Die zweite Missionsreise nach Deutschland war von Erfolg gekrönt, und niemand wurde gemartert. Giordano da Giano überlebte sie und schrieb, als er nach Hause kam, ein Buch darüber. Er war genau der Typ, dem Schreiben riesigen Spaß machte.

DIE FINSTERNIS

Beredt bin ich nun, der ich stumm einst gewesen
Des Kreuzes Kraft tat die Zunge mir lösen
So tief durchdrungen hat es mein Wesen
Ich kann es verkünden und allen nun lehren.

Lauden des Jacopone da Todi

1

Zweieinhalb Jahre führte Franz noch ein aktives Leben im Orden, doch wurde er zusehends kränker, zusehends unglücklicher, blieb aber demütig bemüht, soweit er konnte, den Anforderungen, die seine Söhne an ihn stellten, gerecht zu werden. Er gab jedoch niemals nach, wenn es sich um etwas handelte, was nach seiner Ansicht gegen den Willen Gottes oder die ihm bestimmte Berufung ging. Er war die ganze Zeit hindurch mutig, geduldig und liebevoll, aber diese zweieinhalb Jahre waren sein Gethsemane. Sie brachen ihn nicht. Ein schwacher Mensch zerbricht, wenn man ihm seine Lebensarbeit entwindet und ihr eine Gestalt gibt, die er verabscheut, und wenn ihm widerwärtig wird, was sein schöner Traum gewesen ist. Aber Franz hatte niemals angenommen, daß ihm irgendetwas — nicht einmal seine Träume — gehöre, und seine Fähigkeit, sich von allem zu trennen, machte ihn zu einem starken Mann, dessen Stärke in dem Bewußtsein lag, daß nichts ihm die Kraft und die Herrlichkeit zu beten und zu leiden rauben könne und es ihm möglich sein würde, sie bis zu seinem Tod für seine Söhne aufzuopfern.

Nach dem Kapitel von 1221 ließen Elias und seine Leute Franz keine Ruhe. Aus einer Geschichte im „Spiegel der Vollkommenheit" geht hervor, wie Franz darauf reagierte.

Ein junger Novize wünschte sich einen Psalter, der ihm selbst und nicht der ganzen Gemeinschaft gehören sollte, und Elias, der nun den Titel und die Amtsgewalt eines Generaloberen hatte, gab ihm Erlaubnis dazu. Doch wollte der Novize erst die Billigung von Franz einholen, und deshalb lauerte er ihm auf und sagte zu ihm: „Vater, es wäre mir ein großer Trost, ein Psalmenbuch zu besitzen. Der Generalobere hat es mir gestattet, aber ich will trotzdem, daß du davon weißt."

Franz antwortete: „Kaiser Karl, Roland, Oliver und alle Paladine und Mannen waren mächtige Kriegshelden, die die Ungläubigen in harter Arbeit und im Schweiße ihres Angesichts in den Tod trieben. Das war ein denkwürdiger Sieg, und dann starben sie schließlich in der Schlacht als Märtyrer für den christlichen Glauben; aber heutzutage gibt es gar viele, die gern Lob und Ehren dafür einheimsen würden, daß sie das, was die anderen taten, nacherzählen."

Diese hitzige Antwort, die sich alle Schriftsteller, alle Giordanos da Giano, zur Lehre dienen lassen sollten, erledigte die Sache für den Augenblick, aber nach ein paar Tagen, als Franz beim Feuer saß, kam der Novize wieder auf seinen Wunsch nach einem eigenen Psalter zurück. Franz sagte: „Wenn du den Psalter hast, wirst du dir ein Brevier wünschen. Dann wirst du auf deinem Stuhl sitzen und wie ein großer Prälat zu deinem Bruder sagen: ‚Bringe mir mein Brevier.‘" Er nahm etwas Asche und streute sie sich auf den Kopf, und während er immer wieder sagte: „Ich bin dein Brevier, ich bin dein Brevier", bewegte er seine Hand im Kreis um den Kopf, als wasche er ihn mit der Asche. Der Novize war so erstaunt und überrascht, daß Franz ihn trösten mußte. Er erzählte ihm, auch er habe sich nach Büchern gesehnt und habe deswegen gebetet, und Gott habe ihm gezeigt, daß dies nicht sein Wille sei. „Es gibt viele, die gern Wissen erwerben, aber wer Gott zuliebe verzichtet, soll gesegnet sein."

Aber noch immer gab der Novize nicht nach und versuchte es nach einiger Zeit wieder, als er Franz in der Portiuncula traf. Franz war so betrübt, so müde, daß er endlich nachgab und sagte: „Gehe und tue, wie dein Oberer dich geheißen." Der Novize ging triumphierend davon, „aber Franz rief ihm nach: ‚Bruder, warte auf mich!‘ Als er ihn erreicht hatte, sagte er: ‚Komm mit mir zurück und zeige mir die Stelle, wo ich dir gesagt habe, du sollst in der Sache mit dem Psalter nach dem Wort deines Oberen verfahren.‘ An der Stelle angekommen, kniete der heilige Franziskus vor dem Bruder nieder und sprach: ‚Mea culpa, Bruder, mea culpa, denn wer ein Minderbruder sein will, soll nach der Regel nichts besitzen außer einer Kutte, einem Zingulum und Hosen und in Fällen, wo es offensichtliche Notwendigkeit ist, ein Paar Sandalen.‘ "

In dieser Geschichte sind alle Schwierigkeiten dargestellt. Mit dem Psalter sind alle Dinge gemeint, für die Elias und seine Leute kämpften. Sie waren entschlossen, ihren Willen durchzusetzen, wollten aber die Zustimmung von Franz haben, die er sich durchaus nicht abringen ließ. Die Frage wegen der Bücher quälte ihn besonders. Er sagte sich selbst, was er auch dem aufdringlichen Novizen gesagt hatte. Wenn seine Söhne mehr und mehr Zeit damit verbrachten, über Taten der Selbstlosigkeit zu lesen und zu schreiben, würden sie immer weniger Zeit dazu haben, sie zu vollbringen, und zum Liebesdienst waren sie doch berufen. Er wußte auch, daß Menschen, die sich zuviel mit Büchern über die Wissenschaft des Betens befassen, ihre Schlichtheit und Demut verlieren, ohne die Gebet unmöglich ist.

In seinem Zeitalter gierte man nach Gelehrsamkeit. Die Männer des Mittelalters waren von der großen Welt des Wissens berauscht, die sich denen unter ihnen geöffnet hatte, die sich durch Begabung und Energie hineindrängen konnten. Die Mehrzahl jedoch, die Masse der leidenden Bauern, war ausgeschlossen. Unter den Gelehrten gab es viele Demütige und Fromme, aber sie waren Typen wie Elias und neigten dazu, eine Aristokratie der Gelehrtenwelt zu bilden. Geistiger Stolz war ihre Gewohnheitssünde, und gerade das fürchtete Franz für seine Söhne. Ein Gefühl der Überlegenheit würde sie für immer von den leidenden Armen trennen, und wenn das geschähe, so würden sie wie Salz sein, das seine Würze verloren hat, und nicht mehr Minderbrüder. Aber grundsätzlich hatte er nichts gegen Gelehrsamkeit einzuwenden. Er verehrte gelehrte Männer und hatte Respekt vor dem geschriebenen Wort, das ihm der Ausdruck göttlicher Weisheit war, so wie Blumen und Schmetterlinge Gottes Schönheit und Gnade ausdrückten. Wie gerne hätte Franz, der den Wohllaut von Versen, die Spielmannslieder, den Rhythmus der Psalmen so liebte, Bücher besessen! „Bruder", sagte er zu dem Novizen, „es hat auch mich gereizt, Bücher zu besitzen." Er kannte den Preis des Opfers, das er von seinen Söhnen verlangte, und litt darunter, es zu fordern. Noch während er die Worte sprach, streute er in tiefster Demut Asche auf seinen Kopf, den er symbolisch wie mit dem Wasser der Buße wusch. Gott hatte ihn berufen, seinen Söhnen ein Vorbild an Armut zu sein, und er rief sie auf, ihm zu gehorchen und ihn nachzuahmen, obgleich er seine Unwürdigkeit kannte.

2

Aus den Reihen der Gelehrten des Ordens ging einer hervor, der Franz ein Trost wurde. Antonius, der junge Priester, der neben dem Grab der marokkanischen Märtyrer gebetet hatte und darauf dem Orden beitrat, hatte sich „Gott zuliebe ausgeleert". Die Brüder, unter denen er still dahinlebte, hatten keine Ahnung davon, daß er ein vorzüglicher Prediger und ein Mann von umfangreichem Wissen war. Seine Anfänge im Orden waren von einer großen Enttäuschung überschattet, denn sein Wunsch, den Ungläubigen Christus zu predigen, war vereitelt worden. Auch er hatte, wie Franz selbst, bei seinem ersten Versuch Schiffbruch erlitten und war dann sehr krank gewesen. Auf dem Kapitel von 1221 war er so bescheiden und zurückhaltend, daß man ihn beinahe übersah, als den Brüdern ihre Arbeitsgebiete in den verschiedenen Provinzen zugeteilt wurden. Dann bemerkte der Provinzialminister der Lombardei den demütigen jungen Priester und nahm ihn, weil er ihn für brauchbar hielt, unter seinen Schutz. Da er Latein sprach, würde er wenigstens die Messe für die Laienbrüder in den Einsiedeleien lesen können. Also wurde Antonius in die Berge nach San Paola bei Forli geschickt, wo er sich bei den Brüdern nützlich machte. Er las die Messe für sie und freute sich daran, ganz bescheiden die schwersten Arbeiten, die er finden konnte, zu verrichten; auch betete er stundenlang einsam im Gebirge, und kaum einer beachtete ihn.

Dann aber fand im Kloster von Forli eine Feier statt, eine Priesterweihe, zu der Dominikaner zu Gast geladen waren. Die Brüder von San Paola und Antonius waren auch gekommen, und nach der Zeremonie nahmen sie gemeinsam ein Mahl ein. Nach dem Essen dachte der Bruder Guardian von Forli, daß es nun Zeit zur Erbauung wäre, und bat einen der Dominikaner, zu ihnen zu sprechen, doch die Gäste lehnten alle ab. Vielleicht wollten sie, die Gelehrten und Prediger, sich vor den demütigen Minderbrüdern nicht den Anschein der Überlegenheit geben. Aber der Bruder Guardian, noch immer auf Erbauung bedacht, sah sich in der Versammlung um, und als sein Blick auf Antonius fiel, befahl er ihm, eine Ansprache zu halten. Antonius flehte ihn an, es ihm zu erlassen, ganz wie Ruffino es bei ähnlicher Gelegenheit getan hatte, aber der Bruder Guardian, dem das ein wenig nach Ungehorsam aussah, bestand darauf und fügte, als er die Verzweiflung im Gesicht des jungen Priesters sah, hinzu, daß nur ein paar schlichte Worte, wie Gott sie ihm eingeben würde, nötig wären. Antonius stand auf und begann zu sprechen, und als seine ruhige Stimme anschwoll, senkte sich merkliches Schweigen über die Zuhörer, ein Schweigen, das in der tiefen, heiligen Bergstille, in der sie sich befanden, noch fühlbarer wurde.

Das war einer der großen Augenblicke des Franziskanerordens, eine jener Gelegenheiten, bei denen eine Predigt Geschichte macht. Antonius wollte keineswegs seine große Rednergabe oder sein bedeutendes Wissen zur Schau stellen; dazu war er gar nicht imstande. Aber da seine Gaben von Gott verliehen waren, gab er, vom Heiligen Geist geleitet, so viel davon, wie er vermochte. Nachdem er geendet hatte, setzte er sich, froh, daß es vorüber war, wieder bescheiden auf seinen Platz.

Doch nun war es vorbei mit seiner geliebten Verborgenheit, denn die neue Einstellung des Ordens ging darauf aus, strategische Punkte mit genialen Männern zu besetzen. Auch scheint die Weisheit des Herrn seine ergebensten Diener oftmals genau an den Platz zu stellen, auf dem sie besonders ungern stehen. Ihre Gaben und Vorlieben laufen einander zuwider, und die heilsame Zucht, daß sie gegen ihre Wahl eingesetzt werden, bewahrt ihre Demut. Antonius, der Mystiker, würde sich ein stilles Beterdasein in einer Eremitenzelle auf den Bergen gewünscht haben, doch bald sollte er auf Anordnung seiner Vorgesetzten predigend durch das Land ziehen, von Menschenmengen umdrängt, die ihm zuzuhören gekommen waren und die diesem glühenden Verteidiger des Glaubens den Titel „Hammer der Ungläubigen" beilegten. Aber die Vorsehung Gottes bestimmte ihn auch zu Arbeit, die mehr nach seinem Herzen war. Er machte Franz die Wiedereröffnung der Studienanstalt in Bologna und die Gründung einer Theologenschule für die Minoriten erträglicher. Die Diplomatie von Kardinal Ugolino hatte das ermöglicht, da er erklärte, das Studienhaus gehöre dem Heiligen Stuhl und nicht den Franziskanern, denen es nur geliehen sei. Den gelehrten Brüdern war es gleichgültig, wem das Haus gehörte, vorausgesetzt, daß sie wieder hinein durften, und obwohl Franz äußerst verzweifelt darüber gewesen sein muß, konnte er nichts dagegen einwenden. Es war ganz die gleiche Sache wie mit dem Kapitelhaus in der Portiuncula, das den Bürgern von Assisi gehörte. Aber Antonius, der zum Dozenten an der neuen Schule ernannt war, bewies Franz, daß ein Minderbruder ein glänzender Gelehrter sein und dennoch fromm und demütig bleiben konnte.

Welch ein Trost wäre es, wenn man denken dürfte, daß

Antonius dem Heiligen Hoffnung für die Zukunft gemacht und Franz daraus eine Vorahnung des Geschehens bekommen hätte! Denn nach den stürmischen Jahren des Überganges sollten Franziskanermissionare an alle Ecken der bekannten Welt reisen und große Ernte einbringen und Tausende Männer in grauer Kutte sich in den Elendsstätten der großen Städte abmühen. Es hätte ihn so beglückt, ihre Spitäler für Aussätzige, Alte und Kranke zu sehen, ihre Waisenhäuser und Asyle, und zu wissen, daß die geliebten grauen Brüder durch die Jahrhunderte im Kampf gegen Pestepedemien, Not und Tod stets im dichtesten Getümmel stehen würden. Das hätte ihn mit der Gelehrsamkeit des Ordens, mit Schulen und Bibliotheken, mit geschulten Chören und dem Ruhm franziskanischer Musik ausgesöhnt. Ob er davon etwas ahnte? Eines sah er mit Sicherheit voraus, nämlich daß Antonius dazu ausersehen war, einer der Großen des Ordens zu werden, denn er schrieb ihm: „Bruder Antonius, mein Bischof." Trotz der Anwesenheit des Antonius war er jedoch dauernd in Ängsten um die Brüder in Bologna und schrieb ihm: „Ich freue mich, daß du die Brüder in heiliger Theologie unterrichtest, wenn nur diese Studien den Geist des frommen Gebetes, den die Regeln vorschreiben, nicht ertöten."

Er ging in diesem Jahr mehrfach nach Bologna, und zu Mariä Himmelfahrt 1222 predigte er fast zur ganzen Stadt, die sich auf der großen Piazza zusammengedrängt hatte. Seine Predigt ist von einem Zuhörer folgendermaßen beschrieben worden: „Ich, Thomas, Bürger von Spoleto und Archidiakonus der Domkirche dieser Stadt, sah, als ich 1222 an der Universität Bologna studierte, den heiligen Franziskus auf dem Platz vor dem kleinen Palast predigen, wo sich fast die ganze Stadt versammelt hatte. Er sprach erst von Engeln, von Menschen und von Teufeln. Er erklärte ihr Wesen so genau und beredt, daß die Hörer erstaunt waren, aus dem Munde eines so einfachen Mannes solche Worte zu hören. Seine Predigt nahm auch nicht den üblichen Verlauf, sondern ähnelte mehr den Ansprachen öffentlicher Redner. Zum Schluß sprach er von der Vernichtung des Hasses und der dringenden Notwendigkeit, Friedensverträge und Bündnisse abzuschließen. Sein Gewand war schmutzig und zerrissen, sein Körper mager, sein Gesicht blaß ,aber Gott gab seinen Worten eine unerhörte Gewalt. Er bekehrte sogar Männer von Rang, deren zügellose Wut und Grausamkeit das Land in ein Blutbad getaucht hatte; viele, die verfeindet gewesen waren, söhnten sich aus. Die Liebe und Verehrung des Heiligen war allgemein; Männer und Frauen drängten sich um ihn, und die, die wenigstens den Saum seines Gewandes berühren konnten, waren glücklich."

Das ist nicht das Bild eines gebrochenen Menschen. Die geistige Macht, das Feuer und die Beredsamkeit sind unverändert vorhanden.

3

„Den die Regeln vorschreiben", hatte Franz in seinem Brief an Antonius ausgeführt, und die Regel verfolgte sie alle. Franz glaubte, daß sie von Christus selbst eingesetzt sei und er sie darum nicht ändern dürfe. Elias und seine Anhänger sahen in ihr ein großes Hindernis, das den Weg zum Fortschritt versperrte. Im Orden herrschte jetzt ein neuer Geist. Der Verlust der Einigkeit zog den Verlust von Frieden und Glück nach sich. Auf allen Seiten gab es Streitigkeiten und Vergeltungsmaßnahmen und ein Nachlassen der Disziplin. Man tadelte Franz dafür. Die neuen Männer sagten, die alte Regel sei viel zu schwierig und unmöglich zu befolgen, und Franz leiste durch seine Weigerung, sie abzuändern, der Zuchtlosigkeit Vorschub. Seine treuen Söhne tadelten ihn dafür, daß er mit den Gegnern zu gelinde verfahre und ihnen gestatte, die Macht zu übernehmen. Sein Leiden und seine Geduld verdrossen sie, und sie sahen nicht ein, daß er nur dadurch eine offene Spaltung des Ordens verhinderte. Franz verfiel in große Trostlosigkeit und fragte sich, ob er tatsächlich zu tadeln sei. Er unterzog sich einer Prüfung. Sicher mußte er sehr schwer gesündigt haben, daß solche Verwirrung seine Söhne befallen hatte. Krank und tiefunglücklich, wie er war, verlor er nun seinen Humor und seine Fröhlichkeit und fing an, unter Skrupeln zu leiden. Er überlegte, ob seine regelmäßigen Besuche bei Klara und den Nonnen von San Damiano ein Fehler seien, und entschied aus Furcht vor Mißdeutungen, daß sie aufhören müßten. So sandte er Klara eine Botschaft, um ihr zu sagen, er fühle, daß er nicht mehr kommen dürfe.

Klara fand, sie habe noch nie solchen Unsinn gehört, und erhob nachdrücklichen Einspruch. Sie sagte, die Brüder hätten versprochen, sich um die Schwestern des Ordens zu kümmern. Wenn Franz nicht mehr käme, um ihr und den Nonnen in ihren geistigen Nöten beizustehen, so sei das ein Treubruch. Sie setzte natürlich wie immer ihren Willen durch, und noch einmal machte er sich auf den vertrauten Weg nach San Damiano. Doch es war ein trauriges Zusammensein, denn er war nicht mehr der Franz, den Klara und die Schwestern gekannt hatten. Sie fanden ihn ausgemergelt und von Gram gebeugt; seine Augen hatten den Glanz verloren, und seinem Gesicht war bereits der Stempel unheilbarer Krankheit aufgedrückt. Er war nicht mehr imstande, mit ihnen so glücklich wie einst zu sprechen, er setzte sich vielmehr auf die Erde, streute Asche um sich herum und auf seinen Kopf. Er versuchte zu reden, aber als er endlich Worte fand, waren es die des Miserere: „Herr, erbarme Dich meiner." Wenigstens seine Stimme war noch unverändert, und ruhig fuhr er fort: „Herr, verwirf nicht ein gebrochenes und reuiges Herz." Als er zu Ende gekommen war, ging er ohne ein weiteres Wort davon. In dem Augenblick müssen Klara und die Nonnen bestimmt Tränen vergossen haben.

Immer häufiger zog er sich in einsame Stätten im Gebirge zurück, um Tag und Nacht zu beten. Man hatte ihm seine Autorität entrissen, und viele seiner Söhne hatten ihn verlassen, doch die Macht des Gebets blieb ihm. Auch war er nicht ganz allein. Wenn zwar der Gram um den Verlust von Peter Cathanii und um den jüngst verstorbenen Dominik noch frisch war, so weilte einer oder der andere seiner Getreuen — Bernhard, Ruffino, Angelo oder Leo, sein Sekretär — doch stets bei ihm. Konnten sie auch die Tiefe seines Kummers nicht begreifen, so konnten sie ihm doch Liebe erzeigen und ihm nahe sein. Gelegentlich, aber nur selten, brach er in bittere Klagen aus. In seinen letzten Lebensjahren fand er Trost darin, seinen vielen Söhnen zu schreiben, wenn er von ihnen getrennt war.

Kein böses Wort steht in diesen Briefen, sondern er ermahnt die Brüder darin mit Liebe und Zartheit, nach der Regel zu leben und liebevoll, demütig und gehorsam zu sein. Einer der Briefe aus jener Zeit mag an Elias gerichtet sein, denn er enthält die eindringliche Bitte um Liebe, Demut und Erbarmen, also jene Eigenschaften, die dem Elias, wie er doch wußte, fehlten. Er fängt sehr ernsthaft an: „Der Herr segne dich. Ich spreche zu dir, wie ich's vermag, über den Zustand deiner Seele." Nachdem er über Liebe und Demut geschrieben hat, fährt er fort: „Und darin will ich erkennen, ob du den Herrn und mich, seinen Knecht, liebst, wenn du also tust, nämlich, daß es keinen Bruder in der Welt gebe, der gesündigt hat, so sehr er nur sündigen kann, und nachdem er deine Augen gesehen hat, jemals ohne dein Erbarmen umkehre, wenn er nach Erbarmen fragt; und wenn er nicht nach Erbarmen fragte, frage du ihn, ob er Erbarmen will. Und wenn er danach tausendmal vor deinen Augen erschiene, liebe ihn mehr als mich, damit du ihn zum Herrn ziehst, und habe immer Erbarmen mit solchen."

Die Unzufriedenheit der Brüder mit der veränderten Regel griff um sich, und auf dem Pfingstkapitel von 1223 wurde entschieden, daß Franz aufgefordert werden müsse, sie nochmals umzuschreiben. Es ist wahrscheinlich, daß Kardinal Ugolino versuchte, Franz dazu zu bringen. Wenn er die Regel so abfassen würde, daß sie den Brüdern annehmbar erschien, könne man sie Papst Honorius zur Genehmigung vorlegen, und danach würden sie ihr gehorchen müssen. Franz entsprach ihrem Wunsch. Das tat er überhaupt immer in den letzten Lebensjahren, falls es ihm nicht gegen sein Gewissen ging, und brachte ihnen auf diese Art all die Demut und den liebenden Gehorsam dar, die er in ihnen gern hätte neu aufleben sehen. Er forderte niemals von anderen, was er nicht selbst zu geben bereit war. Mit Leo, seinem ständigen Begleiter, und noch einem anderen Bruder, Bonizzo, ging er ins Gebirge oberhalb Rieti zum Monte Rainerio, wo hoch oben eine einsame Höhle lag, wie er sie liebte. Unter ihnen lagen Wälder mit einem rauschenden Gebirgsbach, und viele Vögel nisteten in der Bergeinsamkeit. Der Berg gehörte Columba, einer Edeldame, die dort ihr Haus hatte. Sie hieß Franz auf ihrem Berg höflich willkommen, sandte den Brüdern täglich Essen und überließ sie sich selbst. Obwohl wenig von ihr zu sagen ist, verdient sie, in die Geschichte einzugehen.

Franz machte sich bei Gebet und Fasten an seine unmögliche Arbeit. Er konnte nur die Anordnung der Regel ändern, nicht jedoch ihren Inhalt, der so wie vorher blieb. Er durfte den Geboten Christi nichts hinzusetzen oder etwas davon auslassen. Der ersten Regel, die jetzt bei den Brüdern solche Unzufriedenheit hervorrief, war jener große Freudensausbruch, der Sonnengesang, einverleibt gewesen. Den ließ Franz jetzt fort, denn der Freudenquell in ihm war von unbeschreiblichem Weh verschüttet.

Leo hatte die Regel nach seinem Diktat wieder aufgeschrieben, und am Ende der Tage und Nächte des Betens und Leidens gingen sie zur Portiuncula zurück, wo Franz das Schriftstück demütig in die Hände von Elias gab. Nun legt sich Dunkel über die Angelegenheit, und das einzige, was aus der Wirrnis klar hervortritt, ist die unglaubliche Grausamkeit des Elias. Denn nach wenigen Tagen teilte er Franz mit, daß die Regel verlorengegangen sei. Es ist nie bekanntgeworden, wer sie vernichtet hat oder auf wessen Gebot das geschah. Man irrt sich wohl nicht in der Mutmaßung, daß es ein und derselbe Mensch gewesen ist. Franz kann dieser Mitteilung keinen Glauben geschenkt haben, er nahm sie aber schweigend auf und legte mit Leo und Bonizzo den ganzen Weg zum Monte Rainerio erneut zurück, um die Regel nochmals aufzuschreiben. Doch diesmal ließ man ihn dort keine Ruhe, denn Elias und einige der Minister gingen ihm nach und stiegen den steilen Berg hinauf zur Höhle, wo er betete. Da oben erklärten sie ihm, daß sie die Regel nicht befolgen würden.

„Schreibe sie für dich selbst und nicht für uns", sagten sie. Franz hörte das mit Entrüstung und antwortete: „Wer ihr nicht gehorchen will, möge den Orden verlassen." Die Minister sahen einander an und zogen verwirrt und erschrocken davon.

Nun blieb Franz nichts anderes übrig, als die Regel, nachdem sie fertig aufgeschrieben war, zu Kardinal Ugolino, dem Schutzherrn des Ordens, zu bringen. Er hielt sich in Rom auf, und für den schwerkranken Franz war das eine weite Reise; doch machte er sich mutig auf zu diesem, seinem letzten Besuch von Rom. Wehmütig sah er die heilige Stadt auf den sieben Hügeln noch einmal vor Augen. Leo hatte zurückbleiben müssen, und der Abschied war ihnen schwer gefallen, aber Franz hinterließ einen Brief voll stiller Zärtlichkeit für ihn, der offensichtlich an eine Unterhaltung anknüpft. Er spiegelt seine eigene Seelenruhe wider, und es scheint, als ob die Schatten langsam von ihm wichen:

„Bruder Leo, dein Bruder Franziskus bietet dir Gruß und Frieden. So sage ich dir, mein Kind, wie eine Mutter — denn alle Worte, die wir unterwegs sprachen, verbinde ich kurz in diesem Wort und Rate, auch wenn dir später not ist, um Rat zu mir zu kommen — so nämlich rate ich dir: Auf welcherlei Weise es dir am besten erscheint, Gott dem Herrn zu gefallen und seinen Spuren und seiner Armut zu folgen, möget ihr es tun unter dem Segen Gottes des Herrn und meinem Gehorsam. Und ist es dir nötig um deiner Seele oder andern Trost willen, und willst du, Leo, zu mir kommen — komm."

Franz und Ugolino bearbeiteten die Regel gemeinsam. Der Kardinal hat wohl kaum oder sehr wenig davon umgemodelt. Sie enthielt also nicht die Abänderungen, auf die man gerechnet hatte, doch konnte er es nicht über sich bringen, Franz noch tiefer zu verletzen. Ihm fehlte die Grausamkeit, die Elias an den Tag legte, wenn er ein bestimmtes Ziel verfolgte. Sie überbrachten die Regel dem Papst, und Honorius, der mit Franz und seinen Ideen sympathisierte, erteilte am 29. November 1223 seine feierliche Genehmigung.

Franz kehrte zur Portiuncula zurück und übergab sie dem Elias. Dieser konnte jetzt, wo die Regel die päpstliche Zustimmung hatte, nichts mehr einwenden. Augenscheinlich hatte Franz die Schlacht gewonnen und konnte mit Paulus sagen: „Ich habe einen guten Kampf geführt, ich bin meinen Weg zu Ende gegangen und meinem Glauben treu geblieben." Aber er war dennoch unendlich traurig bei dem Gedanken, daß Elias und seine Leute voraussichtlich die Regel geschickt nach ihrer eigenen Auffassung auslegen würden.

Doch Gott spendete ihm Trost, denn Franz hörte wieder die innere Stimme, die ihm riet, sich nicht der Verzweiflung hinzugeben, sondern alles, was er liebte, seine Arbeit, seinen Orden und seine Söhne, in die Hand Christi, seines Herrn, zu legen. Ein Anflug menschlicher Schwäche, der Franz uns gewöhnlichen Sterblichen ähnlich macht, liegt darin, zu vergessen, daß Gott seine Söhne unendlich mehr liebte, als er selbst es vermochte. Er hatte das Seine getan, und den Rest durfte er Gott überlassen. „Ich werde sie erhalten und nähren", sagte die Stimme. „Darum fürchte nichts und denke an deine Erlösung, denn wenn der Glaube nur dreien zuteil werden sollte, wird er durch meine Gabe unerschütterlich sein."

In Santa Maria degli Angeli kniend, kam Franz zu der Erkenntnis, daß die große Dunkelheit, in der er zwei Jahre lang gelebt hatte, eine Versuchung gewesen war. Zu verzweifeln hätte bedeutet, die Liebe Gottes anzuzweifeln. Er hatte gerufen: „Mein Gott, mein Gott, warum hast Du mich verlassen?", obwohl Gott immer bei ihm gewesen war. Da weinte er. Dann senkte sich tiefer Friede auf ihn. Nun war es Zeit, an seine eigene Erlösung dadurch zu arbeiten, daß er sich rückhaltlos dem Willen Gottes überließ. Er würde vor nichts zurückscheuen, was Gott durch ihn zur Erlösung anderer tun wollte. Denn er wußte, daß Erlösung nie einem allein gilt, sondern daß jede gerettete Seele durch ihre eigene Erlösung andere Seelen wie in einem Netz einfängt. Nun betete er die Worte der Mutter unseres Herrn, in deren eigener Kirche er kniete: „Mir geschehe nach Deinem Wort."

FRÜHLING IM WINTER

O alle ihr Sünder
Der bösen Welt Kinder
Laßt ab ihr zu dienen
Kommt, ihn zu verkünden
Denn Gott läßt sich finden
Ist auf Erden erschienen
Im göttlichen Knaben
Den ersehnet wir haben
Er ist endlich gekommen.

Und ihr, ihr Gerechten
Die für Gott ihr tut fechten
Auf, stimmt eure Leier
Die ihr seid berufen
Zu des Thrones Stufen
Zu des Himmels Feuer
Wo des Herzens Traum
Erfüllt ihr sollt schauen
Und alle Freude vollkommen.

Jacopone da Todi, Lauda „Von der
Geburt Jesu Christi"

Franz kehrte noch einmal in das Tal von Rieti zurück, um Weihnachten dort zu verbringen. Dieses mehr südlich gelegene Tal ist milder als das Tal von Spoleto, und seine Bewohner sind ein glücklicher, freundlicher Menschenschlag. Franz hatte es immer geliebt, und jetzt sollte es den Hintergrund für das wunderbare Aufleben seines Glücksgefühls bilden, das fast so groß war wie in den Frühlingstagen des Ordens. Die Portiuncula war jetzt die Feste des Elias, aber die kleinen Städte Greccio, Rieti und Poggio Bustone, die Dörfer an den Gebirgshängen, die Einsiedeleien, wo die Brüder sich zwischen Felsen und Wäldern versteckt hatten, waren voll von alten Freunden, die an ihm hingen. Einige Monate lebte er mit ihnen und tat wie immer für sie, was er konnte. Es war fast wie in alten Zeiten, aber doch nicht ganz so, denn obwohl Franz sie liebte und unablässig an sie dachte, tat ihnen das Herz weh, denn auf dieser beglückenden Rückkehr lag bereits der Schatten der Vergänglichkeit. Der Frieden, der ihn umfing, gab ihnen, obwohl er sie daran teilhaben ließ, ein Gefühl der Verlassenheit. Sorgfältiger denn je bewahrten sie die Erinnerung an jedes seiner Worte und jede Handlung im Gedächtnis, um sie nicht zu vergessen.

Franz hatte für dieses Weihnachtsfest einen Plan für sich und für sie. In Greccio wohnte sein Freund Giovanni da Vellita, ein Mitglied des Dritten Ordens. Er war ein wohlhabender Mann, verwandte aber jetzt sein Geld und Land für Gott und seine Armen. Er hatte etwas für Franz und die Brüder tun wollen und ihnen eine Einsiedelei gebaut, aber da er ihre innere Haltung kannte, hatte er Sorge getragen, sie recht einfach zu gestalten. Greccio ist in einer Mulde zwischen den Bergen erbaut, und auf der gegenüberliegenden Seite befanden sich auf Giovannis Land ein paar Höhlen in den felsigen Hügeln, und darüber wie darunter war Wald. Um diese Höhlen baute er die roh gezimmerte Einsiedelei. Es war die ideale Franziskanerklause, denn wenn sie auch nicht besondern bequem war, bot sie doch Schutz gegen die kalten Winde und hatte eine Fernsicht auf das liebliche Tal von Rieti und die schneebedeckten Berge dahinter. Schöne Aussichten waren für Franz ebensowenig ein Luxus wie Blumen, sondern die Enthüllung der Herrlichkeit Gottes. Er beschloß, diese Weihnachten in der Einsiedelei von Greccio zu verbringen, und bat Giovanni, daß er ihm dabei helfen solle, es zu einem unvergeßlichen Fest zu machen.

Seine Gedanken waren wieder in Bethlehem, und er gedachte der Nacht, in der er in der Höhle gekniet hatte, in der Christus geboren war. Damals war ihm das Christkind in der Krippe so nahe gewesen, als hätte er es im Arm gehalten. Ein solches Erlebnis läßt sich nicht ganz mitteilen, aber soweit es anging, wollte er andere daran teilnehmen lassen.

Was war zu tun, damit die guten Leute in Rieti nicht nur mit den Lippen, sondern aus der Überzeugung eines anbetenden Herzens rufen könnten: „Uns ist ein Kind geboren, ein Sohn geschenkt?" Sie waren einfach und kindlich wie Franz selbst, und wenn sie Stall und Krippe mit ihren Augen sehen könnten, würden sie eine Vorstellung vom Christkind bekommen. Er erschloß Giovanni sein Herz, und der verstand ihn und tat, was er sich wünschte. Er baute nah bei der Klause einen Stall im Wald, setzte eine richtige Krippe mit Heu hinein und errichtete daneben einen schlichten Altar. Am Heiligabend würde er einen lebendigen Ochsen und einen Esel hineinstellen lassen, und daraus machte er ein großes Geheimnis, wie Kinder es gern tun.

Franz schickte unterdessen den Brüdern, die im Tal von Rieti lebten sowie den Bewohnern von Greccio und den umliegenden Dörfern die Botschaft, daß sie am Weihnachtsabend alle zur Messe in die Einsiedelei kommen sollten.

Sie zählten die Tage bis zur Heiligen Nacht, und dann kamen sie herbei. Unten im Dunkel des Tales begannen die Lichter zu blinken, als die Eltern mit ihren Kindern, die Laternen trugen, den schmalen Pfad zum Gebirge emporstiegen. Im Hochtal von Greccio war das Licht schon vor einem Weilchen entzündet worden. Nun stiegen die Bürger von dort mit Laternen und Kerzen den Weg hügelab. Unter dem gestirnten Himmel blinzelten diese zahllosen Lichter wie ein zweites Sternenheer. Das wandernde Volk sang das alte umbrische Lauda, das sich durch Generationen vererbt hatte, zu Ehren des Christkindes, das bald geboren werden sollte, und als sich die beiden Pilgerscharen vereinten, schwang sich ihr schönes Lied laut empor zu denen, die hoch droben im Waldesdunkel auf sie warteten. Der Aufstieg war zu steil, als daß sie hätten dabei singen können, aber unter den Bäumen, wo die warme Luft vom Duft der Tannen und Lärchen schwer war, schienen die Flammen der Kerzen heller im Dunkel des dichten Waldes. Nun sangen die Brüder oben, und von irgendwoher kam ein Schimmer durch die Bäume. Die Jüngsten, die zuerst auf ebenem Boden angekommen waren, liefen darauf zu, und die Älteren, die sich noch das letzte steile Stück des Weges hinaufplagten, hörten ihr erregtes, freudiges Geschrei, das wie Vogelgezwitscher klang. Einige Kinder eilten ihnen entgegen: „Padre! Madonna! Da ist ein Stall! Und eine Krippe ist auch da für den Bambino, und ein richtiger Ochse und ein richtiger Esel! Und Bruder Franz ist da! Kommt schnell! Schnell!"

Der Wald wurde zum Gotteshaus und der Stall zum Chor der Kirche. Sie knieten mit gebeugtem Haupt auf dem Teppich aus Moos und Fichtennadeln. Die Laternen standen auf dem Boden oder hingen in den Bäumen; in dem Lichtkreis um sie wuchsen Farnkräuter, Flechten, und leuchtende Giftpilze umstanden die Baumwurzeln. Manche Leute hielten ihre brennenden Kerzen in der Hand, deren Lichtschein — Symbol ihrer Gebete — auf die rosig-braunen Gesichter der Jungen und die zerfurchten, verwitterten der Alten fiel. Wer dem Stall nahe war, konnte die Krippe und die frommen Tiere, den Priester im Ornat am Altar und Franz, den Diakon, sehen, aber die zu weit davon entfernt knieten, fühlten sich nicht ausgeschlossen, weil der tiefe Frieden und die Freude dieser Heiligen Nacht sie alle umschloß.

Franz war mehr im Himmel als auf Erden, denn für ihn gab es nur die Krippe, und daher schienen die Menschen für ihn kaum vorhanden zu sein; doch als das Evangelium gelesen war und er hervortrat, um zu ihnen zu sprechen, war er wieder der große Prediger, der die Menge auf der Piazza von Bologna erschüttert hatte. Celano sagt: „Seine Stimme, seine starke Stimme, diese frohe, klare, klingende Stimme rief sie alle auf, den Besten, Höchsten zu suchen. Und doch schien er sie nicht zu sehen. Er sah nur das Kind von Bethlehem und grüßte Ihn, der kommen würde, und als er das Wort ,Jesus' aussprach, waren seine Zuhörer so von Ehrfurcht übermannt, als wäre der Heiland schon bei ihnen. Franz sah die Hirten, auf ihren Stab gelehnt, zu den Sternen aufschauen, und das Italienervolk, das im Wald saß, war mit ihm auf den Hügeln über Bethlehem. Ihre Laternen beleuchteten die Weide, und sie hörten die Schafe blöken. Die Lichter von Greccio, die durch das dunkle Tal kamen, waren die Lichter von Bethlehem. Es war gegen Mitternacht. Franz segnete sie und wandte sich ab, und ein Rauschen ging durch den Wald, als sie wieder knieten und ihre braunen Hände zum Gebet aneinanderlegten. Es war Mitternacht, und die Hostie wurde emporgehoben. „Als alles stille war und die Nacht die Mitte ihres schnellen Laufes erreicht hatte, senkte sich Dein allmächtiges Wort von Deinem königlichen Thron im Himmel."

Giovanni da Vellita sagte hinterher, er habe einen Bambino im Heu gesehen, als er auf die Krippe schaute.

Franz blieb bis tief in den Frühling in Greccio, und nach jedem Besuch bei dem Volk im Tal kehrte er in die Einsiedelei zurück, wo er Tage und Nächte im Gebet verbrachte. Im Wald sangen jetzt Vogelchöre, im Tal grünte der Wein, und die Obstgärten waren mit rosigen und weißen Blüten übersät. Er war Ostern in der Einsiedelei, und er hielt eine unvergeßliche Predigt für die Brüder.

Das trug sich folgendermaßen zu: Die Brüder wollten dieses Jahr ein besonderes Mahl herrichten, weil Bruder Franz bei ihnen war. Sie liehen sich ein großes weißes Tischtuch und schönes Geschirr und deckten mit großer Sorgfalt stolz den Tisch. Während sie in der Küche geschäftigt waren, kam Franz ins Refektorium, und seine erstaunten Augen glaubten, die Tafel eines Edelmannes zu sehen. Die Brüder in der Einsiedelei waren seine guten und treuen Söhne, aber selbst sie waren wohl unbewußt von der Liebe zur Bequemlichkeit erfaßt worden, die sich hinterlistig in den Orden stahl. Was konnte er tun? Er konnte sie am Osterfest nicht schelten, aber er fand einen Ausweg. Ein armer Mann mit Pilgerstab und Ränzel war an diesem Tag in die Einsiedelei gekommen. Franz lieh sich beides von ihm und ging heimlich hinaus in den Wald.

Als die Brüder zum Essen kamen, fehlte Franz, aber da er, wenn er im Gebet versank, manchmal zu spät kam, hatte er sie gebeten, bei solcher Gelegenheit nicht auf ihn zu warten, und so begannen sie mit der Mahlzeit. Dann klopfte es an die Tür, und ein Bruder öffnete sie. Auf der Schwelle stand Franz mit dem Ränzel über der Schulter und dem Stab in der Hand. Er stellte sich in die Tür des Refektoriums und rief laut: „Gebt diesem armen, kranken Pilger ein Almosen um Gottes willen." Da der Minister die dramatische Ader in Franz kannte und liebte, spielte er mit und antwortete: „Bruder, auch wir sind arm, und da wir gar viele sind, brauchen wir unsere Almosen selbst. Doch um des Herrn willen, den du angerufen, tritt ein, und wir werden dir von den Almosen abgeben, die der Herr uns geschenkt hat." Er gab Franz einen Teller voll Essen, den dieser zum Feuer trug, wo er sich auf den Boden setzte, wie er es in alten Tagen in der Portiuncula getan hatte. Dann seufzte er und sagte: „Als ich diesen wohlgedeckten, reichbesetzten Tisch sah, dachte ich im stillen, er könne nicht armen Mönchen gehören, die täglich von Tür zu Tür Almosen erbetteln. Denn, liebste Brüder, mehr als für andere Gottgeweihte geziemt es sich für uns, dem Beispiel der Demut und Armut des Herrn Christus zu folgen, da wir sie gelobt haben und vor Gott und Menschen zu ihr berufen sind." Darauf fingen einige Brüder vor Scham zu weinen an.

Franz ging, wie üblich, zum Pfingstkapitel in die Portiuncula, weil das seine Pflicht war, aber er hielt keine flammende Predigt, erhob keinerlei Einspruch, denn das war nun alles vorbei. Dennoch war das Kapitel von 1224 bemerkenswert, weil Agnellus und seine Brüder beauftragt wurden, nach England zu gehen. Das englische Volk kann den Umstand, daß Franz diese Brüder segnete, als besonders kostbare Erinnerung bewahren. Es war mit das letzte, was er tat, ehe er sich in die Einöde begab, um seinem Herrn zu begegnen. Sein „Gott gebe dir Frieden!" nahmen die Brüder nach England als Gabe mit. Am Tage ihrer Landung kniete Franz auf dem Monte Alvernia.

ALVERNIA

Ach, deine Schönheit schauend, mir so teuer
Reißt aus mir selbst mich fort der Liebe
[Regung
Mein Herz, es schmilzt dahin wie Wachs im
[Feuer
Auf das von Christus es empfang die Prägung
O, welch ein Tausch, welch nie gesehner, neuer
Denn Christus antun, heißt des Ichs Entledigung
Mein Herz jauchzt der Begegnung
Von Liebe umgegossen
Der Geist liegt stumm verschlossen
Ertränkt von süßer Liebe.

> Jacopone da Todi, Lauda „Wie die Seele
> Gott ihre übergroße Liebe klagt, (die
> Franz zugeschrieben wird)"

1

Der Gedanke an Alvernia, den Berg, der ihm übereignet worden war, ließ ihn nie ganz los. Hier oben sollte er von Gott ein Geschenk empfangen, von dem er vielleicht schon eine Vorahnung hatte, wenn er voller Angst und Sehnen an Alvernia dachte.

Jetzt, in den Gluttagen der Erntezeit, wandte er seine Gedanken den heiligen Engeln zu. Wie die Menschen seiner Zeit erfüllte ihn innige Liebe für die Engel und besonders für den Erzengel Michael. Er sagte seinen Söhnen, daß man sie, unsere Begleiter, verehren müsse und daß sie zu unserer Hut berufen seien. Man dürfe sie nicht kränken und sich nicht anmaßen, vor ihnen zu tun, was man vor Menschen vermeiden würde. In jenen Zeiten wurden ihnen und Maria zu Ehren von Mariä Himmelfahrt vom 15. August bis Michaelis, dem 29. September, Fasten gehalten. Franz wußte, daß Gott ihm bestimmt habe, die Fastentage dieses Jahres auf dem Monte Alvernia zu verbringen. Zu Begleitern wählte er sich die Söhne, die ihm am nächsten standen: Leo, Angelo, Masseo, Ruffino, Sylvester, Illuminato, der mit ihm auf dem Kreuzzug gewesen war, und wahrscheinlich Bonizzo, der die Tage des Leidens auf dem Berge Rainerio mit ihm geteilt hatte. Nur Bernhard und Ägidius fehlten im engsten Freundeskreis, und er machte sich mit den anderen Sieben auf die Reise nach Norden. Sie ging durch das Tal des Tibers, wo die Weinernte in vollem Gange war, durch Dörfer und Wälder und durch das Arnotal bis an den Fuß des Berges. Da er zu schwach war, den steilen Weg hinaufzuklettern, liehen sich die Brüder einen Esel von einem Bauern, damit er reiten könne. „Sage mir, bist du Bruder Franz von Assisi?" fragte der Bauer; und als Franz „Ja" sagte, fuhr er fort: „Dann gib acht, und sei wirklich so gut, wie die Leute es von dir sagen; manch einer setzt großes Vertrauen in dich, und darum ermahne ich dich, die Leute nicht zu enttäuschen." Das war so recht eine Bemerkung, die Franz unwiderstehlich fand, denn sie wandte sich an seine Demut und seinen Humor. Sie entzückte ihn derartig, daß er vom Esel, auf den er sich gerade gesetzt hatte, wieder herunterstieg, um die Füße des Bauern zu küssen. An den unteren Berghängen war der Waldboden zur Blütezeit mit einem Teppich wilder Alpenveilchen bedeckt, über den sie hinaufstiegen, bis sie an die Felsregion kamen. Dort machten sie Rast, und Franz, der unter einem Baum saß, sah den wunderbaren Ausblick vor sich, die Schluchten und Täler, in denen es manchen Ort gab, den er sein Leben lang geliebt, manchen Pfad, den er oft durchwandert, manches Dorf, wo er gepredigt und geheilt hatte. In der lautlosen Stille der Bergeshöhe saß er, in Erinnerungen verloren, und schaute in die Ferne. „Und dann kamen", sagen die Blümlein, „während er Ausschau hielt, aus verschiedenen Richtungen Vögel in großer Zahl, die mit Gesang und Flügelschlag ihre Freude kundtaten und Franz umringten. Sie setzten sich auf Schultern, Arme, Brust und einige auch ihm zu Füßen, worüber sich seine Gefährten und die Bauern, die es sahen, sehr verwunderten; doch der heilige Franziskus, der sich von Herzen freute, sprach: ,Ich glaube, geliebte Brüder, unser Herr Jesus Christus freut sich, daß wir auf diesem einsamen Berg wohnen wollen; man sieht es an der Freude, die die Vögel über unser Kommen zeigen.' Und als er das gesagt hatte, erhob er sich und zog an den Ort, den seine Gefährten hergerichtet hatten; und so kam Franz auf den heiligen Monte Alvernia."

Hoch oben über den Felsen, wo Fichten und grüne Buchen standen, hatte Graf Orlando Hütten aus Flechtwerk und Lehm für die Brüder und eine Kapelle errichten lassen, die nach Santa Maria degli Angeli genannt war. Als er erfuhr, daß Franz zum Alvernia gekommen war, freute er sich sehr, und am folgenden Tag brachte er mit seinen Dienern den Brüdern Lebensmittel und bat sie, zu ihm ins Schloß zu kommen, falls sie irgend etwas brauchten. Als er gegangen war, wurde Franz sehr betrübt, weil er befürchtete, daß solche Bemühungen um sie nicht mit der heiligen Armut vereinbar wären; den Brüdern hingegen fiel ein Stein vom Herzen.

Dann überschritten die acht Brüder die Schwelle zur himmlischen Ruhe, die wir immer finden können, wenn wir es fertigbringen, uns und unsere Geschäftigkeit lange genug zu vergessen, um sie wahrzunehmen. Denn wie eine alte Kirchentür in einer belebten Straße läßt sie uns ein, sobald wir uns aus dem Gewühl zurückziehen. Diese Männer hatten das zu tun gelernt und versenkten sich je nach ihrer Fähigkeit mehr oder minder tief, Franz aber tiefer als sie alle. Er wählte sich eine Hütte unter einer Buche in einiger Entfernung von den übrigen und bat, daß nur Leo zu ihm kommen solle, ihm zu helfen und ihm Wasser und Brot zu bringen. Die anderen Brüder bat er, ihm mit ihren Gebeten beizustehen, da er wußte, daß Gott an dieser Stätte etwas mit ihm vorhatte und in ihm oder durch ihn ein Werk zu vollenden gedachte; dazu wollte er sich nun im Gebet vorbereiten. Sich in den Willen Gottes zu fügen, hatte er sein Leben lang erstrebt, und wie in San Damiano betete er auch jetzt Tage und Nächte: „Herr, lasse mich Dich finden, daß ich nach Deinem heiligen Willen handle." Eines Tages, als er aus seiner Zelle hinaus unter die Buche trat, hatte er eine Vorahnung davon, was dieser Wille sein könne. Nicht ein Laut drang durch die kühle, klare Luft, vor ihm lag die wunderbare Aussicht, und zu seinen Füßen fiel der tief zerklüftete Felsen jäh in den Abgrund. Die Schönheit und Pracht der Natur erhob ihn stets zu Gott. Der starke Felsen von Alvernia erinnerte ihn an Christus, seine Kraft und Stütze, diesen Felsen, den die Sünde der Menschen zerbersten ließ. Der Berg sprach zu ihm von der Kreuzigung des Heilands. Er versank im Gebet und kam zu der Überzeugung, daß der Fels im Augenblick des Todes Christi zersprungen war. Alvernia hatte die Leiden des Herrn geteilt.

Von da an zog er sich noch tiefer ins Gebet zurück, und Leo, der zu ihm kommen sollte, um ihm beizustehen, bemerkte diese Abkehr, und er wurde todestraurig. Er hatte sich Franz in Sohnesliebe ganz hingegeben, und jetzt wurde sein Vater auf eine Ebene emporgehoben, auf die er ihm nicht zu folgen vermochte. Er flehte zu Gott, daß er sich seiner erbarmen und ihm trotz seiner Unwürdigkeit Anteil an der Gnade des Heiligen gewähren möge.

Fern von den Menschen, fern sogar von Leo, mußte Franz der kommenden Ereignisse harren, und diese Überzeugung trieb ihn mehr und mehr in die Einsamkeit. Aus der Hütte unter der Buche konnten die Brüder ihn rufen hören. Außerhalb des Bereichs menschlicher Hilfe würde er vollkommen in Gottes Hand sein. Kurz vor Mariä Himmelfahrt bat er Leo, am Eingang der Kapelle zu stehen, während er in den Wald hineinwanderte, von wo er ab und zu Leo anrief und seine Antwort vernahm. Als er eine Stelle erreicht hatte, von der aus er Leo nicht mehr hören konnte, wußte er, daß diese Stelle ungefähr sein Ziel wäre. Er wählte eine Felsplatte, die von dem Weg, den er gegangen war, durch eine tiefe Kluft getrennt war. Was ihm bevorstand, würde ihn von anderen Menschen scheiden und zwischen ihnen und ihm selbst eine Kluft auftun, wie ihm sein unterbewußtes Gefühl für Drama und Symbolismus sagte. Die Brüder machten eine kleine Zelle aus Flechtwerk auf dem Felsen, nachdem sie die Kluft mit Ästen überbrückt hatten, und vernahmen zitternd die Anordnungen von Franz, um den sie Angst hatten, weil er so krank war. „Geht jetzt zurück in eure Hütten und laßt mich hier allein", sagte er, „denn ich beabsichtige, mit Gottes Hilfe die Fasten hier ohne Störung und Beunruhigung zu verbringen; deshalb sollt ihr euch von meiner Zelle fernhalten und auch keine weltlichen Menschen sich mir nahen lassen. Doch du, Bruder Leo, sollst mir einmal am Tage etwas Brot und Wasser bringen und einmal des nachts zur Zeit der Matutin schweigend herbeikommen. Auf der Brücke sollst du sagen: ‚Domine, labia mea aperies', und wenn ich antworte, komme in die Zelle, damit wir gemeinsam Matutin beten. Antworte ich aber nicht, so gehe sofort wieder davon." An Mariä Himmelfahrt segnete er sie und ging über die kleine Brücke.

Mystiker sind Forschungsreisende, und alles, was sich jenseits der Brücke zutrug, ereignete sich in einem fernen Land. Franz versuchte, in ein paar abgerissenen Worten Leo von diesem Land zu sprechen, wenn dieser zum Gottesdienst kam. Nach seiner Rückkehr sprach er ausführlicher zu den sieben Brüdern. Aber Worte, die im irdischen Alltagsleben gebräuchlich sind, lassen sich auf ein so geistiges Erlebnis wie die Vision Gottes nicht anwenden, und den Heiligen muß es fast wie eine Entweihung erscheinen, sich ihrer zur Beschreibung dessen, was sie geschaut, zu bedienen. Angela von Foligno, eine Tochter des Dritten Ordens, sagt: „Was immer ich davon sage, kommt mir wie nichts vor, ja, ich habe sogar das Gefühl, daß ich sündige, weil ich davon spreche, denn das Gute ist so hoch über alle meine Worte erhaben, daß sie wie Lästerung klingen."

Franz überließ sich in seiner Felsenkapelle mutig dem Fegefeuer, das in jener Welt der Vereinigung der Seele mit Gott vorausgehen muß. Er fühlte das Nahen einer Liebe, die in ihrer Macht und Reinheit so schrecklich war, daß er im tiefen, durchdringenden Bewußtsein seiner Sünde wie Petrus hätte aufschreien mögen: „Lasse mich, o Herr, denn ich bin ein Sünder!" In jenen Tagen und Nächten steigerten sich seine Leiden fast bis zur Unerträglichkeit. Er flüsterte Leo zu: „Wenn die Brüder darum wüßten, würden sie alle Mitleid und Erbarmen mit mir haben." Aber er war nicht hilflos sich selbst überlassen. Um Mitternacht drang durch das Dunkel der Nacht und seiner Seele die Stimme von Leo, der die ersten Worte der Matutin ausrief: „Domine, labia mea aperies." Dann kam sein Sohn über die Brücke, sie knieten betend beieinander, und er fand Trost. Eines Tages betete er erschöpft und unglücklich, daß Gott ihm eine Vorahnung der himmlischen Freuden geben möge, damit er seine Sündenlast ertragen könne. Da schien es ihm, daß ihm ein Engel nahe, um ihn zu stärken. Der erhabene Geist hielt eine Geige in der linken und einen Bogen in der rechten Hand, den er nur einmal ansetzte, um über die Saiten zu streichen. Franz erzählte seinen Söhnen später davon. Seine Seele hätte den Körper verlassen müssen, falls die Musik nicht aufgehört hätte, da soviel Freude nicht zu ertragen gewesen wäre.

Ein Falkenweibchen, das dicht bei seiner Zelle ein Nest gebaut hatte, wurde ihm zur lieben Gefährtin. Tagsüber hielt es sich in seiner Nähe auf, um ihn zu trösten, und nachts schrie es und schlug die Flügel, um ihn wie eine Uhr zur Matutin zu wecken. Wenn er kränker und müder als sonst erschien, ließ es ihn ein wenig länger ruhen, aber es ermunterte ihn immer rechtzeitig genug, um Leo zu erwarten. Franz empfand großes Entzücken über den Falken. Der Engel, der Mann und der Vogel brachten ihm Stärkung von Gott.

Es ging auf den 14. September, auf das Kreuzfest, zu. Dieser Tag ist allen Christen heilig, da an ihm das wahre Kreuz zurückerobert wurde, das die Perser aus Jerusalem entwendet hatten. Für Franz war er wegen der Bedeutung des Kreuzes für ihn selbst und auch weil er der Festtag der Kreuzfahrer war, besonders geheiligt. Jetzt wurde er ihm ein Tag der Betrübnis. Hatte er sich doch danach gesehnt, auf dem Kreuzzug den Märtyrertod seines Herrn zu erleiden, und sein Opfer war nicht angenommen worden!

Eines Nachts, als Leo an der Brücke wieder laut ausrief: „Domine, labies mea aperies" erhielt er zum ersten Male keine Antwort. Zwar war es ihm ausdrücklich verboten, die Brücke zu überqueren, wenn Franz nicht antwortete, aber er befürchtete so sehr eine ernstliche Erkrankung seines Vaters, daß er das Verbot mißachtete. Die Zelle war leer, doch er ging weiter in den Wald hinein, denn da der Mond hell schien, konnte er seinen Weg finden. Dann sah er Franz im Gebet knien und hörte ihn wieder und wieder sagen: „Wer bist Du, mein teuerster Herr? Und wer bin ich, Dein nutzloser Diener? Nur ein elender Wurm." Auf einmal schien es Leo, daß ein Licht vom Himmel falle und auf Franz ruhe, und obgleich er kein Wort hören konnte, glaubte er, eine Stimme zu vernehmen. Dreimal sah er Franz seine Hände von der Brust nehmen und sie gegen das Licht strecken. Dann erlosch all dieser Schein, und Leo, der froh war, Franz wohlauf zu sehen, wollte sich unbemerkt davonschleichen, doch raschelten dürre Blätter unter seinen Füßen, und daher sah Franz sich um. Er gebot ihm zu bleiben, wo er war, und Leo blieb zitternd stehen, denn da er ungehorsam gewesen war, fürchtete er, Franz erzürnt zu haben.

Franz kam auf Leo zu, doch seine Augen waren so trübe, daß er trotz des hellen Mondscheins im Wald nicht wußte, wer vor ihm stand, und fragte: „Wer bist du?" Leo sagte: „Vater, ich bin es, Bruder Leo", und kniete vor Franz nieder, ihn um Verzeihung zu bitten. Aus Angst und Besorgnis war er ungehorsam gewesen, daher schalt Franz, der es wußte, ihn nicht, sondern blieb sanft und gütig. Als er erfuhr, daß Leo seine Worte vernommen, das Licht und seine erhobenen Hände gesehen hatte, versuchte er ihm zu beschreiben, was ihm während des Gebetes widerfahren war. Er hatte, in Betrachtung versunken, die Güte Gottes erschaut, soweit er es hatte ertragen können, und das hatte ihm den furchtbaren Abgrund seiner eigenen Nichtswürdigkeit gezeigt, worauf er aus der Tiefe aufgeschrien habe: „Wer bist Du, mein teuerster Herr? Und wer bin ich?" Da sei die Stimme, die er so oft vernommen hatte, aus dem Licht zu ihm gedrungen und habe drei Gaben verlangt. Weil er nichts zu geben hatte, sei er verzweifelt gewesen, denn sogar seine Kutte und sein Zingulum verdanke er ja der Güte Gottes. Die Stimme habe dann gesagt: „Suche in deiner Brust", und dort hätte er einen goldenen Ball und noch und wieder einen gefunden und sie dankbar Gott hingereicht, der in seinem Erbarmen seinem Diener etwas gegeben habe, was er ihm aufopfern konnte. Erst habe er so gar nicht gewußt, worin das Opfer bestand, habe dann aber verstanden, daß die drei goldenen Bälle Armut, Keuschheit und Gehorsam wären. Er wisse auch, daß Gott, obwohl er ihm schon so nahe gewesen sei, ihm bald noch näher kommen würde.

Nach diesem Gespräch gingen Franz und Leo in die kleine Kapelle, und Franz bat Gott wieder, daß er ihm seinen Willen für ihn kundtue, damit er sich ihm voll und ganz fügen könne. Dann bekreuzigte er sich und sagte Leo, er solle aus dem Evangelium den ersten Satz lesen, auf den seine Augen fallen würden. Leo öffnete das Buch und neigte sich im schwachen Kerzenschein über die Seite; Franz hörte ihn, vor dem Altar kniend, über die Kreuzigung des Herrn lesen. Zweimal noch öffnete Leo das Buch, und beide Male kam er an die Leidensgeschichte. Da wußte Franz, daß sein Opfer angenommen war und er das Leiden Christi würde teilen dürfen.

Am Morgen des Heiligen Kreuzfestes kniete er am Eingang seiner Zelle, den Blick gen Osten gerichtet, wo bald der Tag anbrechen würde. Nahebei war ein Felsen, der ihn oft an den Fels des Todeskampfes Christi im Garten Gethsemane erinnert haben mußte, an dem er gebetet hatte. Jetzt betete er diese Worte: „O Herr Jesus Christus, ich bitte mir, ehe ich sterbe, zwei Gnaden von Dir aus: einmal, daß ich, soweit wie zu meinen Lebzeiten möglich, an Leib und Seele die Schmerzen fühlen möge, die Du, süßer Herr, in der Stunde Deines bittersten Leidens erduldet hast; und dann, daß ich, soweit es geht, im Herzen die überströmende Liebe spüre, die Dich, o Sohn Gottes, entflammt hat, ein so grausames Leiden für uns Sünder zu ertragen." Lange fuhr er in diesem Gebet fort, und schließlich sank er davon in solche Tiefen der Betrachtung, daß sein inneres Auge das Leiden Christi und seine unendliche Liebe erblickten. Vielleicht wurden seine im Gebet geschlossenen leiblichen Augen noch des Scheins der Morgenröte gewahr, und seine Ohren vernahmen den Sang der Vögel, die mit dem Licht erwachten. Er schaute auf und sah den Himmel vom Leuchten feuriger Flügel erfüllt, und inmitten der Pracht eine Erscheinung. Zwei Flügel breiteten sich über dem Haupt, zwei bewegten sich im Flug und zwei bedeckten den Körper. Es schien Franz, daß der Seraph mit großer Schnelle aus der Höhe nahte, und er fürchtete sich sehr. Dann wandelte sich seine Furcht in Freude, Weh und Verwunderung, denn der Seraph hatte seine Arme ausgestreckt und seine Füße aneinander wie ein Gekreuzigter. Das war sein Herr, der ihn mit gnadenvoller Mine und unsterblicher Liebe ansah, und er kam ihm so nahe, daß er die unendliche Schönheit seiner leidenden Züge wahrnahm, und endlich so weit herunter, daß die durchbohrten Füße den Felsen berührten. Dann kam es ihm vor, als ob der Seraph ihm Leib und Seele durchbohre, als ob er Todespein und doch große Freude fühlte; und dann war er ihm so nahe, daß sie miteinander sprachen. Dieser Augenblick der Vereinigung schien Franz aus der Zeit in die Ewigkeit emporzuheben.

Nun war er wieder allein, und doch nicht allein, denn die glühende Liebe in seinem Herzen war die gleiche Liebe, die von Himmelshöhen in die Tiefen der Menschennöte gedrungen war, seine Freude war die Freude Christi, des Erlösers, und sein Schmerz der Schmerz des Gekreuzigten. Das war die Antwort auf alle Gebete seines Lebens. Er hatte den Willen Gottes so vollkommen erfüllt, wie ein Mensch es kann, sein Opfer war angenommen, und er war ganz Christus zu eigen. Das Siegel des Kreuzes, das seine unsterbliche Seele seit Jahren getragen hatte, ward dem zum Zeichen jetzt auch auf seinen Leib gedrückt. An Händen und Füßen und an seiner Seite trug er die Wundmale Christi.

3

Schön war die Welt bei Sonnenaufgang, bei Vogelsang und goldenem Licht auf Baum und Berg, und doch war es nur diese Welt, in die Franz zurückkehrte. Wenn es ihn bekümmert hat, daß seine Seele nicht dem Leib entfliehen durfte, wenn es ihm

Gram bereitete, daß Alvernia sein Berg Karmel, nicht aber sein Kalvarienberg geworden war und er noch etwas länger leben mußte, so hat er es nachher nicht ausgesprochen. Denn niemals hatte er sich dem entzogen, was Gott von ihm verlangte, und er blieb völlig unverändert, nur noch tiefer denn je dem Willen Gottes ergeben und nur noch eifriger bereit, ihm zu dienen.

Franz verließ seine Zelle und ging zu den Brüdern zurück. Er wünschte sich, daß das, was geschehen war, ein Geheimnis zwischen ihm und seinem Herrn bleibe, fragte sich jedoch, ob Gott ihn nicht ins Erdenleben zurückschicke, damit er seine Freude mit seinen Söhnen teile, die daraus Kraft schöpfen und dadurch gereinigt werden würden. Wie sonst, traute er seinem eigenen Urteil nicht, versammelte die Brüder und fragte sie, ob man Gnaden Gottes verbergen oder sie enthüllen solle.

Illuminato sah mit einem Blick auf sein verklärtes Gesicht, auf die Hände, die er in den Ärmeln verbarg, und auf die Füße, die er unter den Falten des Habits versteckte, daß er dem Himmel nahe gewesen war, und antwortete: „Bruder, du weißt, daß himmlische Geheimnisse dir nicht nur um deinetwillen, sondern auch für andere eröffnet werden." Da stellte Franz seinen eigenen Wunsch hintan und erzählte den Brüdern von der Vision, fügte jedoch hinzu, daß sein Herr ihm gewisse Dinge gesagt habe, die er sein Leben lang niemand anvertrauen dürfe. Er erzählte ihnen von den Stigmata, zeigte aber Leo allein seine Wunden, und auch ihm nur, weil sie ihn schmerzten und dieser sie verbinden sollte. Erst als er tot war, erfuhren die wenigen Getreuen genau, was ihm geschehen war.

Jene Tage brachten Franz nicht trotz, sondern wegen der Schmerzen eine neue Jugend. Es war wie eine Wiederkehr der ersten Tage nach seiner Bekehrung, nur viel herrlicher. Das war der Anfang der Reise über den steinigen, steilen Weg gewesen, und er war singend ausgezogen, weil es so wundervoll war, in die Fußstapfen Christi zu treten. Jetzt aber hatte er den Gipfel erreicht, und der Meister, dem er gefolgt war, hatte sich umgewendet und ihn noch in dieser Welt angesehen. Er lebte jetzt im Licht dieses Blickes, und da die Qualen, die er litt, Gottes eigene Erlösungsqualen und daher ein Teil des Lichtes waren, konnten sie seine Freude nicht trüben. Andere Heilige, die aus der Finsternis zum Licht der Vereinigung vorgedrungen sind, haben trotz der Schwierigkeit empfunden, daß sie uns in ihren Büchern und Versen davon erzählen müssen, weil das den Sündern Hoffnung gibt. Sie können sich dafür verbürgen, daß der Ort der Vereinigung nicht nur in unserem schmerzlichen Verlangen vorhanden ist, sondern in Wirklichkeit am Ende unserer Reise erscheint, wenn dieses Ende auch für die meisten von uns an einem Punkt liegt, den wir erst lange nach unserem leiblichen Tod erreichen.

Franz, der ein Sänger und kein Schriftsteller war, hat über das, was ihm geschehen war, nichts niederschreiben können, es war aber auch gar nicht nötig, da es auf seinem Leib geschrieben stand. Das paßte sehr gut für ihn, der stets „seinen ganzen Körper zur Zunge" gemacht hatte. Dennoch fühlte er, daß er versuchen müsse, auf irgendeine Art das Lob und die Anbetung auszudrücken, die sein Wesen ganz erfüllten. Die Freudenquelle, die von Gram verschüttet gewesen war, floß wieder wie ein Brunnen nach langer Dürre. Er bat Leo um Feder und Pergament und schrieb den Psalm, der „Preis Gottes" genannt wurde:

„Du bist heilig, einziger Herr und Gott, der du Wunder wirkst. Du bist stark, Du bist groß. Du bist der Höchste. Du bist der allmächtigste König, heiliger Vater du, König des Himmels und der Erde. Du bist Drei und Einer, Herr und Gott, alles Gute. Du bist das Gute, alles Gute, höchstes Gute, Gott der Herr, lebendig und wahr. Du bist Hingabe, Liebe. Du bist Weisheit. Du bist Demut, Du bist Geduld. Du bist Sicherheit. Du bist Ruhe. Du bist Freude und Befriedigung. Du bist Gerechtigkeit und Mäßigung. Du bist aller Reichtum bis zur Sättigung. Du bist Schönheit. Du bist Sanftheit. Du bist der Beschützer. Du bist der Hüter und der Verteidiger. Du bist unsere Zuflucht und Stärke, Du bist Glaube, Liebe, Hoffnung. Du bist unsere große Süßigkeit. Du bist unser ewiges Leben. Unendliche Güte, großer und wunderbarer allmächtiger Herrgott. Liebevoller und gnadenvoller Erlöser."

Wenn auch die Worte nicht ganz so ungestüm hervorsprudeln wie in den Jugendtagen, als er die Erste Regel schrieb, sind sie doch von der gleichen Freude erfüllt und fließen ruhiger, weil sie tiefer gehen.

Die, die eine Vereinigung mit Gott erreicht haben, kehren in die Welt nicht als benebelte Visionäre, sondern als Männer und Frauen der Tat zurück. Von ihrem Ich befreit, können sie ihrer Umwelt mit allen praktischen und geistigen Kräften zu allergrößtem Nutzen werden. Obwohl Franz so krank, verkrüppelt und bereits dem Sterben nahe war, konnte er doch für kurze

Zeit noch ein neues Leben beginnen, reisen, heilen, predigen und unermüdlich liebevoll trösten. So ging er auch jetzt nicht zu einsamem Gebet nach Alvernia zurück, sondern blieb bei seinen Söhnen, daß er ihnen diene und sie tröste.

Besonders Leo bedurfte seines Beistandes, denn er ging durch eine Zeit unglücklicher Einsamkeit und Finsternis in dem wachsenden Gefühl, daß Franz an einen Platz entrückt wäre, zu dem er ihm nicht folgen könne, und daß er ihn verloren habe. Auch wurde ihm, wenn er Franz ansah, begreiflich, was es hieß und was es kostete, Gott wirklich zu lieben, und wenn er sich mit dem Heiligen verglich, verzweifelte er an sich selbst. Er war ein sehr demütiger Mensch, der sich keiner Liebe würdig fühlte, und glaubte sich von Gott und dem Heiligen verlassen wie ein Kind, das im Dunkeln vor der Tür steht. Im Alten Testament gibt es einen Segensspruch, den er sehr liebte, und er dachte, daß es ihn vor Verzweiflung bewahren würde, wenn Franz ihn aufschriebe und er ihn immer bei sich trüge. Aber er konnte sich nicht dazu entschließen, Franz darum zu bitten. Wie durfte er sich und sein Elend dem großen Heiligen in seiner Glückseligkeit aufdrängen!

Während Franz seinen „Preis Gottes" niederschrieb, saß Leo demütig neben ihm, beobachtete ihn mit tiefster Ergebenheit, doch stumm vor Betrübnis. Nachdem Franz die Worte „Liebevoller und gnadenvoller Erlöser" geschrieben hatte, drehte er das Pergament um und schrieb etwas anderes auf die Rückseite, malte ein kleines Bild dazu, gab es Leo und sagte: „Nimm dieses Blatt, trage es bei dir und hüte es bis zu deinem Tode." Leo nahm es und las zu seinem Erstaunen den Segen, nach dem er sich gesehnt hatte.

Der Herr segne und behüte dich.
Der Herr lasse dir Sein Antlitz leuchten und sei dir gnädig.
Der Herr wende dir Sein Anlitz zu und gebe dir Frieden.

Dahinter hatte Franz geschrieben: „Bruder Leo, unser Herr segne dich" und darunter den Umriß eines Kopfes gezeichnet und als Segnung das Zeichen Tau, mit dem Franz alle seine Briefe unterschrieb. In übergroßer Freude ergriff Leo das Pergament, und die Dunkelheit fiel von Herz und Sinn ab und kehrte nie mehr wieder. Von jener Stunde an trug er es bis zu seiner Todesstunde zusammengefaltet auf der Brust. Es ist in der Sakristei von Sacro Convento in Assisi aufbewahrt, und man kann die Brüche der Faltung deutlich erkennen. Leo machte in seiner vorbildlichen Schrift drei Notizen darauf. Die erste heißt: „Der heilige Franziskus schrieb diesen Segen mit eigener Hand für mich, Bruder Leo." Die zweite besagt: „Gleichermaßen zeichnete er den Kopf und das Tau mit eigener Hand." Die dritte ist länger: „Der heilige Franziskus hielt zwei Jahre vor seinem Tod ein Fasten auf dem Monte Alvernia zu Ehren der Heiligen Jungfrau Maria, der Mutter unseres Herrn, und des heiligen Erzengels Michael, vom Fest Mariä Himmelfahrt bis zum Fest Michaelis im September. Und der Herr legte seine Hand auf ihn. Nach der Vision und der Rede des Seraphs, als er die Wundmale Christi erhalten hatte, verfaßte und schrieb er mit eigener Hand den „Preis Gottes" auf die andere Seite des Blattes, durch den er dem Herrn für die ihm erwiesene Wohltat dankte."

Franz trug Leo auf, den Stein, auf dem die Füße des Seraphs geruht hatten, zu weihen, wie Jakob den Stein seiner Vision geweiht hatte, um ihn für immer zu heiligen. Leo wusch ihn, salbte ihn mit Wein, Öl und Balsam. Bestimmt hatte Franz jedem einzelnen Bruder Worte zu sagen, die ihm unvergeßlich bleiben würden. Wir wissen, daß er lange mit Ruffino sprach. So vergingen die stillen Tage, und es kam der Herbstmorgen, an dem Franz unter dem Schutz von Leo seine Rückreise in die Portiuncula antrat.

Graf Orlando kam, sich von ihm zu verabschieden, und brachte einen Esel für ihn als Reittier mit, und die sechs Brüder, die noch zum Beten auf dem Berg blieben, weinten, weil sie Abschied von ihm nehmen mußten. Gott hatte sie auf dem Berg besucht, sie näher an sich gezogen, sie miteinander inniger verbunden, und das Ende dieser heiligen Zeit war schwer zu ertragen. Sie müssen auch gewußt haben, daß Franz Alvernia nicht wiedersehen würde. Masseo gab eine Beschreibung seines Abschieds von den Brüdern und vom Monte Alverina, die noch im Kloster zu Alvernia aufbewahrt wird:

„Unser geliebter Vater hatte beschlossen, dem heiligen Berg am 30. September 1224 Lebewohl zu sagen . . . Herr Orlando, Graf von Chiusi, hatte ihm das Reittier heraufgeschickt, da er infolge der Wunden in seinen Füßen nicht gehen konnte. Frühmorgens hatte er, wie gewöhnlich, in unserer kleinen Kapelle Unserer Lieben Frau von den Engeln die Messe gehört. Dann ließ er die Brüder zusammenrufen und befahl ihnen beim heiligen Gehorsam, daß sie in Liebe zusammenbleiben, sich dem Gebet weihen und Tag und Nacht ihre Offizien sagen sollten.

Darauf empfahl er den heiligen Berg ihrer Obhut: Nie, weder jetzt noch in Zukunft, sollten sie den Berg für irgendwelche weltlichen Zwecke benutzen, sondern ihn vielmehr als geheiligte Stätte ansehen, und er würde denen, die hier wohnen und sich um die heilige Stätte bekümmern würden, seinen besonderen Segen geben. Zu mir sagte er dann: ‚Bruder Masseo, es ist mein ausdrücklicher Wunsch, daß hier nur gute Mönche leben sollen — die besten meines Ordens. Oh, Bruder Masseo, was kann ich sonst noch sagen?' Dann begann er, sich zu verabschieden. ‚Lebe wohl, Bruder Masseo', sagte er, ‚lebe wohl. Lebe wohl, Bruder Angelo.' Und dasselbe sagte er zu Bruder Sylvester und Bruder Illuminato. Dann sagte er: ‚Lebt in Frieden, meine geliebten Söhne, und Gott segne euch. Ich gehe fort, doch mein Herz bleibt bei euch. Ich gebe mit Bruder Leo, dem Lamm Gottes. Ich gehe nach Santa Maria degli Angeli und werde niemals wiederkommen. Nun muß ich gehen, lebt wohl und liebet einander. Lebe wohl, heiliger Berg, lebe wohl, Berg von Alvernia. Lebe wohl, liebe Falkenschwester, und habe Dank für deine Freundlichkeit zu mir. Lebe wohl, mächtiger Fels von Sasso Spicco. Ich werde dich nicht wiedersehen. Lebe wohl, kleine Kapelle Unserer Lieben Frau; Dir o Mutter des Wortes, empfehle ich diese meine Söhne.' Und so verließ er uns weinend und nahm unsere Herzen mit sich. Ich, Bruder Masseo, habe dieses in Tränen geschrieben. Gott segne uns alle."

Durch die Jahrhunderte haben die Brüder, dem Gebot von Franz gehorsam, den Berg heilig gehalten. Ein Kloster und eine Kirche wurden dort erbaut, und die Kapelle der Wundmale schließt den Felsen ein, den Leo geweiht hat. Nachdem Laudes und Morgenoffizium gebetet sind, ziehen die Brüder in Prozession durch den Kreuzgang von der Kirche zur Kapelle, und ein großes, hölzernes Kreuz wird ihnen vorangetragen. Dort beten sie auf Knien und bewahren Schweigen vor dem Felsen, und dann gehen sie den gleichen Weg zurück. Der Kreuzgang ist jüngeren Datums, aber während der Jahre, in denen die Brüder diesen Schutz nicht hatten, kamen und gingen sie durch die Winterstürme genau wie durch die gestirnten Sommernächte. Nur zweimal stürmte es so sehr, daß sie nicht gehen konnten. Es heißt, daß bei einer dieser beiden Gelegenheiten hoher Schnee gefallen war. Am Morgen, als der Himmel sich aufgeklärt hatte, sahen die Brüder die glatte weiße Fläche von den Fußspuren vieler hundert Vögel und kleiner Tiere bedeckt, die an ihrer Stelle zur Kapelle gegangen waren.

4

Franz, Leo und der Bauer, auf dessen Esel Franz ritt, stiegen zusammen den Berg hinunter. Auf dem Abstieg nach Borgo San Sepolcro war Franz in Gebet versunken. Als sie in die kleine Stadt kamen und durch die steilen Straßen zogen, drängten sich die Leute freudig um Franz, der die Unruhe gar nicht bemerkte. Als sie wieder draußen auf dem offenen Land waren, fragte Franz den Bruder Leo, wann sie nach Borgo San Sepolcro kommen würden. An jenem Abend erreichten sie das Kloster Monte Casale und ruhten einige Tage in dessen Frieden und Schönheit aus. Als sie am ersten Abend mit den Brüdern beim Essen saßen, erzählte man Franz, daß einer der Brüder an schwerer Fallsucht leide. Von Mitleid erfüllt, nahm er ein Stück Brot von seinem Teller, schlug ein Kreuz darüber und schickte es dem Kranken, der geheilt wurde, nachdem er es gegessen hatte. Das war der erste der Vielen, die Franz nach seiner Stigmatisierung heilte, denn er war jetzt mehr als zuvor für die Leidenden ein Weg zur Liebe und zum Frieden Gottes.

Als er sich ein wenig erholt hatte, machte er sich mit Leo auf den nächsten Abschnitt der Heimreise. Von der Höhe des Monte Casale hatte Franz, ehe sie bergab ritten, den letzten Blick auf den Alvernia, und er hob seine Hände und segnete ihn. „Lebe wohl, Berg des Herrn, heiliger Berg Alvernia, lebe wohl; Vater, Sohn und Heiliger Geist segne dich. Wir werden uns nicht mehr sehen, und so weile in Frieden."

Auf die inständigen Bitten der Bevölkerung blieb Franz einige Zeit in Città di Castello in der Ebene, wo er Gottesdienst abhielt und Kranke heilte. Als er die Stadt verließ, lag bereits Schnee auf den Bergen, und das war für einen kranken Mann kein Reisewetter. Gleich am ersten Abend blieben sie im Schnee stecken, konnten also das Dorf nicht erreichen, in dem sie hatten unterkommen wollen, und sie mußten deshalb unter einem Felsen Zuflucht nehmen. Der Bauer, der sie begleitete und der von vornherein gesagt hatte, daß bei solchem Wetter niemand unterwegs sein sollte, brach in bittere Klagen aus. Franz legte sanft die Hand auf ihn. Diese Hand hatte schon, als sie noch stark und geschmeidig war, große Kraft besessen, jetzt jedoch, wo sie schwach, wund und schmerzhaft, wo sie für Franz selbst nutzlos geworden war, verdoppelte sich ihre Heilkraft für andere. Der zitternde Bauer fühlte, wie Wärme seinen ganzen Körper durchzog. So getröstet, rollte er sich wie ein Kind in der Wiege zusammen und schlief die ganze Nacht behaglich und friedlich unter dem Felsen, als wäre es Hochsommer. Franz, Leo und der Esel verbrachten die Nacht, so gut sie konnten. Der Esel kehrte sich stoisch gegen den Wind, und Franz und Leo waren zufrieden, weil sie einander hatten.

Am nächsten Tag kamen sie zur Portiuncula. In dieser Heimkehr lag für Franz kein Kummer, denn in der Seele eines Menschen, die Gott so nahegekommen ist, haben Angst und Besorgnis keinen Raum. Selbst Elias konnte ihn nicht mehr verletzen. Er kannte jetzt den, an den er geglaubt hatte, und durfte mit Julian von Norwich sagen: „Alles wird gut werden."

DIE LETZTE REISE

Die sind wahrhaftig friedfertig, die bei allem,
was sie in dieser Welt leiden, aus Liebe zu un-
serem Herrn Jesus Christus in Geist und Kör-
per Frieden halten.

Aus den Schriften des heiligen Franziskus

1

E lias empfing Franz mit Ehrerbietung, Ehrfurcht und Freude, denn die Kunde eines wundersamen Ereignisses auf dem Alvernia war Franz, der davon nichts wußte, vorausgeeilt. Der Kirchengeschichte sind dreihundert stigmatisierte Männer und Frauen bekannt, und einer, ein Franziskaner, lebt noch jetzt in Süditalien. Franz jedoch ist der erste Mensch, von dessen Wundmalen wir wissen. Jahrelang hatten die Kinder, wenn er ein Dorf betrat, „Il Santo! Il Santo!" geschrien, jetzt aber war er in der Tat ein Heiliger, und das war für seinen Orden die höchste Auszeichnung. Seine Vereinigung mit den Leiden Christi hatte seine Söhne zusammengeschlossen und gerettet. Mochte es nach seinem Tode auch Verdruß und Zwietracht geben, so würden seine Leiden und seine Bedeutung sie immer stützen. Elias vergaß, als er ihn willkommen hieß, die Ärgernisse der Vergangenheit. Von nun an bis zum Ende von Franz liegt ein Zug rührender Schönheit über ihrer Beziehung zueinander. Elias betreute Franz wie eine überängstliche Mutter und dieser schickte sich friedlich, gehorsam, dankbar und mit Humor darein und überließ seinen versagenden Körper der Obhut des anderen.

Aber nach der Rückkehr in die Portiuncula lagen noch einige Monate angespannter Arbeit vor ihm. Sobald es möglich war, begab er sich zum Schrecken der Brüder auf seine letzte Missionsreise, obwohl sein Körper von Krankheit und Schmerzen so geschwächt war, daß sie nicht wußten, wie er die Anstrengung überstehen würde. Doch die große Macht der Liebe gab ihm wunderbare Kräfte. „Nun wollen wir anfangen, Gott zu dienen", sagte er zu den Brüdern. Alles, was er getan hatte, kam ihm jetzt wie ein Nichts vor. Er hatte im Gesicht des gekreuzigten Seraphs alle Leiden der Welt gesehen und mußte sich darum, solange er irgend konnte, den leidenden Armen widmen. Bis in den Hochsommer hielt er sich aufrecht. Celano sagt: „Er erfüllte die ganze Erde mit dem Evangelium Christi, so daß er oft an einem Tage die Runde durch vier oder fünf Dörfer und sogar Städte machte und an jedem einzelnen Ort das Evangelium des Königreiches Gottes predigte ... Und da er nicht mehr gehen konnte, zog er auf einem Esel reitend durch das Land." Während dieser Monate nahm er sich liebevoll der Kranken und besonders der Aussätzigen an. Diese Wiedergeburt führte ihn zu den Tagen seiner Bekehrung zurück, und er versuchte, so gut er konnte, die Aussätzigen zu betreuen, wie er es in seiner Jugend getan hatte, denn in ihnen sah er mehr als in allen anderen Menschen das Leiden Christi.

Während dieser Zeit verschlimmerte sich nicht nur sein Gesundheitszustand, sondern auch sein Augenleiden, und als er in die Portiuncula zurückkehrte, handelte Elias hinter seinem Rücken. Kardinal Ugolino befand sich gerade mit dem päpstlichen Hof in Rieti, und Elias schrieb ihm heimlich, um ihn über den Zustand des Heiligen zu unterrichten. Der Kardinal antwortete, Franz müsse umgehend nach Rieti kommen, wo der Leibarzt des Papstes ihn untersuchen werde.

Franz wäre lieber geblieben, wo er war, um im Frieden seiner geliebten Portiuncula die Schmerzen zu ertragen, die Gott ihm auferlegt hatte; aber er fügte sich gern dem Wunsch des Elias. Da er in der Vergangenheit nicht imstande gewesen war, dem Generalminister sein Gewissen anzuvertrauen, war er um so glücklicher, ihm wenigstens seinen Leib überlassen zu können. Seine vier Getreuen — Leo, Ruffino, Masseo und Angelo — die ihn jetzt kaum mehr verließen, begleiteten ihn auf jener letzten denkwürdigen Reise. In einer Hinsicht war sie jammervoll, eine Via Dolorosa, denn man schleppte ihn von Ort zu Ort und von einem Arzt zum anderen, obwohl niemand mehr etwas für ihn tun konnte. Aber diese Reise wurde schließlich zu einem unvergeßlichen Geschenk für die ganze Welt, denn wohin sie auch kamen, spielten sich auf jeder Station des Kreuzweges wunderbare Dinge ab, die wie Licht aus dem Dunkel aufleuchteten.

Der erste Abschnitt der Reise war nicht sehr lang. Franz hatte entschieden, daß er auf seinem Weg in San Damiano anhalten und Klara einen kurzen letzten Besuch machen wollte. Er hatte deswegen keine Bedenken mehr, sie waren mit der übrigen geistigen Not geschwunden, und die beiden liebten sich wie früher, nur noch inniger. Wie es die kleine Agnes gesagt hatte:

Er kam jetzt sehr häufig, „um sie in Christus zu trösten." Und Klara tröstete ihn, denn sie verstand sein Leiden und seine Freude vielleicht noch besser als Leo, weil sie — in anderer Art — auch den Berg Karmel erreicht hatte. Franz hatte nur eine Nacht in San Damiano verbringen und seine Reise am nächsten Tag fortsetzen wollen, aber er wurde während der Nacht so schwer krank, daß es gegen Morgen allen klar war, daß er für den Augenblick nicht weiterreisen konnte. Alle ihre Pläne waren durchkreuzt, aber, wie das so oft geschieht: Der vereitelte Plan des Menschen förderte den Plan Gottes. Während der langen Wartezeit in San Damiano brachte Gott in Franz ein Lied zur Reife, das einer der Schätze dieser Welt ist.

Unter Klaras Anleitung bauten die Brüder im Klostergarten eine Zelle aus Flechtwerk für Franz, wie er sie in der Portiuncula hatte. Der Sommer hatte begonnen, er hörte die Vögel singen, roch den Duft der Blumen im Klostergarten, und die ergebenen Vier und Klara mit ihren Schwestern erhielten ihn aufrecht. Klara saß oft mit ihrer feinen Nadelarbeit bei ihm. In Santa Chiara kann man noch ein Paar Sandalen aus weichem Leder sehen, die sie zur Schonung seiner wunden Füße anfertigte. Aber seine Schmerzen verschlimmerten sich. Zum Elend seines verzehrenden Leidens und den Wundschmerzen kam die Folterqual der Augenkrankheit, durch die er eine Zeitlang ganz erblindete. Dann wurde seine Zelle von Feldmäusen überlaufen. Hätte er Schwester Maus mit ihren blanken Äuglein sehen können, so hätte es ihm weniger ausgemacht, aber da ihn vollkommene Finsternis umgab, vermehrten die überall herumtollenden Tiere seinen Jammer. Sie ließen ihm keine Ruhe und plagten ihn so sehr, daß ihm nicht einmal zu beten möglich war.

Schließlich war es eines Nachts so weit, daß er seine Leiden nicht mehr ertragen konnte. Die Stunden vor der Dämmerung, in denen die Lebenskraft ihre tiefste Ebbe erreicht, können sogar Sehende schwer ertragen, aber der Sonnenaufgang bringt ihnen Trost. Für Blinde sind es die schlimmsten Stunden, weil sie wissen, daß es keinen Unterschied macht, wenn der Tag kommt. Obwohl Franz auf dem Alvernia in das liebevolle Antlitz Gottes gesehen hatte, fing er nun tatsächlich an, sich zu fragen, ob Gott ihn strafe, weil er ein so großer Sünder wäre. Er sagte: „Mein Gott, ich verdiene das und noch Schlimmeres." Schließlich, das werden alle Leidenden ihm nachfühlen, kam ihm das Leiden selbst wie eine Sünde vor. Es schien ihn wie eine dunkle Wolke von Gott zu trennen, und er betete: „Herr

Jesus Christus, Du guter Hirte ... gewähre mir, Deinem kleinen Lamm, daß kein noch so großer Schmerz, keine Krankheit oder Todesangst mich je von Dir trenne." Ein größeres Unglück als die Trennung von Gott konnte es nicht geben. Als ihm das einfiel, hatte die Todesangst ihren Höhepunkt erreicht und begann nachzulassen. Er konnte wieder begreifen, daß Gott bei ihm war, wie er es stets gewesen und wie er es immer sein würde. Er hörte die innere Stimme sprechen, und die Freude von Alvernia durchglühte ihn wieder. Die Stimme fragte ihn: „Wenn alle Schönheiten der Welt — Flüsse, Sonne, Hügel und Meer — aus Gold, Balsam und Edelsteinen wären, und wenn es noch kostbarere Dinge gäbe, wärest du glücklich und willens, sie für deine Leiden einzutauschen?" Franz antwortete: „Herr, ich bin solchen Schatzes nicht würdig." Die Stimme sagte: „Freue dich von ganzem Herzen, Franz, denn solch ein Schatz ist das ewige Leben, das ich für dich bereithalte und das ich dir schon jetzt verspreche. Deine Krankheit und dein Leiden sind das Unterpfand für diesen Schatz."

Franz lag in schweigendem Gebet auf seinem Lager. Leises Flöten aus Vogelkehlen sagte ihm, daß der Himmel sich erhelle. Nun war es nicht mehr schmerzlich, daß die Sonne ihm nicht schien, daß er die Schönheit der geliebten Erde nie wieder deutlich sehen würde, denn wie sein Leiden war auch seine Blindheit ein Versprechen des Himmels. Jetzt wich sie, denn sie hatte ihr Werk getan, hatte ihn durch die Zeit der Überlegung und die Vorahnung der ewigen Seligkeit für die himmlische Liebe vorbereitet, die seiner harrte; hatte ihn mit Klängen der Erlösung umgeben. Je mehr das Leiden schwand, um so zärtlicher liebte er es, betete Gott in ihm an wie nie zuvor und dankte ihm zutiefst für alle Gaben und Lehren, die er in der Schönheit der Welt gefunden hatte. Er hatte seine Geschwister, die Vögel, Tiere und Blumen, geliebt, aber jetzt, wo der Himmel so nahe war, wandten sich seine Gedanken nicht so sehr ihnen wie jenen größeren Geschöpfen Gottes zu, Sonne, Mond, Sternen und Wind und Wasser und der Mutter Erde selbst. In ihm schwang sich die Freude höher und höher hinauf wie der Sang der Lerche, die zur Sonne steigt. Als die Wärme des neuen Tages auf seinem Gesicht lag und das Kloster zum Leben erwachte, rief er die Brüder herbei, um seine Freude mit ihnen zu teilen, denn er wollte sie nie für sich allein behalten. Sie scharten sich um sein Lager, und Franz, der sich erhoben hatte, begann zu singen; doch nicht in der Sprache der Troubadours, denn der

Gedanke an Erde und Sonne war für ihn mit Italien verbunden, und der an Feuer mit dem Herd der Armen. Er sang wie der Bauer seine Lobgesänge, in holprigen Reimen, und er sang italienisch. Solche Freude erfüllte den einfachen Sang, der aus der Schmerzensnacht geboren war, daß er einer der unsterblichen Gesänge aller Zeiten wurde.

Du höchster, du allmächtiger, guter Herrscher,
Dein sind die Glorie, der Preis, die Ehre und jeglicher Segen,
Dir nur, du Höchster, wenden sie sich entgegen,
Und keiner der Menschen ist würdig, Dich zu benennen.

Gepriesen sei, Du mein Herr, mit allen geschaffenen Wesen,
Vor allem der Frau Sonne, der Schwester,
Die Tag bringt, und Du erleuchtest uns durch sie,
Und schön ist sie und strahlend in hellem Entbrennen —
Sie trägt ja deine Zeichen, Du Höchster und Bester.

Gepriesen sei, Du mein Herr, durch Mond und Sterne, die
[Brüder,
Du hast sie dem Himmel verliehen als lichte und köstliche
[Hüter.

Gepriesen sei, Du mein Herr, vom Bruder Winde
Und von den Lüften und Nebeln und trüben Wettern und
[linden,
Durch die Du deinen Geschöpfen Erhaltung gewährst und
[Hilfe.

Gepriesen sei, Du mein Herr, durch Schwester Quelle,
Ihr Wasser ist nützlich und keusch, demütig und helle.

Gepriesen sei, Du mein Herr, durch Bruder Feuer,
Durch ihn läßt Du die Nächte leuchten,
Und er ist stark und mächtig und ist uns heilig und teuer.

Gepriesen sei, Du mein Herr, durch unsere Schwester Mutter
[Erde,
Die hilft, uns regieren und nähren
Und schenkt uns vielerlei Früchte, Buntblumen und Kräuter
[Ähren.

Preist meinen Herrn und spendet ihm Dank und Segen
Und bleibt in großer Demut ihm untergeben.

Der Dreier-Rhythmus war noch der gleiche: erst das einsame Dunkel des Gebets, dann die Erleuchtung und hinterher die praktische Tat. Franz setzte nun mit ganzem Eifer sein Herz daran, Menschen durch Gesang für Gott zu erobern. Er setzte die Worte in Musik, ließ dann seinen „Hofdichter", Bruder Pacifico, kommen und lehrte ihn und andere Brüder mit guten Stimmen das Lied, denn er hatte den Entschluß gefaßt, seine Sänger auf eine Weltreise zu schicken. Wenn sie in Städte und Dörfer kämen, sollte erst ein Bruder predigen, und dann sollten sie alle zusammen den Lobgesang singen und hinterher zum Volk sagen: „Wir sind die Gaukler Gottes, und da wir für euch gesungen haben, verlangen wir einen Lohn von euch. Unser Lohn soll sein, daß ihr alle in aufrichtiger Buße verharrt."

Franz erhielt bald einen Beweis von der Macht seines Lobgesanges. Noch zur Zeit, als er in San Damiano krank lag, erfuhr er, daß der Bischof und der Bürgermeister von Assisi sich überworfen hatten. Sie sprachen nicht mehr miteinander, und der Bischof hatte den Bürgermeister exkommuniziert. Assisi schien sich an dem Streit zu freuen, denn niemand versuchte, ihn zu schlichten. Franz war bekümmert und machte nach einigem Nachdenken einen Plan. Er fügte dem Lobgesang noch eine Strophe hinzu, und dann sandte er zwei Brüder aus. Dem Bischof ließ er sagen, er möge den Bürgermeister empfangen, dem Bürgermeister wurde ausgerichtet, er solle mit seinen Beamten in den bischöflichen Palast gehen. Dann sagte er zu seinen Sängern: „Singt den Lobgesang auf Schwester Sonne vor dem Bischof und dem Podestà und seinen Leuten, und ich vertraue darauf, daß der Herr ihre Herzen sogleich erweichen wird und sie wieder in Liebe und Freundschaft miteinander leben werden." Sie taten aus Liebe zu Franz, worum er gebeten hatte, und als sie im Innenhof des bischöflichen Kreuzgangs versammelt waren, trat einer der Brüder vor und erzählte ihnen, wie Franz in seiner Krankheit den Lobgesang verfaßt hatte, worauf sie ihn vortrugen. Auch die neue Strophe, die Franz hinzugedichtet hatte:

Gepriesen sei, Du mein Herr, durch sie, die dir zuliebe
                                        [vergeben
Und Krankheit und Trübsal bestehen.
Ja, selig alle, die in Frieden ertragen:
Sie werden von dir, Du Höchster, die Krone empfangen.

Die Stimmen hatten schön geklungen, und Schweigen senkte sich über den Hof. Zur ewigen Ehre des Laienstandes handelte der Bürgermeister als erster. Er, der Franz so ergeben war, ging mit tränenüberströmtem Gesicht zum Bischof hinüber, kniete vor ihm nieder und sagte: „Ich bin bereit, um unseres Herrn Jesus Christus und seines Dieners, des heiligen Franziskus willen, dir jede Genugtuung zu geben, die du verlangen wirst." Aber Bischof Guido stand dem Bürgermeister an christlicher Bruderliebe kaum nach. Er nahm seine Hand, hob ihn auf und sagte: „Mein Amt fordert Demut von mir, doch da ich von Natur zum Zorn geneigt bin, muß ich dich um Verzeihung bitten." Sie umarmten einander, und der Streit war beigelegt.

2

Nachdem Franz sechs Wochen in San Damiano gewesen war, konnte er langsam nach Rieti weiterreisen. Das Gerücht über die Wundmale war ihm voraufgegangen, und der Papst, sein Hofstaat und die ganze Stadt empfingen ihn mit Ehrerbietung und Ergebenheit. Man erwies ihm derartige Ehren, als sei er schon bei Lebzeiten heiliggesprochen worden. Er wurde im bischöflichen Palast untergebracht, und hier führte man ihm die Kranken zu, damit er für sie bete und sie segne, und viele wurden geheilt. Aber obwohl er das Instrument für die Heilungen anderer war, konnten die Ärzte seine Schmerzen nicht lindern. Da er nur dadurch, daß er sie ertrug, andere davon befreien konnte, gab er sich damit zufrieden. Von seinem Herrn hatte man gesagt: „Er rettete andere, aber sich selbst kann er nicht retten." Das ist der Weg zur Erlösung, und einen anderen gibt es nicht. So ertrug er alles mit Geduld und fand großen Trost darin, über die Herrlichkeit, die Gott in seiner Schöpfung enthüllte, zu meditieren. Wenn wir bedenken, wie schwer es für die besten Menschen ist, trotz großer Schmerzen an etwas anderes zu denken, und wie der Kampf, Mut und Geduld zu bewahren, sie ganz in Anspruch nimmt, erkennen wir, was das für eine Leistung war.

In Rieti sehnte er sich danach, Geigenspiel zu hören. Nächst Gott war und blieb Musik bis zu seinem Lebensende sein größtes Entzücken. Einer der Brüder, der ihn versorgte, war, ehe er sich dem Orden anschloß, ein ausgezeichneter Musiker gewesen, und Franz bat ihn, eine Fiedel auszuleihen und „Bruder

Körper, der voller Schmerzen ist", damit Trost zu bringen. Aber der Bruder äußerte Bedenken. Er betrachtete Geigenspiel jetzt als leichtfertig und wußte nicht, was die Leute dazu sagen würden, wenn er um solch ein Instrument bäte. Sie waren im Palast des Bischofs von Rieti. Es stand nicht nur sein eigener Ruf als frommer Bruder auf dem Spiel, sondern auch der von Franz als einem Heiligen. Alle Brüder waren sehr besorgt darum, daß Franz, der Ruhm des Ordens, sich so benehme, wie man es von einem Heiligen erwartet. Sie hatten in jenen Tagen ihre Befürchtungen, da es in der Art von Franz lag, Unerwartetes zu tun. Doch er war ein anspruchsloser und geduldiger Patient und gab sogleich nach. „Lasse es sein", sagte er, „es ist besser, auf etwas Gutes zu verzichten als ein öffentliches Ärgernis zu geben."

Aber er dachte den ganzen Tag über die Schönheit der Musik nach, bis er, als der Abend kam, seine Gedanken auf die Schönheit Gottes richtete. Es war mitten in der Nacht, und die kleine Stadt war zur Ruhe gegangen. Franz lag allein schlaflos im Dunkeln. Es herrschte vollkommene, himmlische Ruhe, die langsam von sanften Klängen durchdrungen wurde. Unter seinem Fenster spielte jemand Geige. Der Musiker spielte auf dem Instrument mit überirdischer Kunst, und die Töne kamen von da und dort, als ob der Geiger langsam auf und ab gehe. Es waren jedoch keine Schritte vernehmlich, nur die himmlische Musik, eine Musik, wie Franz sie nicht vernommen, seit der Engel auf dem Monte Alvernia für ihn gespielt hatte. Er vergaß seine Schmerzen, weil es an dem Ort, zu dem die Musik ihn emportrug, kein Weh gibt.

Franz fühlte sich in der Stadt, in der man ihn in einem Palast wohnen ließ und zum Mittelpunkt von Verehrung und Schmeicheleien machte, nicht wohl, und man schaffte ihn bald in die nahebei gelegene Einsiedelei von Fonte Colombo, wo er den Winter verbrachte. Keiner der behandelnden Ärzte hatte etwas gegen die tödliche Krankheit tun können, aber einer hoffte, die quälenden Augenschmerzen durch Ausbrennen an der oberen Wange lindern zu können. Als man Franz fragte, ob er sich der Tortur dieser Behandlung unterziehen wolle, anwortete er friedlich, daß er über seinen Körper nicht verfügen könne und ganz in der Hand der Ärzte sei. So war ihm die Feuerprobe, zu der er sich während der Kreuzzüge erboten hatte, doch noch gewährt. Keiner der vier Brüder, die ihn betreuten, nicht einmal Leo, war tapfer genug, während der Prozedur bei ihm zu bleiben. Sie flohen und überließen ihn sich selbst. Elias, der ausdrücklich gebeten worden war, bei ihm zu sein, kam nicht, und so wartete Franz allein und sah zu, wie der Arzt das Eisen im Feuer rotglühend machte. Als er damit auf ihn zukam, stand Franz auf, betrachtete standhaft die Schönheit der Glut, schlug das Kreuz darüber und sagte: „Benimm dich freundlich zu mir, Bruder Feuer, denn ich habe dich immer geliebt." Bei allen Gelegenheiten hatte er sein Leben lang Mut an den Tag gelegt, aber niemals mehr als bei dieser.

Die Behandlung half ihm nicht, und man versuchte durch Öffnen einer Vene über dem Ohr zu helfen und durchbohrte beide Ohren mit rotglühenden Eisen; natürlich wurden die Folterqualen in den Augen nicht durch die zusätzliche Tortur in den Ohren erleichtert. Die Brüder in Marokko können kaum mehr gelitten haben, aber Franz ertrug es still und geduldig. Einer der Ärzte sagte zu den Brüdern, er würde zögern, selbst dem stärksten Mann solche grauenhafte Kur zuzumuten, doch der überempfindliche, sterbende Mönch war imstande, sie auszuhalten. Nichts konnte die Freude von Alvernia zum Verlöschen bringen.

Eines wenigstens blieb ihm im Sterben erspart: daß man ihm die modernen Medikamente gab, die körperliche Schmerzen nur stillen können, indem sie den Geist umnebeln. Er blieb bis zum Tod bei klarem Verstand. Als sein Körper schwächer wurde und versagte, schien seine ungeheure Vitalität um so lebhafter in Geist und Seele zu brennen. Während des Winters schrieb er in all seinen Schmerzen Lobgesänge, die er Klara schickte, und bat die Empfänger seiner Briefe, niemals die Ehrfurcht für das Heilige Sakrament außer acht zu lassen. Das hatte ihm immer am Herzen gelegen, denn er wußte, wie leicht es für Christen ist, ihre Kommunion so als Gewohnheitssache anzusehen, daß sie anfangen, die Demut und Gnade von Gottes Anwesenheit fast für selbstverständlich zu halten, und vergessen, daß ihnen nichts so Wunderbares je sonst geschehen kann. Einer der Briefe endet mit einem wirklich visionären Gedanken. Franz denkt an das Evangelium, das zu allen Völkern getragen wird und an christliche Glocken, die in der ganzen Welt geläutet werden. Er sagt zu seinen Söhnen: „Und ihr sollt sein Lob so allen Menschen verkünden und predigen, daß zu jeder Stunde und beim Glockengeläut dem allmächtigen Gott von allen Menschen auf dem Erdball Lob und Dank zuteil wird."

So verging der Winter, und im Frühling ordnete Kardinal Ugolino an, Franz nach Siena zu bringen, das für seine Ärzte und seine gute Luft berühmt war. Der vor Gesundheit strotzende Kardinal tat für den geliebten Kranken alles Erdenkliche, und auch alle anderen mühten sich bis zum äußersten, sein Leben noch etwas länger zu erhalten, doch in den Geschichten jener Zeit kann man ihre Verzweiflung über ihre Hilflosigkeit angesichts des Todes spüren. Im allgemeinen werden die Demütigen gedemütigt, und Franz war von den Männern, die ihm allein ihre Zugehörigkeit zu einem großen und geliebten Orden und in vielen Fällen ihre Seelenrettung verdankten, rücksichtslos beiseite gestoßen worden. Jetzt, wo er erst zweiundvierzig Jahre alt war und von ihnen ging, wußten sie endlich, wie groß er in seiner Demut, wie einzig in seiner Liebeskraft er war. Nie würden sie wieder einem Menschen wie ihn begegnen, und die Welt würde künftig dunkler, kälter und von Angst und Unsicherheit erfüllt sein.

Weder das Klima noch die Ärzte von Siena konnten Franz Erleichterung schaffen, und ein Blutsturz brachte ihn an den Rand des Todes. Die Brüder, die weinend und wehklagend sein Lager umstanden, baten ihn um seinen Segen und um eine schriftliche Botschaft für den Orden und fragten ihn, was ohne ihn aus ihnen werden solle. Sie taten sich schrecklich leid und bedauerten nebenher auch seine Schmerzen. Es ist erstaunlich, daß Franz sich aus seiner Schwäche aufraffte, um ihrer Not abzuhelfen. Er hieß sie, Bruder Benedikt von Pirato, einen Priester zu holen, der ihm anstelle von Leo behilflich sein sollte. Warum Leo gerade damals nicht bei ihm war, wissen wir nicht, aber wir dürfen mit Gewißheit annehmen, daß eigene Krankheit ihn fernhielt.

Bruder Benedikt kam, und todesnahe diktierte Franz ihm Worte, die sich wie ein Gedicht in Prosa lesen: „Schreibe, daß ich die Brüder, die im Orden sind und sein werden, bis ans Ende der Welt segne. Da ich vor Schwäche, Schmerz und Krankheit nicht sprechen kann, will ich den Brüdern, die da sind und sein werden, meinen Wunsch und Willen in diesen drei Worten klarmachen, nämlich: daß sie im Gedenken an mich, meinen Segen und Wunsch einander immer lieben sollen, wie ich sie geliebt habe und noch liebe, daß sie die Frau Armut lieben und ihr gehorchen und daß sie den Bischöfen, der Geistlichkeit und der heiligen Mutter Kirche in Treue untertan bleiben sollen."

Vielleicht hatte die große Anstrengung, das Verlangen der Brüder zu erfüllen, Franz dem Tod entrissen, denn als Elias, den man eilends herbeirief, kam, hatte er sich wieder erholt. Elias entschied, er müsse sogleich nach Assisi zurückgebracht werden, da es außerordentlich wichtig war, daß er dort starb. Denn er war der eigene Heilige der Stadt, und falls er sein Leben anderswo aushauchen würde, mochte sie seine Gebeine niemals erhalten.

Wir können uns heutzutage schwerlich vorstellen, was es im Mittelalter für eine Stadt bedeutete, einen toten Heiligen zu besitzen. Man glaubte nicht nur, daß ihr Schutzheiliger die Stadt und ihre Menschen verteidigen und ihren irdischen Vorteil wahre, sondern daß seine Fürbitte im Himmel ihnen ewige Seligkeit verschaffe. Falls der Heilige Wunder wirkte, würden Pilger an sein Grab kommen, was gut für das Geschäft war. Die Gebeine eines Heiligen verschafften den Städten Nutzen in dieser und jener Welt, und wenn sie keinen eigenen hatten, so stahlen sie ihn bedenkenlos irgendwo anders. Elias und ganz Assisi waren in panischer Angst, daß Perugia ihren Franz stehlen könnte, und diese Furcht war keineswegs unbegründet.

Als nach Jahren die Kirche von San Francesco fertig gebaut und Franz, dessen Sarg aus dem einstweiligen Grab in San Giorgo dorthin geholt wurde, heimlich beigesetzt worden war, drangen die Krieger von Perugia eines Nachts in San Francesco ein und entfernten, auf vergeblicher Suche nach dem Sarg, die Pflastersteine mit Spitzhacken. Erst nach Jahrhunderten fand man die verborgene Stätte. Der Platz rundherum wurde erweitert und zur Kapelle gemacht, in der wir heute vor dem Grabaltar mit seinen Kerzen und Blumen im Gebet verweilen dürfen.

Es war also nötig, die Heimkehr mit großer Sorgfalt zu planen. Da der direkte Weg von Siena nach Assisi nahe an Perugia vorbeiführte, beschloß Elias, sich nach Cortona zu wenden und den Umweg durch das Gebirge zu machen. Zwar würde das für Franz sehr ermüdend sein, doch das ließ sich eben nicht ändern, denn seine Geburtsstadt mußte die Gebeine um jeden Preis haben. Als besondere Vorsichtsmaßnahme ließ Elias eine Schar bewaffneter Reiter ins Gebirge kommen, damit Assisi sein heiliges Eigentum mit dem Schwert verteidigen könne, falls Perugia sich darauf stürzen sollte. Was Franz von alledem dachte, ist nicht überliefert, aber selbst in schwerster Krankheit war er imstande, über solche Torheit der Welt zu lächeln.

Sie kamen zunächst nach Cortona, wo Elias später die schöne

„Celle" baute. Hier erkrankte Franz an Wassersucht, und sie mußten eine Weile in der Einsiedelei bleiben. Es war gegen Ende des Frühlings, und die beiden gedachten wohl jenes anderen Frühlings, als sie hier als junge Männer zusammen gewesen waren und Franz den Elias in den Orden aufgenommen hatte. Der Bergbach rauschte wie einst, und der Wald hallte wider vom Gesang der Vögel.

Franz litt während der Zeit in Cortona besonders schwer, aber die Geschichte, die sich dort zutrug, zeigt ihn so mitleidig und humorvoll wie sonst. Ein armer Bauer kam zu Franz, um ihm sein Leid zu klagen, denn ihm war eben die Frau gestorben, und er hatte für seine Kinder nichts zu essen. Die Brüder hatten Franz gerade einen neuen Mantel gegeben, weil er seinen auf der Reise von Siena einem Bettler geschenkt hatte, und der Heilige überließ ihn sofort dem Bauern mit der Weisung, sich nur gegen klingende Münze davon zu trennen. In diesem Augenblick erschienen die Brüder eiligst auf der Bildfläche, um ihrer Entrüstung Luft zu machen. Es ging doch wirklich zu weit, daß sie noch einen dritten Mantel für Franz beschaffen sollten! Sie hielten den Mantel fest, aber auch der Bauer ließ nicht los, und von den Worten des Heiligen ermutigt, sagte er, daß er ihn nur gegen Barzahlung hergeben würde. In den alten Tagen hätte sich in einer Einsiedelei des Ordens kein Geld zur Auslösung des Mantels gefunden, aber unter Elias hatte sich das geändert.

Franz beobachtete mit größtem Ergötzen, wie die Brüder sich widerstrebend von ihren wenigen Münzen trennten und der Bauer vergnügt davonzog. Das war Franz genau nach Wunsch gegangen: Die Kinder des Mannes hatten zu essen, die Brüder waren wieder zur heiligen Armut zurückgekehrt, und er hatte noch immer einen Mantel für die Heimreise.

Von Cortona ging es durch die Gebirgspässe über Gubbio nach Nocera, wo die bewaffnete Wache aus Assisi sie erwartete. Nun zog Franz auf seiner Tragbahre inmitten eines Gefolges ergebener Reitersleute wie ein König dahin. Als Knabe hatte er sich erträumt, Schmeicheleien und Ehren einzuheimsen, der Mittelpunkt seiner Ritter mit den blanken Helmen und Schwertern zu sein und als Kriegsheld im Triumph seiner Heimatstadt zu nahen. Nun wurden diese Träume Wahrheit, wenn auch ganz anders, als er es sich vorgestellt hatte. Er lachte und scherzte mit seiner Leibwache. In Satriano forderten die hungrigen Reiter von den Dörflern Lebensmittel in solch gebieterischer Art, daß sie sich weigerten, ihnen welche zu verkaufen. „Ihr habt nichts bekommen, weil ihr auf eure Groschen und nicht auf Gott vertraut habt", sagte Franz, „aber geht nur zu den Häusern, wo ihr kaufen wolltet, zurück, vergeßt eure Scham und bittet um Almosen, um der Liebe Gottes willen." So gingen die stolzen Ritter wie die Minderbrüder betteln, die Bauern gaben ihnen, was sie hatten, und sie aßen am Tisch des Herrn.

3

Die Sonne schien hell, als Franz bei Hochsommerglut in Assisi ankam. Sobald die Bürger, die von der Stadtmauer Ausschau hielten, den Reitertrupp sich langsam nähern sahen, zogen sie voller Stolz und Freude dem Heiligen entgegen, ihn zu seiner letzten Heimkehr willkommen zu heißen. Sie wollten ihn nicht in seine geliebte Portiuncula zurückgehen lassen, obwohl sie recht gut wußten, daß er dort gern gewesen wäre, denn an diesem unbeschützten Ort mochte Perugia sich seiner bemächtigen. Sie brachten ihn also in den bischöflichen Palast, den sie von Bewaffneten überwachen ließen. Celano sagt: „Die Stadt freute sich über die Ankunft des heiligen Vaters, und das Volk dankte Gott, denn die ganze Menschenmenge hoffte, daß der Heilige bald sterben werde." Das mag uns entsetzen, aber Franz wäre nicht davon berührt gewesen, denn er kannte seine Mitmenschen und ihren praktischen Sinn für den eigenen Vorteil.

Nun hatte Franz die erschöpfende, unnütze Reise von einem Ort zum andern hinter sich, und als er dem qualvollen Rütteln der Tragbahre nicht mehr ausgesetzt war, erholte er sich ein wenig. Er sprach mit seiner Umgebung von seinem Hoffen und Fürchten für den Orden und diktierte die letzten Briefe an seine Söhne. Vom Generaloberen und all seinen künftigen Nachfolgern, von den Ministern und Priestern bis zu einfachen, gehorsamen Brüdern sandte er allen seine Grüße. Er ermahnte alle miteinander zu Zucht und Gehorsam, zu mutigem Glaubenszeugnis in Wort und Tat und bekannte demütig seine eigenen Sünden. Doch der größte Teil des langen Briefes befaßt sich noch einmal mit dem, was ihm stets so sehr am Herzen gelegen hatte: mit der Ehrfurcht, die dem Heiligen Sakrament gebührt. Stellenweise quellen die Worte mit dem alten Ungestüm hervor.

„Der ganze Mensch erschaudre, die ganze Welt erzittre und der Himmel juble, wenn auf dem Altar in der Hand des Priesters Christus ist, der Sohn des lebendigen Gottes. O wunderbare Hoheit und erstaunliche Herablassung. O erhabene Demut, o demütige Erhabenheit, wenn der Herr des Alls, Gott und Gottes Sohn, sich so erniedrigt, daß er unserm Heil zuliebe sich unter der kleinen Form des Brotes verbirgt. Seht, Brüder, Gottes Demut und schüttet euer Herz vor ihm aus; erniedrigt auch ihr euch, auf daß er euch erhöhe. Nichts von euch behaltet für euch: Er muß euch ganz empfangen, der sich ganz euch gewährt."

Der Brief schließt mit dem Gebet, das er sein Leben lang gesprochen hatte: daß er und seine Söhne den Willen Gottes nach bestem Können tun sollten, und dem Segen: „Möge der Herr für immer mit euch sein. Amen."

Seine Hingabe an den göttlichen Willen blieb unerschütterlich fest. Bonaventura berichtet uns, daß ein Bruder, der es schwer fand, die Leiden des Kranken mitanzusehen, zu ihm sagte: „Bruder, bete, daß der Herr sanfter mit dir umgehe, denn mir scheint, seine Hand ruht schwerer auf dir, als sie sollte." Doch Franz, der gebeten hatte, die Qual des Erlösers teilen zu dürfen, und dem die Antwort auf sein Gebet von Gott erteilt worden war, wollte sich jetzt nicht gegen den geliebten Willen auflehnen. Er „warf sich zu Boden, wobei er durch den harten Fall seine feinen Knochen schlug. Er küßte den Boden und rief: ‚Ich danke Dir, mein Herrgott, für alle meine Schmerzen und flehe Dich an, daß Du, wenn es Dir gefällt, sie hundertfach vergrößern mögest; denn wenn Du mir viele Leiden auferlegst, so ist mir das hochwillkommen, da es mir Trost in Fülle ist, Deinen heiligen Willen zu tun.' "

Er hatte noch einen anderen Trost: seine Vereinigung mit dem Herrn, die ihm mit dem Leiden in Alvernia gewährt worden war. Um von dem Unbeschreiblichen zu sprechen, wählte er schlichte und doch so auserlesene Worte, daß sie einen kleinen Einblick in seinen Seelenfrieden, in jene ewige Befriedung gewähren, die ungestört wie tiefe Wasser unter den Martern des irdischen Daseins liegen können. Einer der Brüder fragte ihn, warum er jetzt nicht mehr wie ehedem Trost in der Schrift suche. Franz antwortete: „Ich brauche das nicht mehr zu tun, mein Sohn, denn ich kenne Jesus Christus, den armen Gekreuzigten."

Trotz seiner Vollkommenheit blieb er wunderbar menschlich,

suchte wie jeder Kranke manchmal Trost, fürchtete, lästig zu fallen, wenn er sich, obwohl er gar nichts essen konnte, einredete, daß er gern etwas Bestimmtes essen würde, was nicht im Hause war. Einmal bekam er nachts im Fieber Appetit auf frische Petersilie und fragte den wachenden Bruder, ob er sie ihm bringen wolle. Der Bruder war nicht sehr erbaut; wie konnte er um Mitternacht im stockdunklen Garten nach Petersilie umhertasten? Doch Franz bat ihn, es zu versuchen, und versicherte ihm, daß er sie finden würde. Also ging der Bruder in den Garten hinaus, griff irgendwelches frische Grün auf und nahm es mit. Als er es ansah, war es Petersilie.

So willig und liebend der Geist sein mag, kann doch die Mühe und Anstrengung den Pfleger derart ermüden, daß seine Handlungen weit hinter seinen guten Absichten zurückbleiben. Es ist herzzerreißend, daß er sich um so ärger versündigen kann, je mehr er den Patienten liebt. Die Brüder, die Franz pflegten, waren erschöpft und wurden ungeduldig. Der Heilige, der wußte, daß sein Tod sich ungewöhnlich lange hinauszog, bemerkte mit dem ihm eigenen Feingefühl ihre Übermüdung, die ihm weh tat. Er war völlig hilflos, litt entsetzlich und mußte dazu noch den Schmerz erfahren, denen, die ihn pflegten, zur Last zu werden. Doch statt sich zu bedauern und verletzt zu fühlen, war er um die Brüder besorgt, wie das seine Art war. Um die irdische Sicherheit und Bequemlichkeit seiner geliebten Söhne hatte er sich nie sehr beunruhigt, doch ihre unsterblichen Seelen waren ihm wichtig. „Und nun", erzählt ‚der Spiegel der Vollkommenheit', „begann er zu fürchten, daß die Brüder infolge ihrer zu großen Arbeit ungeduldig werden und sich dadurch eines Vergehens gegen Gott schuldig machen könnten. Darum sagte er voller Frömmigkeit und Erbarmen zu ihnen: „Liebste Brüder, ihr meine Söhne, werdet nicht müde, für mich in meiner Hinfälligkeit zu sorgen, denn der Herr wird euch die Früchte eurer Arbeit für seinen demütigen Diener in dieser und der nächsten Welt zurückgeben."

Wenn er auch dem Leib nie Bedeutung beigemessen hatte, fragte er sich doch in diesen letzten Tagen, ob es etwa ein Fehler gewesen war, mit seinem eigenen Körper so rücksichtslos zu verfahren. Er wußte recht gut, daß er jetzt starb, weil Bruder Esel, von den Kasteiungen gebrochen, dem Angriff der Krankheit nicht gewachsen war. Er hatte selbst in diesem Zustand noch versucht, die strenge Zucht möglichst aufrechtzuerhalten und sich, wenn er sich die geringste Bequemlichkeit erlaubte, Vorwürfe gemacht. Nun aber überlegte er, ob der arme Bruder Esel zum Schluß nicht doch ein wenig Güte verdiene. Er besprach es halb im Scherz mit einem der Brüder und fragte ihn um Rat, worauf jener antwortete: „Vater, wenn es dir beliebt, sage mir: Hat dein Körper, solange er es konnte, deinem Geheiß eifrig Folge geleistet?" Franz antwortete: „Er hat sich keiner Arbeit entzogen, keine Beschwer verweigert, um nach meinem Gebot zu handeln. Er und ich waren uns immer vollkommen einig darüber, daß wir unserem Herrn Christus ohne Bedenken dienen wollen." Der Bruder sagte: „Ist es, wenn man sich an Wohltaten treuer Freunde erfreut hat, gerechter Lohn, sie ihnen in der Not nicht zu vergelten? Fern sei diese Sünde gegen den Herrn von dir, Vater, Stab und Stütze der Leidenden." Franz sagte: „Freue dich, Bruder Körper, und verzeihe mir, denn nun werde ich deine Wünsche freudig erfüllen und mich eilen, deinen Beschwerden abzuhelfen."

Gleich allen mutigen Männern auf dem Sterbebett wollte er wissen, wie lange er noch zu leben habe, und als einer seiner Ärzte, Buongiovanni von Arezzo, sein Freund, ihn besuchen kam, sagte er zu ihm: „Was hältst du von meiner Wassersucht?" Buongiovanni antwortete mit der Glattheit und Vorsicht aller Ärzte: „Bruder, mit Gottes Hilfe wird alles wieder gut werden." Aber mit solchem Unsinn war Franz nicht abzuspeisen und er antwortete mit einem volkstümlichen Ausspruch der Landleute: „Ich bin kein solcher Dummkopf, mich vor dem Tod zu fürchten. Ich bin durch die Gnade des Heiligen Geistes so eng mit Gott verbunden, daß ich mit Leben und Sterben gleichermaßen zufrieden bin." Darauf sagte Buongiovanni ihm frei heraus, daß er nach seiner Ansicht nicht länger als bis Ende September oder Anfang Oktober leben würde. Das war gute Nachricht. Er brauchte nun nicht mehr lange zu warten. Franz „streckte seinem Herrn in tiefster Hingabe und Ehrfurcht die Hände entgegen und sagte mit großer Freude in Leib und Seele: ‚Willkommen, Bruder Tod' ".

Als der Arzt gegangen war, bekam er solche Schmerzen, daß er kaum seine Heiterkeit bewahren konnte. Der Bruder, der bei ihm war, sprach zu ihm währenddessen vom Himmel, wo er den Gott, den er im Leben so sehr geliebt hatte, von Angesicht zu Angesicht sehen würde. Das tröstete ihn, und als die Schmerzen etwas nachließen, war er so außerordentlich glücklich wie nach der qualvollen Nacht in San Damiano. Er ließ Angelo und Leo holen, die er bat, ihm den „Sonnengesang" vorzusingen, und als sie geendet hatten, fügte er noch eine, die letzte Strophe hinzu.

Gepriesen sei, Du mein Herr, durch unsern Bruder, den Tod
[der Leiber;
Dem kann kein lebendes Menschenkind enteilen.
Weh allen denen, die sterben in tödlichen Sünden —
Heil allen, die je zu Deinem heiligsten Willen sich finden,
Der zweite Tod wird denen nicht Schaden bringen.

Von diesem Tage bis zu seinem Ende nahm Musik seine Seele gefangen. Er hatte die ganze Ewigkeit zur Anbetung Gottes vor sich, aber die Erdenzeit entfloh, und jede Stunde mußte dem Herrn in Lob und Dankgebeten dargebracht werden. Die Brüder sangen oft für ihn, und wenn er dazu imstande war, stimmte er ein. Sie sangen den Sonnengesang, Psalmen und Lauden. Die Wachen, die unter dem hohen Fenster, hinter dem Franz lag, auf und ab gingen, hörten das Singen. Es erscholl bei Tag, wenn die glühende Spätsommersonne das Fieber und die Schmerzen der Leidenden vermehrt, und auch nachts unter den Sternen. Ehrfürchtig und verwundert sahen sie zu dem Fenster hinauf, woher es kam. Kein Stöhnen oder Seufzen der Erschöpfung kam von dort, nur Gesang.

Elias zweifelte, ob das recht wäre. Er glaubte, Franz sterbe nicht feierlich genug, und hatte Angst um seinen guten Ruf. Er fragte sich, was die Leute dachten, und fürchtete, daß sie sagen könnten: „Warum ist dieser Mann am Rand des Todes so fröhlich? Er sollte an sein Ende denken." So ging er zu Franz und bat ihn mit allem nur möglichen Takt, daß er dem Singen ein Ende bereiten solle. Da Franz während der ganzen Krankheit dem Generalminister so demütig gehorcht hatte, nahm Elias zweifellos an, daß man seiner Bitte unverzüglich entsprechen werde. „Erlaube mir, Bruder, Gott zu loben und ihm meine Krankheit freudig darzubringen", sagte Franz, „denn da ich durch die gnädige Hilfe des Heiligen Geistes meinem Herrn so eng vereint bin, sollte ich wohl mit seinem Segen den Allerhöchsten preisen."

Das Gleiche sagte er zu dem Arzt: „Durch die Gnade des Heiligen Geistes bin ich mit dem Herrn vereint." Die Vereinigung mit dem Herrn wurde noch enger, und das setzte ihn in Erstaunen. Er muß die Küste des Landes schon so deutlich gesehen haben wie die Apostel, als sie nach dem Fischzug im

Morgengrauen heimkehrten und am Ufer des Sees Genezareth die gütige Gestalt Christi wahrnahmen, der ihnen am Strand ein kleines Feuer zum Gruß entzündet hatte.

Doch seine Schmerzen waren groß, und er verhehlte es nicht. Eines Tages fragte ihn ein mitleidiger Bruder, ob er den grausamen Märtyrertod dieser langen Todesqual vorziehen würde. Er sagte: „Mein Sohn, mir war und ist das am liebsten, was mein Herr mir bestimmt hat. Was aber das Leiden in dieser Krankheit anlangt, so ist es weit ärger als jedes Martyrium, und würde es auch nur drei Tage währen."

Als es einmal schien, als ob er nicht mehr länger leben könnte, versammelten sich die Brüder um sein Lager und baten um seinen Segen. Bernhard kniete rechts und Elias links. Nun zeigte Franz durch sein Verhalten so recht seine Liebe und sein tiefes Verständnis. Wenn er auch blind und sterbenskrank war, hatte sich doch sein Wissen um die Nöte anderer Menschen nicht vermindert. Als er seine wunden Hände ausstreckte, um seine Söhne zu segnen, fühlte er, daß Elias zu seiner Linken kniete, jener Elias, der ihn bis ins tiefste Herz verletzt hatte und der jetzt todunglücklich war. Franz kreuzte seine Arme, so daß seine Rechte auf dem Kopf des Generalministers lag. Um ganz sicher zu sein, fragte er, und als man es bejahte, murmelte er: „So soll es sein." Dann hob er die Stimme und segnete Elias: „Mein Sohn, sei gesegnet in allem und durch alles, was du tust. Da der Höchste meine Brüder und Söhne in deiner Hand gemehrt hat, so segne ich sie alle mit dir und durch dich. Möge Gott, der König des Alls, sie im Himmel und auf Erden segnen. Ich segne dich, so weit ich kann und darüber hinaus. Was ich nicht tun kann, möge Er, der alles vermag, an dir tun."

Die gekreuzten Arme sind jetzt das Symbol des Franziskanerordens, und die Worte „so weit ich kann und darüber hinaus" sein Leitspruch.

Konnte Elias ihm danach irgendeinen Wunsch verweigern? Er brachte es nicht über sich, und als Franz darum bat, zur Portiuncula zurückzukehren, gab er seine Zustimmung. Gerade das hatte vermieden werden sollen, denn wie leicht mochte Perugia den Heiligen aus der unbeschützten Portiuncula an sich reißen. Aber durch dieses Wagnis erwarb Elias sich ein unvergängliches Verdienst. Franz liebte die Portiuncula mehr als irgendeinen anderen Ort auf Erden; wenn er das wollte, sollte er dort sterben, und Elias verschaffte sich von der Stadt die Erlaubnis zur Übersiedlung.

So wurde Franz an einem der letzten Septembertage des Jahres 1226 auf seinem Bett aus dem bischöflichen Palast ins Freie getragen. Es war lange her, seit er den blauen Himmel über sich gehabt und die Sonnenwärme auf seinen Gliedern verspürt hatte. Paläste hatte er nie leiden mögen, und es muß ihm vorgekommen sein, als habe man ihn aus einem Gefängnis entlassen. Vorsichtig trugen die Brüder ihn durch die engen Straßen zu dem Stadttor, das Portaccia heißt, und dann den Weg entlang, der von Assisi an San Damiano vorbei zur Portiuncula und nach Perugia führt. Franz war so oft dieses Weges gekommen, daß er bestimmt jeden Stein und jede Biegung der Straße kannte. Die Blindheit hatte seine anderen Sinne geschärft, und das Geräusch der Schritte um ihn, die Stimmen, die von ihm oder mit ihm in Hingebung sprachen, müssen für ihn von tiefer Bedeutung gewesen sein. Es war, als ob der ganze Orden ihn auf dem Weg in die Ewigkeit begleite. Jeder Vogelruf, jedes Rauschen des Windes in den Bäumen, der Duft der Rosmarinbüsche und der Gewächse am Weg war stärker und lieblicher als in den Tagen, da er sehen konnte. Die Blindheit machte den Abschied von der Erde auf eine neue Weise schmerzhaft.

Der Zug wanderte weiter, und ein anderer Geruch, der Gestank des Aussätzigenspitals der Crociferi, drang jetzt zu ihm. Sogleich müssen sie alle vor seinem inneren Auge gestanden haben: der Aussätzige, in dem er das Leiden Christi gesehen, jener, den seine Umarmung geheilt, und der Widerspenstige, dessen Körper er im Hospital gewaschen, und alle die vielen Kranken, denen er so hingebend gedient hatte. Voller Liebe nahm er von ihnen Abschied. Er hatte sich sagen lassen, wo man war, und wußte, daß der Zug gleich eine Stelle erreichen würde, von der aus man einen umfassenden Blick auf Assisi hatte. Da bat er die Träger, zu halten und umzuwenden, damit er Assisi vor sich habe, und als sie es getan hatten, hob er sich vom Bett auf, als ob er die alten, dicken Mauern, die er als Knabe hatte aufbauen helfen, die Terrassen oberhalb der Wälle, über die er sich als Kind gelehnt, und die Häuser, die hintereinander am Berg hinaufkletterten, sehen könne. Dann hob er die Hand und segnete die Stadt und ihre Bewohner: „Dich, gottgetreue, heilige Stadt, segne der Herr, denn durch dich sollen viele Seelen gerettet werden. Viele Diener des Höchsten sollen in dir wohnen und aus dir viele für das ewige Königreich erwählt werden."

Hinunter ging es zur Portiuncula, durch das Tor in der Hagedornhecke in die Einfriedung, und Franz wurde in eine Zelle
nahe bei Santa Maria degli Angeli gebracht. Die letzte Reise
war zu Ende.

DIE LERCHEN

Franz starb, nachdem er nur wenige Tage in der Portiuncula gewesen war. Nach den Berichten will es scheinen,
als wäre er in dieser Zeit schmerzfrei gewesen, als ob sein
Körper wie Geist und Seele in einen Frieden eingegangen waren, den Shakespeare die „Helle vor dem Tode" nennt. Die
Tage vergingen in schönem Gleichmaß, während er seine Angelegenheiten ordnete, ehe er sich zum Sterben vorbereitete. Er
hatte stets auf Ordnung gehalten, denn bescheidene, selbstlose
Liebe, die genau weiß, was sie anderen schuldet, hält immer
auf Ordnung. In dieser Helle zwischen Schmerz und Tod diktierte er zunächst sein Testament. Außer seinen Erinnerungen
hatte er nichts zu hinterlassen. Schlichte Schönheit ist mit der
eindringlichen Bitte verwoben, daß man dieser Dinge gedenken
und der Orden an seinem ursprünglichen Gehorsam und an
seiner ersten Frömmigkeit festhalten möge. Das Testament ist
sein Glaubensbekenntnis, in dem er bekräftigt, daß er auf dem
alten Standpunkt verharre und entschlossen sei, die Regel
evangeliumsgemäßer Armut unverändert bis zum Ende zu befolgen. Es enthält einige strenge Gebote und Warnungen, doch
schreibt er mit solcher Demut und Sanftheit, daß das Testament eine sehr rührende Enthüllung seines Wesens ist. Es endet
mit dem väterlichen Segen und den Worten: „Und ich, Bruder
Franziskus, der ganz geringe, euer Knecht, bestätige euch, soviel ich nur kann, drinnen und draußen diesen heiligsten Segen.
Amen."

Wieder war es Michaelis. Es waren zwei Jahre vergangen,
seit er die Fasten auf dem Alvernia verbracht hatte, zwei Jahre
fürchterlichster Todesqualen und innigster Freude, der Qualen

und der Freude des Erlösers, die er erfleht hatte, teilen zu dürfen. Er hörte das Glockengeläut in der Kapelle und den Gesang der Brüder zum Lob der Engel. Dies war die Zeit im Herbst, in der die Vögel noch einmal zu singen beginnen und die Sonne so wärmt, als wäre es wieder Frühling. Dann fühlen sich Sterbende oft wie am Anfang ihres Daseins, durchleben ihre Jugendtage neu und erinnern sich an Dinge, die sie vergessen glaubten. Nicht alte Männer oder Frauen sind sie mehr, sondern Menschen, die als Ganzheit ihres Wesens und Wirkens vor dem Ende stehen, das auch ein Anfang ist.

Der Knabe, der einst Franz gewesen, war wiedergekehrt, und der hatte bei Festen schöne Kleider und helle Lichter geliebt. Der sterbende Heilige, der aus diesem Knaben geworden war, dachte, er wolle bei seiner Totenfeier gutgekleidet und von Kerzen umgeben auf der Bahre liegen. Er hatte seit langem alles Behagen abgetan, aber sein toter Leib würde die Annehmlichkeit eines reinen, neuen Leichentuches oder ein weiches Kissen statt eines Steines unter dem Kopf nicht fühlen, es konnte also keine Sünde sein. Gab es jemand, der das verstehen und gutheißen würde? Er erinnerte sich an die Edle Giacoma di Settesoli, und außer dem Wunsch nach Kissen und Kerzen erwachte in ihm die Sehnsucht nach „Bruder Giacoma" mit ihrem Humor, Verständnis und ihrer beruhigenden Umsicht.

Er ließ schnell einen Boten zu Giacoma nach Rom schicken, der sie bitten sollte zu kommen und gewisse Dinge mitzubringen. Mit seiner üblichen Bestimmtheit sagte er genau, was er haben wollte: ein Gewand aus grauem Stoff, ein Tuch für sein Gesicht, ein Kopfkissen, Wachskerzen und ein Stück ihres süßen Mandelkuchens. Die Brüder, besonders Elias, müssen sprachlos gewesen sein, aber sie suchten den Boten aus und hätten ihn auf den Weg geschickt, wäre nicht Pferdegetrappel und Harnischklirren an ihr Ohr gedrungen. Der Reitertrupp einer großen Persönlichkeit näherte sich durch den Wald. Da kam auch schon der Bruder Pförtner vom Tor in der Hagedornhecke gelaufen, um zu melden, daß Frau Giacoma selbst mit ihren beiden Söhnen, den römischen Senatoren, und ihrem Gefolge heranreite. Was sollte nun geschehen? Keine Frau durfte die Klausur betreten. Ein besorgter Bruder fragte Franz, der gelassen antwortete: „Gelobt sei Gott, der uns unseren Bruder Giacoma gesandt hat. Öffne das Tor und führe sie herein, denn Bruder Giacoma untersteht der Regel für die Frauen nicht."

Sie stieg vom Pferd, kam schnell in die Zelle und kniete neben dem Bett von Franz nieder und lachte und weinte zugleich, weil sie sich glücklich fühlte, zur Zeit gekommen zu sein, und doch so trostlos, weil sie auf den ersten Blick wußte, daß sie gerade noch zur Zeit gekommen war. Sie hatte alles, was er haben wollte, mitgebracht: das neue graue Gewand, das Kissen, die Decke, die Kerzen und den süßen Mandelkuchen. In Goldfäden waren auf das rote Seidenkissen Löwen und Adler gestickt — es war ein feines Kissen, über das der Knabe Franz sich gefreut hätte, und das Gewand hatte Giacoma selbst aus der Wolle des Schafes gewebt, das Franz ihr geschenkt hatte. Später erzählte sie den Brüdern, daß sie, während sie in Rom betete, eine Stimme vernommen hätte, die ihr sagte, daß sie schnell nach Assisi gehen müsse, wenn sie Franz noch einmal sehen wolle. Die Stimme habe auch die Dinge genannt, die sie mitnehmen solle. Franz war über ihre Ankunft so froh, daß er etwas zu Kräften kam.

Der Mandelkuchen erfreute ihn, und er ließ Bernhard, seinen Erstgeborenen, rufen, um ihn mit ihm zu teilen. Eine trügerische Hoffnung flackerte in der Portiuncula auf, daß er vielleicht doch weiterleben würde. Aber Franz wußte es besser. Er bat Bruder Giacoma bis zum folgenden Sonntag zu bleiben, da er am Sonnabend sterben werde.

Wie sehr er sich auch über die tröstliche und angenehme Anwesenheit von Bruder Giacoma freute, vergaß Franz doch Schwester Klara nicht. Selbst wenn man ihr gestattet hätte, die Einfriedung zu betreten, wäre sie nicht imstande gewesen zu kommen, da sie sehr krank war. Er dachte unentwegt an sie, und als die Brüder ihm erzählten, daß sie bitterlich weine, weil sie ihn nicht mehr sehen könne, war er ihretwegen bekümmert. Er diktierte an sie und ihre Nonnen einen Brief, der wie sein Testament eine Bestätigung seines Glaubens und seiner Treue enthielt und in dem er sie bat, standhaft zu bleiben. Er wußte, daß sie es tun würden, und konnte darauf vertrauen, daß Klara, genau wie er selbst, ihre Lauterkeit bewahren würde. Er hatte nur wenige Söhne, die so ganz mit ihm übereinstimmten. Er schrieb ihr: „Weil ihr auf göttliche Eingebung euch zu Töchtern und Mägden des obersten, höchsten Königs, des himmlischen Vaters gemacht und dem Heiligen Geiste euch verlobt habt, ein Leben gemäß der Vollkommenheit des heiligen Evangeliums erwählend, so will ich, und verspreche es für mich und meine Brüder, euch so wie ihnen selbst allzeit liebende Sorge und besondere Aufmerksamkeit widmen."

Als der Brief fertig war, sagte er zu dem Bruder, der ihn ihr bringen sollte: „Gehe und bitte Schwester Klara, nicht mehr bekümmert und traurig zu sein, weil sie mich nicht sehen kann. Aber sie soll wissen, daß sie und ihre Schwestern mich wahrlich vor ihrem Tode sehen werden und daß ihnen, was mich betrifft, Trost werden wird." Er hatte ganz recht. Klara wurde ihr Trost, und zwar so:

Franz lag in dem Habit, das Giacoma gewebt hatte, auf seiner Bahre. Sein Kopf ruhte auf ihrem Kissen, die brennenden Kerzen umgaben ihn. Die ganze Nacht nach seinem Tode zogen die Bürger vorüber, um ihm das letzte Mal ins Antlitz zu schauen, das im Tode jung und schön geworden war, und in tiefster Ehrfurcht die Wunden an seinen Händen und Füßen zu betrachten. Am nächsten Morgen trug man ihn mit Kerzen und Palmenzweigen unter Lobgesängen und Trompetenschall von der Portiuncula zu seinem Grab in San Giorgio, der Kirche, in der er als Kind seine Lektionen gelernt und in der er als Mann seine erste Predigt gehalten hatte. Aber unterwegs hielt der Leichenzug in San Damiano an. Die Brüder trugen die Bahre in die Kapelle bis zum Gitter, hinter dem Klara und ihre Nonnen warteten. Sie schoben die Eisenstäbe fort und hoben die Leiche auf ihren Armen hoch, so daß Klara den unendlichen Frieden auf den Zügen von Franz sehen konnte. Sie war glücklich und fühlte sich nie wieder von ihm getrennt.

Da nun Giacoma gekommen und Klara getröstet war, kehrten die Gedanken von Franz zur Frau Armut zurück. Die Portiuncula war ihr eigentliches Heim. Hier hatte sie immer mit ihm gelebt. Er bat die Brüder inständig, die Portiuncula nie zu verlassen. „Wenn man euch bei der einen Seite hinauswirft", sagte er zu ihnen, „kommt zur anderen wieder herein; denn dieser Ort ist bestimmt heilig und die Wohnstatt Gottes." Sein Gott war der arme Gekreuzigte. Die letzten Tage und Stunden vergingen, und was vermochte er zu tun, um seine Söhne noch einmal in ihrer alten Treue an den Heiland zu binden? Er konnte sie nicht mehr mit vielen Worten anflehen, aber er konnte aus seinem ganzen Körper eine Zunge machen, um das Evangelium zu predigen. Er bat sie, ihm seine Kutte auszuziehen und ihn nackt auf die Erde zu legen. Er bedeckte, als sie das getan hatten, die Wunde in seiner Seite mit der linken Hand und sagte: „Ich habe getan, was meine Pflicht war; möge Christus euch lehren, was eure ist."

Dann hatte der Pförtner der Portiuncula einen Gedanken,

der Liebe und Verständnis entsprungen war. Er brachte Franz seine Kutte und Hosen, die Kappe aus Sackleinen, die er trug, um die Narben am Auge zu verdecken, und sagte: „Die Kutte, Hosen und Kappe leihe ich dir in heiligem Gehorsam. Wisse, daß sie nicht dir gehören und du keinerlei Recht hast, sie jemand anderem zu geben." Das Gesicht von Franz erhellte sich vor Freude, denn in diesen Worten lag sehr viel: Die Anerkennung, daß er Frau Armut bis zuletzt treu gewesen war, fast ein Versprechen, daß der Orden es auch sein würde, und außerdem die sanfte, halb scherzhafte Erinnerung an alte Tage, in denen Bruder Franz zur Verzweiflung der Brüder von seiner Kleidung ein Stück nach dem anderen abgeschnitten oder sie im ganzen weggegeben hatte.

Als sie ihn in sein Bett zurückgelegt hatten, war er sehr befriedigt, aber nachts befielen ihn die Schmerzen wieder, und er konnte nicht schlafen. Morgens ging es ihm besser, und er wünschte, daß die Brüder zu ihm kommen sollten. Elias, Bernhard, Leo, Ruffino, Angelo, Masseo und alle Söhne, die er am liebsten hatte, standen um sein Bett, und Bernhard bat ihn, daß er ihnen ihre Sünden vergebe und sie segne, worauf Franz antwortete: „Sieh, mein Sohn, Gott ruft mich. Ich vergebe den anwesenden und abwesenden Brüdern ihre Schuld und ihr Vergehen, und, so gut ich kann, erteile ich ihnen Absolution: Verkünde es ihnen und segne sie alle in meinem Namen." Bernhard segnete er besonders, weil er sein Erstgeborener war. Dann verlangte er, daß man einen Laib Brot bringe und es für ihn in Stücke breche, weil er zu schwach war, um es selbst zu tun; er gab jedem Bruder ein Stück, und das war ihr letztes gemeinsames Mahl. Die Brüder erkannten, daß seine Gedanken jetzt ganz bei seinem Herrn weilten und er an Gründonnerstag dachte, denn er fragte: „Ist heut Donnerstag?" Es war zwar Freitag, aber sie lasen ihm das Evangelium für den Gründonnerstag vor.

Über diesen und den nächsten Tag zog sich der Verfall hin. Die Brüder sangen den „Sonnenaufgang", und am Schluß sagte er: „Willkommen, Bruder Tod." Dann wandte er sich zu seinem Arzt und sagte: „Er ist für mich das Tor zum Leben." Er bat die Brüder, ihn, wenn das Ende komme, auf die nackte Erde zu legen, wie sie es drei Tage vorher getan hatten, ihn mit Asche zu bestreuen und ihm aus dem Evangelium des Johannes die Leidensgeschichte des Herrn vorzulesen. Als sie am Abend des 4. Oktober, dem Sonnabend, sahen, daß er nicht mehr lange leben würde, taten sie alles, worum er sie gebeten hatte. Sie hatten gerade zu Ende gelesen und warteten in ehrfürchtigem Schweigen, als sie bemerkten, daß er mit dem letzten Atem, der in ihm war, den 142. Psalm sang:

> Mit lauter Stimme rufe ich zum Herrn
>   und flehe laut zu meinem Gott.
> Ich schütte aus vor ihm den Kummer meines Herzens,
>   und meine bange Sorge lege ich ihm vor.
> Wenn sich mein Geist in mir in Ängsten quält,
>   du weißt um meinen Lebenspfad.
> Sie legten auf dem Wege, den ich gehe,
>   verborgen ihre Schlinge.
> Ich blicke aus zur Rechten, schaue:
>   doch niemand achtet meiner.
> Kein Ort, wohin ich flüchten könnte,
>   und niemand sorgt sich um mein Leben.
> So rufe ich zu dir, o Herr,
>   und sage: du bist meine Zuflucht,
>   mein Teil im Lande der Lebendigen.
> Vernimm mein lautes Rufen,
>   denn groß ist meine Not.
> Errette mich vor den Verfolgern,
>   gar mächtig sind sie über mich geworden.
> Führ aus dem Kerker mich heraus,
>   so will ich danken deinem Namen.
> Dann werden freudig die Gerechten mich umringen,
>   wenn du mir wohlgetan.

Franz von Assisi zog singend ins ewige Leben, aber als er schwieg, verstummte die Musik nicht, denn Lerchen sangen im goldenen Abendlicht.

„Allerlei Vögel, die das Licht lieben und sich vor der Dunkelheit fürchten, kamen in großer Zahl zur Stunde des Heimganges des frommen Mannes, das war um die Zeit, in der die Dämmerung beginnt. Sie flogen lange freudig umher, als wollten sie dadurch frei und froh Zeugnis ablegen zur Ehre dessen, der sie oftmals gebeten hatte, das Lied Gottes zu singen."

Finis

Zwei ergänzende Bildbände aus dem gleichen Verlag

Walter Nigg/Toni Schneiders

DER MANN AUS ASSISI

Franziskus und seine Welt

144 Seiten mit 72 Farbbildern, gebunden. ISBN 3-451-17179-1

Die Gestalt des Franziskus wird in diesem Buch in zweifacher Weise dargestellt. Einmal durch den Text von Walter Nigg, der sich lebenslang mit dieser Gestalt beschäftigte, zum anderen durch die Bilder von Toni Schneiders, der den Lebensraum des Franziskus, die Landschaften und Orte, die er predigend durchwanderte, und die Begebenheiten seines Lebens, wie sie von Giotto, Gozzoli und Berlinghieri festgehalten wurden, in 72 Farbbildern wiedergibt. „Man könnte sich keine bessere Vorbereitung auf eine Assisi-Fahrt wünschen, als sie in diesem Bildband geboten wird." Bayerischer Rundfunk

Gerhard Ruf OFMConv.

DAS GRAB DES HL. FRANZISKUS

Die Fresken der Unterkirche von Assisi

200 Seiten mit 73 Farbbildern sowie Plänen und Grundrissen, gebunden. ISBN 3-451-19355-8

Pater Gerhard Ruf aus Assisi gibt in diesem Buch eine ausführliche Beschreibung der Bildprogramme der Grabeskirche des hl. Franziskus. Die neuen Deutungen bieten dem Wissenschaftler überraschende Erkenntnisse, der Pilger erlebt eine Vertiefung oft nur geahnter Vorstellungen von der „Christusähnlichkeit" des Heiligen.

Verlag Herder Freiburg · Basel · Wien